**Kohlhammer**

Christoph Kampmann

# Europa und das Reich im Dreißigjährigen Krieg

Geschichte eines europäischen Konflikts

Verlag W. Kohlhammer

Alle Rechte vorbehalten
© 2008 W. Kohlhammer GmbH Stuttgart
Karten: Peter Palm, Berlin
Umschlag: Stich, entnommen aus Eberhard Kieser,
Thesaurus Philopoliticus, Frankfurt/Main 1627
Gesamtherstellung:
W. Kohlhammer Druckerei GmbH + Co. KG, Stuttgart
Printed in Germany

ISBN 978-3-17-018550-0

# Vorwort

Prag im Mai 1618, Prag im Oktober 1648. Der Aufstand in der böhmischen Hauptstadt gegen die Herrschaft der Habsburger steht am Beginn des Dreißigjährigen Krieges. Das erbitterte Ringen um Prag zwischen den schwedischen Belagerern und der von ihrer Bürgerschaft energisch verteidigten Stadt bildete die letzte große Kampfhandlung des Krieges. Im November 1648 schwiegen auch vor Prag wie überall im römisch-deutschen Reich endlich die Waffen, nachdem die Nachricht von der Unterzeichnung des Westfälischen Friedens die militärischen Befehlshaber erreicht hatte.

Die Geschichte dieses Krieges zwischen Mai 1618 und Oktober 1648 soll hier als die eines europäischen Konfliktes geschrieben werden. Deshalb bildet die Betrachtung der großen europäischen Krisen im Umfeld des Reiches, die sich sukzessive mit dem kriegerischen Geschehen im Reich verbanden, das Anfangskapitel der Darstellung. Und deshalb wird der zweiten Hälfte des Krieges, als sich der »europäische Krieg in Deutschland« endgültig und unumkehrbar entfaltet hatte, ebenso viel Raum gewidmet wie der ersten. Gerade die enge Verbindung der europäischen Politik mit dem Kriegsgeschehen im Reich und die Ereigniszusammenhänge der zweiten Kriegshälfte waren in jüngerer Zeit Gegenstand intensiver internationaler Forschungsanstrengungen. Deren Ergebnisse in einer Überblicksdarstellung einem größeren Publikum weiterzuvermitteln, ist ein wichtiges Ziel der vorliegenden Darstellung. Auf ihrer Basis erscheint es lohnenswert, sich abschließend erneut der alten Frage zu stellen, warum der Krieg solche beispiellosen Dimensionen erreichen konnte, eben zum »Dreißigjährigen Krieg« geworden ist.

Bei der Entstehung des Buches bin ich von verschiedener Seite unterstützt worden, wofür ich sehr zu danken habe. Das Buch hat von der fruchtbaren Arbeits- und Gesprächsatmosphäre am Marburger Seminar für Neuere Geschichte profitiert, wofür ich namentlich meinem Kollegen Wilhelm Ernst Winterhager danken möchte, darüber hinaus auch meiner Assistentin Frau Dr. Anuschka Tischer sowie Herrn Dr. Holger Th. Gräf. Frau Dr. Tischer danke ich zudem für die kritische Lektüre großer Teile der Darstellung und wichtige weiterführende Anregungen, ebenso Frau Dr. Antje Oschmann und Herrn Priv.-Doz. Dr. Thomas Brockmann. Dafür habe ich – wieder einmal – auch meiner Frau Marie-Luise Scherer-Kampmann zu danken, zugleich für ihre beständige Gesprächsbereitschaft und ihre stete Bereitschaft zum kritischen Mitdenken.

Für wichtige Hinweise danke ich überdies sehr herzlich Herrn Prof. Dr. Dr. h. c. Konrad Repgen. Herr Priv.-Doz. Dr. Michael Rohrschneider gewährte mir Einsicht in das Manuskript seiner Habilitationsschrift, ebenso Herr Thomas Brockmann, wofür gleichfalls herzlich gedankt sei.

Wichtige Unterstützung habe ich in allen Etappen der Fertigstellung des Buches auch von den Mitarbeiterinnen meines Marburger Lehrstuhls erhalten, ganz besonders von Frau Kornelia Oepen, die zudem sehr tatkräftig bei der Erstellung des Registers mitgewirkt hat. In diesem Zusammenhang danke ich ebenfalls den studentischen Hilfskräften, namentlich Frau Christine Braun, für zahlreiche Hilfestellungen.

Den studentischen Hörerinnen und Hörern meiner Marburger Vorlesung zur europäischen Geschichte des Dreißigjährigen Krieges, auf der Teile der Darstellung basieren, danke ich für ihre kritische Aufmerksamkeit. Und last but not least danke ich Herrn Dr. Alexander Schweickert vom Verlag Kohlhammer sehr dafür, dass er für die Säumigkeit des durch mancherlei universitäre Selbstverwaltungspflichten immer wieder aufgehaltenen Autors so viel Geduld und Verständnis aufgebracht hat.

Marburg, den 30. Dezember 2007                          *Christoph Kampmann*

# Inhaltsverzeichnis

# I. Einleitung: Eine europäische Geschichte des Dreißigjährigen Kriegs

Der Dreißigjährige Krieg war ein europäischer Konflikt. Zwar war vornehmlich das römisch-deutsche Reich der Schauplatz dieses Krieges, ein »deutscher« Krieg ist er jedoch von Anfang an nicht gewesen. Bereits 1618, als der Krieg mit dem Ständeaufstand in den habsburgischen Erblanden ausbrach, entschied sich Spanien zum Eingreifen im Reich – eine Entscheidung, die am spanischen Hof heftig umstritten war und die wesentliche Bedeutung für den Kriegsverlauf erlangte. In den folgenden Jahren traten weitere europäische Mächte direkt oder indirekt in den Krieg in Deutschland ein, so dass sich das kriegerische Geschehen im Reich mit europäischen Schlüsselkonflikten im Umfeld des Reiches verband. Wohl spätestens mit dem Beginn des Schwedischen Krieges 1630 war die Verbindung des Krieges im Reich mit europäischen Konflikten irreversibel geworden: In den 1630er Jahren mussten der Kaiser, Kursachsen und die übrigen führenden Reichsstände erkennen, dass eine Beilegung des Krieges nicht mehr in deutscher Hand lag, obwohl die Konfliktparteien im Reich eine bis dahin nicht gezeigte Kompromissbereitschaft erkennen ließen. Als »europäischer Krieg in Deutschland« konnte der Dreißigjährige Krieg nur noch durch eine Friedenslösung auf europäischer Ebene beendet werden.

Der Charakter des Dreißigjährigen Krieges als europäischer Konflikt ist heute wohl unstrittig und ist in jüngster Zeit immer wieder herausgestellt worden. In merkwürdigem Gegensatz dazu wird der Dreißigjährige Krieg nach wie vor verbreitet als ein im Wesentlichen »deutscher« Krieg dargestellt. Dies hängt eng mit mächtigen Traditionen der Geschichtsschreibung dieses Krieges zusammen, die ins 19. Jahrhundert zurückreichen und bis heute fortwirken.

In der Geschichtsschreibung des späten 17. und 18. Jahrhunderts hatte der Dreißigjährige Krieg nur eine untergeordnete Rolle gespielt. Dies galt auch für die deutsche Historiographie. Es bestand zwar Konsens, dass dieser Krieg die größte Katastrophe der jüngeren deutschen Geschichte gewesen sei, aus der der Westfälische Friede als größter Glücksfall das leidgeprüfte Reich errettet habe. Dies führte aber nicht zu intensiverer gelehrter Betrachtung des Kriegsgeschehens und seiner Ursachen. Der Dreißigjährige Krieg blieb ein randständiges Thema[1]. Dies änderte sich im Verlauf des 19. Jahrhunderts grundlegend, nicht zuletzt unter dem Einfluss Friedrich Schillers als Dramatiker und Historiker. Der große Krieg und seine Akteure wurden zu einem Themengebiet, mit dem sich speziell die deutschsprachige Geschichtsschreibung und gerade ihre besten Köpfe intensiv beschäftigten, und das zugleich Feld großer, leidenschaftlich geführter Kontroversen war. Hintergrund war eine prinzipiell veränderte, national bestimmte Sichtweise der Geschichte zwischen 1618 und 1648. Nicht nur der Krieg, sondern auch der Westfälische Friedensschluss, der ihn beendete, galten von nun an als nationale Tragödie Deutschlands[2]. Durch den Krieg im Reich hätten fremde Nationen, voran Frankreich unter Richelieu, sich in verhängnisvoller Weise immer tiefer ins Reich einmischen und ab 1635 das kriegerische Geschehen bestimmen können. Der Krieg, der Deutschland verwüstet habe, sei durch einen von Frankreich und anderen Mächten diktierten Frieden beendet worden, der Deutschland dauerhaft zerstückelt und territorial beraubt habe – eine Zersplitterung und Schwächung, die einen säkularen Niedergang des Reiches seit dem späteren 17. Jahrhundert eingeleitet habe[3].

Beherrschende, stets unausgesprochene oder ausgesprochene Schlüsselfrage aller deutschen Geschichtsschreibung zum Dreißigjährigen Krieg in dieser Zeit war die Problematik von Verantwortung und Schuld, also die Suche nach jenen, die im Reich für diese Katastrophe verantwortlich zu machen seien. Für die protestantisch-borussische Geschichtsschreibung hatte der gegenreformatorisch-jesuitisch inspirierte Katholizismus des Kaiserhauses erheblichen Anteil an der fatalen Entwicklung. Verblendet und ohne Sinn für die Erhaltung der Reichseinheit hätte das kaiserliche Reichsoberhaupt den Niedergang Deutschlands wesentlich mitzuverantworten. Eine apologetisch-prohabsburgische Geschichtsschreibung versuchte den Wiener Hof vor diesem Vorwurf zu schützen und nun seinerseits die calvinistischen »Umstürzler« unter den Reichsständen als Schuldige zu brandmarken. Die neueste historiographiegeschichtliche Forschung zeigt sehr eindrücklich, wie stark die Geschichtsschreibung zum Dreißigjährigen Krieg seit Friedrich Schiller bei allem Reichtum von Positionen und Deutungsmustern im einzelnen von dieser forensischen, auf Anklage und Verteidigung gerichteten Perspektive geprägt war[4].

Tagesaktualität und Leidenschaft gewann diese Auseinandersetzung dadurch, dass sie sich mit der Kontroverse zwischen der kleindeutschen und der großdeutschen Richtung der deutschen Nationalbewegung verband[5]. Für viele Anhänger der kleindeutschen Lösung diente das angeblich historische Versagen des Hauses Österreich im Dreißigjährigen Krieg auch als ein wichtiges Argument in der Debatte um den Platz Österreichs in Deutschland. Die konfessionell-politischen Frontlinien der historischen Kontroversen erinnerten in ihrer Hitzigkeit und ihrer Fixierung auf Schuld und Verantwortung streckenweise an die Gegensätze, die die kriegsbegleitende Publizistik und die Zeitgeschichtsschreibung zum Dreißigjährigen Krieg bis in die zweiten Hälfte des 17. Jahrhunderts bestimmt hatten[6]. Die Leidenschaftlichkeit der Historiographie des 19. Jahrhunderts hat zuweilen den nüchternen Blick auf das Geschehen verstellt, gab aber zugleich Anstoß zu gründlicher Erforschung der Entstehung und Entwicklung des Krieges. So trug die intensive geschichtswissenschaftliche Auseinandersetzung dazu bei, große, bis heute unverzichtbare Quelleneditionen anzuregen, um Klarheit über einige der am heftigsten diskutierten Fragen zu gewinnen[7]. Allerdings hatten all diese historiographischen Bemühungen eine einseitige inhaltlich-chronologische Orientierung. Das Interesse galt in erster Linie der Politik von Kaiser und Reichsständen. Zugleich richtete sich das Hauptaugenmerk auf die erste Hälfte des Krieges bis 1635, in der die Frage nach Krieg und Frieden noch im wesentlichen im Reich selbst entschieden wurde, und nicht auf jene Phase, als der Krieg sich bereits zum europäischen Krieg in Deutschland entwickelt hatte und die weit seltener in den Fokus der Betrachtung rückte[8]. Auch das große, bis heute lesenswerte Werk Moriz Ritters von 1908, das aus der Reihe der Gesamtdarstellungen der Zeit wegen seines unparteilichen und historiographisch überzeugenden Zugriffs herausragt, behandelte die Jahre nach 1635 nur noch kursorisch[9]. Der politisch-konfessionelle Hintergrund erklärt auch, warum die Intensität, mit der die deutschsprachige Historiographie sich mit dem Dreißigjährigen Krieg beschäftigte, keine Entsprechung in den Nationalgeschichtsschreibungen anderer, am Dreißigjährigen Krieg beteiligten Länder fand[10].

Kristallisationspunkt des gesamten deutschsprachigen Geschichtsschreibung, die sich im 19. und in der ersten Hälfte des 20. Jahrhunderts mit dem Dreißigjährigen Krieg beschäftigte, war charakteristischerweise die Person des kaiserlichen Generalissimus Albrecht von Wallenstein[11]. Wallenstein erschien vielen Historikern als letzte Persönlichkeit, die die nationale Tragödie Deutschlands hätte wenden, das Reich einigen und es so dem Diktat der fremden Kronen noch hätte entreißen können[12]. In der Debatte um die Schuld an seinem Sturz und Tod 1634 kulminierten alle Kontroversen der älteren Geschichtsschreibung zum Dreißigjährigen Krieg.

Seit der zweiten Hälfte des 20. Jahrhunderts änderte sich die Beurteilung des Dreißigjährigen Krieges in der Geschichtswissenschaft grundlegend. Die national geprägten Bewertungskategorien, mit denen bislang an das Thema herangegangen worden war, verloren nach dem Zweiten Weltkrieg wesentlich an Bedeutung. Dass sich das römisch-deutsche Reich nach dem Westfälischen Frieden nicht zu einer starken, zentralisierten Monarchie, sondern zu einem dezentralen, defensiven Rechtsverband entwickelt habe, wurde nach der »deutschen Katastrophe« (Friedrich Meinecke) des 20. Jahrhundert erheblich positiver bewertet als ehedem. Die einseitig von Schuldzuweisungen und national gestimmter Polemik geprägte Betrachtungsweise des Krieges verschwand; vor allem setzte sich schrittweise seit den 1950er Jahren eine neue Bewertung des Westfälischen Friedens durch. Dieser Friede wurde nicht mehr als Tiefpunkt einer katastrophalen Entwicklung gesehen, sondern als achtbare Friedensleistung gewürdigt, genau so, wie auch die Entwicklung Deutschlands nach 1648 nicht mehr ausschließlich als traurige Zeit innerer Zersplitterung, äußerer Schwäche und nationaler Entwürdigung gesehen wurde. Schon die große Darstellung Fritz Dickmanns zum Westfälischen Frieden von 1959 markierte hier eine Wende[13], der die systematische aktenmäßige Erschließung und monographische Aufarbeitung von Einzelaspekten des Friedens, insbesondere im Rahmen des großen, seit den frühen sechziger Jahren vorangetriebenen Editionsprojekts der »Acta Pacis Westphalicae« folgte[14]. Damit ging eine deutliche Internationalisierung der Forschungsanstrengungen zum Dreißigjährigen Krieg und zum Westfälischen Frieden einher. Seinen vorläufigen Höhepunkt erreichte diese Würdigung des Westfälischen Friedens im Zusammenhang mit dem auch wissenschaftlich außerordentlich ertragreichen Friedensjubiläum von 1998[15]. Der ehedem, im 19. Jahrhundert, geschmähte Frieden von 1648 wurde dabei in der deutschen Historiographie zuweilen so euphorisch gepriesen, dass nach 1998 eine Kontroverse über die Frage einsetzte, ob nun nicht bei der positiven Würdigung des Westfälischen Frieden übertrieben worden sei und so die Realitäten des 17. Jahrhunderts aus dem Blick gerieten[16].

Seit den 1960er Jahren rückte – auch dies als Ergebnis internationaler Forschungs-anstrengung – der europäische Aspekt des Krieges ins Blickfeld. Nicht mehr Schuld und Verantwortlichkeit, sondern die Politik der beteiligten europäischen Mächte, ihre Zielvorstellungen und Absichten, nahmen nun größeren Raum in der For-schung ein. Davon profitierte vor allem die Erforschung des leitenden französischen Staatsmanns, Kardinal Richelieu, dessen Rolle im Dreißigjährigen Krieg von ana-chronistisch nationalen Denk- und Argumentationsmustern befreit wurde[17].

Allerdings bedeutete die stärker europäische Akzentuierung der Forschung nicht automatisch, dass nun auch stärker »europäische« Gesamtdarstellungen des Drei-ßigjährigen Kriegs folgten. Vielmehr gab es unter den Historikern seit den sechziger Jahren des 20. Jahrhunderts einflussreiche Stimmen, die sich dafür einsetzten, sich im Zuge einer verstärkt europäischen Betrachtung ganz vom Konzept eines »Dreißigjährigen Krieges« zu verabschieden, ihn »europäisch aufzulösen«. Der Dreißigjährige Krieg wurde nun als Teil einer allgemeinen politischen und sozialen europäischen Krise des 17. Jahrhunderts gesehen. Dies konnte so weit gehen, im Dreißigjährigen Krieg ein historiographisches Konstrukt späterer Zeiten zu er-blicken – ein Konstrukt, der das Verständnis vom europäischen Gesamtzusammen-hang der Entwicklung der Zeit eher verstelle[18].

Bemerkenswerterweise hatte auch diese Sichtweise bereits eine zeitgenössische Entsprechung. Schon während des Dreißigjährigen Krieges wurde das Argument, dass der Krieg nur Teil einer großangelegten, europaweit ausgetragenen Konfliktes sei, intensiv eingesetzt, um den jeweiligen Gegner zu diskreditieren. Für die protes-tantische Publizistik war der Krieg im Reich nur ein Kampfplatz im Rahmen der universalen Bemühungen der Casa d'Austria, die Universalmonarchie und die Alleinherrschaft des Katholizismus zu errichten[19]. Einer der Hauptprotagonisten, König Gustav II. Adolf von Schweden, rechtfertigte sein seit den späten zwanziger Jahren des 17. Jahrhunderts geplantes Eingreifen im Reich nach innen und nach außen damit, dass alle europäischen Kriege von Südwestfrankreich bis Polen eine Einheit bildeten. Sie alle seien letztlich von der päpstlich-habsburgischen Partei entfesselt worden, um den Protestantismus zu zerstören[20]. Diese universalistische Einbettung des Krieges fand seine Entsprechung auf katholischer Seite, deren Publizisten den Krieg als einen Ausdruck eines europaweiten calvinistischen Zer-störungswerks ansahen[21]. Auch für die Polemiker des 17. Jahrhunderts gab es kein abgrenzbares Kriegsgeschehen im Reich. Dieser Gedanke begegnet in abgewandel-ter, also in wissenschaftlicher, gänzlich unpolemischer Form bei manchen Vertretern einer Europäisierung des Krieges im 20. Jahrhundert wieder, wenn sie den Drei-ßigjährigen Krieg als einheitliches Geschehen verabschieden und nur noch im Gesamtzusammenhang der »Krise des 17. Jahrhunderts« sehen wollen[22].

Der Versuch, den Dreißigjährigen Krieg als nachträgliches historiographisches Konstrukt darzustellen, darf schon seit längerem – vor allem dank der gründlichen Forschungen Konrad Repgens – als widerlegt gelten. Aufgrund einer geradezu erdrückenden Fülle von Belegen konnte der Bonner Gelehrte zeigen, dass der Begriff »Dreißigjähriger Krieg« ebenso zeitgenössisch ist wie die Vorstellung einer Kontinuität des Krieges und einer Kohärenz der seit 1618 im Reich ausgetragenen Konflikte. Inzwischen ist wohl unbestritten, dass der Dreißigjährige Krieg schon aus

Sicht der Zeitgenossen einen Ereigniszusammenhang, eben einen einzelnen Dreißigjährigen Krieg gebildet hat[23].

Sowohl die ältere, national geprägte Sichtweise des Krieges mit seinen Schuldzuweisungen als auch die Versuche einer europäischen Auflösung des Krieges in der zweiten Hälfte des 20. Jahrhunderts dürfen heute in der Geschichtswissenschaft als überwunden gelten. Gleichwohl wirken diese Traditionen fort. Eine gleichmäßige, europäische Darstellung des Dreißigjährigen Kriegs steht bis heute aus, und dies, obwohl jüngere Gesamtdarstellungen des Krieges die wertenden Vereinseitigungen der älteren Historiographie weit hinter sich gelassen haben. Dies zeigt schon die Schilderung des politischen und militärischen Kriegsgeschehens. Obwohl die Phase zwischen 1635 und 1648, der »europäische Krieg in Deutschland«, über den Ausgang der Auseinandersetzung entschied, spielt sie nach wie vor in den jüngeren Gesamtdarstellungen bestenfalls eine Nebenrolle, während die Frühphase des Krieges und deren Hauptprotagonisten, Wallenstein und Gustav Adolf, recht breit geschildert werden. In kaum einer neueren Gesamtdarstellung nimmt die Entwicklung der Jahre zwischen 1635 und 1645 mehr als 5 Prozent der Darstellung ein. Dies hat zur Folge, dass auch die Ergebnisse der Einzelforschung, die gerade in die Entwicklung dieser Jahre neues Licht gebracht hat, vernachlässigt werden. So ist kürzlich die für die Gesamtbeurteilung des Krieges nicht unwichtige Tatsache nachgewiesen worden, dass Frankreich und der Kaiser sich nie förmlich gegenseitig den Krieg erklärt haben[24]. Gleichwohl findet sich der Hinweis auf eine solche Kriegserklärung in zahlreichen neueren Darstellungen. Man könnte die Liste beliebig ergänzen. Zahlreiche wichtige Einzelergebnisse haben noch nicht die Ebene der Überblicksdarstellungen erreicht. Das gilt auch für die vielen Ergebnisse zur Diplomatie- und Militärgeschichte in der letzten Phase des Krieges. Dem entspricht, dass viele neuere Analysen und Betrachtungen zum Westfälischen Frieden oft losgelöst vom Kriegsgeschehen erfolgen – und dies, obwohl der Krieg während des gesamten Westfälischen Friedenskongresses in unverminderter Härte weiterging.

Die etwas stiefmütterliche Behandlung der letzten Kriegsphase mag auch damit zusammenhängen, dass sich die Konfliktlinien und Akteurskonstellationen in dieser Phase des Krieges extrem verkomplizierten. Zu den Hauptakteuren im Reich treten nun die europäischen Mächte mit ihren jeweils eigenen, ständig wechselnden Kriegs- und Friedenszielen, so dass es stets notwendig ist, die unterschiedlichen Handlungsebenen in den Blick zu nehmen.

In der vorliegenden Darstellung wird der Versuch gemacht, eine Geschichte des Krieges als europäischen Konflikts zu schreiben. Ein umfassender Versuch ist es nicht. Die Darstellung wird sich auf die zentralen politisch-militärischen Entwicklungslinien konzentrieren, um die Entstehung und den Verlauf der Katastrophe des Krieges auf knappem Raum verständlich und nachvollziehbar zu machen. Auf der Basis einer solchen deskriptiven Analyse soll abschließend versucht werden, den Ort des Dreißigjährigen Krieges in der Geschichte des europäischen Friedens zu bestimmen. Damit wird der Blick noch einmal auf die Frage gelenkt, die seit jeher bei der historischen Betrachtung des Krieges eine zentrale Rolle spielte, nämlich, welche Bedeutung mangelnder Friedenswille bzw. mangelnde Friedensfähigkeit für die Entstehung einer Kriegskatastrophe solchen Ausmaßes hatte[25] – eine Frage, die durch die Einbeziehung kultureller Perspektiven nicht obsolet geworden ist, sondern an Tiefenschärfe gewonnen hat[26]. Hier soll abschließend und auf der Grundlage der neueren Forschung nach einer Antwort gesucht werden.

Nicht eigens thematisiert werden historische Aspekte, die in einer umfassenden europäischen Geschichte des Dreißigjährigen Krieges zweifellos systematische Berücksichtigung finden müssten. Darunter sind auch solche, die in jüngster Zeit Gegenstand intensiver Forschungen geworden sind. Beispielhaft sind der Bereich der Kriegserfahrung zu nennen[27], die Frage nach dem Krieg als Medienereignis[28] oder die Problematik der Migration[29]. Gleichwohl werden diese Themen einbezogen, soweit dies im Rahmen der auf die zentralen politisch-militärischen Ursachen- und Ereigniszusammenhänge gerichteten Konzeption möglich ist. Im Sinne des gewählten Ansatzes wird der Blick gleich zu Beginn auf die großen, europäischen Schlüsselkonflikte gerichtet, die bereits lange vor Ausbruch des Dreißigjährigen Krieges vorhanden waren und sich sukzessive mit dem Kriegsgeschehen verbanden. Auch wird versucht, die Phasen des Krieges in etwa gleichmäßiger Gewichtung zu schildern, wobei auch der inneren Entwicklung in den Ländern der Kriegsteilnehmer dabei Aufmerksamkeit zu schenken ist.

Über die Notwendigkeit und die Möglichkeiten einer europäischen Geschichte, die über ein Nebeneinander von Nationalgeschichten hinausgeht und zugleich ein breiteres universitäres Publikum anspricht, wird seit längerem in der Geschichtswissenschaft intensiv nachgedacht[30]. Gerade die Geschichte des Dreißigjährigen Krieges könnte ein Ansatzpunkt für eine so verstandene europäische Geschichte sein. Denn der Krieg bildete einen territorial und zeitlich begrenzbaren Ereigniszusammenhang. Seine Erklärung entzieht sich freilich einer nationalgeschichtlichen Perspektive; sie macht eine transnationale, europäische Perspektive erforderlich und wird nur bei der genauen Analyse der europäischen Interaktionen verstehbar. Dies deutlich zu machen, ist ein wichtiges Ziel der vorliegenden Darstellung.

# II. Krisen vor dem Krieg:
## Europa, das Reich und Böhmen bis 1618

## 1. Krisen im Umfeld des Reiches:
### Europäische Staatenkonflikte um 1600

An der Wende vom 16. zum 17. Jahrhundert war Krieg ein zentrales Thema der öffentlichen Diskussion im Heiligen Römischen Reich. Auf den ersten Blick überrascht dies, befand sich das römisch-deutsche Reich doch um 1600 »in einem relativ friedlichen Zustand« (Volker Press)[1], der überdies schon seit etwa einem halben Jahrhundert andauerte. Dass der Krieg in der öffentlichen Diskussion im Reich dennoch omnipräsent war, ist im Zusammenhang mit der politisch-militärischen Situation in der unmittelbaren Nachbarschaft des Reichs, jenseits der Grenzen des Reichsverbands, zu sehen. Denn das Reich lag um 1600 im Spannungsfeld mehrerer europäischer Schlüsselkonflikte, die es jederzeit in Mitleidenschaft ziehen konnten, und zwar nicht nur aufgrund ihrer räumlichen Nähe zum Reichsgebiet, sondern auch wegen der engen politisch-konfessionellen und nicht zuletzt dynastischen Verbindungen einiger Reichsglieder zu den Konfliktparteien.

### a) Der spanisch-niederländische Konflikt

Eine besondere Bedrohung für den Frieden im Reich stellte um 1600 der Konflikt zwischen Spanien und den Niederlanden dar. Denn zum einen gehörten die Niederlande nach verbreiteter Rechtsauffassung formal noch immer zum Reich, auch wenn sie sich faktisch bereits im 16. Jahrhundert sehr weit vom Reichsverband entfernt hatten. Zum anderen bestanden enge dynastische Verbindungen der betreffenden Konfliktparteien zum Reich. Dies betraf natürlich die österreichischen Habsburger, die den römisch-deutschen Kaiser stellten und die von dem in Spanien regierenden Zweig des Hauses Habsburg unter Berufung auf die dynastische Solidarität immer wieder, wenn auch letztlich stets vergeblich, zur offenen Parteinahme in dem Konflikt aufgefordert wurden. Dies betraf aber auch politisch führende niederländische Adelsgeschlechter, allen voran das im Reich begüterte Haus Nassau-Oranien.

Der 1566 ausgebrochene Konflikt hatte in den folgenden Jahrzehnten seinen Charakter vollkommen verändert. Zu Beginn hatte es sich um einen Aufstand mehrerer über das burgundische Erbe zum Haus Habsburg gelangter Provinzen gegen ihren spanischen Landesherrn, König Philipp II. (1556–1598), gehandelt, wobei Holland und Seeland die Kernprovinzen des Aufstands gebildet hatten. Ziel der Aufständischen war die Bewahrung ihrer überkommenen politischen und vor allem konfessionellen Freiheiten gegen die Zentralisierungsbestrebungen von Philipp II. gewesen. Im Verlauf der langandauernden kriegerischen Auseinandersetzungen entwickelte sich ein (nord-)niederländisches Zusammengehörigkeitsgefühl, so dass die anfangs nur lose verbundenen aufständischen Provinzen um 1600 ein geschlossenes, calvinistisch geprägtes Gemeinwesen bildeten, das sich scharf gegen die katholischen, bei Spanien verbliebenen südlichen Provinzen abgrenzte. Überdies stiegen die von der Provinz Holland ökonomisch und politisch dominierten Niederlande bis zum Beginn des 17. Jahrhunderts dank ihrer militärischen Stärke zu Lande und zu Wasser sowie dank ihrer Wirtschaftskraft zu einer europäischen Großmacht auf, die mit Spanien um Einflußzonen in Europa und Übersee kämpfte.

Für Spanien wurde der Konflikt schon in den letzten beiden Jahrzehnten der Herrschaft von Philipp II. zu einer untragbaren Belastung, weil sich Spanien auch auf anderen Kriegsschauplätzen engagierte, so in den französischen Religionskriegen. Dies überforderte die Kräfte der Monarchie und trug zum spanischen Staatsbankrott von 1596 entscheidend bei. Zum anderen sah sich Spanien im niederländischen Krieg bei der Organisation des Nachschubs und der Versorgung seiner Truppen mit erheblichen logistischen Problemen konfrontiert. Da der Seeweg von Spanien in die Niederlande, nicht zuletzt nach der Niederlage der spanischen Armada im Kampf gegen England, zu unsicher war, führte der Hauptnachschubweg über die italienischen Besitzungen Spaniens (Mailand), das Fürstentum Savoyen und die Freigrafschaft Burgund[2]. Aber auch dieser Weg erwies sich, vor allem wegen der Nachbarschaft Frankreichs, zunehmend als unsicher, so dass Spanien nach alternativen Versorgungswegen Ausschau halten musste. Dabei gewannen die Alpenpässe in der Ostschweiz (Veltlin) und das Elsass wachsende strategische Bedeutung für Spanien.

Angesichts dieser Schwierigkeiten wuchs auf spanischer Seite die Friedensbereitschaft. König Philipp III. (1598–1621) erklärte sich schließlich bereit, die niederländische Unabhängigkeit anzuerkennen. Der angestrebte Friedensschluss kam jedoch nicht zustande, in erster Linie, weil die Niederlande drei zentrale Bedingungen Spaniens ablehnten: Die Duldung von Katholiken, die Wiedereröffnung der Schelde, durch deren Schließung die wichtigste Hafenstadt der südlichen Niederlande, Antwerpen, vom Überseehandel abgeschnitten worden war, sowie die Einstellung des niederländischen Handels in den spanischen Überseegebieten. So kam es im Jahre 1609 lediglich zu einem zwölfjährigen Waffenstillstand, der kaum die Basis für eine dauerhafte Verständigung bilden konnte. Denn vor allem der andauernde niederländisch-spanische Krieg in Übersee, der vom Waffenstillstand ausdrücklich ausgenommen war, sowie die fortgesetzte Sperrung der Scheldemündung waren für Spanien langfristig unakzeptabel[3].

Dennoch stand Philipp III., hierin der politischen Linie seines Hauptministers (des sog. *Valido*), des Herzogs von Lerma, folgend, einer Wiederaufnahme des niederländischen Kriegs zunächst reserviert gegenüber. Spätestens seit 1617 mehrten sich jedoch die Anzeichen, dass die spanische Regierung zu einem energischeren, notfalls auch militärischen Engagement in den Niederlanden zurückzukehren beabsichtige. Vor allem die Aktivitäten der spanischen Botschafter am Kaiserhof, Zuñiga und

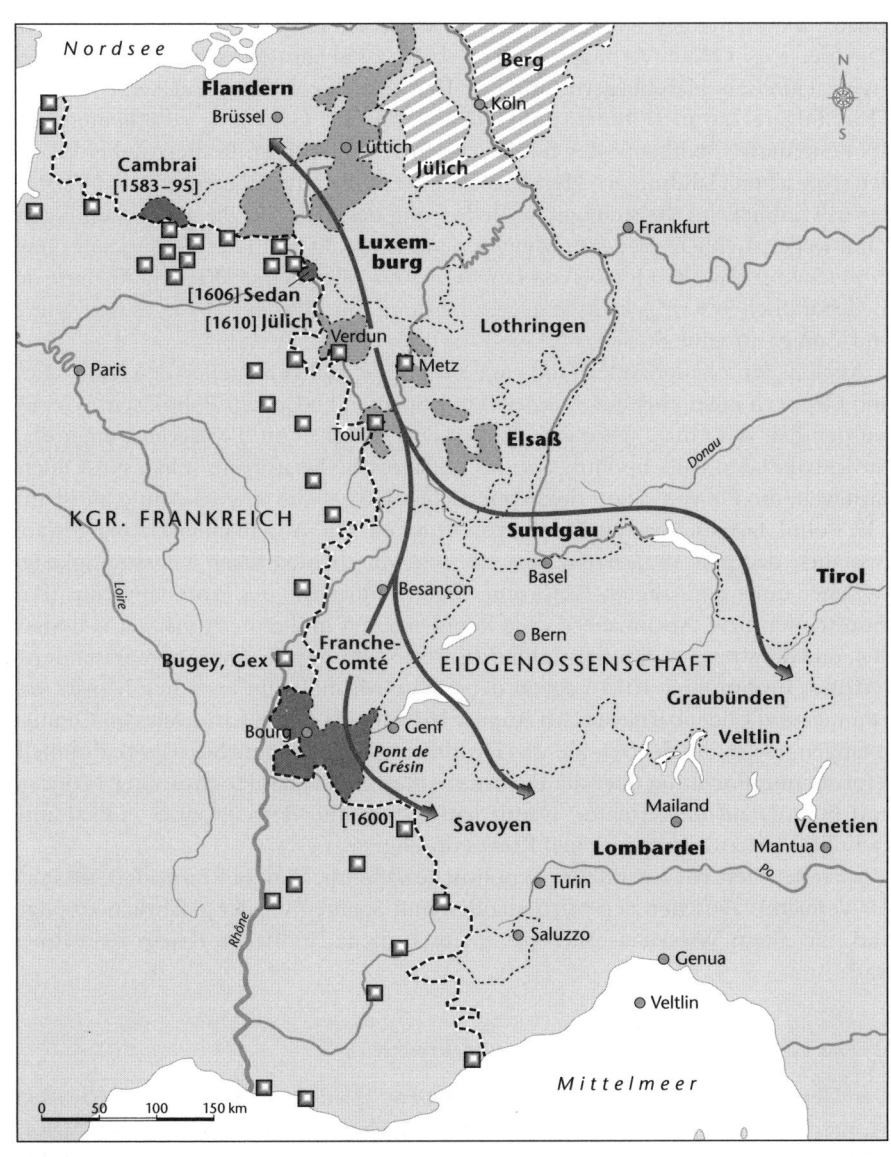

Die „Spanische Straße" um 1610

Französische
Erwerbungen (mit
Jahr der Erwerbung)

Geistliche Territorien an den frz.
französischen Grenzen (Metz, Toul und
Verdun unter französischer Protektion)

des Hztm. Jülich,
Kleve und Berg

**Luxemburg**
Territorien ganz oder teilweise
in habsburgischen Besitz

Unter Heinrich IV. ausgebaute
oder neuerrichtete frz. Festungen

Spanischer Militärkorridor
(„Spanische Straße")

Oñate, wiesen in diese Richtung. Ein Markstein dieser Politik war ein Geheimvertrag (der sog. Oñate-Vertrag) im März 1617 zwischen den spanischen und den österreichischen Habsburgern. Philipp III. verzichtete darin auf seine eigenen Thronfolgerechte in Böhmen und Ungarn, und im Gegenzug verpflichtete sich das designierte Oberhaupt der österreichischen Habsburger, Erzherzog Ferdinand, den spanischen Habsburgern Herrschaftsrechte im Elsass zu überlassen – ein Vertrag, der in Hinblick auf die strategische Bedeutung des Elsass für die spanischen Nachschubwege erhebliche Bedeutung gewinnen konnte. Es lag in der Konsequenz dieser Entwicklung, dass der Herzog von Lerma, der bis zuletzt einer Wiederaufnahme des niederländischen Kriegs kritisch gegenüberstand, im Oktober 1618 gestürzt wurde und Zuñiga an seine Stelle trat[4].

Auch in den Niederlanden fand ein erbitterter Konflikt zwischen den Anhängern und Gegnern einer eher auf Ausgleich mit Spanien bedachten Politik statt. Gerade seit der Zeit des Oñate-Vertrags nahm er an Heftigkeit zu. Protagonist einer eher zurückhaltenden Außenpolitik war der holländische Staatsmann Johan van Oldenbarnevelt; die Führungsfigur des gegnerischen Lagers, die eine eindeutig antispanische Politik favorisierte, war Moritz von Oranien. Die Auseinandersetzung gewann zusätzlich dadurch an Schärfe, dass sie sich mit theologischen Lehrstreitigkeiten zwischen einer gemäßigten Reformbewegung innerhalb des Protestantismus (Remonstranten bzw. Arminianer), der Oldenbarnevelt und seine Anhänger nahestanden, und der streng traditionell-calvinistischen Richtung, die Oranien repräsentierte, verband. Im Sommer 1617 begann der offene Machtkampf zwischen Moritz von Oranien und Oldenbarnevelt. Im August 1618 wurde Oldenbarnevelt von Oranien gefangengesetzt, auf der Synode von Dordrecht, die mit einem Sieg der traditionell-reformierten Richtung über die Remonstranten endete, als Hochverräter verurteilt und kurz darauf hingerichtet. Damit hatten sich die Vertreter eines radikal antikatholischen bzw. antispanischen Kurses durchgesetzt.

Spätestens seit 1617 stand für die politische Öffentlichkeit in Europa fest, dass sich das Verhältnis zwischen den Niederlanden und Spanien wieder gefährlich zuspitzte und mit einem Wiederausbruch des spanisch-niederländischen Kriegs zu rechnen war[5].

## b) Der Gegensatz zwischen Spanien und Frankreich

Der Gegensatz zwischen der kastilischen bzw. spanischen und der französischen Monarchie kann als eigentlicher Grundkonflikt innerhalb der christlichen Staatenwelt seit dem 15. Jahrhundert gelten. Als stärkste Gemeinwesen der Christenheit rangen beide letztlich um die Vormachtstellung in Europa; vor allem Herrschaftspositionen in den italienischen Territorien und im Westen des Reichs waren traditionell hart umkämpft. Freilich hatte dieser Grundkonflikt in der zweiten Hälfte des 16. Jahrhunderts an Bedeutung verloren, weil Frankreich durch jahrzehntelange Religionskriege innerlich schwer erschüttert worden war. Der Versuch Spaniens, diese Lage zu nutzen und Frankreich als Rivalen dauerhaft auszuschalten, war indessen an der vorläufigen Befriedung Frankreichs durch den ersten Bourbonen auf dem französischen Königsthron, Heinrich IV. (1589–1610), gescheitert. Ihm gelang es, den politischen Frieden zwischen den Religionsparteien – unter Wahrung der katholischen Identität Frankreichs, freilich unter erheblichen politisch-militärischen Zugeständnissen an die protestantische Partei (der sog. Hugenotten) – wiederherzustellen und Frieden mit Spanien zu schließen. Spanien musste rasch erkennen, dass Frankreich als machtpolitischer Rivale auf die europäische Bühne zurückgekehrt war. Durch den Frieden von Lyon von 1601 zwischen Frankreich und Savoyen verlor Spanien praktisch seinen durch savoyisches Gebiet führenden Nachschubweg[6]. Zugleich begann Frankreich, indirekt, aber doch spürbar die Gegner Habsburgs in Italien (Venedig), in den Niederlanden und im Reich zu unterstützen. 1609/ 10 erreichte dieses Engagement im Jülich-Klevischen Erbfolgekrieg (vgl. Kapitel II, 2 d) derartige Ausmaße, dass ein offener Krieg mit Spanien in den Bereich des Möglichen rückte[7]. Schon jetzt wurde sichtbar, dass Spaniens Versuch, einen neuen sicheren Truppenkorridor von Italien in die Niederlande zu errichten, langfristig auf energische französische Gegenwehr stoßen würde. Denn die Schaffung einer solchen festen spanischen Einflusszone in Italien, in der Ostschweiz und im Westen des Reichs, auf die z. B. der Oñate-Vertrag zielte, würde Frankreichs Möglichkeiten einer aktiven Reichs- und Italienpolitik wesentlich beschneiden, wenn nicht gar völlig zunichte machen. Zum offenen Konflikt kam es zunächst aber nicht, weil nach der Ermordung von König Heinrich IV. im Mai 1610 eine neue Phase innerfranzösischer Auseinandersetzungen begann. Sie zeigte, dass die französische Monarchie nach den jahrzehntelangen Religionskriegen noch keineswegs gefestigt war; vor allem der hugenottische »Staat im Staate« stellte eine permanente Gefahr für die monarchische Zentralgewalt dar. Unter Ludwig XIII. (1610–1643) wurde daher zunächst, prinzipiell bis Ende der 1620er Jahre, der Stabilisierung der Monarchie politische Priorität eingeräumt. Dies verdeckte die traditionelle Rivalität zwischen Frankreich und Spanien vorübergehend, beseitigte sie aber nicht[8]. Im Gegenteil: Die militärischen Ereignisse, die nach 1618 den mitteleuropäischen und dann den niederländischen Kriegsschauplatz erschütterten, waren geeignet, die machtpolitischen Gegensätze wieder zu verschärfen.

## c) Das Ringen um die Vorherrschaft im Ostseeraum (Dominium Maris Baltici)

Auch im Norden und Nordosten des Reichs wuchsen seit der Wende vom 16. zum 17. Jahrhundert die politischen und militärischen Spannungen, die wegen der engen wirtschaftlichen, aber auch der politisch-dynastischen Verflechtungen im Ostseeraum eine Gefährdung für die Stabilität des Reichs darstellten. Die militärischen Auseinandersetzungen, die seit 1600 in dieser Region ausgetragen wurden, sind in engem Zusammenhang mit dem Aufstieg einer neuen Großmacht zu sehen, des Königreichs Schweden unter der jüngeren Linie des Hauses Wasa – ein Aufstieg, durch den das traditionelle Machtgefüge im Ostseeraum ins Wanken geriet.

Zuvor beruhte das Machtgefüge im Wesentlichen auf der Vormachtstellung Dänemarks. In der internationalen Forschungsliteratur wird das Königreich Dänemark nach der regierenden lutherischen Dynastie auch als »Oldenburg State« bezeichnet[9], um den besonderen, weitausgreifenden Charakter der aus verschiedenen Teilreichen zusammengesetzten Monarchie (einer »composite monarchy« [John H. Elliott])[10] treffender zu kennzeichnen. Denn das Königreich Dänemark, das unter Christian IV. (1588–1648) an der Wende vom 16. zum 17. Jahrhundert neben Island,

Grönland und mehreren strategisch wichtigen Ostseeinseln (Ösel, Gotland, Born-holm) auch die Halbinsel Schonen (im heutigen Südschweden) umfasste, war nur ein Teil der Monarchie der dänischen Oldenburger. Christian IV. regierte darüber hinaus noch in Personalunion das Königreich Norwegen, das Herzogtum Schleswig sowie – als Mitglied des Reichsverbands – das Herzogtum Holstein. Gerade die deutsch-sprachigen Territorien spielten für Christian IV. eine beträchtliche Rolle, weil der Einfluss der hohen Aristokratie auf die Regierungsgeschäfte hier wesentlich geringer war als in seinen übrigen Territorien[11]. Christian IV. betrachtete sich mit gewissem Recht als eigentlichen Inhaber der Ostseeherrschaft, vor allem weil er den Sund und damit den Zugang zur Ostsee kontrollierte. Der Sundzoll bildete zudem eine der wichtigsten Einnahmequellen der Monarchie.

Am Ende des 16. Jahrhunderts entstand freilich eine weitere zusammengesetzte Monarchie im Ostseeraum, die an Ausdehnung den dänischen Herrschaftsbereich noch zu übertreffen schien: Das Reich von Sigismund III. aus der schwedischen Herrscherdynastie der Wasa. Sigismund III. war Sohn des schwedischen Königs Johann III. und seiner Gemahlin Katharina, die dem polnischen Königshaus der Jagiellonen entstammte. Als Abkömmling der Jagiellonen sowie als Katholik war Sigismund im Jahre 1587 zum König von Polen gewählt worden, einer Wahlmonar-chie mit ausgeprägten politischen Mitbestimmungsrechten des Adels, die durch die Union mit Litauen überdies zu einer der größten Monarchien der Christenheit aufgestiegen war. Fünf Jahre nach dem polnischen bestieg Sigismund auch den schwedischen Thron. Beim Königreich Schweden, das in Personalunion mit dem Großfürstentum Finnland verbunden war, handelte es sich im Gegensatz zu Polen-Litauen um eine Erbmonarchie, aber auch in Schweden war der Einfluss der monarchischen Zentralgewalt wegen der ausgeprägten Machtstellung des Adels und eines starken freien Bauerntums vergleichsweise gering.

Sigismunds Position als katholischer Herrscher des streng lutherischen Schweden war von Anfang an prekär und verschlechterte sich nach seinen zaghaften Versuchen zur Förderung des Katholizismus weiter. Große Teile des schwedischen Adels gingen zum offenen Aufstand über, setzten Sigismund 1600 ab und erhoben seinen luthe-rischen Onkel Karl als Karl IX. auf den Königsthron, ohne dass Sigismund, der sich nach Polen zurückgezogen hatte, auf seine schwedischen Thronrechte verzichtete. Dies markierte den Beginn einer nur durch zeitlich befristete Waffenstillstände unterbrochenen Ära polnisch-schwedischer Kriege, die insgesamt bis 1660 andauern sollte.

Angesichts dieser militärischen Herausforderung sind die beiden ersten Herrscher der jüngeren Linie der Wasa, Karl IX. (1600–1611) und vor allem sein Sohn und Nachfolger Gustav II. Adolf (1611–1632), dazu übergegangen, die schwedische Monarchie völlig zu reformieren, zu zentralisieren und ihre militärische Schlagkraft zu stärken. Dies gelang vor allem deshalb, weil Gustav II. Adolf eng mit dem schwedischen Adel zusammenarbeiten konnte, der an der Errichtung der Monarchie der (aus dynastisch-legitimistischer Sicht unrechtmäßigen) jüngeren Wasa-Linie entscheidenden Anteil gehabt hatte. Es ist bezeichnend, dass sich Gustav Adolf bei der Zentralisierung Schwedens und dem Ausbau seiner Militärgewalt wesentlich auf Axel Oxenstierna (1612–1654) als Reichskanzler und als Haupt der schwedischen Aristokratie stützte[12]. Im Zusammenwirken von Monarchie und Adel entstand in den ersten Jahrzehnten des 17. Jahrhunderts ein außerordentlich effizientes schwedisches Militärwesen einschließlich eines Wehrpflichtsystems (des sog. *Indelningsverk*), das wesentlich dazu beitrug, aus dem mit einer Bevölkerung von ca. 1,5 Millionen Menschen vergleichsweise bevölkerungsarmen Schweden eine der stärksten Militärmächte des 17. Jahrhunderts zu machen.

Mit diesem Indelningsverk war ein wohl einzigartiges System zur Aushebung der wehrpflichtigen Bevölkerung geschaffen worden. Eine Schlüsselrolle kam dabei kriegserfahrenen Adligen zu, die in den jeweiligen Regionen für die Heranziehung der Wehrpflichtigen zuständig waren. Man legte dazu Listen der gesamten männlichen Bevölkerung über 15 Jahre an. Jeder Bezirk Schwedens musste für zehn diensttaugliche Männer einen Soldaten stellen. Wer an den Versammlungen, die der Auswahl dienten, nicht teilnahm, wurde automatisch verpflichtet. Ausgenommen von der Wehrpflicht waren Adlige, Geistliche, Waffenschmiede und Bergarbeiter. Den Hauptteil der Wehrpflichtigen hatte mithin die bäuerliche Bevölkerung zu stellen. Die Regierung bestimmte in jedem Jahr die Zahl der Auszuhebenden, die dann auf die einzelnen Bezirke verteilt wurden. Die demographischen Folgen dieses aus militärischer Sicht effizienten Systems waren langfristig einschneidend und konnten katastrophale Ausmaße annehmen: So kehrten von den 230 jungen Männern, die die nordschwedische Gemeinde Bygdeå zwischen 1621 und 1639 auf den polnischen bzw. deutschen Kriegsschauplatz entsenden musste, höchstens fünfzehn zurück, davon mindestens 5 als Invaliden. Im selben Zeitraum sank die Gesamtzahl der erwachsenen männlichen Bevölkerung in Bygdeå um 40%[13].

Die Außenpolitik Schwedens unter der jüngeren Linie der Wasa nach 1600 ist in der neueren Forschung einer grundsätzlichen Neubewertung unterzogen worden. Hatte man lange Zeit ihren defensiven Grundzug bei der Abwehr der polnischen Thronansprüche und des dänischen Vormachtstrebens betont, so wird nun verstärkt die expansionistische und imperiale Ausrichtung dieser Politik hervorgehoben[14]. Dabei spielte das strategische Ziel einer Erringung der Ostseeherrschaft ebenso eine Rolle wie das unter den jüngeren Wasa gepflegte Selbstverständnis des schwedischen Königtums als älteste Monarchie der Christenheit (*Gotizismus*) und nicht zuletzt ein ausgeprägtes konfessionelles Sendungsbewusstsein Schwedens als der berufenen Führungs- bzw. Schutzmacht des Protestantismus[15]. Dänemark, das die wachsende Stärke Schwedens mit Argwohn sah, sich aber aus konfessionellen Gründen nicht zum gemeinsamen Vorgehen mit Polen entschließen konnte, zwang im »Kalmar-Krieg« Schweden noch einmal dazu, die dänische Vormachtstellung anzuerkennen. Nach dieser Niederlage intensivierten Gustav II. Adolf und Oxenstierna ihre Bemühungen um die Militärreform, mit einigem Erfolg: Die Schlagkraft der erstarkenden schwedischen Militärmacht zeigte sich 1617 sehr deutlich, als es Gustav II. Adolf gelang, im Kampf gegen das durch innere Wirren geschwächte Russland Karelien und Ingermanland zu gewinnen und Russland für fast einhundert Jahre vom Zugang zur Ostsee abzuschneiden. Dass Polen freilich unverändert der Hauptgegner Schwedens blieb, demonstrierte die schwedische Führung unmittelbar nach dem Frieden mit Russland durch eine massive antikatholische bzw. antipolnische Gesetzgebung, die von einer entsprechenden Propaganda begleitet wurde, und einer ersten Militäroperation in Livland im Jahre 1617. Drei Jahre später brach der Krieg

Das Ringen um das Dominium Maris Baltici
Die Machtverteilung im Ostseeraum 1618

Schwedens mit Polen wieder in aller Schärfe aus, und die enormen Erfolge, die Schweden dabei in kurzer Zeit erzielte (1621: schwedische Eroberung Livlands mit Riga), zeigten, dass neben Dänemark, das diese Entwicklung mit Sorge betrachtete, eine zweite protestantische und zudem expansionistische Großmacht im Ostseeraum aufstieg, mit der die übrigen europäischen Großmächte und nicht zuletzt die Habsburger zu rechnen hatten.

### d) Die Bedrohungslage im Südosten: Der »Lange Türkenkrieg« und seine Folgen

Eine ständige militärische Bedrohung für den mitteleuropäischen Raum stellte schließlich das Osmanische Reich dar. Unter Süleyman dem Prächtigen (1520–1566) war die islamische Großmacht faktisch zum Nachbarn des Reiches geworden und blieb dies bis zum Ende des 17. Jahrhunderts. Unmittelbar betroffen davon war zunächst der Herrschaftsbereich der österreichischen Habsburger, die neben ihren österreichischen Erblanden 1526 auch die Nachfolge in den Ländern der Wenzelskrone (Böhmen, den Lausitzen, Mähren, Schlesien) sowie in Ungarn angetreten hatten. Das Kaiserhaus hat freilich bei der Abwehr des sog. »Erbfeindes des christlichen Namens« die solidarische Unterstützung des gesamten Reiches diplomatisch und propagandistisch eingefordert und sie auf den Reichstagen auch in beträchtlichem Umfang erhalten. Anders als die Krisen in den Niederlanden und im Ostseeraum spaltete die militärische Bedrohung im Südosten das Reich nicht, sondern stärkte über alle konfessionellen und politischen Grenzen hinweg den Zusammenhalt der Reichsglieder.

Nach jahrzehntelangen Kriegen war es im Jahre 1568 zwischen dem Kaiser und dem Osmanischen Reich zu einem längerfristigen Waffenstillstand gekommen, der die Überlegenheit des Osmanischen Reiches über seine habsburgischen Gegner deutlich erkennen ließ. Darin wurde die Dreiteilung Ungarns festgelegt: Zentralungarn mit der Hauptstadt Ofen fiel an das Osmanische Reich, das christliche Fürstentum Siebenbürgen wurde tributpflichtiger Vasall der Hohen Pforte, und lediglich ein schmaler Grenzstreifen in West- und Oberungarn verblieb den Habsburgern, die überdies einen jährlichen Tribut an Konstantinopel zu entrichten hatten.

Der habsburgisch-osmanische Grenzraum kam freilich auch in der Zeit nach 1568 aufgrund eines ständigen Kleinkriegs nicht zur Ruhe. Im Jahre 1593 entschied sich Sultan Murad III. (1574–1595) zu einem erneuten großangelegten Feldzug gegen Ungarn, Böhmen und Österreich, der zu einem weiteren, dem sog. »langen« Türkenkrieg führte. Trotz einiger osmanischer Anfangserfolge gestaltete sich der Kriegsverlauf für Habsburg diesmal weit günstiger als in den Kriegen zuvor. Dazu trugen die umfangreichen Finanzhilfen des Reiches ebenso bei wie päpstliche und spanische Subsidien[16]. Überdies erwuchsen dem Sultan militärische Probleme an anderen Fronten. Die erstarkenden persischen Safawiden unter Schah Abbas I. (»dem Großen«) (1586–1628) erzielten beachtliche militärische Erfolge gegen die osmanischen Truppen, während im Innern des Osmanischen Reiches, in Anatolien, im Libanon und in Syrien, große Aufstände gegen die Zentralregierung ausbrachen. Angesichts der sich abzeichnenden Schwierigkeiten der Hohen Pforte wagte der Fürst von Siebenbürgen, Sigismund Báthory, den Übertritt auf die Seite der Habsburger, denen er gegen finanzielle und territoriale Entschädigung sein Fürstentum überließ – ein schwerer Rückschlag für die Osmanen. Doch die kaiserlich-habsburgische Seite sorgte in gewisser Weise selbst dafür, dass die Entwicklung für das Osmanische Reich noch einmal glimpflich endete. Die kaiserliche Regierung verzichtete unter dem zunehmend handlungsunfähigen Kaiser Rudolf II. (1576–1612, vgl. Kapitel II, 3b) auf eine entschlossene Ausnutzung der Lage, und reagierte eher abwartend. Noch schädlicher für Habsburg wirkte sich das rücksichtslose und provozierende Auftreten der unter General Basta in Siebenbürgen einrückenden kaiserlichen Truppen aus, die bald Widerstand unter der protestantischen Bevölkerung Siebenbürgens hervorriefen. An die Spitze dieser Widerstandsbewegung trat der calvinistische Magnat Stefan Bocskay, der sich zum Fürsten von Siebenbürgen ausrufen ließ. Dieser antihabsburgische Aufstand nahm bedrohliche Ausmaße an, zumal Bocskay bald Verbindung mit dem Sultan aufnahm und das Übergreifen des Aufstands auf ganz Ungarn zu befürchten stand. Diese Lage zwang die habsburgischen Erzherzöge, die Rudolf II. jetzt die Regierungsführung aus der Hand nahmen, trotz der strategisch ungünstigen Gesamtlage des Osmanischen Reiches einen Waffenstillstand mit dem Sultan auf der Basis des Status quo abzuschließen; Siebenbürgen blieb mithin osmanischer Vasall. Allerdings musste der Sultan den Kaiser erstmals als gleichrangigen Herrscher anerkennen und gegen eine einmalige Zahlung auf die bisherigen jährlichen Tributleistungen verzichten[17].

Die Folgen des Waffenstillstands für die Lage im römisch-deutschen Reich waren weitreichend. Die Hohe Pforte wandte sich nach 1606 für mehr als drei Jahrzehnte anderen Kriegsschauplätzen zu, insbesondere den Auseinandersetzungen mit dem Persischen Reich, die sich bis 1639 hinzogen. Das vorübergehende Nachlassen der Türkengefahr verschaffte den Habsburgern einerseits größeren politisch-militärischen Handlungsspielraum, führte aber andererseits dazu, dass nun ein wichtiges »Instrument der Solidarisierung« (Volker Press)[18], das bis dahin mäßigend auf die antihabsburgische Opposition im Reich und in den Erblanden gewirkt hatte, an Bedeutung verlor. Beides erhöhte die Gefahren innerer Auseinandersetzungen im Reich. Zudem wurde Siebenbürgen unter Bocskay und seinen Nachfolgern, vor allem unter Bethlen Gabor (1613–1629), zu einem ständigen antihabsburgischen Machtfaktor in der Region, der enge Kontakte mit der antikaiserlichen Opposition in den Erblanden und im Reich unterhielt. Schließlich war in der Endphase des »langen Türkenkriegs« die Regierungsunfähigkeit des Oberhauptes der österreichischen Habsburger, Kaiser Rudolf II., offenbar geworden. Damit verband sich die weitreichende innere Krise des Reichs, die nun zu betrachten ist, mit einer schwerwiegenden dynastischen Führungskrise im Hause Habsburg.

# 2. Die Krise im Innern des Reiches: Reichspolitik im Zeichen konfessioneller Polarisierung

Nicht nur wegen der zahlreichen Krisen im geographischen Umfeld des Reiches wuchs unter den Reichsangehörigen seit der Wende vom 16. zum 17. Jahrhundert die Furcht vor einem großen Krieg. Dies lag auch und vor allem an der bedrohlichen Situation im Reich selbst. Denn den interessierten Zeitgenossen entging nicht, dass die politischen Institutionen des Reiches in eine schwere Krise geraten waren, die eine Schlichtung oder Einhegung der vorhandenen Konflikte im Reich immer unwahrscheinlicher erscheinen ließ. Sicherlich trugen verschiedene Faktoren zu dieser Verschärfung der politischen Lage bei, aber sie hatte doch eine entscheidende Ursache: Dies war das Scheitern des Versuchs, im Rahmen der bestehenden politisch-rechtlichen Ordnung im Reich einen friedlichen Ausgleich der Gegensätze zwischen den Konfessionsparteien zu finden. Anders ausgedrückt: Die Hoffnung, den entstandenen konfessionellen Zwiespalt in die bestehende Ordnung des Reichs integrieren und dadurch rechtlich wie politisch überbrücken zu können, erwies sich seit dem Ende des 16. Jahrhunderts in zunehmendem Maße als trügerisch. Der sich verschärfende Konfessionskonflikt führte im Gegenteil zur Lähmung der Reichsinstitutionen und zog damit alle übrigen Konflikte im Reich in seinen Bann. Damit ist in wenigen Worten die Kernursache für die schwere Krise des Reiches vor Ausbruch des Dreißigjährigen Kriegs benannt.

## a) Reichsordnung und Religionskonflikt I: Zur Grundproblematik

Die Reichsordnung des ausgehenden 16. und beginnenden 17. Jahrhunderts basierte nicht auf einer geschriebenen Verfassung im Sinne einer modernen Konstitution, sondern auf alter Gewohnheit und Herkommen, vor allem aber auf den sogenannten Reichsgrundgesetzen. Als Reichsgrundgesetze (*leges fundamentales*) bezeichneten die Reichsjuristen herausragende Normen, durch die Struktur und politische Funktionsweise des römisch-deutschen Reiches entscheidend geprägt wurden.

Als vornehmstes Reichsgrundgesetz galt im 16. Jahrhundert die sog. Goldene Bulle von 1356. Darin war noch einmal ausdrücklich der Charakter des römisch-deutschen Reiches als einer Wahlmonarchie kodifiziert worden, der bis zum Ende des Alten Reiches nie in Frage gestellt worden ist, obwohl zwischen dem 15. und der Mitte des 18. Jahrhunderts in ununterbrochener Folge Mitglieder des Hauses Habsburg die Kaiserwürde bekleidet haben. Die Goldene Bulle legte zugleich verbindlich den Kreis der Wähler des römisch-deutschen Königs bzw. Kaisers fest: die Kurfürsten. Der Wählerkreis umfasste vier weltliche Fürsten, den König von Böhmen, den Kurfürsten von Sachsen, den Pfalzgrafen bei Rhein sowie den Markgrafen von Brandenburg und drei geistliche Fürsten, die Erzbischöfe von Mainz, Köln und Trier. Aufgrund der Goldenen Bulle kam den Kurfürsten traditionell eine herausgehobene Stellung unter den übrigen reichsunmittelbaren, also nur dem Kaiser unterstehenden, Territorialherren im Reich (den sog. Reichsfürsten) zu.

Ein weiteres, das gesamte Rechtsleben im Reich prägendes Grundgesetz war der sog. Allgemeine Landfrieden von 1495. Durch dieses Gesetz war abschließend geregelt worden, dass kein Reichsangehöriger mehr zur bewaffneten Selbsthilfe, zur Fehde, greifen dürfe, um sich sein vorgebliches oder tatsächlich bestehendes Recht zu verschaffen. Jeder, der doch noch Gewalt anwende und damit den Landfrieden breche, sollte demnach der Reichsacht verfallen, das heißt, für sich und seinen Besitz jeden rechtlichen Schutz verlieren.

Die Verkündung des Allgemeinen Landfriedens und seine Anerkennung als Reichsgrundgesetz bildeten eine wichtige Etappe der sog. Reichsreform, durch die zwischen dem 15. Jahrhundert und der Mitte des 16. Jahrhunderts die Reichsordnung wesentlich verändert worden ist. Eigentliches Ziel der Reichsreform war die Stärkung der Reichsinstitutionen und die Verbesserung der Sicherheitslage im Reich gewesen. Über die Notwendigkeit solcher Reformen bestand breiter Konsens im Reich. Im Ergebnis wurden freilich auch die Machtverhältnisse zwischen dem kaiserlichen Reichsoberhaupt und den Reichsständen wesentlich verschoben, und zwar zugunsten der Stände. Seit der Reichsreform standen den Reichsständen weitgehende Mitspracherechte bei der Gesetzgebung bzw. der Steuerbewilligung, bei der Rechtsprechung und schließlich auch in der Reichsexekutive zu.

Für die Reichsgesetzgebung und die Bewilligung der Reichssteuern war seit der Reichsreform in erster Linie der Reichstag als Versammlung aller Reichsstände zuständig. Das Einberufungsrecht für den Reichstag, der theoretisch in jährlichem Turnus zusammentreten sollte, besaß der Kaiser, der auch die Verhandlungsgegenstände in seiner *Proposition* vorschlug, wobei die Reihenfolge der Beratungspunkte nach Zusammentritt des Reichstags im 16. Jahrhundert sehr häufig Gegenstand heftiger Auseinandersetzungen zwischen dem Kaiser und den Reichsständen war. Die Geschäfte des Reichstags führte der Kurfürst von Mainz als Kurerzkanzler des Reiches. Der Reichstag tagte in drei Kurien. Die Kurfürsten versammelten sich im Kurfürstenrat, alle übrigen Reichsfürsten im Fürstenrat, die reichsunmittelbaren Städte (Reichsstädte) im Städterat. Über einen Vorschlag wurde zunächst getrennt in den verschiedenen Kurien beraten. Nachdem innerhalb der Kurien mit Mehrheitsbeschluss eine Entscheidung getroffen worden war, setzte ein intensives Beratungsverfahren zwischen den Kurien ein. Ziel war es, dem Kaiser eine gemeinsame Resolution der Stände zu präsentieren. Die Städte besaßen dabei lediglich eine beratende Stimme (*votum consultativum*), obwohl sie einen nicht unerheblichen Anteil an der Reichssteuer aufbrachten. Wenn die Beratungen erfolgreich zum Abschluss gekommen waren und der Kaiser zugestimmt hatte, wurde der Beschluss in den sog. Reichsabschied aufgenommen, der im Namen des Kaisers am Ende des Reichstags verkündet wurde. Damit erlangten die Beschlüsse Gesetzeskraft[19].

Eine noch empfindlichere Einschränkung der kaiserlichen Macht als die ständische Mitsprache bei der Steuerbewilligung und Gesetzgebung stellten Mitbestimmungsrechte dar, die die Reichsstände in der höchsten Gerichtsbarkeit ausübten, wurde doch die Rechtsprechung im frühneuzeitlichen Europa als Kernbereich der monarchischen Gewalt angesehen. Das höchste Reichsgericht, das Reichskammergericht, war um die Wende vom 15. zum 16. Jahrhundert als ständisch kontrollierter Gerichtshof wiedererrichtet worden, auf den der Kaiser nur noch begrenzten Einfluss hatte. Vorsitzender dieses Gerichts war der sog. Kammerrichter, der vom Kaiser ernannt wurde. Die eigentlichen Urteiler des Gerichtshofs waren freilich die 18

Assessoren, die mehrheitlich von den Reichsständen benannt (*präsentiert*) wurden. Sechs wurden von den Kurfürsten präsentiert, sechs weitere von den übrigen Ständen, wobei den Reichsstädten kein Präsentationsrecht zustand. Auch hier zeigte sich – wie schon auf dem Reichstag – die außerordentlich starke Stellung der Kurfürsten und die Benachteiligung der Reichsstädte. Das Reichskammergericht war zuständig bei Übertretung von Reichsgesetzen (auch des Landfriedens) sowie für fiskalische Angelegenheiten und Klagen gegen Reichsunmittelbare. Revisionsinstanz des Reichskammergerichts war die sog. Visitationskommission, ein im turnusmäßigen Wechsel von unterschiedlichen Reichsständen besetztes Gremium, das einmal im Jahr tagte.

Die Kaiser haben die Einschränkung ihrer Jurisdiktionsgewalt im Reich nicht ohne weiteres hingenommen. Seit Mitte des 16. Jahrhunderts baute die kaiserliche Regierung parallel zum Reichskammergericht einen eigenen Gerichtshof auf, den Reichshofrat, der dem Kaiserhof zugleich als zentrale juristisch-politische Beratungsinstanz diente. Bemerkenswerterweise haben die Stände die Reichshofratsjurisdiktion zunächst widerspruchslos hingenommen, obwohl sie eine direkte Konkurrenz für das ständische Reichskammergericht darstellte. Charakteristikum des Reichshofrats war seine enge Bindung an den Monarchen und den Kaiserhof. Der Kaiser ernannte und besoldete den Präsidenten, den Vizepräsidenten sowie die übrigen zwölf bis achtzehn Mitglieder des Reichshofrats. Sämtliche bedeutenderen Rechtsstreitigkeiten, die beim Reichshofrat anhängig waren, wurden dem Kaiser im sog. *votum ad Imperatorem* zur letzten Beschlußfassung vorgelegt. Die Zuständigkeit des Reichshofrats umfaßte alle Streitgegenstände, bei denen Rechte von Kaiser und Reich berührt waren sowie alle Zivil- und Kriminalklagen gegen Reichsunmittelbare; dazu gehörten auch Lehnsstreitigkeiten und Fälle von Landfriedensbruch. Der Reichshofrat war Ausdruck des monarchischen Charakters des Reiches, der – bei aller ständischen Mitsprache – unter den Reichsständen grundsätzlich unbestritten war[20].

Die Reichsstände besaßen im 16. Jahrhundert aber nicht nur bei der Gesetzgebung und Rechtsprechung, sondern auch innerhalb der Exekutive im Reich wichtige Mitwirkungsmöglichkeiten. Traditionell galt die schwache Exekutive als Hauptproblem der politischen Ordnung. Oft fehlten die Instrumente, über die Einhaltung der Reichsgesetze, insbesondere die Gewährleistung des allgemeinen Landfriedens, zu wachen. Um hier Abhilfe zu schaffen, waren zu Beginn des 16. Jahrhunderts die zehn Reichskreise geschaffen worden. Die Reichskreise waren Zusammenschlüsse von Reichsständen einer Region, um dort jeweils für die Einhaltung der Reichsgesetze, die Durchführung von Urteilen der höchsten Gerichtsbarkeit und die Landfriedenswahrung – wenn nötig auch mit militärischer Macht – zu sorgen. Die einzelnen Reichskreise unterschieden sich sehr voneinander. Es gab Kreise, die eindeutig von einem Reichsstand dominiert wurden, etwa der Bayerische oder der Österreichische Kreis, aber auch sehr heterogene Reichskreise, die aus zahlreichen kleineren Reichsständen bestanden: So waren im Schwäbischen Kreis über einhundert kreissässige Stände zusammengeschlossen. Einzelne Teile des Reiches, wie Böhmen, Schlesien und Reichsitalien waren nicht in die Kreisstruktur integriert. Eine herausragende Stellung in den Kreisen kam dem vom Kreistag gewählten

Kreishauptmann bzw. Kreisobersten zu, der die höchste Verantwortung für die militärischen Angelegenheiten innerhalb eines Kreises besaß[21].

Die Funktionsfähigkeit des Reiches beruhte mithin nach der Reichsreform auf einem komplizierten Zusammenwirken der Reichsstände untereinander und mit dem Kaiser, setzte also ein hohes Maß an Kooperationsbereitschaft unter der politischen Führungsschicht im römisch-deutschen Reich voraus. Dies ist ein wesentlicher Grund, warum die Kirchenspaltung seit Luthers Reformation auch eine fundamentale Bedrohung für den politischen Zusammenhalt des Reiches darstellte. Denn viele Reichsstände, darunter die Kurfürsten von Sachsen, Brandenburg und der Pfalz, die sich der neuen Lehre trotz ihres 1521 im Wormser Edikt ausgesprochenen formellen kaiserlichen Verbots anschlossen, gerieten in eine reichsrechtlich zweifelhafte Lage. Daran änderte auch die Tatsache nichts, dass das Wormser Edikt in weiten Teilen des Reiches nicht umgesetzt und immer wieder suspendiert wurde. Diese reichsrechtlich problematische Situation belastete die politische Zusammenarbeit unter den Reichsständen, die für die Funktionsfähigkeit der Reichsinstitutionen notwendig war, in erheblichem Umfang und gefährdete so den gerade errungenen Landfrieden. Besonders deutlich wurde dies auf dem Reichstag, dem die Protestanten das Recht bestritten, auch Religions- und Gewissensfragen mit Mehrheitsbeschluss gesetzlich zu regeln. Es gab noch einen weiteren Grund, warum die gesamte Ordnung des Reiches durch die Reformation in Frage gestellt wurde, nämlich die hohe Zahl geistlicher Reichsstände (u. a. Reichsbistümer, Reichsabteien), die im Kurfürsten- und im Fürstenrat eine Schlüsselstellung innehatten. Traten geistliche Fürsten zur Reformation über, veränderte sich der gesamte Charakter ihres Territoriums, das in ein weltliches (häufig erbliches) Fürstentum unter einem protestantischen Herrscher umgewandelt wurde. Es bestand also die Möglichkeit, dass der Glaubenswechsel eines geistlichen Fürsten unumkehrbare Realitäten in seinem Fürstentum schuf. Auf Dauer musste dies wegen der großen Bedeutung der geistlichen Fürsten die gesamte Reichsstruktur verändern – eine Veränderung, die sowohl von Kaiser Karl V. (1519–1556), der sich in der Tradition des römisch-deutschen Kaisertums als Verteidiger und Beschützer der römischen Kirche (*Advocatus Ecclesiae*) sah, als auch von den altgläubigen Fürsten heftig bekämpft wurde[22].

## b) Reichsordnung und Religionskonflikt II: Der Lösungsversuch von 1555

Schon in der Herrschaftszeit von Karl V. wurde deutlich, dass der religiöse Zwiespalt im Reich weder durch die Anwendung militärischer Gewalt noch durch zeitlich befristete Konzessionen an die protestantischen Reichstände zu überwinden war. Nach dem erfolgreichen Aufstand protestantischer Fürsten 1551/52 kamen Kaiser und Protestanten daher im Passauer Vertrag 1552 überein, auf einem neuen Reichstag eine dauerhaft gültige Friedensregelung zwischen den Religionsparteien aufzurichten.

Ergebnis war der auf dem Reichstag von 1555 mühsam ausgehandelte »Augsburger Religionsfriede« – eine Bezeichnung, die etwas irreführend sein kann, verfolgte er doch nicht das Ziel, einen friedlichen Ausgleich zwischen den Religionen im Reich zu finden, sondern die weiterhin theologisch unversöhnt gegenüberstehenden Religionsparteien dauerhaft in die Landfriedensordnung des Reiches zu integrieren. Religiös motivierte Anwendung militärischer Gewalt sollte künftig ebenso verboten sein wie jeder andere Landfriedensbruch. Allerdings galt der Schutz des Landfriedensgebots nur für die beiden wichtigsten Konfessionen im Reich, die Katholiken und die Anhänger der sog. Augsburger Konfession, also die Lutheraner. Alle übrigen protestantischen Richtungen, insbesondere die Calvinisten bzw. Reformierten, mit denen mehrere Reichsstände offen sympathisierten, waren als »Sekten« ausdrücklich vom Religionsfrieden ausgeschlossen; sie blieben also in jener rechtlich zweifelhaften Lage, in der sich zuvor alle Evangelischen befunden hatten[23].

Um den weltlichen Rechtsfrieden zwischen Katholiken und Lutheranern in Zukunft zu gewährleisten, wurde im Augsburger Reichsabschied eine Reihe von grundsätzlichen religionsrechtlichen Festlegungen getroffen. Zunächst wurde nur einer kleinen, herausgehobenen Gruppe von Reichsangehörigen, den reichsunmittelbaren Ständen, die freie Wahl zwischen den beiden zugelassenen Konfessionen gestattet. Sie erhielten überdies das Recht, auch die Konfession ihres Territoriums zu bestimmen (*ius reformandi*), was die spätere Rechtslehre auf die einprägsame Formel *cuius regio, eius religio* gebracht hat. Allerdings wurde allen Reichsangehörigen, die der konfessionellen Entscheidung ihres Landesherrn nicht zu folgen vermochten, ausdrücklich gestattet, das Land zusammen mit ihren Familienangehörigen und unter Mitnahme ihres beweglichen und des Verkaufs ihres unbeweglichen Besitzes zu verlassen (*ius emigrandi*) – eine für zeitgenössische Verhältnisse keineswegs selbstverständliche Regelung[24].

Im Augsburger Religionsfrieden wurde eine Gruppe von Reichsfürsten allerdings vom *ius reformandi* ausgeschlossen, die geistlichen Fürsten. Wegen des besonderen Charakters ihrer Fürstentümer blieb ihnen die freie Konfessionswahl verwehrt: Jeder geistliche Fürst, der nach dem Passauer Vertrag von 1552 seine Konfession wechselte, hatte seine weltliche Herrschaft aufzugeben und sich – freilich unter Beibehaltung seiner persönlichen Ehrenvorrechte – aus seinem bisherigen Territorium zurückzuziehen. Dem jeweiligen Domkapitel oblag es dann, einen Nachfolger zu wählen. Diese Regelung, die als »Geistlicher Vorbehalt« bezeichnet wurde, empfanden viele protestantische Reichsstände als diskriminierend. Für die katholische Seite war der Geistliche Vorbehalt dagegen von zentraler Bedeutung, würde doch ein Nachgeben in der Frage der Katholizität der geistlichen Territorien mit großer Wahrscheinlichkeit überhaupt zum Verlust der katholischen Identität des Heiligen Römischen Reiches führen. Die protestantischen Reichsfürsten nahmen schließlich hin, dass König Ferdinand I. (1531 gewählter römischer König, 1558–1564 römisch-deutscher Kaiser), der seinen abwesenden kaiserlichen Bruder auf dem Reichstag vertrat, den Geistlichen Vorbehalt in den Reichsabschied aufnahm und ihm so Gesetzeskraft verlieh. Im Gegenzug erließ Ferdinand eine Nebendeklaration, die den evangelischen landsässigen (also nicht reichsunmittelbaren) Adligen und Städten in geistlichen Territorien das Recht gab, bei ihrem Glauben zu bleiben. Anders als der Geistliche Vorbehalt blieb diese sog. *Declaratio Ferdinandea* geheim und fand keine Erwähnung im Reichsabschied. Offiziell in den Abschied aufgenommen wurden hingegen Bestimmungen, die die konfessionelle Zusammensetzung der Reichsinstitutionen regelten. So wurde grundsätzlich festgelegt, dass das Reichskammergericht in Zukunft protestantische Assessoren aufzunehmen habe.

Der Augsburger Religionsfrieden markierte einen wichtigen Einschnitt der politisch-rechtlichen Entwicklung des römisch-deutschen Reichs. Die lutherischen Reichsstände erreichten 1555 die dauerhafte reichsrechtliche Anerkennung der von ihnen errichteten Kirchenwesen durch das habsburgische Reichsoberhaupt und die katholischen Reichsstände, die sich davon im Gegenzug eine Absicherung ihres konfessionellen Besitzstandes gegenüber der dynamisch ausgreifenden reformatorischen Bewegung erhofften. Dieser Kompromiss war nur möglich, weil die Katholiken akzeptierten, dass sich kirchlich-kanonisches und weltliches Recht im Reich in entscheidenden Bereichen auseinanderentwickelten. Der Gedanke der Toleranz blieb beiden Seiten auch 1555 fremd; er widersprach ihrer Vorstellung von den geistlichen Pflichten der weltlichen Obrigkeit gegenüber ihren jeweiligen Untertanen zutiefst. Nur aus Not, also zur Vermeidung größeren Übels – darüber bestand Einigkeit – war der beschlossene Gewaltverzicht in Religionsangelegenheiten zu rechtfertigen. Übereinstimmung bestand zwischen den Religionsparteien auch in dem Ziel, durch die 1555 gefundene Regelung trotz fortbestehender theologischer Gegensätze einen großen Religionskrieg im Reich zu vermeiden.

### c) Reichsordnung und Religionskonflikt III: Die Polarisierung des Konfessionsgegensatzes

Zunächst schien sich die Hoffnung auf Bewahrung des Friedens zu erfüllen. Während Frankreich seit 1562 von schweren Konfessionskonflikten erschüttert wurde, die in den Ereignissen der sog. »Bartholomäusnacht« des Jahres 1572 einen ersten blutigen Höhepunkt erreichten, blieben dem Reich militärische Konflikte zwischen den Religionsparteien bis in die achtziger Jahre erspart. Dies lag freilich auch daran, dass brisante und zwischen den Religionsparteien kontroverse Teile des Religionsfriedens praktisch nicht angewendet wurden. Vor allem durch die Übernahme geistlicher Territorien durch protestantische Administratoren, die nach 1555 kontinuierlich fortgesetzt wurde, wurde dies augenfällig. Obwohl damit nach katholischer Auffassung gegen den Geistlichen Vorbehalt verstoßen und dessen Gültigkeit damit natürlich auch wieder prinzipiell in Frage gestellt wurde, haben das Kaisertum und die meisten katholischen Reichstände dies zunächst hingenommen.

Seit den 1570er Jahren allerdings war eine Veränderung des konfessionspolitischen Klimas im Reich zu registrieren. Dies hing vor allem mit dem erstarkenden Selbstbehauptungswillen des römischen Katholizismus und seiner Repräsentanten im Reich zusammen: Die katholische Erneuerung, die häufig mit dem Begriffspaar der »katholischen Reform und Gegenreformation« beschrieben wird, zeigte auch im Reich, insbesondere unter der geistlichen und politischen Führungsschicht, unübersehbar Wirkung. Die Begriffe katholische Reform und Gegenreformation bezeichnen nach einer von Hubert Jedin eingeführten, heute weithin akzeptierten Definition korrespondierende, inhaltlich und zeitlich verschränkte Entwicklungsprozesse des römischen Katholizismus. Während mit katholischer Reform die innere Erneuerung des Katholizismus umschrieben wird, die sich auch völlig unabhängig von der Reformation vollziehen konnte, bezeichnet Gegenreformation seine kämpferische Selbstbehauptung in der Auseinandersetzung mit dem Protestantismus. Von entscheidender Bedeutung waren dabei die (vor allem durch das Konzil von Trient geleistete) theologische Standortbestimmung des Katholizismus in klarer Abgrenzung von den anderen Konfessionen, die Verbesserung der Ausbildung und der sittlichen Standards des Klerus, die Gründung neuer Bildungsstätten sowie wirksamere Formen der Glaubensunterweisung und der Mission. Treibende Kräfte dieser Entwicklung im Reich waren die päpstlichen Nuntiaturen, die neuen Orden, insbesondere der Jesuitenorden, der sich mit Nachdruck auch der Fürstenerziehung widmete, und nicht zuletzt der katholische Fürstenstaat. Es besteht heute in der Forschung Konsens darüber, dass die katholische Reform und die Gegenreformation ohne die nachdrückliche Unterstützung und Steuerung durch die jeweiligen Landesherrn so nicht hätten durchgeführt werden können. Den katholischen Fürsten kam damit eine Rolle zu, die jener der protestantischen Landesherren beim Aufbau der evangelischen Kirchenwesen in mancher Hinsicht glich. Dies galt auch hinsichtlich der politischen Bedeutung, die die landesherrlichen Bemühungen um die Ausbreitung der eigenen und die Zurückdrängung der fremden Konfessionen hatten: Sowohl im Falle der protestantischen als auch im Falle der katholischen Fürsten diente die systematische Förderung der eigenen Konfession auch der langfristigen Stärkung und inneren Festigung der politischen Herrschaft. Um diese konfessionsübergreifenden Phänomene historisch besser zu charakterisieren, wurde von Seiten der Geschichtswissenschaft vorgeschlagen, konfessionsneutrale Bezeichnungen der entsprechenden historischen Entwicklung zu verwenden, beispielsweise »konfessioneller Absolutismus« (Karl Eder) oder später »Konfessionalisierung« (Wolfgang Reinhard, Heinz Schilling) – ein Begriff, der die sozialhistorische Dimension dieser Entwicklung treffender erfassen soll[25].

Schon bald wurden die Folgen dieser konfessionellen Entwicklung auf der höchsten Ebene der Reichspolitik sichtbar. Eine neue, im letzten Drittel des 16. Jahrhunderts ins Amt gekommene Generation geistlicher Fürsten begann damit, energisch ihr *ius reformandi* wahrzunehmen und die protestantische Bevölkerung ihrer Territorien zur Konversion oder Auswanderung zu zwingen, ohne dabei besondere Rücksicht auf die Rechte des landständischen Adels zu nehmen. Zugleich wurde deutlich, dass Rudolf II., der 1576 zur Kaiserwürde gelangt war, entschiedener als sein Vorgänger auf der Einhaltung des Geistlichen Vorbehalts bestand und dabei von den katholischen Reichsständen unterstützt wurde. 1582 ereignete sich auf dem Reichstag ein spektakulärer Eklat, der sog. »Magdeburger Sessionsstreit«, als dem seit 1566 amtierenden protestantischen Administrator des Erzstifts Magdeburg verwehrt wurde, seinen Sitz einzunehmen und sein reichsfürstliches Stimmrecht auszuüben. Schon ein Jahr später kam es wegen eines reichspolitisch noch bedeutenderen geistlichen Territoriums, des Kurfürstentums Köln, zur ersten größeren militärischen Konfrontation, nachdem der Erzbischof von Köln, Gebhard Truchsess von Waldburg, wegen seiner Eheschließung und seines Glaubenswechsels vom Papst abgesetzt worden war, sich aber geweigert hatte, seine weltliche Herrschaft aufzugeben. In harten mehrjährigen Kämpfen wurde er von einer Allianz katholischer Mächte mit Waffengewalt aus seinem Erzstift vertrieben. Seit 1592 bahnte sich ein ähnlich gelagerter Streit um die Nachfolge im Erzstift Straßburg an. Im selben Zeitraum häuften sich die Klagen von katholischer Seite, in denen die Rückgabe angeblich entfremdeten katholischen Kirchengutes verlangt wurde[26].

## d) Die Lähmung der Reichsverfassung und die Militarisierung der Reichspolitik

Eigentlich standen dem Reich seit der Reichsreform mit dem Reichskammergericht und den ständischen Gremien, allen voran dem Reichstag, Institutionen zur Verfügung, um diese Streitigkeiten auf friedlichem Weg zu klären. Die konfessionelle Polarisierung und die Auseinandersetzung um strittige Regelungen des Augsburger Religionsfriedens führten nun aber ihrerseits zur Blockade dieser Institutionen. Betroffen war zunächst die Rechtsprechung des Reichskammergerichts bzw. seiner Berufungsinstanz, der Visitationskommission, die gerade die konfessionell brisanten Fragen zu entscheiden hatte. Seit 1588 war die Visitationskommission handlungsunfähig – eine Folge des »Magdeburger Sessionsstreits«: Die Religionsparteien konnten sich nicht darüber verständigen, ob das Erzstift Magdeburg seine ihm turnusmäßig zustehende Mitgliedschaft in der Kommission wahrnehmen dürfe. Ein anderes reichsständisches Gremium, der Reichsdeputationstag, der daraufhin ausnahmsweise mit den Aufgaben der Visitationskommission betraut wurde, war eindeutig katholisch dominiert und wurde deshalb von protestantischer Seite (Kurbrandenburg, Kurpfalz, Braunschweig) boykottiert. Von der Rechtsprechung des Reichskammergerichts war daher die Entschärfung des Konfliktes nicht mehr zu erwarten, im Gegenteil, sie war selbst Gegenstand des konfessionellen Streits geworden.

Zu den Besonderheiten der Reichsgerichtsbarkeit gehörte, dass dem Reich mit dem kaiserlichen Reichshofrat ein alternativer, konkurrierender Gerichtshof zur Verfügung stand. In der Tat war es nicht von vorneherein ausgeschlossen, dass das römisch-deutsche Kaisertum mit Hilfe des Reichshofrats in dieser Lage eine vermittelnde, richtende und schlichtende Schiedsrichterstellung über den konfessionellen Parteien hätte einnehmen und die Streitfragen des Augsburger Religionsfriedens hätte entschärfen können. Heinrich IV. von Frankreich hat am Ende des 16. und zu Beginn des 17. Jahrhunderts diese Schiedsrichterposition gegenüber den konfessionellen Lagern in seinem Land sehr geschickt wahrgenommen, nicht zuletzt zur Stärkung des Königtums. Allerdings setzte dies eine gewisse Distanz zu den Religionsparteien voraus, die im Falle Rudolfs II. keineswegs bestand, wie rasch deutlich wurde. In mehreren konfessionspolitisch brisanten Angelegenheiten machten sich Kaiser und Reichshofrat eindeutig den katholischen Standpunkt zu eigen, etwa bei der Verurteilung der Freien Reichsstadt Aachen 1593 bzw. 1598 oder – in geradezu demonstrativer Weise – im spektakulären Fall der Donauwörther Streitigkeit: Nach gewaltsamen Störungen einer katholischen Prozession durch protestantische Bürger angeklagt, wurde die Reichsstadt Donauwörth nach einem summarischen Verfahren vor dem Reichshofrat 1607 wegen Bruchs des Religionsfriedens geächtet. Die Vollstreckung der Acht übertrug der Kaiser unter Umgehung des eigentlich zuständigen schwäbischen Reichskreises dem kreisfremden Herzog Maximilian I. von Bayern (reg. 1597–1651), einem herausragenden Repräsentanten der jungen Generation entschieden katholisch-gegenreformatorisch eingestellter Reichsfürsten. Maximilian I. unterwarf in einem kurzen Feldzug Donauwörth, gliederte die Reichsstadt seinem Territorium an und betrieb energisch die vollständige Rekatholisierung der ursprünglich mehrheitlich protestantischen Stadt. Die nach Donauwörth einsetzende heftige politisch-publizistische Kontroverse über die Rechtmä-

ßigkeit dieser Entscheidung machte unzweideutig klar, dass sich auch die Reichshofratsjurisprudenz nicht dazu eignete, den Konfessionskonflikt im Reich rechtlich
einzuhegen, sondern die Konfrontation eher noch verschärfte[27].

In dieser verfahrenen Situation richteten sich die Hoffnungen auf den Reichstag
als zentralem reichsständischen Gremium. Im Frühjahr 1608 wandten sich die
protestantischen Reichsstände als Reaktion auf den Fall Donauwörth an den in
Regensburg versammelten Reichstag und beantragten, den Augsburger Religionsfrieden feierlich zu bestätigen, der ihrer Ansicht nach durch die jüngsten Übergriffe
von katholischer Seite in Frage gestellt worden war. Erzherzog Ferdinand von
Steiermark (reg. 1590–1637, seit 1619 als Ferdinand II. römisch-deutscher Kaiser),
ein weiterer prominenter Repräsentant der neuen katholisch-gegenreformatorischen Fürstengeneration, der auf dem Reichstag als offizieller Vertreter Kaiser
Rudolfs II. auftrat, griff diese Forderung auf, freilich nur, um ihr eine neue Stoßrichtung zu geben. Er forderte, dass eine Bestätigung des Augsburger Religionsfriedens auch den Geistlichen Vorbehalt einschließen und daher mit einer Rückgabe
aller seit 1552 entfremdeten Kirchengüter einhergehen müsse. Diese Argumentation, die sich die katholische Reichstagsmehrheit zu eigen machte, führte zum
energischen Protest der protestantischen Reichsstände gegen die Anwendung des
Majoritätsprinzips in Religionsfragen und ihrer vorzeitigen Abreise aus Regensburg.
Damit war auch der Reichstag am konfessionellen Zwiespalt zerbrochen.

Durch die Krise der Reichsinstitutionen erhielten jene Kräfte innerhalb der
Konfessionsparteien Auftrieb, die schon seit längerem eher auf militärische Selbsthilfe setzten. Innerhalb des protestantischen Lagers war dies vor allem die Kurpfalz,
die unter ihrem reformierten Herrscherhaus, den pfälzischen Wittelsbachern, auf
eine weitreichende Veränderung der politisch-konfessionellen Verhältnisse im Reich
einschließlich einer Revision des Augsburger Friedens hinarbeitete[28]. Eine protestantische »Aktionspolitik« betrieb auch die Landgrafschaft Hessen-Kassel, die sich
unter Landgraf Moritz (1604–1627) ebenfalls der reformierten Konfession angeschlossen hatte und – ähnlich wie die Kurpfalz, die immer wieder Anläufe zur
Abrundung ihres zersplitterten, auf die Unter- und die Oberpfalz verteilten Territo-
rialbesitzes unternahm – auch recht weitgesteckte territorialpolitische Ambitionen
verfolgte[29].

Angesichts der konfessionellen Polarisierung und des Versagens der Reichsinstitutionen begannen nun auch eher gemäßigte, lutherische Reichsstände (Württemberg, Baden-Durlach, Brandenburg-Kulmbach) den Gedanken einer militärischen
Selbstorganisation zu unterstützen. Im Mai 1608 kam es zur Gründung der protes-
tantischen Union, einem Militärbündnis mit eigenem Bundesschatz und eigenem
Bundesheer. Das politische Direktorium übernahm Kurpfalz, ebenso den Oberbefehl über die Streitkräfte, der freilich im dreijährigen Turnus wechseln sollte.
Wegen des unvermindert fortbestehenden Gegensatzes zwischen Lutheranern und
Calvinisten verzichtete die Union darauf, sich ausdrücklich als ein evangelisches
Bündnis zu bezeichnen, sondern erklärte die Verteidigung der Reichsrechte der
Partner gegen alle widerrechtlichen Angriffe zum Bundeszweck. In der Folgezeit
wuchs die Union auf neun reichsfürstliche und 17 reichsstädtische Mitglieder an,
darunter Nürnberg, Ulm und Straßburg. Die stärkste protestantische Macht im
Reich, das Kurfürstentum Sachsen, blieb freilich der Union als traditionell kaiser-

treuer, der reichsrechtlichen Tradition verpflichteter und nicht zuletzt streng luthe-rischer Reichsstand fern[30].

Die Reaktion der katholischen Seite auf die Gründung der Union erfolgte prompt. 1609 wurde unter Federführung des bayerischen Herzogs Maximilian die katholische Liga gegründet, die sich – ebenso wie die Union – als reine Defensiv-allianz bezeichnete, freilich anders als die Union unter ausdrücklicher Nennung des konfessionellen Bündniszwecks[31]. Politisch und organisatorisch blieb Maximilian die eindeutige Führungsfigur der Liga. Der Bayernherzog verfügte über eine vergleichs-weise effiziente Staatsverwaltung und dank seiner rigiden Finanzpolitik über eine recht hohe Liquidität. Beides konnte in einer militärischen Krise entscheidende Bedeutung gewinnen. Auch Maximilian verband wie seine kurpfälzischen Gegen-spieler konfessionelles Engagement mit weitreichenden politischen Ambitionen, vor allem hinsichtlich der pfälzischen Kurwürde: Unter Maximilians Herrschaft wurde der traditionelle Anspruch der bayerischen Wittelsbacher auf diese Kurwürde mit neuem Nachdruck vertreten[32].

Die Bildung konfessioneller Militärbündnisse im Reich hatte weitreichende Fol-gen. Zum einen machte sie offenkundig, dass das Reich in eine wirklich tiefgrei-fende, grundstürzende Krise seiner Verfassungsordnung geraten war. Immer weniger Reichsstände vertrauten darauf, dass die Reichsorgane in absehbarer Zeit wieder funktionstüchtig werden könnten: Gerade kleinere Reichsstände (auf katholischer Seite bezeichnenderweise ganz überwiegend geistliche Territorien) suchten Zu-flucht in den alternativen Schutzbündnissen, weil sie sich davon die Sicherung ihres Besitzstandes versprachen, die das Reich nicht mehr gewährleisten konnte. Zum anderen trugen die Bündnisse ihrerseits zur weiteren Erosion der Verfassungsord-nung bei, denn verfassungsrechtlich betrachtet handelte es sich um sehr problema-tische, rechtswidrige Organisationsformen. Konsequenterweise ist der Kaiser trotz konfessioneller Nähe der Liga ferngeblieben; und auch die übrigen habsburgischen Reichsfürsten hielten Distanz und ließen Bayern den Vortritt in der Liga, was Maximilian natürlich nicht unlieb war.

Schließlich hat die »Militarisierung« der Konfessionsparteien auch dazu geführt, dass andere Konflikte, die unabhängig von der Konfessionsproblematik entstanden waren, nun unter den Einfluss des konfessionellen Gegensatzes gerieten und dadurch zusätzlich an Schärfe gewannen. Besonders deutlich wurde dies beim Streit um das wertvolle Erbe des 1609 kinderlos verstorbenen Herzogs Johann Wilhelm von Kleve-Jülich-Berg. Zwei der recht zahlreichen Prätendenten, der Kurfürst von Brandenburg und der Pfalzgraf von Pfalz-Neuburg, hatten sich in den Besitz der umstrittenen Lande gebracht, die sie zunächst provisorisch gemeinsam verwalteten. Obwohl beide Fürsten ursprünglich lutherischen Glaubens waren, suchten sie in dem zu erwartenden Konflikt um das Gesamterbe die Unterstützung der bewaffne-ten Konfessionsparteien zu gewinnen, Brandenburg jene der Union und Pfalz-Neuburg jene der Liga bzw. der jeweiligen Führungsmächte Kurpfalz und Bayern. Im Zuge dieser Annäherung konvertierten 1613 beide Fürsten, der Brandenburger zum Calvinismus und der Neuburger zum Katholizismus, wodurch der ursprünglich dynastische Konflikt endgültig in den Sog des Konfessionskonflikts geriet – ein Konflikt, der überdies wegen seiner Bedeutung für die Spanische Straße ständig die Gefahr einer offenen Einmischung Spaniens, der Niederlande und Frankreichs in sich barg. Im Frühjahr 1614 standen sich auf dem Boden des Herzogtums Jülich tatsächlich spanische und niederländische Truppen gegenüber. Die große Konfrontation konnte noch einmal abgewendet werden, da sich die beiden Prätendenten im November 1614 im Xantener Vertrag auf eine provisorische Teilung des Gesamterbes verstä ...gten. Seit dem Jülich-Klevischen Erbfolgestreit stand allen Beobachtern in den Regierungszentralen des Reichs und Europas offen vor Augen, wie groß die Kriegsgefahr im römisch-deutschen Reich geworden war[33].

# 3. Der Weg in den Krieg: Die Krise in Böhmen

## a) Die Sonderstellung Böhmens im römisch-deutschen Reich

Die politisch-konfessionelle Krise, die zu Beginn des 17. Jahrhunderts das Königreich Böhmen erschütterte, ist zum eigentlichen Auslöser des Dreißigjährigen Krieges geworden. Dass gerade die böhmische Krise entscheidend zur Entstehung des Krieges beigetragen hat, hing mit der zwiespältigen Position zusammen, die Böhmen im Gefüge des römisch-deutschen Reichs einnahm. Einerseits besaß Böhmen unbestritten eine politische Schlüsselstellung im Reich, und zwar zunächst in konfessioneller Hinsicht. Im 16. Jahrhundert war der König von Böhmen als einziger der vier weltlichen Kurfürsten beim alten Glauben geblieben, so dass von Böhmen die katholische Mehrheit im Kurkolleg, mithin die Katholizität des römisch-deutschen Kaisertums, abhing. Eine Schlüsselstellung hatte Böhmen aber auch in dynastischer Hinsicht, in Hinblick auf die Hausmacht und die Kaiserwürde des österreichischen Zweigs der Habsburger. 1526 war es den Habsburgern mit Unterstützung der böhmischen Stände gelungen, die Nachfolge im böhmischen Königtum anzutreten. Bei der Sicherung des umfangreichen Herrschaftskomplexes der österreichischen Habsburger in Mitteleuropa, der sich von der Lausitz bzw. von Schlesien bis zur Adria und von Tirol bis zur ungarischen Grenze erstreckte, spielte Böhmen seit der zweiten Hälfte des 16. Jahrhunderts eine zentrale Rolle. Und zwar nicht nur wegen der geographischen Lage und Größe des Königreichs Böhmen, sondern auch wegen seines politischen Ranges: Die böhmische Kurwürde begründete die beständige Anwartschaft der österreichischen Habsburger auf das römisch-deutsche Kaisertum; der Besitz der Kaiserwürde garantierte wiederum den Zusammenhalt des weitgestreckten, heterogenen Hausbesitzes der Habsburger.

Andererseits und in auffälligem Widerspruch zu dieser Schlüsselposition verblieb Böhmen im normalen Verfassungsleben des Heiligen Römischen Reichs und seiner politischen Institutionen in einer Randstellung. So nahm Böhmen – abgesehen von der Kaiserwahl – nicht an den Sitzungen des Kurkollegs, etwa der kurfürstlichen Kurie auf den Reichstagen, teil und war überdies weder in die Rechtsprechung des Reichskammergerichts noch in die Reichskreisverfassung integriert. Diese rechtliche Ausnahmestellung hing mit der inneren Sonderentwicklung des Königreichs Böhmen zusammen, die nationale bzw. religiöse Wurzeln hatte.

Augenfällig wurde dies vor allem durch die singuläre konfessionelle Situation im Böhmen des 16. Jahrhunderts. Die tschechische Bevölkerungsmehrheit Böhmens gehörte großenteils verschiedenen »utraquistischen«, auf den böhmischen Reforma-

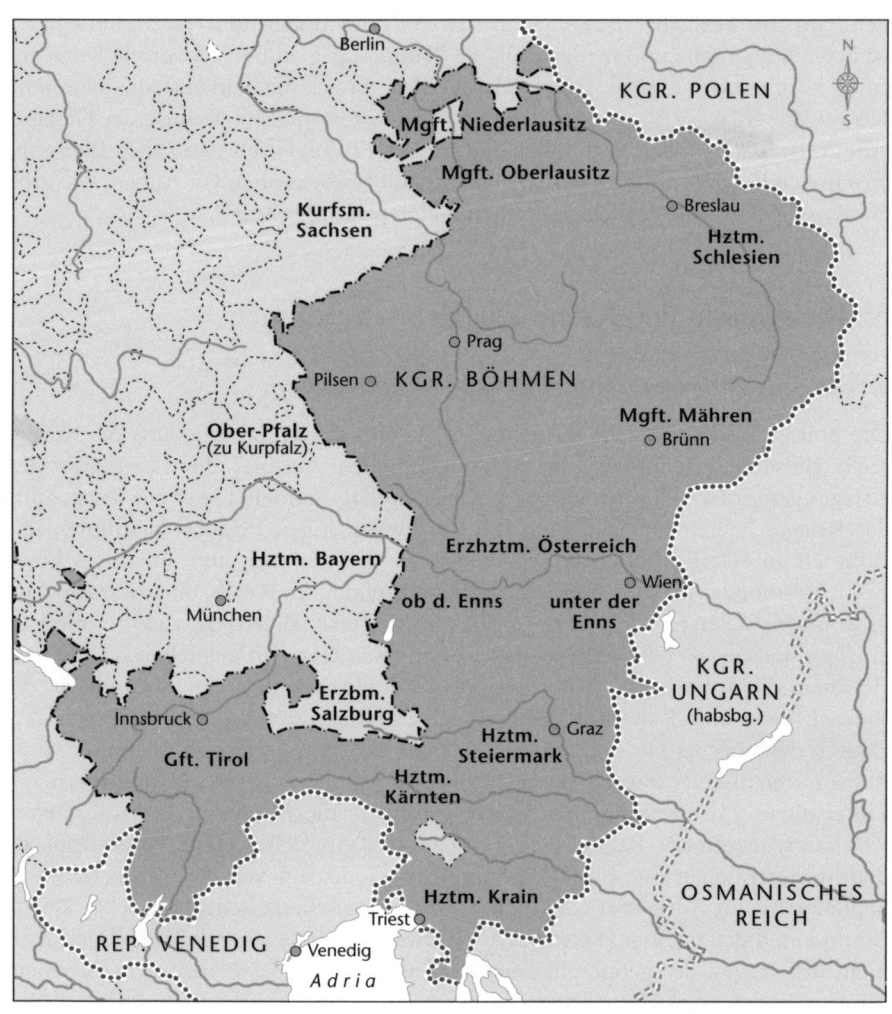

Österreich und die Länder der Wenzelskrone 1618

tor Jan Hus († 1415) und seine hussitische Bewegung zurückgehenden Kirchen an,
für die es im Reich sonst keine Entsprechung gab. Die im Reich verbreiteten
Konfessionen dominierten lediglich unter der deutschsprachigen Minderheit, die
sich seit der ersten Hälfte des 16. Jahrhunderts überwiegend der lutherischen Reformation angeschlossen hatte. Um die Mitte des 16. Jahrhunderts teilte mithin nur
noch eine kleine Minderheit der böhmischen Bevölkerung die römisch-katholische
Konfession ihrer habsburgischen Landesherren, während sich die weitaus überwiegende Mehrheit, und zwar sowohl im Adel als auch im Bauerntum sowie in der
Stadtbevölkerung, zu unterschiedlichen nichtkatholischen, hussitisch-protestanti-
schen Religionsgemeinschaften bekannte[34].

### b)  Die aufgehaltene Gegenreformation: Adelsmacht, »Bruderzwist« und Majestätsbrief

An der schwachen Position des böhmischen Katholizismus änderte sich bis zum
Beginn des 17. Jahrhunderts nur wenig, obwohl sich die habsburgische Landesherr-
schaft seit 1555 auf ihr *ius reformandi* berufen konnte und unter Ferdinand I.
(1526–1564 König von Böhmen), u. a. durch die Niederlassung der Jesuiten, die
Errichtung einer päpstlichen Nuntiatur am Kaiserhof und die Wiederbesetzung des
Prager Erzbischofssitzes, wichtige Voraussetzungen zur katholischen Reform und
Gegenreformation in Böhmen geschaffen worden waren. Für diese geringen Fort-
schritte bei der Katholisierung Böhmens gab es mehrere Gründe.

(1)  Zum einen besaß der böhmische Adel traditionell eine sehr starke Position, die
er auch gegenüber der katholischen Landesherrschaft energisch zur Geltung brachte.
Der konfessionelle Widerstandswille des böhmischen Adels steigerte sich noch
dadurch, dass sich der böhmische Hochadel in der zweiten Hälfte des 16. Jahrhunderts zunehmend der radikal-reformierten, calvinistischen Strömung innerhalb
des Protestantismus öffnete.

(2)  Zum anderen verlor die habsburgische Landesherrschaft nach dem Tod Ferdinands I., der als König von Böhmen eine recht selbstbewusste monarchische Politik
verfolgt hatte, infolge der komplizierten innerhabsburgischen Erbfolgeregelungen
deutlich an Macht. Denn sie sahen die Aufteilung des habsburgischen Besitzes in eine
Hauptlinie unter dem ältesten Kaisersohn Maximilian II., dem u. a. Böhmen zufiel,
und mehrere Nebenlinien vor, die die Nachfolge in den innerösterreichischen
Erzherzogtümern und in Tirol antreten sollten.

(3)  Schließlich erwies sich Maximilian II. (1564–1576) als ein konfessionell eher
indifferenter böhmischer Herrscher, der dem protestantischen Adel recht große
Zugeständnisse machte. Diese nachgiebige Politik der habsburgischen Landesherrschaft ermöglichte dem gespaltenen böhmischen Protestantismus eine gewisse
organisatorische Festigung. Bedeutung erlangte dabei vor allem die – von Maximilian
genehmigte – Annahme der lutherisch geprägten *Confessio Bohemica* durch die
protestantischen und hussitischen Kirchen, die ihnen als gemeinsame Verhandlungs-
grundlage gegenüber dem katholischen Landesherrn diente.

Im letzten Viertel des 16. Jahrhunderts wurde auch in den habsburgischen Erblanden das durch katholische Reform und Gegenreformation veränderte konfessionspolitische Klima spürbar. Besonders deutlich wurde dies in den innerösterreichischen
Erzherzogtümern der jüngeren Linie des Hauses Habsburg (Steiermark, Kärnten,

## HAUS HABSBURG – ÖSTERREICHISCHE LINIE

*(vereinfachtes Schema)*

**Ferdinand I.**
Röm. Kaiser (14.3.1558),
Ehg. von Österreich, Kg. von Böhmen (1527)
u. Ungarn (1527), Röm. Kg. (1531),
*(\*10.3.1503 †27.7.1564)*
⚭ *25.5.1521*
Anna von Böhmen
*(\*23.7.1503 †27.1.1547)*

**Maximilian II.**
Röm. Kaiser (1564) u. Kg. (1562)
u. Kg. von Ungarn u. Böhmen (1562
bzw. 1563) Ehg. von Österreich
u. Gf. von Tirol
*(\*31.7.1527 †12.10.1576)*

**Karl**
in Steiermark, Kärnten
*(\*3.6.1540 †10.7.1590)*
⚭ *26.8.1571*
Maria von Bayern
*(\*21.3.1551 †19.4.1608)*
Tochter von Hg. Albrecht V.
v. Bayern

**Rudolf II.**
Röm. Kaiser (1576)
Ehg. von Österreich (f. 1576),
Gf. von Tirol (1595),
Kg. von Ungarn (1572) u.
Böhmen (1575),
Röm. Kg. (27.10.1575)
*(\*18.7.1552 †20.1.1612)*

**Matthias I.**
Röm. Kaiser (13. u. gekr. 24.6.1612),
f. 1612 in den Erblanden ,
Kg. von Ungarn (1608–1618) u.
Böhmen (s. 1611–1617)
*(\*24.2.1557 †20.3.1619)*
⚭ *1611*
Anna Ehgin von Österreich
*(\*4.10.1585 †14.12.1618)*
Tochter von Ehg. Ferdinand von Tirol

**Maximilian**
Hoch- u. Deutschmeister (1590)
*(\*12.10.1558 †2.11.1618)*

**Albrecht**
Souv. Herr d. Niederlande
*(\*13.11.1559 †12.7.1621)*
⚭ *18.4.1599*
Isabella Infantin von Spanien
*(\*12.8.1566 †1.12.1633)*

**Anna**
*(\*2.11.1549 †26.10.1580)*
⚭ *12.11.1570*
Philipp II. Kg. von Spanien
*(†1598)*

**Philipp III.**
Kg. von Spanien u. Portugal, f. 1598
*(\*1578 †1621)*
⚭ *1599*
Margarethe Ehgin. von Österreich
*(\*1584 †1611)*
Tochter von Ehg. Karl

**Ferdinand II.**
Röm. Kaiser (28.8.1619)
*(\*9.7.1578 †15.2.1637)*
**1** ⚭ *23.4.1600*
Maria Anna von Bayern
*(\*8.12.1574 †8.3.1616)*
Tochter von Hg. Wilhelm V.
**2** ⚭ *2.2.1622*
Eleonore von Mantua
*(\*23.9.1598 †27.6.1655)*
Tochter von Hg. Vincenzo I.

**Leopold**
erh. (1625) Tirol, vorher (1598
bzw. 1607), Bf Passau u. Straßburg
*(\*9.10.1586 †13.9.1632)*
⚭ *19.4.1626*
Claudia von Toscana
*(\*4.6.1604 †25.12.1648)*

**Philipp IV.**
Kg. von Spanien u. Portugal
(bis 1640), f. 1621
*(\*1605 †1665)*
**1** ⚭ *1615*
Elisabeth von Frankreich
*(\*1603 †1644)*

**Ferdinand III.**
Röm. Kg. (22.12.1636)
Röm. Kaiser (15.2.1637)
*(\*13.7.1608 †2.4.1657)*

**Leopold Wilhelm**
u. a. Bf. von Passau u. Straßburg,
ksl. Oberbefehlshaber, General-
statthalter der span. Niederlande
*(\*1614 †1662)*

Krain), in denen Erzherzog Ferdinand mit den ihm zu Gebote stehenden religiösen, rechtlichen und militärischen Mitteln die Rekatholisierung betrieb – ein Vorgehen, das in allen konfessionellen Lagern erhebliches Aufsehen erregte. Auch in Böhmen war eine Forcierung der katholischen Gegenreformation zu beobachten, wobei Rudolf II. (1576–1611 König von Böhmen), der Prag als Residenzort gewählt hatte, angesichts der besonderen Situation in Böhmen nicht zu solch drastischen Zwangsmaßnahmen greifen konnte wie sein in Graz regierender Vetter. Doch um die Wende vom 16. zum 17. Jahrhundert zeigte auch die weniger spektakuläre Politik der katholischen Reform und Gegenreformation in Böhmen erste Wirkungen. So entstand im böhmischen Hochadel, u. a. durch Konversion, eine kleine, aber sehr aktive katholische Partei um Wilhelm Slawata, Jaroslav Martinitz und Karl von Liechtenstein, die auf ihren umfangreichen Gütern energische Schritte zur Gegenreformation einleiteten und eng mit einer neuen Generation reformkatholisch gesinnter Kleriker (u. a. Franz von Dietrichstein, Johann Lohelius) zusammenarbeiteten. Durch diese Entwicklung ermutigt, entschloss sich Rudolf II. auch zu politischen Abwehrmaßnahmen gegen den Protestantismus: 1602 wurden auf Empfehlung des entschieden katholischen böhmischen Oberstkanzlers Zdeněk Popel von Lobkowitz alle noch verbliebenen protestantischen Berater vom Prager Hof entfernt und königliche Erlasse gegen verschiedene protestantische Kirchen, so die immer stärker zum Calvinismus tendierenden Böhmischen Brüder, verkündet[35].

Doch die beginnende gegenreformatorische Entwicklung in Böhmen wurde nur wenige Jahre später aufgrund einer schweren innerdynastischen Krise der österreichischen Habsburger erneut jäh unterbrochen, die als »Bruderzwist im Hause Habsburg« in die Geschichte eingegangen ist. Sie ist im Zusammenhang mit einem dynastischen Strukturproblem zu sehen, das im Zeitalter des Dreißigjährigen Krieges auch im Falle anderer Herrscherhäuser, etwa der französischen Bourbonen oder der dänischen Oldenburger (vgl. unten S. 51), Bedeutung gewann, nämlich jenem der standesgemäßen Versorgung der nachgeborenen Fürstensöhne. Aufgrund der Erbregelung nach dem Tod Maximilians II. war Rudolf II. als Alleinerbe des väterlichen Besitzes bestätigt worden. Durch diese Abmachung sahen sich die jüngeren Brüder des Kaisers benachteiligt, vor allem der zweitälteste Sohn Maximilians II., Erzherzog Matthias, der auch durch keine andere fürstliche Herrschaft hatte entschädigt werden können. Das von Misstrauen und Rivalität geprägte Verhältnis von Rudolf zu seinen jüngeren erzherzoglichen Brüdern begann nach 1600 in offene Feindschaft umzuschlagen, als Rudolf im Zusammenhang mit dem »langen Türkenkrieg« immer deutlichere Zeichen einer krankheitsbedingten Regierungsunfähigkeit erkennen ließ: Die Erzherzöge sahen damit die Notwendigkeit und Gelegenheit zum Vorgehen gegen Rudolf gekommen. Im Jahre 1608 gelang es Matthias, den die Erzherzöge in einem gegen Rudolf gerichteten Vertrag zum neuen Oberhaupt des Hauses Habsburg erhoben hatten, die Regierungsgewalt in Ungarn, Mähren, Ober- und Niederösterreich zu übernehmen. Entscheidend wurde dabei für Matthias die Unterstützung der – vornehmlich protestantischen – Stände dieser Territorien, denen Matthias im Gegenzug weitreichende Religionskonzessionen gewährte. Dagegen konnte sich Rudolf II. in Böhmen behaupten, weil ihm die böhmischen Stände gegen den »frondierenden Erzherzog« (Hans Sturmberger) die Treue hielten. Doch der Preis, den der streng katholische böhmische Herrscher dafür zu zahlen hatte, war hoch. Denn die böhmischen Stände nutzten die durch den Bruderzwist geschwächte Stellung ihres Landesherrn und nötigten Rudolf zum Erlass einer weitreichenden, schriftlich niedergelegten Religionsregelung, dem Böhmischen Majestätsbrief vom 9. Juli 1609, der weit über die Religionskonzessionen Matthias' an die österreichischen Stände hinausging. Er gewährte allen Anhängern der Confessio Bohemica freie Religionsausübung. Die Mitglieder des hohen und niederen Adels sowie die königlichen Städte erhielten überdies das Recht des Kirchenbaus, auch auf den Gütern des Königs, sowie der Bestellung von Geistlichen ihrer Wahl. Es wurde ein protestantisches Konsistorium errichtet. Die Stände bestellten 30 Defensoren, die über die Einhaltung der Bestimmungen durch den König wachen sollten. Ungeregelt blieb im Majestätsbrief die künftige Stellung der geistlichen Güter. Von protestantischer Seite wurde die Existenz geistlicher Güter in Böhmen rundweg verneint. Auch bei Gütern im Besitz von Geistlichen handelte es sich aus ihrer Sicht um Königsgut, das lediglich provisorisch Klerikern überlassen worden sei – ein Rechtsstandpunkt, der von den Katholiken strikt abgelehnt wurde[36].

Der Majestätsbrief war ein eindeutiger Sieg der protestantischen Stände Böhmens über die katholische Landesherrschaft und stellte einen schweren Rückschlag für die böhmische Gegenreformation dar, zumal es den Ständen gelang, alle Bemühungen Rudolfs zur Revision der Konzessionen zu durchkreuzen. Als Rudolf II. 1609/10 entsprechende Versuche unternahm und dazu sogar Truppen nach Böhmen bringen ließ, verbündeten sie sich mit Matthias und zwangen Rudolf zum Rücktritt. So konnte Matthias 1611 mit ständischer Billigung die Nachfolge seines Bruders in Böhmen, im darauffolgenden Jahr – nach Rudolfs Tod – auch im römisch-deutschen Kaisertum antreten.

## c) Die böhmische Gegenreformation unter Matthias und die Wendung zur Gewalt

Die dramatische Entwicklung unter Rudolf II. prägte die böhmische Politik auch noch in den Regierungsjahren des Kaisers Matthias (1611–1619 böhmischer König), und zwar sowohl auf habsburgischer wie auf ständischer Seite.

Für die Habsburger besaß nach der traumatischen Erfahrung des »Bruderzwists« die einvernehmliche Regelung der Nachfolgefrage unbedingte Priorität, zumal Matthias – ebenso wie seine Brüder – kinderlos war. Auf Drängen des Erzherzogs Maximilian, der als Hochmeister des Deutschen Ordens auch im Reich hohes Ansehen genoss, verständigte sich die Dynastie auf die Gesamtnachfolge des Oberhauptes der jüngeren Linie des Hauses Habsburg, auf Erzherzog Ferdinand von Steiermark, und seine männlichen Nachkommen. Kaiser Matthias, der sich im Gegensatz zu seinem Vorgänger auf einen politisch versierten Hauptratgeber, den entschieden katholisch-gegenreformatorischen Wiener Kardinalbischof Melchior Khlesl, stützen konnte[37], stimmte dem schließlich zu, und auch die spanischen Habsburger konnten durch den Oñate-Vertrag (vgl. Kap. II, 1a) für diese Lösung gewonnen werden. Daraufhin gelang die Durchsetzung dieser Nachfolgeregelung in den habsburgischen Hauslanden – trotz Ferdinands Ruf als kompromissloser Exponent der Gegenreformation – erstaunlich reibungslos. Im Juni 1617 wurde Ferdinand nach seiner Annahme als künftiger König durch den böhmischen Landtag in Prag gekrönt, nachdem er alle Ständeprivilegien bestätigt und versprochen hatte, sich zu

Matthias' Lebzeiten jeder Regierungstätigkeit in Böhmen zu enthalten[38]. Im Mai 1618 folgte seine Wahl zum ungarischen König. Schwierigkeiten bereitete allerdings die geplante rasche Nachfolge im Reich, weil Matthias und Khlesl offensichtlich Vorbehalte hatten: Khlesl vertrat die Auffassung, dass einer Wahl Ferdinands zum römisch-deutschen König ein friedlicher Ausgleich der konfessionellen Gegensätze im Reich, eine sog. *Composition*, vorauszugehen habe – ein Standpunkt, der von Khlesls Kritikern, voran Erzherzog Maximilian, angesichts der kaum überwindbaren Zerstrittenheit im Reich als Verzögerungstaktik eingestuft wurde, die den Interessen des Gesamthauses schade. So blieb die Nachfolge Ferdinands im Reich vorerst offen und führte zu neuen innerdynastischen Spannungen.

Auch auf Seiten der böhmischen Stände wirkten die Erfahrungen der Regierungszeit Rudolfs II. nach, freilich in anderer Weise als bei den habsburgischen Landesherren. Die protestantischen Stände fürchteten eine Rückkehr zur landesherrlichen Konfessionspolitik der Zeit vor Verkündung des Majestätsbriefs. Der Argwohn der protestantischen Stände verstärkte sich durch die intensiven gegenreformatorischen Aktivitäten der katholischen Partei im österreichischen und böhmischen Adel, die von Matthias bzw. von Khlesl energisch unterstützt wurden. Diese Förderung wurde in Böhmen auch dadurch augenfällig, dass die Krone administrative Schlüsselpositionen systematisch mit Vertretern der katholischen Adelspartei besetzte. Zur wachsenden Entfremdung zwischen den mißtrauischen Ständen und ihrem habsburgischen Landesherrn trug schließlich bei, dass Matthias nach der Verlegung der kaiserlichen Residenz von Prag nach Wien nur noch selten in Böhmen präsent war und sich durch Statthalter vertreten ließ. Aus Sicht radikaler böhmischer Ständevertreter (Graf Thurn, Freiherr von Fels) war die antihabsburgische Stimmung im böhmischen Adel bereits 1614/15 so stark geworden, dass sie sich auf eine unmittelbar bevorstehende Konfrontation mit Habsburg vorzubereiten begannen und zu diesem Zweck Geheimgespräche mit protestantischen Reichsständen führten.

Zur Enttäuschung der Radikalen ging es dem überwiegenden Teil des protestantischen böhmischen Adels aber offenbar weniger um die grundsätzliche Auseinandersetzung mit dem habsburgischen Herrscherhaus als vielmehr um die Wahrung ihrer im Majestätsbrief zugesagten religiösen Freiheiten. Dies zeigte sich im Verhalten der böhmischen Stände zwischen Frühjahr 1617 und Frühjahr 1618. Im Juni 1617 gelang es Habsburg ohne große Schwierigkeiten, die erwähnte Nachfolge Erzherzog Ferdinands in Böhmen durchzusetzen, nicht zuletzt deshalb, weil Ferdinand den Majestätsbrief in aller Form bestätigte. Sehr heftig fiel dagegen die Reaktion der protestantischen Stände aus, als wenig später zwei hohe katholische Geistliche evangelische Gotteshäuser auf ihren Kirchengütern schließen bzw. abreißen ließen, stellte dies nach Auffassung der böhmischen Protestanten doch einen Bruch des Majestätsbriefs dar. Eine von den »Defensoren« einberufene Versammlung evangelischer Stände protestierte im März 1618 in einer an Matthias gerichteten Resolution gegen diese Verletzung verbriefter Religionsrechte und forderte Abhilfe[39].

Kaiser Matthias wies das ständische Begehren in einem von Khlesl aufgesetzten, ungewöhnlich scharfen Schreiben zurück und untersagte zudem in rechtlich problematischer Weise unter Androhung schwerer Strafen Sonderversammlungen der evangelischen Stände – eine schwerwiegende Fehleinschätzung der in Böhmen herrschenden Stimmung durch Khlesl, die dramatische Folgen hatte. Denn die Radikalen um Thurn nutzten die Empörung, die sich daraufhin auf einem zweiten Protestantentag in Prag im Mai 1618 entlud, um die angestrebte Entmachtung des Herrscherhauses zu inszenieren.

Am 23. Mai 1618 stellten Mitglieder des Protestantentages auf der Prager Burg zwei der insgesamt zehn Statthalter, Wilhelm Slawata und Jaroslav Martinitz, wegen des scharfen kaiserlichen Schreibens zur Rede. Wie von Graf Thurn und seinen radikalen Weggefährten geplant, schlug das empörte Wortgefecht in offene Gewalt um. Die Statthalter wurden beschuldigt, den Majestätsbrief gebrochen und damit ein todeswürdiges Verbrechen begangen zu haben, das sofort zu ahnden sei: In bewusster Nachahmung der spektakulären Selbstjustiz hussitischer Adliger im 15. Jahrhundert wurden die Statthalter und ihr Sekretär aus dem Fenster geworfen. Die geplante Ermordung misslang zwar, aber die Radikalen um Thurn hatten doch ihr Ziel erreicht. Denn durch das gewaltsame Vorgehen gegen die Statthalter und die damit verbundene öffentliche Demütigung Habsburgs waren die protestantischen Stände nun auf einen Konfrontationskurs mit Wien festgelegt worden.

Schon am Tag nach dem Fenstersturz konstituierte sich der Protestantentag als Landtag, wählte eine neue böhmische Regierung aus dreißig Direktoren, die sich aus je zehn Vertretern der Herren, der Ritter und der Städte zusammensetzte, und untersagte den bisherigen Statthaltern jede weitere Regierungstätigkeit. Schon zu diesem Zeitpunkt war der neuen Regierung in Prag klar, dass man den nun eingeschlagenen Weg nicht ohne militärische Gewalt würde zu Ende gehen können. Noch am 24. Mai beschloss der Prager Landtag die Aufstellung einer eigenen Armee, die aufgrund eines weiteren Landtagsbeschlusses im Juni – angesichts des Widerstands kaisertreuer böhmischer Stände – auf 12 000 Fußknechte und 4 000 Reiter erweitert wurde. Im gleichen Monat kam es schon zu den ersten militärischen Auseinandersetzungen in Südböhmen. Aus der böhmischen Krise wurde der böhmische Krieg.

# III. Vom Böhmischen zum Pfälzischen Krieg: Der »geliehene« Sieg des Kaisers (1618/23)

## 1. Das Werben um Verbündete 1618/19

### a) Militärische Ausgangslage und Grundproblematik des Böhmischen Kriegs

Bei Beginn der offenen Konfrontation zwischen den böhmischen Ständen und der kaiserlichen Regierung im Frühjahr 1618 befanden sich die Gegner in einer militärisch vergleichbaren Situation. Beide Seiten waren auf die große bewaffnete Auseinandersetzung, mit der seit dem Prager Fenstersturz und der Bildung einer böhmischen Ständeregierung fest zu rechnen war, nur ungenügend vorbereitet. Einerseits verfügten weder die böhmischen Stände noch der Kaiser über größere, sofort einsatzfähige Truppenkontingente – eine Tatsache, die vor dem Hintergrund der allgemeinen Rüstungsstandards im Reich dieser Zeit nicht überraschen kann: Bis zum Dreißigjährigen Krieg war es für die Territorialherren im Heiligen Römischen Reich unüblich, außerhalb von Kriegszeiten militärische Einheiten zu unterhalten, also dauerhaft »armiert« zu sein. Auch mächtigere Reichsfürsten warben Truppen nur im militärischen Bedarfsfall an, um sie nach dem Ende der militärischen Auseinandersetzungen wieder zu entlassen. Andererseits war auch die rasche Neuanwerbung von Truppen angesichts der materiellen Lage der Kontrahenten in größerem Umfang kaum möglich: Aufgrund der Professionalisierung des Kriegs- und Söldnerwesens, aber auch aufgrund des im Reich geltenden Militärrechts waren dazu immense Finanzmittel erforderlich, verlangte doch das Reichskriegsrecht vom Kriegsherrn, die angeworbenen Truppen zum weitaus überwiegenden Teil selbst zu finanzieren (vgl. dazu unten S. 58 f.). Dieses Geld konnten im Frühjahr und Sommer 1618 weder die Prager noch die Wiener Regierung aufbringen. Entsprechend kam es zwischen Sommer 1618 und Sommer 1619 lediglich zu eher sporadischen Kampfhandlungen zwischen Truppeneinheiten der Ständeregierung und kaiserlichen Truppen, die im Wesentlichen auf Südböhmen beschränkt blieben. Erheblich bedeutender für den weiteren Verlauf der Auseinandersetzung als dieser Kleinkrieg in Böhmen war das Werben um Bündnispartner durch beiden Streitparteien, das ebenfalls schon im Sommer 1618 begann. Das Problem, nicht über die notwendigen Ressourcen zur Kriegsführung zu verfügen, blieb im Übrigen während des gesamten Böhmisch-Pfälzischen Krieges ungelöst und hat den Verlauf dieses Krieges bis 1623 wesentlich bestimmt. Denn es waren die Allianzpartner und nicht die Hauptkontrahenten selbst, die die Hauptlast des Krieges zu tragen hatten und über seinen Ausgang entschieden. Gerade dies war ein wichtiger Grund für den Fortgang und die weitere Eskalation des Krieges, nachdem die eigentliche militärische Auseinandersetzung um Böhmen vorüber war.

### b) Die böhmische Politik: Konföderationsbestrebungen und pfälzische Königswahl

In ihren ersten offiziellen Rechtfertigungsschriften nach dem Umsturz im Mai 1618 äußerte sich die neue Prager Ständeregierung ausgesprochen defensiv und durchaus kompromissbereit gegenüber der habsburgischen Landesherrschaft. Es wurde herausgestellt, dass die Aktionen des Mai 1618 lediglich als Notwehr gegen die fortgesetzte Verletzung des Majestätsbriefs und keineswegs als grundsätzlicher Bruch mit dem habsburgischen Königtum anzusehen sei, dessen Legitimität diese offiziellen Erklärungen ausdrücklich anerkennen. Doch zielten diese auffällig zurückhaltenden Stellungnahmen wohl in erster Linie darauf, Zeit zu gewinnen, um die erwartete militärische Konfrontation mit Habsburg besser vorbereiten zu können. Dies zeigen die ersten innenpolitischen Maßnahmen der protestantischen Ständeregierung, die darauf gerichtet waren, ihre neuerrungene Machtposition dauerhaft zu konsolidieren und die zur Kriegführung notwendigen Finanzmittel zusammenzubringen. So leitete die neue Prager Führung unverzüglich eine großangelegte Güterenteignung des katholischen Adels ein und befahl die sofortige Ausweisung des Jesuitenordens aus Böhmen. Noch deutlicher zeigt dies aber der außenpolitische Kurs der Direktorialregierung, der vorrangig das Ziel verfolgte, potente Bündnispartner für die erwartete Konfrontation mit Habsburg zu gewinnen.

Adressaten des böhmischen Bündniswerbens waren zunächst die Stände der übrigen habsburgischen Lande, unter denen die neue böhmische Regierung langfristig beachtliche Unterstützung fand. Im Oktober 1618 schlossen sich die Stände Schlesiens dem böhmischen Aufstand an. Nach dem Tode von Kaiser Matthias (März 1619) wuchs auch die Bereitschaft in Mähren, den Lausitzen sowie in Ober- und Niederösterreich, dem schlesischen Beispiel zu folgen und sich mit den böhmischen Ständen zu verbinden. Ergebnis der ständischen Bündnisverhandlungen war die Confoederatio Bohemica, zu der sich die Stände Böhmens, Schlesiens, Mährens und der Lausitzen im Sommer 1619 (31. Juli 1619) zusammenschlossen und die dem gemeinsamen Bündnis zugleich Verfassungscharakter gab[1].

Zu den wichtigsten Bestimmungen der Confoederatio Bohemica zählte die Festschreibung des Wahlkönigtums, das Verbot der Designation eines Thronfolgers zu Lebzeiten seines Vorgängers, das ständische Vorschlagsrecht für die Besetzung aller Landesämter sowie die Freiheit der Religionsausübung und des Kirchenbaus für alle evangelischen Einwohner. Zugleich wurde das Widerstandsrecht der Stände gegen ein vertragsbrüchiges Königtum verbrieft. Überdies wurde der Majestätsbrief zum Staatsgrundgesetz erhoben und festgelegt, dass sämtliche wichtigen öffentlichen Ämter Protestanten vorbehalten bleiben sollten. Der Jesuitenorden, dessen Besitz wie der aller übrigen verlassenen Ordensniederlassungen eingezogen werden sollte, wurde für alle Zeiten aus Böhmen verbannt. Die Confoederatio Bohemica ist als entscheidender Schritt hin zur Bildung eines protestantischen böhmischen Ständestaats anzusehen, der deutliche Parallelen zum niederländischen Beispiel erkennen lässt[2]. Die Stände Ober- und Niederösterreichs lehnten zwar den angebotenen

Beitritt zum böhmischen Ständestaat ab, traten aber unter dem Einfluss ihrer führenden Vertreter (Georg E. Tschernembl) in enge vertragliche Beziehungen zur
Confoederatio Bohemica[3].

Auf erheblich größere Zurückhaltung stieß das böhmische Bündniswerben außerhalb der habsburgischen Lande. Die Prager Regierung musste rasch feststellen, dass
die Fürstenhöfe des Reichs und Europas – auch solche, die grundsätzlich eher
antihabsburgisch eingestellt waren – ihrem Vorgehen aus Gründen monarchischer
Solidarität sehr reserviert gegenüberstanden. So lehnte die protestantische Union ein
Beitrittsgesuch, das die neue Prager Regierung schon im Juni 1618 gestellt hat, auf
der Unionstagung in Rothenburg höflich, aber bestimmt ab. Zur Enttäuschung
Prags erklärten auch der sächsische Kurfürst, dem als unmittelbarem Nachbarn
besondere Bedeutung zukam, sowie die Könige von England und Frankreich alsbald
aus grundsätzlichen Erwägungen ihre Neutralität in dem Konflikt[4]. Und auch die
wenigen Regierungen, die größere Bereitschaft zur Unterstützung der böhmischen
Sache signalisierten, wie der Herzog von Savoyen, die Generalstaaten und die
Kurpfalz, legten Wert darauf, nicht offen als militärische Bündnispartner der böhmischen »Rebellen« in Erscheinung zu treten.

Erst durch den Tod von Kaiser Matthias verbesserten sich die Aussichten der
böhmischen Ständeregierung, ihre Isolation im Reich und in Europa zu überwinden. Denn nun erhielten die Stände die Möglichkeit, das Königtum des 1617 des
designierten Nachfolger von Matthias, Erzherzog Ferdinand, für verwirkt zu erklären und einen starken auswärtigen Fürsten auf den dann vakanten Königsthron zu
wählen. Aussichtsreichster Kandidat war der junge pfälzische Kurfürst Friedrich V.
(*1596, seit 1610 Kurfürst), weil der Kurfürst von Sachsen weiterhin Distanz zu den
böhmischen Aufständischen hielt und alle übrigen Kandidaten (u. a. Bethlen Gabor
von Siebenbürgen, Herzog Karl Emmanuel von Savoyen) aus politischen oder
konfessionellen Gründen kaum in Frage kamen. Für Kurfürst Friedrich sprach aus
Sicht der böhmischen Ständeregierung auch der entscheidende bündnispolitische
Aspekt der Königswahl: Er repräsentierte nicht nur die führende Kraft der protestantischen Union im Reich, sondern besaß als Schwiegersohn des englischen Königs
Jakob I. (reg. 1603–1625) auch vorzügliche Beziehungen zu den führenden protestantischen Mächten Europas. Zu den entschiedensten Fürsprechern einer aktiven
böhmischen Politik unter den kurfürstlichen Räten gehörte Fürst Christian I. von
Anhalt-Bernburg, der seit langem einer der Hauptprotagonisten der protestantischen
»Aktionspolitik« war und als Statthalter der Oberpfalz engen Kontakt zu den
böhmischen Aufständischen unterhielt[5]. Anhalt sah in der Übernahme der böhmischen Kurwürde durch seinen Herrn eine der letzten Möglichkeiten, das Haus
Habsburg und die katholische Partei im Reich entscheidend zu schwächen, bevor
diese ihrerseits zum massiven Schlag gegen den Protestantismus würden ausholen
können. Doch es gab auch skeptische Stimmen innerhalb der pfälzischen Regierung,
die eindringlich vor den unabsehbaren Konsequenzen eines solchen Engagements in
Böhmen warnten[6].

Die entscheidende Initiative zur Wahl des Kurfürsten ergriff schließlich die pfälzische Partei innerhalb der böhmischen Stände. Im August 1619 wurde Kurfürst
Friedrich vom Prager Generallandtag zum König von Böhmen gewählt, nachdem
König Ferdinand aufgrund angeblicher Verfehlungen im Amt abgesetzt worden war

– ein Schritt, der sowohl den Heidelberger Hof als auch die böhmischen Kritiker einer Königswahl des Pfälzers vor vollendete Tatsachen stellte. Nach einer kurzen Bedenkzeit entschied sich der Kurfürst zur Annahme der Wahl und hielt im Oktober 1619 seinen feierlichen Einzug in Prag. Für die Anhänger des pfälzischen Königswahlprojektes in Prag und Heidelberg stand fest, dass mit der Thronerhebung Friedrichs die gefährliche Isolation der böhmischen Ständeregierung überwunden und Habsburg ein geradezu vernichtender Schlag zugefügt worden sei[7].

## c) Die Politik Habsburgs: Kurswechsel Spaniens, Kaiserwahl und Münchener Vertrag

In noch höherem Maße als ihr böhmischer Widerpart war die kaiserliche Regierung in den Monaten nach dem Aufstand darauf bedacht, Zeit zu gewinnen und die Eröffnung großangelegter militärischer Auseinandersetzungen zu verzögern. Kardinal Khlesl verfolgte zu diesem Zweck eine Doppelstrategie, indem er die böhmischen »Rebellen« sowie mögliche Verbündete im Reich in scharfen Mandaten zum Gehorsam und zur Einstellung ihrer Rüstungsanstrengungen ermahnte, jedoch zugleich kaum etwas unternahm, um diesen Drohungen Nachdruck zu verleihen – ein politischer Kurs, der auf allen Seiten den Eindruck einer gewissen Orientierungslosigkeit der kaiserlichen Politik vermittelte. Dadurch vertiefte sich das Misstrauen, das die Erzherzöge Ferdinand und Maximilian seit der Verschiebung der Nachfolgeregelung im Reich gegenüber Khlesl hegten (vgl. oben S. 33), noch weiter, bis es im Juli 1618 zum endgültigen Bruch kam: In einem Staatsstreich wurde Khlesl von den Erzherzögen gefangengenommen und außerhalb Wiens unter Arrest gestellt – eine Entwicklung, die der politisch überforderte und hilflose Kaiser Matthias letztlich hingenommen hat[8].

Mit Khlesls Sturz stieg Erzherzog Ferdinand von Steiermark, der zu diesem Zeitpunkt schon gewählter König von Ungarn und Böhmen war, zur eigentlichen politischen Führungsfigur am Kaiserhof auf und blieb es bis zu seinem Tod 1637[9]. In der zeitgenössischen Propaganda protestantischer wie katholischer Provenienz wurde Ferdinand seit seinen Grazer Regierungsjahren zum Exponenten einer entschieden gegenreformatorischen Politik stilisiert, die der Förderung des Katholizismus in den Erblanden und im Reich unbedingten Vorrang vor allen anderen politischen Zielen gebe. Im Anschluss daran stellte auch die spätere Historiographie diesen Herrscher geradezu als Prototyp eines religiös-bigotten, persönlich eher schwachen und vom Urteil seiner geistlichen Ratgeber abhängigen Fürsten dar – ein Urteil, das in der neueren Geschichtsschreibung schrittweise revidiert worden ist[10]. In der jüngeren Historiographie erscheint Ferdinand als ein Regent, der seine Ziele mit großer Konsequenz und Beharrlichkeit verfocht und dabei der Sicherung bzw. dem Ausbau der habsburgischen Landesherrschaft in Mitteleuropa erhebliche Bedeutung beimaß. Wie bei anderen Vertretern seiner Fürstengeneration (wie etwa Herzog Maximilian von Bayern) war die Konfessionspolitik, die er betrieb, unzweifelhaft Ausdruck eines religiös verstandenen herrscherlichen Verantwortungsgefühls, zugleich aber untrennbar mit den dynastischen Zielen des eigenen Hauses in den Erblanden und im Reich verbunden[11].

Die neue politische Führung am Kaiserhof arbeitete sofort auf ein energischeres militärisches Vorgehen gegen die böhmische Ständeregierung hin, war sich aber zugleich darüber im Klaren, dass die notwendigen Mittel dazu nur von außen kommen konnten. Denn von den eigenen österreichischen Landen, deren Stände recht offen mit den Aufständischen sympathisierten, war so gut wie keine Hilfe zu erwarten. Ein erstes Hoffnungszeichen für Wien war der politische Kurswechsel am spanischen Königshof, an dem sich im Sommer und Herbst 1618 die Protagonisten einer Wiederaufnahme des niederländischen Kriegs um Baltasar de Zuñiga durchsetzten (vgl. oben S. 10). Für Zuñiga stand fest, dass eine Entmachtung der Habsburger in Böhmen und in der Folge im Reich unter keinen Umständen hinnehmbar sei, würde dies doch – nicht zuletzt wegen der Folgen für den spanischen Nachschubweg – die Ausgangslage Spaniens in einem Krieg mit den Niederlanden dramatisch verschlechtern. Seit Spätsommer und Herbst 1618 gewährte Philipp III. daher den bedrängten Vettern in Wien erhebliche Subsidien, seit Anfang 1619 erklärte Madrid sogar seine Bereitschaft, unmittelbare militärische Truppenhilfe bei der Sicherung Vorderösterreichs und beim Kampf in Böhmen zu leisten. Damit war am spanischen Königshof die politisch-militärische Richtungsentscheidung für eine erneuerte Zusammenarbeit der beiden Linien der Casa d'Austria gefallen, die im Prinzip bis 1648 Bestand hatte und den Verlauf des Dreißigjährigen Kriegs langfristig wesentlich mitbestimmte[12].

Kurzfristig hatte es allerdings den Anschein, als würde die versprochene Hilfe aus dem fernen Spanien die österreichischen Habsburger zu spät erreichen. Im Winter 1618/19 geriet der Vormarsch der kaiserlichen Armee in Südböhmen ins Stocken, während die böhmische Ständearmee einige spektakuläre Erfolge, so die Erstürmung der letzten wichtigen kaisertreuen Bastion in Böhmen, der Stadt Pilsen, durch den Söldnerführer Mansfeld, erzielte. Geradezu dramatische Ausmaße nahm die politische und militärische Krise Habsburgs nach dem Tod von Kaiser Matthias an. Zur Unterstützung der Stände Ober- und Niederösterreichs, die die Anerkennung Ferdinands als erbberechtigtem Landesherrn nach Kräften verzögerten, unternahm die böhmische Ständearmee unter Thurn im Frühsommer einen militärisch wertlosen, aber politisch symbolträchtigen Vorstoß nach Niederösterreich, durch den kurzzeitig sogar Wien bedroht schien. Wenig später sah sich die Wiener Führung auch von Osten bedrängt, als sich im Sommer 1619 Fürst Bethlen Gabor von Siebenbürgen entschloss, die Schwierigkeiten seiner alten habsburgischen Gegner militärisch auszunutzen und in Ungarn einzufallen. In kurzer Zeit brachte er weite Teile des königlichen Ungarn unter seine Kontrolle.

Ein wichtiger Grund für die Bedrängnis Habsburgs war – neben dem Fehlen eigener Mittel – die auffällige Zurückhaltung möglicher katholischer Allianzpartner im Reich. Besonders schmerzlich für Habsburg war die neutrale Position Bayerns: Denn von allen katholischen Reichsständen war am ehesten Bayern in der Lage, Habsburg die erforderliche rasche Hilfe zu bieten, verfügte es doch über die dazu notwendigen Finanzmittel und zudem über die Fähigkeit, die katholische Liga, die gewisse Auflösungserscheinungen zeigte, in dem Konflikt zugunsten der katholischen Sache zu mobilisieren. Freilich wusste Ferdinand, dass er die Unterstützung des kühl kalkulierenden Wittelsbachers aller konfessionellen Solidaritätsbekundungen zum Trotz nur durch beträchtliche politische Gegenleistungen würde erhalten können. Um Bayern entsprechendes überhaupt anbieten zu können und vom

Bayernherzog als ernstzunehmender Bündnispartner akzeptiert zu werden, war zunächst vor allem eines erforderlich, der rasche Erwerb der Kaiserwürde.

Trotz der für Habsburg äußerst schwierigen Lage erreichte Ferdinand dieses Ziel relativ schnell. Ausschlaggebend dafür war die Geschlossenheit der katholischen Partei, die auch der einzige ernsthafte Gegner der Kaiserwahl Ferdinands unter den Kurfürsten, Kurpfalz, nicht aufzubrechen vermochte: Der auf Spaltung der katholischen Partei zielende pfälzische Vorschlag, nicht Ferdinand, sondern Maximilian von Bayern zum Kaiser zu wählen, scheiterte schon im Vorfeld der Wahl, nachdem der Bayernherzog gegenüber den katholischen Kurfürsten sein Desinteresse an einer Kaiserkandidatur hatte durchblicken lassen. Auf dem Wahltag in Frankfurt im August 1619 wurde die pfälzische Niederlage offenkundig, als es Ferdinand gelang, von den Kurfürsten zunächst trotz des Widerspruchs der böhmischen Ständeregierung als König von Böhmen, mithin als Mitkurfürst, anerkannt und dann als Ferdinand II. zum römisch-deutschen Kaiser gewählt zu werden.

Die Kaiserwahl war die entscheidende Voraussetzung für das ersehnte Bündnis mit Bayern, das Ferdinand im Oktober 1619 in München abschließen konnte, freilich zu Bedingungen, die das ganze Ausmaß der habsburgischen Notlage enthüllten. Der Bayernherzog erklärte sich bereit, nach Einwerbung der notwendigen Mittel ein Liga-Heer im Umfang von 24 000 Mann aufzustellen, um den Kaiser im Kampf um die Rückgewinnung seiner Erblande zu unterstützen. Den Zeitpunkt der militärischen Hilfeleistung und die Leitung der militärischen Aktionen behielt sich der Bayernherzog ausdrücklich vor. Die Habsburger mussten ihm überdies zugestehen, sich strikt von der katholischen Liga fernzuhalten und Bayerns Führungsrolle innerhalb des katholischen Bündnisses künftig nicht mehr anzutasten. Überdies hatte sich der Kaiser zu verpflichten, dem Herzog die gesamten Auslagen für den militärischen Einsatz zu erstatten, und ihm bis zur Einlösung dieses Versprechens die zurückgewonnenen Erblande als Pfandbesitz zu überlassen. Langfristig noch einschneidender als diese schriftlichen Bündniszusagen waren die begleitenden mündlichen Abmachungen. Sie richteten sich vor allem gegen den pfälzischen Kurfürsten, der sich mit der Annahme der böhmischen Königskrone inzwischen offen auf die Seite des Aufstands gestellt hatte. Von dem in München anwesenden spanischen Botschafter Oñate ließ sich Maximilian die feste Zusage geben, dass Spanien aktiv am Feldzug gegen die Feinde des Kaisers, insbesondere die Pfalz, teilnehmen werde. Der Kaiser erklärte sich mündlich dazu bereit, den bayerischen Herzog im Fall einer Achterklärung des Pfalzgrafen mit der pfälzischen Kurwürde zu belehnen und damit einen langgehegten Wunsch der bayerischen Wittelsbacher zu erfüllen – mit unabsehbaren politischen und konfessionellen Folgen. Überdies stellte der Kaiser Maximilian den dauerhaften Besitz der von ihm eroberten pfälzischen Gebiete in Aussicht.

Insgesamt besaß der Münchener Vertrag in mancherlei Hinsicht den Charakter eines bayerischen Diktats gegenüber dem bedrängten Kaiser. Dem Kaiser blieb die Hoffnung, dass der Verlauf der nun bevorstehenden militärischen Auseinandersetzungen einige der härtesten bayerischen Bündnisbedingungen abmildern oder vielleicht gar gegenstandslos machen würde.

## 2. Der Sieg der kaiserlichen Allianz

### a) Der Krieg um Böhmen

Bereits 13 Monate nach dem Münchener Vertrag hatten die Verbündeten der neugeschaffenen kaiserlichen Allianz ihr Ziel in Böhmen erreicht: Am 8. November 1620 errang eine bayerisch-ligistisch-kaiserliche Armee in einer nur zweistündigen Schlacht am Weißen Berg bei Prag den entscheidenden Sieg über die böhmische Ständearmee, der zum militärischen Zusammenbruch des böhmischen Aufstands und zur Flucht König Friedrichs ins niederländische Exil führte. Zentraler Grund für die rasche und vollständige Niederlage der Ständeregierung war, dass sich im böhmischen Krieg zwei sehr ungleiche Allianzen gegenüberstanden: Während der Kaiser mit Bayern und Spanien über zwei schlagkräftige Bündnispartner verfügte, wurden die diplomatisch-militärischen Erwartungen, die von böhmischer Seite in die Verbindung mit Kurpfalz gesetzt worden waren, fast gänzlich enttäuscht – eine Entwicklung, die sich schon seit Frühjahr 1620 deutlich abzeichnete.

Dies galt zunächst für die von Böhmen erhoffte Hilfe von Seiten der protestantischen Reichsfürsten. Schon auf dem Fürstentag von Mühlhausen im März 1620 hatten wichtige, nicht der Union angehörende protestantische Reichsstände scharf gegen den böhmischen Aufstand Stellung genommen. Kursachsen, das als verfassungskonservativer und prinzipiell kaisertreuer Reichsstand der »Rebellion« in Böhmen von Anfang an kritisch gegenübergestanden hatte, hatte in Mühlhausen sogar seine Bereitschaft erklärt, bei der Niederwerfung des Aufstands aktiv mitzuwirken[13]. Dies war trotz der hohen Gegenleistungen, die Kursachsen dafür forderte und schließlich auch erhielt (u. a. die Überlassung der Lausitzen als Pfandbesitz und konfessionelle Besitzstandsgarantien von kaiserlich-ligistischer Seite im Reich) ein außerordentlich wichtiger Erfolg Wiens, da die Teilnahme Kursachsens dem kaiserlichen Bündnis einen konfessionsübergreifenden, landfriedenwahrenden Charakter verlieh. Noch einschneidender für Prag war die Neutralisierung der protestantischen Union in dem Konflikt. Anfang Juli 1620 schlossen Union und Liga einen Nichtangriffspakt, den Ulmer Waffenstillstand, in dem beide Seiten zusicherten, die Territorien des jeweils anderen Bündnisses militärisch nicht anzutasten. In der Praxis bedeutete dies, dass die Liga-Mitglieder, allen voran Bayern, ihren Feldzug gegen das Nicht-Unionsmitglied Böhmen durchführen konnten, ohne einen Gegenangriff der Union auf ihre eigenen Territorien befürchten zu müssen[14]. Die Hoffnung der Union und der durch innere Unruhen nur begrenzt handlungsfähigen französischen Monarchie, die den Ulmer Vertrag vermittelt hatte, um auf diese Weise den Konflikt auf die habsburgischen Lande zu beschränken, erwies sich als trügerisch: Denn Spanien bzw. die habsburgischen Niederlande, die nicht der Liga angehörten, fühlten sich durch den Ulmer Waffenstillstand in keiner Weise gebunden und setzten ihre Angriffsvorbereitungen gegen die Rheinpfalz fort[15].

Auch die Hoffnungen, mit der Wahl des pfälzischen Kurfürsten Bündnispartner außerhalb des Reiches gewinnen zu können, zerschlugen sich rasch. König Jakob I. von England ließ sich auch durch das Engagement seines Schwiegersohns in Böhmen nicht zur Aufgabe seiner reservierten Haltung gegenüber der böhmischen »Rebellion« bewegen, zumal er gerade in dieser Zeit auf ein engeres spanisch-englisches

Einvernehmen hinarbeitete. In einer Verständigung mit Spanien sah er den Schlüssel, um selbst zum Friedensbringer Europas aufzusteigen[16]. Ein unberechenbar Alliierter Böhmens blieb auch Bethlen Gabor von Siebenbürgen. Er schloss zwar im Januar 1620 einen formellen Beistandspakt mit Böhmen, vereinbarte aber zugleich einen neunmonatigen Waffenstillstand mit dem Kaiser, der ihn für die bevorstehenden, militärisch entscheidenden Monate faktisch neutralisierte[17].

Schließlich versagte die Regierung König Friedrichs auch bei der militärischen Mobilisierung der Böhmischen Konföderation. Dem landfremden König und seinen Räten gelang es nicht, die darniederliegende Administration der Ständeregierung aufzurichten und die Stände der Konföderation zu einer entschiedeneren Unterstützung der Prager Regierung anzuhalten, ja mehr noch: Das taktisch ungeschickte Vorgehen des Königs und seiner pfälzischen Räte erzeugte unter den Konföderierten rasch erhebliche Spannungen. So ließ der König trotz der anders lautender Bestimmungen der Confoederatio Bohemica seinen fünfjährigen Sohn zum künftigen König von Böhmen bestimmen – eine Maßnahme, die die selbstbewussten böhmischen Stände irritierte. Noch schädlicher wirkte sich das konfessionell rigide Auftreten der calvinistischen Umgebung des Königs aus, die durch radikal reformierte Neuerungen, etwa durch den berüchtigten Bildersturm im Prager Veitsdom und durch antilutherische Maßnahmen in schlesischen Städten, die religiösen Gefühle weiter Kreise der mehrheitlich hussitisch-lutherischen Bevölkerung in den Ländern der Wenzelskrone tief verletzte[18].

So befand sich die böhmische Regierung sowohl bündnispolitisch als auch innenpolitisch in einer schwierigen Lage, als sich im Frühsommer 1620 in Bayern eine Liga-Armee sammelte, um gemäß des Münchener Vertrags gegen Böhmen vorzurücken. Diese Armee, die 24 500 Fußsoldaten und 5 500 Reiter umfasste, stand unter dem Kommando des brabantischen Edelmanns Johann Tserclaes de Tilly, eines aus der kriegstechnisch führenden Niederländisch-Spanischen Schule stammenden Offiziers, der im »Langen Türkenkrieg« seine militärischen Erfahrungen hatte sammeln können. Den nominellen Oberbefehl führte Herzog Maximilian von Bayern selbst, der sich mit seinem Hofstaat bei der Armee aufhielt.

Der Feldzug begann mit der Besetzung Oberösterreichs, das zunächst – wie in München vertraglich festgelegt – als Pfandbesitz Maximilians unter eine provisorische bayerische Verwaltung kam. Anders als die niederösterreichischen Stände hatten es die adligen Herren Oberösterreichs versäumt, sich Ferdinand II. noch rechtzeitig vor Beginn des Einmarschs zu unterwerfen – ein Versäumnis, das sie mit dem Verlust ihrer Religionsprivilegien und Freiheiten bezahlen mussten. Die Besitzungen der Anführer des protestantisch-ständischen Widerstands wurden eingezogen. Damit war die Voraussetzung für die harte Rekatholisierung des Landes im Sinne des landesherrlichen Ius Reformandi geschaffen worden[19].

Von Oberösterreich aus rückte die ligistisch-kaiserliche Armee in Böhmen ein. In sicherer Einschätzung der Schwäche seines Gegners entschied sich Maximilian, direkt auf Prag vorzustoßen und so eine rasche militärische Entscheidung zu suchen. Ein Versuch Christians von Anhalt, mit der nachrückenden böhmischen Hauptarmee die Hauptstadt zu retten, scheiterte am Weißen Berg vollständig. Nach der Flucht des bald als »Winterkönig« Böhmens verspotteten pfälzischen Kurfürsten nahm Maximilian von Bayern die Residenzstadt im Namen des Kaisers in Besitz.

Bis zum Frühjahr 1621 erklärten sämtliche Länder der Wenzelskrone ihre Unter-
werfung unter Ferdinand II., wobei die konkreten Unterwerfungsbedingungen
davon abhingen, ob sie – wie im Falle Böhmens und Mährens – mit bayerischen
bzw. kaiserlichen, oder – wie in den Lausitzen und in Schlesien – mit kursächsischen
Kommissaren ausgehandelt worden waren (vgl. dazu oben S. 41). Unabhängig davon
war jedoch der Untergang der Confoederatio Bohemica und die Wiederaufrichtung
der habsburgischen Herrschaft in den ihr zugehörigen Ländern im Winter 1620/21
endgültig besiegelt[20].

## b) Der Krieg um die Pfalz

Schon ein Dreivierteljahr bevor der böhmische Aufstand mit der Flucht des »Winterkönigs« aus Prag zusammenbrach, hatten am Kaiserhof die Beratungen« darüber
begonnen, wie mit dem pfälzischen Kurfürsten künftig zu verfahren sei. Rein
rechtlich war die kaiserliche Regierung dabei aufgrund der Stellungnahmen des
Reichshofrats schnell zu einem Ergebnis gekommen. Als Führer einer großangelegten und offenen »Rebellion« gegen seinen kaiserlichen Lehnsherrn sei der pfälzische Kurfürst der Reichsacht verfallen, die der Kaiser wegen der Offensichtlichkeit
des Verbrechens ohne Prozess verkünden dürfe. Die Klarheit, Einmütigkeit und
Geschwindigkeit, mit der der Reichshofrat zu seiner Einschätzung kam, überraschen
etwas und waren keine Selbstverständlichkeit. Denn die Reichsacht war die härteste
Strafe, die der höchsten Gerichtsbarkeit des Alten Reichs zur Verfügung stand; sie
wurde u. a. beim Bruch des Land- bzw. Religionsfriedens und beim Majestätsver-
brechen verhängt. Der Geächtete (*Ächter*) wurde aus der Rechtsgemeinschaft des
Reichs ausgeschlossen und verlor jeden rechtlichen Schutz. Alle vertraglichen
Bindungen zu ihm galten als gelöst und eventueller Lehnsbesitz des Ächters fiel an
den Lehnsherrn zurück. Überdies zielte die Achterklärung auf die vollkommene
politische, soziale und wirtschaftliche Isolierung des Ächters: Alle Formen der
Dienst- und Hilfeleistung gegenüber dem Ächter waren mit dem Moment der
Achterklärung verboten und zogen ihrerseits die Achtstrafe nach sich. Gerade wegen
der Härte der Achtstrafe war Ferdinand II. – wie allen seinen Vorgängern seit Karl V.
– bei der Wahl die Verpflichtung auferlegt worden, keinen Reichsangehörigen ohne
Vorladung und Anhörung zu ächten. In Fällen »notorischer«, offensichtlicher Verbrechen, wie im Falle einer großangelegten kriegerischen Aktion gegen den Kaiser
selbst, sah sich der Kaiserhof gleichwohl berechtigt, die Reichsacht ohne Prozess zu
verhängen – ein Rechtsstandpunkt, der in Einklang mit führenden Reichsrechts-
kommentatoren und dem Reichsabschied von 1559 stand, aber juristisch außerhalb
des Kaiserhofs keineswegs unumstritten war[21].

Erheblich komplizierter als die rechtliche Lagebeurteilung gestaltete sich die
politische Meinungsbildung am Kaiserhof über eine eventuelle Achterklärung des
Pfälzers. Auf der einen Seite drängten die beiden wichtigsten Verbündeten des
Kaisers auf eine rasche Achterklärung Friedrichs V.: Bayern, damit die rechtliche
Voraussetzung für die Besetzung der Oberpfalz und die erhoffte Kurtranslation
geschaffen werden konnte, und Spanien, um der im Sommer 1620 eingeleiteten
militärischen Besetzung der Unterpfalz die notwendige Rechtsgrundlage zu geben.
Auf der anderen Seite warnte Kursachsen den Kaiser eindringlich vor einer Ächtung

des Pfalzgrafen, weil sie eine unkontrollierbare Ausweitung der militärischen Konflikte im Reich provozieren könne – eine Position, die auch am Kaiserhof einflussreiche Fürsprecher besaß. Mehrere kaiserliche Räte plädierten auch nach der Schlacht am Weißen Berg noch für eine Verschiebung der Acht, um dem Pfalzgrafen die Möglichkeit zu geben, sich unter Verzicht auf seine böhmischen Ansprüche dem Kaiser zu unterwerfen und dadurch eine Achterklärung obsolet zu machen. Doch gab es auch andere Stimmen am Kaiserhof, die auf die enormen strategischen Vorteile hinwiesen, die eine feierliche Ächtung des Pfalzgrafen der kaiserlich-katholischen Partei im Reich verschaffen würde, insbesondere wegen der abschreckenden Wirkung auf alle potentiellen Parteigänger der Kurpfalz im Reich[22].

Nach weiterem Zögern entschied sich Ferdinand II. schließlich im Januar 1621 zur Achterklärung des Pfalzgrafen. Sicherlich spielte bei diesem Entschluss eine Rolle, dass der Pfalzgraf auch nach seiner Flucht in die Niederlande alle Überlegungen zurückgewiesen hatte, bedingungslos auf seine böhmischen Ansprüche zu verzichten. Den Ausschlag gab freilich das immer energischere Drängen Bayerns und Spaniens, von denen der Kaiser militärisch und finanziell nach wie vor weitgehend abhing. Sie konnten nun den erwünschten formellen kaiserlichen Auftrag entgegennehmen, die Acht in der Oberpfalz und in der Unterpfalz *in commissione* zu vollstrecken.

Zunächst gab die Entwicklung jenen Recht, die auf die strategischen Vorteile einer pfälzischen Acht verwiesen hatten, denn sie verfehlte ihre Wirkung auf die Verbündeten des Pfalzgrafen im Reich tatsächlich nicht. Schon wenige Wochen nach Bekanntwerden der Achterklärung willigte die protestantische Union in einen Vertrag mit Ambroglio Spinola, dem Kommandanten der spanischen Armee in der Unterpfalz, ein, auf jede weitere Militärhilfe für Kurpfalz zu verzichten. Dies bedeutete den Anfang vom Ende der Union, die sich im Mai 1621 endgültig auflöste. Im Reich war der pfälzische Kurfürst von nun an fast vollständig isoliert.

Die Exilregierung Friedrichs V. reagierte darauf, indem sie – dank finanzieller Unterstützung durch England und die Generalstaaten – drei Söldnerführer, Ernst von Mansfeld, Christian von Braunschweig und Markgraf Georg Friedrich von Baden, in ihren Dienst nahm, um die pfälzischen Territorien zu verteidigen – freilich ohne durchschlagenden Erfolg[23]. Es gelang Tilly, bis Oktober 1621 die Oberpfalz zu besetzen und dann auf dem unterpfälzischen Kriegsschauplatz den dort stationierten spanischen Truppen zu Hilfe zu eilen. Diese Unterstützung war nötig, weil Spanien seine militärischen Kräfte im Reich nach Auslaufen des Waffenstillstands mit den Niederlanden zwischen dem niederländischen und dem pfälzischen Kriegsschauplatz aufteilen musste. Der vereinigten ligistisch-spanischen Truppenmacht unter Tilly und Don Gonzalo Fernández de Córdoba waren die in pfälzischen Diensten stehenden Söldnerführer nicht gewachsen, zumal sie zu keiner wirksamen Zusammenarbeit fanden: Bis Juni 1622 wurden sie nacheinander geschlagen. Erst nach diesen erneuten Mißerfolgen ließ Kurfürst Friedrich Friedenswillen erkennen, indem er Christian von Halberstadt sowie Ernst von Mansfeld entließ und seine Bereitschaft zum Verzicht auf Böhmen signalisierte. Doch es war zu spät, um die Pfalz vor der vollständigen Besetzung durch die Armeen der kaiserlichen Allianz zu bewahren: Im März 1623 ergab sich die letzte pfälzische Festung, Frankenthal, den bayerisch-spanischen Siegern, nachdem zuvor schon die Residenzstadt Heidelberg sowie

Mannheim eingenommen worden waren. Gut zwei Jahre nach Böhmen hatten die bayerisch-ligistisch-spanischen Truppen auch die gesamten pfälzischen Stammlande des geächteten »Winterkönigs« in ihre Gewalt gebracht[24].

# 3. Die Folgen des böhmisch-pfälzischen Krieges

## a) Die Folgen für die habsburgischen Erblande: Beginn einer Neuordnung

Mit dem Sieg der kaiserlichen Allianz im böhmisch-pfälzischen Krieg waren die Weichen für eine grundlegende politisch-konfessionelle Neuordnung in den habsburgischen Erblanden gestellt. Diese Entwicklung vollzog sich in mehreren Schritten.

Als unmittelbare Folge des kaiserlich-ligistischen Sieges wurden die Besiegten einem scharfen Strafgericht unterworfen, das allerdings nicht alle Länder der ehemaligen Confoederatio Bohemica in gleichem Maße traf. Während die Stände Schlesiens und der Lausitzen aufgrund der großzügigen Begnadigungspraxis der kursächsischen Kommissare milde behandelt wurden, setzten in Böhmen, Mähren und Oberösterreich harte Strafverfolgungen der »Rebellen« ein. Spektakulärer Höhepunkt dieser Bestrafungsaktion war die öffentliche Hinrichtung von 27 führenden Teilnehmern des böhmischen Aufstands, darunter zwölf Mitgliedern der Direktorialregierung, vor dem Altstädter Rathaus in Prag. Sehr einschneidend waren die zahlreichen Vermögensstrafen, die der eigens errichtete kaiserliche Sondergerichtshof über die Anhänger der böhmischen Ständererhebung verhängte[25]. Die großangelegte Konfiskation bzw. der Weiterverkauf der »Rebellengüter« führte zu einer der größten Besitzverschiebungen in der neueren Geschichte Böhmens und Mährens. Hauptgewinner war eine relativ kleine Gruppe von Adligen aus verschiedenen Teilen des Habsburgerreichs (darunter Karl von Liechtenstein, Balthasar Marradas, besonders der ebenso rücksichtslos wie zielstrebig agierende kaiserliche Oberst Albrecht von Wallenstein (vgl. dazu unten S. 57 f.), die die Gunst der Stunde nutzten, um aus der Konfiskationsmasse umfangreiche Latifundien zu erwerben[26]. Die kaiserliche Regierung hatte sich vom Güterverkauf eine grundlegende Verbesserung ihrer finanziell schwierigen Lage erhofft, freilich vergebens: Die galoppierende Münzverschlechterung in der sog. »Kipper- und Wipper«-Zeit zwischen 1621 bis 1623, die eng mit der Tätigkeit des berüchtigten Prager »Münzkonsortiums« zusammenhing, verminderte den Wert der Verkaufserlöse erheblich und brachte den Kaiserhof um einen Großteil des erwarteten Gewinns.

Schon seit 1618/19 war es in den habsburgischen Erblanden als Folge der enormen finanziellen Aufwendungen für den Krieg zu Geldentwertungen gekommen. Dramatische Formen nahm diese Entwicklung an, nachdem die kaiserliche Regierung beschlossen hatte, neue Münzen mit deutlich vermindertem Silbergehalt zu prägen, und das Recht zu ihrer Herstellung einer Gesellschaft zu übertragen, an die gegen einen festen Mietpreis das gesamte Münzwesen in Böhmen, Mähren und Niederösterreich verpachtet worden war. Diese Gesellschaft stand unter maßgeblichem, geschickt getarntem Einfluss von Personen aus der Umgebung des – eigentlich für die Kontrolle des Konsortiums zuständigen – böhmischen Statthalters

Karl von Liechtenstein (so Albrecht von Wallenstein und dessen Bankier de Witte). Liechtenstein und seine Vertrauten erhielten somit die Möglichkeit, im Namen des Kaisers die Verkäufe der »Rebellengüter« zu leiten, zugleich selbst als Käufer aufzutreten und jene dann mit dem minderwertigen Geld zu bezahlen, das von ihrem Münzkonsortium in gewaltigen Mengen in Umlauf gebracht wurde. Die Geschäftspolitik des Prager Münzkonsortiums trug wesentlich zur Verschärfung der inflationären Tendenzen im Reich in der Zeit nach dem Ende des böhmischen Kriegs bei, die – in Anlehnung an die intensive zeitgenössische Diskussion über dieses Phänomen und seine angeblichen Verursacher[27] – seither als »Kipper und Wipper«-Jahre bezeichnet worden sind. Erst seit Ende 1622 stellten die Münzwerkstätten ihre desaströse Tätigkeit ein; trotz späterer Untersuchungen der kaiserlichen Regierung kamen die Verantwortlichen nach jahre- bzw. jahrzehntelangen Prozessen mit relativ geringen Schadenersatz- und Bußgeldzahlungen davon[28].

Dem Strafgericht über die »Rebellen« mit seinen besitzrechtlichen Konsequenzen folgte eine grundsätzliche Revision der verfassungspolitischen und konfessionellen Ordnung in den Ländern der Wenzelskrone und in den österreichischen Erzherzogtümern. Rechtliche Grundlage war die – in der zeitgenössischen Jurisprudenz anerkannte – Verwirkungstheorie: Danach hatten die politischen und konfessionellen Ständeprivilegien, insbesondere der Majestätsbrief von 1609, durch den Aufstand ihre Rechtskraft verloren. Die Länder der Wenzelskrone wurden schrittweise in Fürstentümer mit starker monarchischer Zentralgewalt umgewandelt, in denen der Erbanspruch der regierenden habsburgischen Dynastie unbestritten gelten sollte und die Mitbestimmungsrechte der Stände erheblich eingeschränkt wurden. Sinnfälligen Ausdruck fand dies in der »Verneuerten böhmischen Landesordnung« vom 10. Mai 1627, die aus dem ehemals maßgeblich ständisch bestimmten Königreich Böhmen eine zentralistisch regierte, konfessionell homogen römisch-katholische Erbmonarchie machte[29].

Mit der Verneuerten böhmischen Landesordnung fand die innere Umgestaltung Böhmens einen vorläufigen Abschluss. Sie bestätigte das lange Zeit von den Ständen bestrittene Erbrecht des Hauses Habsburg in männlicher Linie; jede Form ständischer Mitwirkung bei der Sukzession wurde beseitigt. Die Mitbestimmungsrechte des Landtags, der um einen weiteren Stand, den landbesitzenden katholischen Klerus, erweitert wurde, reduzierte die Landesordnung auf die Steuerbewilligung; die Gesetzgebungskompetenz lag faktisch allein beim König. Alle Formen ständischer Partei- und Gruppenbildung wurden bei Strafe des Hochverrats verboten. Oberste Landesbeamte sollten künftig allein vom König ernannt und auf ihn vereidigt werden. Zugleich wurde die Gleichberechtigung des Tschechischen und des Deutschen als böhmischen Amtssprachen sowie die Alleingeltung der römisch-katholischen Religion verfassungsmäßig verankert.

Eng verbunden mit der politischen war die konfessionelle Neuordnung in den unterworfenen Erblanden, die darauf zielte, die nichtkatholische Bevölkerung zur Konversion oder zur Auswanderung zu zwingen. Allerdings gab es dabei bemerkenswerte regionale Unterschiede. Während die katholische Konfessionalisierungspolitik in Böhmen und Mähren schonungslos verfolgt wurde, konnte der Protestantismus in Schlesien und in Niederösterreich mit obrigkeitlicher Billigung überleben, weil die Religionsprivilegien hier trotz des Aufstands von der kaiserlichen Regierung bzw. (im Falle Schlesiens) von ihren kursächsischen Kommissaren teilweise bestätigt worden waren; die kaiserliche Regierung fühlte sich auch künftig in ihrem charakteristischen Beharren auf rechtsförmigen Verfahrensweisen an diese Zusagen gebunden. Vollends unbehelligt blieb der ungarische Protestantismus. Zwar hatte sich Bethlen Gabor unter dem Eindruck der kaiserlichen Siege bereit erklärt, mit Wien Frieden zu schließen und Ungarn wieder zu räumen, aber angesichts des fortbestehenden Gegensatzes der Habsburger zum Fürstentum Siebenbürgen und der gefährlichen Nähe des Osmanischen Reiches war die habsburgische Herrschaft im königlichen Ungarn weiterhin von außen bedroht, so dass eine Politik gewaltsamer Rekatholisierung aus Sicht des Kaiserhofs zu riskant war[30].

Es gab ein weiteres Hindernis für den von Ferdinand II. angestrebten politisch-konfessionellen Ausbau der habsburgischen Landesherrschaft, das von der kaiserlichen Regierung weitaus schmerzlicher empfunden wurde als die verschiedenen konfessionspolitischen Ausnahmeregelungen: Die bayerische Pfandherrschaft in Oberösterreich, die vertragsgemäß bis zur Begleichung der kaiserlichen Kriegsschulden fortbestehen sollte. Die Sorge der kaiserlichen Regierung vor einem dauerhaften Verlust Oberösterreichs und vor einem territorialen Ausgreifen der wittelsbachischen Rivalen in die österreichischen Kernlande führte dazu, dass die Ablösung des bayerischen Pfandbesitzes in den kommenden Jahren für Wien erhebliche Bedeutung gewann – mit weitreichenden Folgen für die kaiserliche Reichspolitik nach dem böhmisch-pfälzischen Krieg[31].

### b) Die Folgen für das Reich: Die Pfalzfrage als entscheidendes Friedenshindernis

Der kurz zuvor noch unvorstellbare, vollständige Sieg des Kaisers über seine Feinde im Reich stellte Wien vor schwierige politische Richtungsentscheidungen. Dies galt vor allem in Hinblick auf das wichtigste Folgeproblem des Krieges im Reich, die Regelung der Pfalzfrage, zumal die beiden stärksten Verbündeten des Kaisers, Bayern und Spanien, hier gegensätzliche Auffassungen vertraten. Maximilian von Bayern drängte bereits kurz nach der Achterklärung des Pfälzers auf die rasche Umsetzung der Münchener Absprachen, also auf die Übertragung der Kurwürde und von Teilen des pfälzischen Hausbesitzes, insbesondere der Oberpfalz, an Bayern. Spanien hingegen warnte, ebenso wie Kursachsen, den Kaiser eindringlich vor diesem Schritt. Die Regierung König Philipps IV. fürchtete, dass es als Reaktion auf die Kurtranslation zur Bildung einer neuen antihabsburgischen Allianz im Reich und in Europa unter Einschluss Englands kommen könnte – eine Frontbildung, die Madrid angesichts des neu ausgebrochenen niederländischen Krieges unbedingt vermeiden wollte. Daher erwartete Madrid von Wien, englische Vermittlungsversuche zugunsten des Pfälzers nicht von vorneherein zurückzuweisen[32].

Obwohl Spaniens Stimme am Kaiserhof erhebliches Gewicht hatte, setzte sich Ferdinand II. letztendlich über die Bedenken Philipps IV. hinweg. Auf dem Regensburger Kurfürstentag von 1623 wurde Maximilian von Bayern mit der pfälzischen Kurwürde belehnt. Trotz heftiger Kritik von Seiten anderer Verbündeter – der Kurfürst von Sachsen und der spanische Botschafter Oñate blieben der feierlichen Belehnungszeremonie demonstrativ fern[33] – ging der Kaiser in einer internen

Zusatzvereinbarung noch stärker auf die Wünsche Maximilians von Bayern ein: Hatte er dem bayerischen Herzog öffentlich die Kurwürde lediglich ad personam und auf Lebenszeit verliehen, so sicherte Ferdinand II. auf dem Kurfürstentag in einer Geheimerklärung zu, dem Hause Bayern die pfälzische Kurwürde als erblichen Lehnsbesitz zu übertragen[34]. Dass der Kaiser dem bayerischen Kurfürsten so weit entgegenkam, hing wesentlich mit der militärischen Schlüsselrolle Bayerns und der Liga im Reich zusammen: Die ohnehin starke Abhängigkeit des Kaisers von der Liga-Armee war noch gewachsen, seit Spanien einen erheblichen Teil seiner Truppen im Kampf gegen die Niederlande einsetzen musste. Überdies gab es für Wien nach Lage der Dinge keinen anderen Weg, seine Kriegsschulden bei Maximilian zu bezahlen und Oberösterreich auszulösen, als die Entschädigung Bayerns mit kurpfälzischem Hausbesitz. Mit der Kurtranslation gestand der Kaiser in kaum verhüllter Form ein, dass sein Erfolg im Böhmisch-Pfälzischen Krieg ein »geliehener« Sieg war, den er in erster Linie Bayern zu verdanken hatte[35].

Schon politisch aufmerksamen Zeitgenossen war klar, dass der Kaiser und Bayern mit dieser Belehnung Maximilians ein kaum überwindbares Hindernis für eine Rückkehr zum Frieden im Reich aufgerichtet hatten. Denn damit wurde der Weg zu einer friedlichen Verständigung mit dem pfälzischen Kurfürsten auf lange Sicht versperrt – eine Tatsache, die weitreichende Auswirkungen für die Mächtebeziehungen im Reich und in Europa hatte. Zunächst blieb die kurpfälzische Exilregierung auf diese Weise ein ständiger militärischer Unsicherheitsfaktor im Reich, nicht zuletzt, weil der pfälzische Kurfürst bei der Forderung nach Restitution im Reich auf die finanzielle Unterstützung Englands, der Generalstaaten und anderer protestantischer Mächte rechnen konnte[36]. Die Bedrohung, die von der Pfalz bzw. von in pfälzischen Diensten stehenden Söldnerführern ausgehen konnte, ließ es wiederum den katholischen Mächten ratsam erscheinen, weiterhin eigene Armeen im Reich zu unterhalten. Dies betraf auch Spanien: Aufgrund der instabilen Lage der Pfalz hielt es Spanien für nötig und möglich, seine Truppen in der linksrheinischen Unterpfalz zu belassen, schon allein, um den Nachschubkorridor in die Niederlande zu sichern[37]. Dadurch wurde die offene Pfalzfrage schließlich auch zu einem Problem für die Sicherheitsinteressen Frankreichs. Denn es war so gut wie ausgeschlossen, dass Paris dauerhaft eine militärische Präsenz Spaniens in diesem strategisch wichtigen Teil des Reichs hinnehmen würde[38].

Dies galt um so mehr, als sich gerade in der Zeit nach dem böhmisch-pfälzischen Krieg die Beziehungen Frankreichs zu Spanien deutlich verschlechterten, und zwar vor allem wegen der spanischen Truppenpräsenz in einer anderen, für die Spanische Straße und die Position Habsburgs in Norditalien bedeutsamen Region, im Veltlin (vgl. dazu unten Kap. IV 1b). Im Zuge der Veltlinkrise wandte Paris seine politische Aufmerksamkeit verstärkt der ungeklärten Situation im Westen des Reiches zu und intensivierte seine diplomatischen Beziehungen zur pfälzischen Exilregierung – eine Entwicklung, die im habsburgfeindlichen Lager hochfliegende Erwartungen weckte[39].

Darüber hinaus ist die pfälzische Kurtranslation auch deshalb zu einem so schwerwiegenden Friedenshindernis geworden, weil sie zu einer weiteren, dramatischen Verschlechterung des ohnehin angespannten politisch-konfessionellen Klimas im Reich führte. Schien doch die Handhabung der Pfalzfrage durch Kaiser und Liga zu zeigen, dass diese bereit waren, selbst zentrale Reichsverfassungsfragen wie die Zusammensetzung des Kurkollegs mit einem Gewaltstreich kompromisslos und einseitig in ihrem Sinne zu regeln[40]. Gerade weil zahlreiche Streitpunkte der Reichsverfassung, vor allem jene der geistlichen Fürstentümer, noch immer unerledigt waren, wirkte dieses Verhalten auf die protestantischen Stände im gesamten Reich alarmierend. Auch bislang gemäßigte protestantische Reichsstände gelangten zu der Auffassung, dass die Sicherung des konfessionellen Besitzstands nur durch starke Verbündete oder eigene militärische Kräfte zu gewährleisten war. Diese von antiligistischem und antikaiserlichem Misstrauen geprägte Grundstimmung innerhalb des protestantischen Lagers hat wesentlich zur weiteren Eskalation des Krieges beigetragen.

# IV. Europäische Eskalation I: Der Niedersächsisch-dänische Krieg (1623/1630)

## 1. Der Kriegseintritt Dänemarks

### a) Der Niedersächsische Kreis zwischen katholischer Bedrohung und dänischer Expansion

Mit besonderer Sorge betrachteten die – fast ausnahmslos protestantischen – Territorialherren des Niedersächsischen Reichskreises den Ausgang des Böhmisch-Pfälzischen Kriegs. Zunächst hatte der Kreis unmittelbar unter den Folgen des Krieges zu leiden, weil sein Territorium von zwei der im pfälzischen Krieg geschlagenen Söldnerführer des »Winterkönigs«, Christian von Braunschweig und Ernst von Mansfeld, als Rückzugsgebiet genutzt wurde. Die Anwesenheit dieser Truppen war im Kreis unerwünscht, und zwar nicht nur wegen der vielfältigen Belastungen, die von den schlecht bezahlten und versorgten Landsknechten selbst ausging, sondern weil der Niedersächsische Kreis dadurch auch zum Kriegsschauplatz zu werden drohte: Es bestand die Gefahr, dass der Kaiser und seine ligistischen Verbündeten die Präsenz der beiden feindlichen Söldnerführer nicht dauerhaft hinnehmen und ihren Truppen den Einmarsch in den Kreis befehlen würden. Militärisch konnten die niedersächsischen Kreisstände kaum etwas gegen die Anwesenheit der braunschweigischen und mansfeldischen Söldnertruppen unternehmen, weil sie – ebenso wie die meisten übrigen Reichsfürsten – nicht über die dazu notwendigen Streitkräfte verfügten. So waren Verhandlungen über einen gütlichen Abzug der Truppen erforderlich, die sich, nicht zuletzt wegen der enormen finanziellen Entschädigungsforderungen ihrer Kommandanten, als langwierig und kompliziert erwiesen.

Als Bedrohung wurde der Ausgang des Böhmisch-Pfälzischen Kriegs aber nicht nur wegen der aus der Pfalz vertriebenen Söldnertruppen, sondern auch wegen der Problematik der geistlichen Territorien im Reichskreis empfunden. Die weitaus überwiegende Zahl dieser geistlichen Herrschaften hatte sich im Verlauf des 16. Jahrhunderts der lutherischen Reformation angeschlossen; sie machten das Kerngebiet der »Verlustzone« (Eike Wolgast) reichsunmittelbaren Kirchenguts in Deutschland aus[1]. Von besonderer Brisanz war dabei, dass der Konfessionswechsel dieser geistlichen Herrschaften in der Regel erst nach 1552 vollzogen worden, mithin aus katholischer Perspektive rechtswidrig war (vgl. Kap. II 2 b). Die protestantischen Stände Niedersachsens fürchteten daher nach dem Böhmisch-Pfälzischen Krieg, dass der Kaiser und die Liga ihre neuerrungene militärische Machtstellung nutzen

könnten, um diese Territorien mit Gewalt zu rekatholisieren – eine Sorge, die vor
dem Hintergrund der massiven Auseinandersetzungen um den Geistlichen Vorbehalt seit den 1580er Jahren verständlich ist (vgl. Kapitel II 2 c). Den wiederholten
Versicherungen des Kaisers und der Liga, den konfessionellen Status quo im Reich
nicht durch einseitige Maßnahmen zu verändern, schenkte man auf Seiten der
protestantischen Stände Niedersachsens, gerade nach dem rigorosen Vorgehen von
Kaiser und Bayern bei der Kurtranslation, wenig Glauben.

Als eine Möglichkeit, der katholischen Bedrohung zu begegnen, erschien verschiedenen niedersächsischen Kreisständen der Schutz durch eine große, antihabs-
burgisch-protestantische Mächtekoalition in Europa. Zunächst waren die Aussichten
für ein solches Schutzbündnis tatsächlich recht günstig. Eine Konferenz protestantischer Mächte, die 1621 im holsteinischen Segeberg stattfand, beschloss die Bildung
einer antihabsburgischen Schutzallianz. Doch die Segeberger Allianz blieb – vor
allem wegen der Zurückhaltung Englands und interner Differenzen im deutschen
Protestantismus – zu vage und unverbindlich, um den niedersächsischen Kreisständen wirklich effektiven Schutz bieten zu können. Angesichts der Unwirksamkeit des
Segeberger Bündnisses und der fortbestehenden Gefährdung durch kaiserlich-ligistische Truppen wuchs die Bedeutung des benachbarten Königreichs Dänemark als
möglicher Schutzmacht des Kreises. Aufgrund seiner Finanzkraft, seiner militärischen Stärke und nicht zuletzt wegen seiner entschieden protestantischen Orientierung war König Christian IV. von Dänemark, der als Herzog von Holstein
niedersächsisches Kreismitglied war, durchaus in der Lage, eine solche Rolle wahrzunehmen. Allerdings zeigte sich rasch, dass auch ein aktives dänisches Engagement in
Norddeutschland erhebliche politische Risiken für den Niedersächsischen Reichskreis barg, denn Christian IV. nutzte die veränderte politische Lage im Reich nach
1621 aus, um alte territorialpolitische Ziele seiner Dynastie, des Hauses Oldenburg,
zu verwirklichen. Sie richteten sich vor allem auf die geistlichen Territorien, die
Christian IV. als Landesherrschaften für seine nachgeborenen Söhne zu gewinnen
trachtete, einerseits, um diese standesgemäß zu versorgen, andererseits, um seinen
politischen Einfluss in Norddeutschland zu vergrößern – eine Politik, die in den
betroffenen Stiftern und der gesamten Region lange Zeit auf Widerstand gestoßen
war. Unter dem Eindruck der bedrängten, schutzbedürftigen Lage des norddeutschen Protestantismus nach dem Böhmisch-Pfälzischen Krieg schwand der Widerstand gegen die Expansionspolitik der Oldenburger, die seit 1621 rasche Fortschritte
machen konnten: In nur kurzer Zeit gelang es Christian IV., für seine Söhne Friedrich (geb. 1609) und Ulrich (geb. 1611) die Hochstifte Verden, Schwerin und
Halberstadt zu gewinnen. Einen weiteren wichtigen Erfolg erzielte der Dänenkönig
im Erzstift Bremen, das von Rang und Territorialbesitz her eines der bedeutendsten
geistlichen Fürstentümer des Reiches darstellte: Auch dort konnte er schließlich das
Nachfolgerecht seines Sohnes Friedrich gegen manchen Widerstand durchsetzen[2].
Abgerundet wurden diese beträchtlichen Zugewinne des Hauses Oldenburg durch
einen Vertrag Christians mit der Hansestadt Hamburg, die darin auf die Wahrnehmung ihrer reichsständischen Rechte verzichtete und die Oberhoheit des dänischen
Königs (in seiner Eigenschaft als Herzog von Holstein) anerkannte[3].

Angesichts dieser Erfolge, die langfristig durchaus die Möglichkeit der Errichtung
eines »Danish Protectorate in North Germany« (Michael Roberts)[4] eröffnen konn-

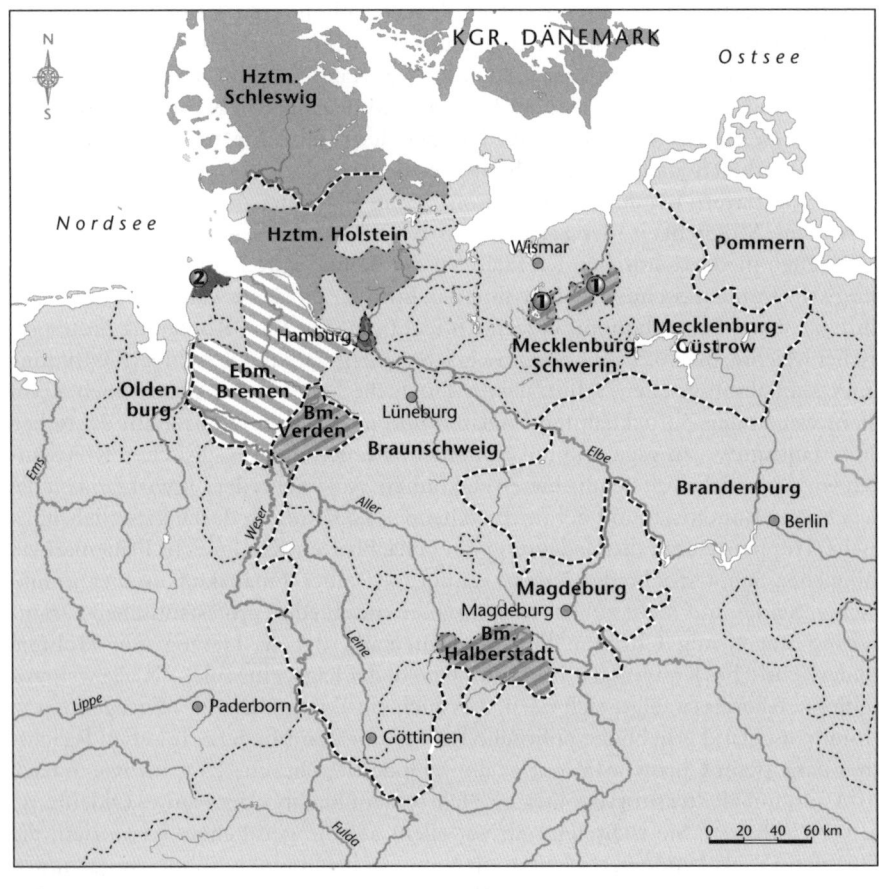

Unter direkter Herrschaft Christians IV.

Anerkennung der Oberhoheit Christians IV.

Unter der Herrschaft oldenburgischer Prinzen

Anwartschaft oldenburgischer Prinzen auf die Herrschaft

----  Grenzen des Niedersächsischen Kreises (Christian IV. seit 1625 Kreisoberster)

① Bm. Schwerin    ② zu Hansestadt Hamburg *(seit 1621 Anerkennung der Oberhoheit Christians IV.)*

Der Aufstieg des Hauses Oldenburg im Niedersächsischen Kreis (1621/1625)

ten, wuchs auch die Bereitschaft des Dänenkönigs, sein politisches Engagement zur
Sicherung des Kreises zu verstärken. Dies bewies er im Frühjahr 1623, als sich die
Krise um den Söldnerführer Christian von Braunschweig dramatisch zuspitzte. Der
wegen seiner zum Teil recht abenteuerlichen Planungen zeitgenössisch als »toller
Christian« bekannte Söldnerführer hatte während der Wintermonate in seinen
niedersächsischen Truppenquartieren enorme Rüstungsanstrengungen unternom-
men, offenbar mit dem Ziel, in Böhmen einzufallen und das Königreich den
Habsburgern wieder zu streitig zu machen. Von diesen Plänen alarmiert, erschien
eine starke Liga-Armee unter Tilly an den Südgrenzen des Niedersächsischen
Reichskreises und machte Anstalten, direkt gegen den Braunschweiger vorzugehen.
In dieser Situation schaltete sich der dänische König ein und warnte Tilly in ungewöhnlich scharfen Mahnschreiben vor einem Einfall in das Kreisterritorium. Diese
Schreiben verfehlten ihre Wirkung nicht, denn Tilly verlangsamte seinen Vormarsch,
was dem Braunschweiger Gelegenheit gab, nach Westen abzuziehen, um sich mit
seinen Truppen in die Niederlande zu retten[5]. Auf dem Rückzug freilich verlor der
Braunschweiger kostbare Zeit, weil er – vergeblich – auf eine Vereinigung mit den
Truppen Mansfelds wartete. Es gelang Tilly daher, die Söldnertruppen des Braun-
schweigers bei Stadtlohn nahe der niederländischen Grenze einzuholen und vernichtend zu schlagen. Mit den Resten seiner Truppen konnte der Söldnerführer in
die Niederlande entkommen, wo sie vor der Armee Tillys sicher waren: Sowohl die
Liga als auch die Wiener Regierung waren sorgfältig darauf bedacht, alles zu vermeiden, was als Einmischung in den Niederländisch-Spanischen Krieg gedeutet
werden konnte[6].
    Der Erfolg Tillys vor Stadtlohn demonstrierte erneut das militärische Ungleich-
gewicht zwischen den Konfessionsparteien im Reich. Dies trug natürlich zur weiteren Verunsicherung der niedersächsischen Kreisstände bei, zumal sich Tillys Armee
bei der Verfolgung der verbliebenen Truppen Ernsts von Mansfeld erneut den
Grenzen des Reichskreises näherte.
    Der Schutz des Reichskreises konnte nach Lage der Dinge jetzt nur noch durch
ein offenes militärisches Engagement Dänemarks garantiert werden. Freilich hegte
die dänische Regierung starke Bedenken gegen ein solches Vorgehen. Denn Christian IV. musste einerseits erkennen, dass es im Niedersächsischen Kreis durchaus auch
Opposition gegen ein aktives militärisches Eingreifen Dänemarks gab. Die Kritiker
im Reichskreis fürchteten nicht zu Unrecht, dass der Kaiser bzw. die Liga einen
solchen Schritt als offenen Bruch auffassen und militärische Gegenmaßnahmen
ergreifen würden. Da der Dänenkönig sich somit nicht rückhaltlos auf den Niedersächsischen Kreis verlassen konnte, machte er ein weiteres aktives Vorgehen im Reich
von der Unterstützung durch andere europäische Regierungen, namentlich jener
Englands und Frankreichs, abhängig. Zudem befürchtete die dänische Regierung,
dass ihr erstarkender Rivale im Ringen um die Ostseeherrschaft, das Königreich
Schweden, ein Engagement im Reich zu eigener militärischer Expansion im Ostseeraum auf Kosten Dänemarks nutzen, der Regierung in Kopenhagen also in den
Rücken fallen werde[7]. In der Tat betrachtete Schweden die Zugewinne des Hauses
Oldenburg in Norddeutschland mit kaum geringerem Missfallen als den Aufstieg der
kaiserlich-ligistischen Partei im Reich. Gustav II. Adolf von Schweden scheute nicht
davor zurück, dies offen auszusprechen: Im Sommer und Herbst 1623 schlug er

mehreren norddeutschen Reichsständen Allianzverträge vor, in denen er ihnen nicht nur gegen den Kaiser, sondern auch gegen Dänemark militärischen Beistand zu leisten versprach.

Angesichts dieser vielfältigen Schwierigkeiten sah es zu Beginn des Jahres 1624 nicht danach aus, dass sich der stets vorsichtig agierende dänische König oder gar sein ausgesprochen kriegsunwilliger Reichsrat auf einen Militäreinsatz im Reich einlassen würden.

### b) Der Wandel der europäischen Mächtebeziehungen und der dänische Kriegseintritt

Im Verlauf des Jahres 1624 kam es in den europäischen Mächtebeziehungen zu wichtigen Veränderungen, durch die Habsburgs Gegner erheblich gestärkt und zugleich die Voraussetzungen für ein aktives militärisches Engagement Dänemarks im Reich geschaffen wurden.

Eine scharfe Wendung vollzog sich zunächst im Verhältnis von England zu Spanien. Der englische König Jakob I., der lange Zeit beharrlich auf eine Allianz mit Spanien hingearbeitet hatte, brach um die Jahreswende 1623/24 die Bündnisgespräche mit Madrid recht abrupt ab. Er hatte die Aussichtslosigkeit einer spanisch-englischen Verständigung einsehen müssen, nachdem Spanien sowohl die Konversion des englischen als auch jene des kurpfälzischen Thronerben zur Vorbedingung für ein engeres politisch-dynastisches Zusammengehen der Häuser Stuart und Habsburg erklärt hatte. Vom spanischen Verhalten schwer enttäuscht, stellte sich Jakob I. seit Jahresanfang 1624 demonstrativ auf die Seite der antihabsburgischen Opposition in Europa – ein Kurswechsel, den das seit langem für eine dezidiert protestantische Außenpolitik eintretende Parlament in London energisch unterstützte. Seit Frühjahr 1624 drängte die englische Regierung entschiedener als je zuvor auf die sofortige, bedingungslose Restitution des pfälzischen Kurfürsten in seinen Stammlanden und untermauerte diese Forderung, indem sie den in Norddeutschland von Tilly hart bedrängten Söldnerführer Ernst von Mansfeld unter Vertrag nahm: Massive englische Subsidien versetzten Mansfeld seit Mai 1624 in die Lage, seine stark dezimierten Streitkräfte durch Anwerbungen in zahlreichen Ländern West- und Mitteleuropas wieder aufzubauen[8].

Unterstützt wurden die Mansfeldischen Werbungen seit Frühjahr 1624 auch von Frankreich, das in dieser Zeit ebenfalls auf einen immer schärfer antihabsburgischen Kurs einzuschwenken begann. In Paris hatte schon die ständige Anwesenheit spanischer Truppen in der linksrheinischen Unterpfalz seit dem Böhmisch-Pfälzischen Krieg für Verärgerung gesorgt. Zur massiven Verschlechterung der Beziehungen zwischen Frankreich und Spanien kam es dann seit 1623, vor allem im Zusammenhang mit der spanischen Truppenpräsenz in einer anderen, für die Spanische Straße (vgl. Kap. II 1 a) bedeutsamen Region, im norditalienischen Veltlin. Das Veltlin war im 16. Jahrhundert unter die Herrschaft des Freistaats der Drei Bünde (»Graubünden«) gekommen. Der Freistaat war ein sog. Zugewandter Ort der Eidgenossenschaft, gehörte der Eidgenossenschaft jedoch formell nicht als vollberechtigtes Mitglied an. Die Herrschaft der Bündner wurde im Veltlin wegen der Abgabenlast, zudem aus konfessionellen Gründen als sehr drückend empfunden: Das Veltlin war katholisch, während sich der Bündnerische Freistaat überwiegend dem reformierten

Glauben angeschlossen hatte. Die Spannungen im Veltlin wurden von der spanischen Regierung aufmerksam registriert, denn das umstrittene Territorium zwischen dem spanischen Mailand und Tirol konnte als Truppenkorridor nach Norden dienen und stellte überdies die einzige Landbrücke Venedigs zu nichthabsburgischen Territorien dar. Als 1620 ein blutiger Aufstand der katholischen Untertanen im Veltlin gegen ihre Bündner Herren ausbrach, unterstützte Spanien diesen Aufstand mit militärischen Mitteln. Die spanische Truppenpräsenz im Veltin alarmierte die Gegner Madrids in der Region, Venedig und Savoyen, die die Unterstützung Frankreichs fanden. Im Februar 1623 schlossen sich die drei Mächte in der Liga von Lyon zusammen, um Spanien wieder aus dem Veltlin zu vertreiben. Einen ersten Erfolg erzielten sie, als Philipp IV. sich bereit erklärte, seine Stützpunkte im Veltlin neutralen päpstlichen Truppen zu übergeben, freilich ohne zu garantieren, dass spanische Truppen den Truppenkorridor durchs Veltlin nicht mehr nutzen würden[9].

Seit Frühjahr 1624 gewann die französische Italienpolitik erheblich an Konsequenz und Durchsetzungskraft. Dies hing eng mit dem endgültigen Aufstieg Kardinal Richelieus (1585–1642, in den Jahren 1616/17 und 1624–1642 Mitglied des *Conseil*) zum leitenden Staatsmann Ludwigs XIII. zusammen. Obwohl Richelieu als Favorit der entschieden katholischen Partei um die Königinmutter, der sog. *Dévots*, ins Amt gelangt war, stellte er bereits in dieser frühen Phase seines Ministériat unter Beweis, dass er ohne besondere konfessionelle Rücksichtnahmen alle notwendigen militärischen und bündnisstrategischen Maßnahmen einzuleiten gedachte, um die Interessen der französischen Krone gegenüber Spanien zu vertreten[10]. Richelieus Außenpolitik knüpfte damit bewusst an ältere Traditionen der französischen Außenpolitik an (vgl. Kap. 2b), die auf eine Zurückdrängung spanisch-habsburgischer Ambitionen und – eng damit verbunden – auf eine eigene Führungsrolle Frankreichs als »Schiedsrichter der Christenheit« (*Arbitre de la Chrétienté*) zielten[11]. Entsprechend kündigte Richelieu kurzerhand die »päpstliche« Lösung der Veltlin-Frage auf und entsandte im Herbst 1624 eine Armee nach Norditalien; er nahm also einen militärischen Zusammenstoß mit Spanien bewusst in Kauf[12]. Zugleich intensivierte Paris seine diplomatischen Kontakte zu den durchweg protestantischen Gegnern Habsburgs, insbesondere zur pfälzischen Exilregierung, zu den Niederlanden, zu England und selbstverständlich zu Dänemark: Auf Betreiben der Regierung in Paris erklärten England, Frankreich und die Generalstaaten bis Ende 1624 ihre Bereitschaft, ein aktives militärisches Vorgehen Kopenhagens im Reich zu unterstützen. Allein Frankreich bot Christian IV. als Gegenleistung für ein Eingreifen im Reich jährliche Subsidien von 500 000 Livres an[13] und stellte überdies einen eigenen Entlastungsangriff im Westen des römisch-deutschen Reichs sowie die Förderung der dynastischen Ziele der Oldenburger in Aussicht. Damit war eine wichtige Bedingung Christians IV. für ein künftiges dänisches Engagement im Norddeutschland erfüllt, nämlich die Schaffung einer starken europäischen Allianz, die Dänemark Rückendeckung geben konnte.

Auch mit dem bedrohlichen skandinavischen Rivalen Schweden konnte Dänemark im Laufe des Jahres 1624 zu einer wenigstens äußerlichen Verständigung gelangen, die Christian IV. vorerst eine gewisse Sicherheit vor schwedischen Angriffen bot. Auf der Konferenz von Knäred verzichtete Schweden auf militärische Maßnahmen gegen Dänemark, allerdings um den Preis einer Reihe einschneidender

Zugeständnisse Kopenhagens: So wurde die schwedische Schifffahrt vom Sundzoll befreit – ein bedeutender Etappensieg Stockholms beim Ringen um das Dominium Maris Baltici (vgl. oben S. 11 f.). Immerhin war auf diese Weise ein weiteres, schwerwiegendes Hindernis für Dänemarks Kriegsbeteiligung im Reich beseitigt worden[14].

Die hochfliegenden Erwartungen der antihabsburgischen Allianzpartner, vor allem Englands, dass es nun sogar zu einem gemeinsamen Vorgehen Dänemarks und Schwedens gegen die kaiserlich-ligistischen Truppen im Reich kommen könnte, erwiesen sich freilich als wirklichkeitsfern. Wie tief die Rivalität und das Misstrauen zwischen Kopenhagen und Stockholm trotz der Abmachungen von Knäred saßen, zeigte sich, als Gustav II. Adolf gegenüber den antihabsburgischen Alliierten auf der alleinigen Führung der Militäraktion im Reich bestand. Als daraufhin auch Christian IV. seine Bereitschaft zur Kriegführung im Reich und seinen Anspruch auf die militärische Leitung bekundete, gab es für Gustav II. Adolf nur eine Konsequenz: Er zog sich – zur Erleichterung der Regierung in Kopenhagen – ganz aus dem künftigen militärischen Unternehmen im Reich zurück und ging zur Planung eines neuen Kriegszugs gegen Polen über, den er im Sommer 1625 eröffnete. Die Entscheidung Schwedens, am Krieg im Reich vorerst nicht teilzunehmen, ebnete endgültig den Weg für ein aktives militärisches Engagement Dänemarks in Norddeutschland.

Offiziell bekundete Christian IV. seine Bereitschaft, in das militärische Geschehen im Reich einzugreifen, im März 1625, als er sich auf dem Kreistag des Niedersächsischen Kreises als Herzog von Holstein zum neuen Kreisobersten wählen ließ, also zum höchsten militärischen Befehlshaber der Kreistruppen. Bis zum Schluss hatte es unter den Kreisständen beträchtliche Opposition gegen diese Wahl gegeben, weil viele im Kreis den endgültigen Bruch mit dem Kaiser fürchteten, der diesem Schritt ihrer Ansicht nach folgen würde. Doch gelang es Christian IV., diesen Widerstand mit Hilfe seiner Parteigänger im Kreis (der Herzöge von Mecklenburg und Braunschweig-Wolfenbüttel sowie die Administratoren von Bremen und Magdeburg) zu überwinden. Der Wahl des Dänenkönigs folgte die Entscheidung zur Aufstellung einer neuen Kreisarmee, die freilich nach dem Willen der Kreistagsmehrheit auf strikt defensive Aufgaben beschränkt bleiben sollte[15].

## 2. Das Erste Generalat Wallensteins

### a) Die Berufung Wallensteins

Die Reaktionen von Kaiser und Liga auf die niedersächsischen Kreistagsbeschlüsse ließen nicht lange auf sich warten. Schon die umfangreichen Werbungen, die Ernst von Mansfeld seit 1624 auf niedersächsischem Kreisterritorium hatte vornehmen lassen, waren von Maximilian von Bayern und seinem Befehlshaber Tilly mit großem Argwohn registriert worden. Die Aufstellung einer niedersächsischen Kreisarmee unter Führung des dänischen Königs wurde in Wien und München endgültig als direkter Angriff auf die eigene politische und militärische Stellung angesehen, die auf keinen Fall hingenommen werden könne. Als unmittelbare Antwort erließ Ferdinand II. auf Betreiben Maximilians ein Mandat, das alle weiteren Rüstungsanstrengungen im Niedersächsischen Kreis ohne ausdrückliche kaiserliche Genehmigung unter Androhung harter Strafen untersagte[16]. Den kaiserlichen *Commissions-Auftrag* zur Durchführung und Überwachung dieses – reichsrechtlich nicht unanfechtbaren – Verbots im Niedersächsischen Kreis erhielt Maximilian von Bayern. Auf seinen Befehl hin marschierten die Ligastreitkräfte unter Führung Tillys ins niedersächsische Kreisgebiet ein[17].

Die Kriegsführung blieb auf beiden Seiten zunächst sehr zurückhaltend. Christian IV. wollte vor größeren militärischen Aktionen den Abschluss der Werbungen für die Kreisarmee abwarten. Auch Tilly verzichtete zunächst auf ein offensiveres Vorgehen, weil sich die ligistischen Truppen überraschend starkem, vor allem konfessionell motiviertem Widerstand der Bevölkerung gegenübersahen und überdies mit beträchtlichen Nachschub- bzw. Versorgungsproblemen zu kämpfen hatten.

Angesichts der Tatsache, dass sich mit Kriegseintritt Dänemarks die militärischen Kräfteverhältnisse im Reich nachhaltig zu verschieben begannen, drängte Maximilian von Bayern immer entschiedener auf eigene militärische Anstrengungen des Kaisers. Die Bitte Maximilians löste intensive Beratungen unter den Wiener Hofräten aus[18]. Im Zentrum ihrer Diskussionen am Kaiserhof stand ein seit 1623 wiederholt vorgetragenes Angebot Albrechts von Wallenstein, in kaiserlichem Auftrag eine ganze Armee anzuwerben und ins Feld zu führen. Wallenstein (1583–1634) entstammte einer alten Familie des böhmischen Herrenstandes und war seit 1608, nach seiner Konversion zum Katholizismus, in die Dienste verschiedener habsburgischer Erzherzöge getreten. Erste militärische Erfahrungen hatte er im »langen Türkenkrieg«, in Norditalien und schließlich im Böhmisch-Pfälzischen Krieg sammeln können. Nachdem Wallenstein bereits durch Heirat zu einem der reichsten mährischen Gutsherren aufgestiegen war, gelang es ihm, durch seine Teilnahme am »Prager Münzkonsortium« (vgl. Kap. III 2 a) und den ebenso geschickten wie skrupellosen Aufkauf konfiszierter Rebellengüter einen gewaltigen Gutsbesitz im Königreich Böhmen zu erwerben, dessen Zentrum das neugeschaffene Herzogtum Friedland in Nordböhmen wurde.

Das Angebot Wallensteins, für den Kaiser eine vollständige Armee aufzustellen und ins Feld zu führen, war neuartig, war es doch bis dahin üblich gewesen, dass die Kriegsunternehmer sich darauf beschränkten, im Auftrag des Kriegsherrn ein einzelnes Regiment (Sollstärke: 3 000 Söldner) anzuwerben. Gerade die Radikalität eines solch großangelegten Projekts war charakteristisch für Wallensteins Vorgehen: Vor allem in der Zeit seines ersten Generalats (1625–1630) überraschte Wallenstein Freund und Feind häufig mit weitausgreifenden zivilen und militärischen Plänen, die er dann, gestützt auf seine herausragenden administrativen Fähigkeiten und ohne besondere Rücksichtnahme auf Traditionen und Gewohnheiten seiner Zeitgenossen, rigoros durchzusetzen versuchte[19].

Unter dem Eindruck der Kriegslage, der Formierung einer antihabsburgischen Koalition in Europa und der Forderungen Maximilians entschied sich die kaiserliche Regierung schließlich, Wallenstein zum Oberbefehlshaber im Range eines »Generals« zu berufen und mit der Aufstellung einer Armee zu beauftragen. Wallenstein begann unverzüglich mit den militärischen Rüstungen und erschien im Spätherbst 1625 an der Spitze einer Armee von etwa 40 000 Mann auf dem niedersächsischen Kriegsschauplatz.

## b) Wallensteins Armeefinanzierung und ihre Folgen

Bei den Beratungen der Wiener Regierung über die Aufstellung einer kaiserlichen Armee unter Wallensteins Führung hatte das zu erwartende Hauptproblem eine bemerkenswert geringe Rolle gespielt: Die Frage ihrer zukünftigen Finanzierung. Denn nach den kriegsrechtlichen Regelungen im Reich hatte der Kaiser als Kriegsherr die wesentlichen Mittel zur Unterhaltung einer Armee im Reich aufzubringen (vgl. Kapitel III 1 a) – eine Verpflichtung, die der Kaiserhof in seiner Instruktion für den neuberufenen General prinzipiell anerkannt hatte. Wallenstein hatte im Gegenzug lediglich versprochen, die Mittel zur Anwerbung der Söldner vorzustrecken[20].

Letzteres gelang Wallenstein sehr schnell, nicht zuletzt deshalb, weil er militärische »Subunternehmer« unter Vertrag zu nehmen vermochte, die ihrerseits als Obristen auf eigene Rechnung einzelne Regimenter anwarben, für die sie die ökonomische und militärische Verantwortung übernahmen. Diese »Obrist-Regimentsinhaber« bildeten die eigentliche militärische Führungsschicht der kaiserlichen Armee[21]. Die kaiserliche Regierung dagegen erwies sich rasch als unfähig, die eingegangenen materiellen Verpflichtungen gegenüber ihren Streitkräften einzulösen – eine Tatsache, die seit 1626 immer wieder zu heftigen Konflikten zwischen dem Hof und dem Hauptquartier bis hin zu Rücktrittsdrohungen des Generalissimus führte[22].

In dieser prekären Lage, die freilich aufgrund der bekanntermaßen maroden Wiener Finanzsituation nicht gänzlich überraschend kam, ging Wallenstein dazu über, das System der Finanzierung seiner Armee durch sog. *Kontributionen* erheblich auszuweiten und auf eine neue Grundlage zu stellen. *Kontribution* diente im Dreißigjährigen Kriegs als Sammelbegriff, um alle Beiträge zur Versorgung und Finanzierung der jeweils im Lande stehenden Truppen zu kennzeichnen. Nach den kriegsrechtlichen Regelungen, die zu Beginn des Dreißigjährigen Krieges im Reich galten, war die Bevölkerung der Gebiete, in denen die Armeen ihr Quartier genommen hatten, verpflichtet, den Söldnern als Kontribution das sog. »Servis« zu gewähren: Holz, Licht, Salz und Unterkunft. Alles Übrige, insbesondere die Soldleistungen, hatte danach der Kriegsherr zu liefern. Bereits die Ligatruppen unter Tilly hatten in den ersten Jahren des Dreißigjährigen Kriegs damit begonnen, den Einwohnern der besetzten feindlichen Territorien als Kontribution zusätzlich noch Naturallieferung zu ihrer Versorgung mit Lebensmitteln abzuverlangen[23].

Wallenstein ging nun dazu über, von den Territorien, in denen seine Truppen stationiert waren, als Kontributionen Bargeldleistungen zu erpressen, mit denen sämtliche Aufwendungen zur Finanzierung seiner Truppen bezahlt wurden, also die Erstattung seiner eigenen Auslagen und jener seiner Obristen sowie die gesamten Soldgelder. Damit wurden die Kontributionen zu – schließlich von den Heeresverwaltungen selbst eingezogenen – regelrechten »Kriegssteuern«, mit denen die Armeen unabhängig von der Finanzkraft des Kriegsherrn bezahlt werden konnten. Sie gaben Wallenstein die Möglichkeit, seine Söldner pünktlich zu bezahlen, wobei er gerade den Offiziersrängen einen erheblich höheren Sold zahlte, als in allen übrigen Armee üblich war. Damit gelang es ihm, die militärisch Tüchtigsten an sich zu binden und damit die Schlagkraft seiner Streitkräfte weiter zu erhöhen.

Wallenstein nahm bei der Erhebung der Kontributionen keine Rücksicht darauf, ob die so belasteten Reichsstände Feinde, Neutrale oder gar Verbündete des Kaisers waren. Mit der Erhebung von Kontributionen außerhalb des Feindeslandes übertrat Wallenstein eindeutig seine Instruktion und brachte die Verbündeten des Kaisers in wachsendem Maße gegen sich auf. Die kaiserliche Regierung hat diese Praxis jedoch trotz der Klagen der Betroffenen angesichts der eigenen materiellen Notlage hingenommen, schon deshalb, weil sie keinen Bruch mit Wallenstein riskieren wollte und konnte: Es konnte am Kaiserhof keinen Zweifel geben, dass Wallenstein aufgrund seiner Kreditwürdigkeit, seiner administrativen Fähigkeiten und seines Ansehens bei den Obristen der entscheidende Garant des Zusammenhalts der kaiserlichen Armee geworden war[24].

Die Folgen von Wallenstein Kontributionssystem waren weitreichend. Zunächst gab es Wallenstein die Möglichkeit, seine Armee ohne Rücksicht auf die prekäre Wiener Finanzlage zu vergrößern und langfristig zum »stärksten militärischen Faktor in Mitteleuropa« (Dieter Albrecht) zu machen[25]. Zugleich stellte es den Generalissimus aber auch vor die Notwendigkeit, ständig das Operationsgebiet der kaiserlichen Armee zu vergrößern, um immer neue Kontributionsmöglichkeiten zu erschließen. Auf diese Weise hat das Finanzierungssystem selbst erheblich zur Eskalation des Krieges beigetragen, ganz im Sinne des zeitgenössischen Sprichworts: »Der Krieg ernährt den Krieg«.

Langfristig hat sich Wallensteins Kontributionssystem geradezu verheerend ausgewirkt, weil es seit Ende der zwanziger Jahre von allen übrigen Kriegsparteien übernommen worden ist. Damit ist es Voraussetzung dafür geworden, dass der Krieg zeitlich, räumlich und personell bis dahin unbekannte Dimensionen annehmen konnte – zu Lasten der ausgebeuteten Bevölkerung, deren Steuerlast sich durch die einquartierten Truppen durchaus verzehnfachen konnte.

*c) Der militärische Triumph des Kaisers*

Die militärischen Aussichten Dänemarks verschlechterten sich durch das Erscheinen einer neuen, starken kaiserlichen Armee unter Wallenstein auf dem niedersächsischen Kriegsschauplatz beträchtlich. Zur Verschlechterung der Lage Dänemarks und seiner Verbündeten trugen freilich auch Entwicklungen im europäischen Umfeld des Reiches im Laufe des Jahres nicht unerheblich bei. Denn es wurde deutlich, dass Dänemark und seine niedersächsischen Verbündeten vergeblich auf Unterstützung durch eine große antihabsburgische Koalition in Europa gehofft hatten. In Frankreich war im Frühjahr 1625 ein weiterer großer Aufstand der Hugenotten unter Führung der Herzöge von Rohan und Soubise ausgebrochen, denen sich im Mai 1625 die mächtige Hafenstadt La Rochelle anschloss. Als alle Verhandlungen zur friedlichen Rückkehr La Rochelles unter die Botmäßigkeit des Königs scheiterten und La Rochelle überdies militärische Unterstützung aus England erhielt, trafen Ludwig XIII. und Richelieu eine folgenschwere Entscheidung: Sie beschlossen, der endgültigen Ausschaltung der Hugenotten als einer politisch-militärischen Partei in Frankreich unbedingten Vorrang vor allen übrigen außenpolitischen Plänen zu geben. Bis 1628 schied Frankreich damit faktisch aus der antihabsburgischen Koalition aus[26]. Auch aus den Generalstaaten war keine Hilfe zu erwarten, wie sich im Verlauf des Jahres 1625 deutlich zeigte: Durch die vielbeachtete spanische Eroberung der strategisch wichtigen Hafenstadt Breda gerieten die Generalstaaten in erhebliche militärische Bedrängnis, die sie zur Konzentration aller Kräfte im Kampf gegen Spanien zwang[27]. Schließlich fiel auch England nach dem Tod Jakobs I. als möglicher Bundesgenosse Dänemarks überraschend aus. Zum einen verschlechterten sich die ohnehin nicht spannungsfreien Beziehungen zwischen Krone und Parlament unter Jakobs Sohn und Nachfolger Karl I. noch einmal beträchtlich. Zum anderen verwickelte der junge König England in der Folgezeit in einen Doppelkrieg mit Frankreich und Spanien, der jedes weitere Militärengagement im Reich unmöglich machte[28].

Angesichts dieser Entwicklungen im Reich und Europa konnte es kaum Zweifel geben, dass Christian IV. einem vereinigten militärischen Vorgehen der kaiserlichen und ligistischen Truppen unter Wallenstein und Tilly im Niedersächsischen Kreis nichts Adäquates würde entgegensetzen können. So entschied er sich zusammen mit den ihn unterstützenden Söldnerführern Ernst von Weimar, Ernst von Mansfeld und Christian von Braunschweig zu einer Strategie, den Gegner an möglichst vielen verschiedenen Stellen anzugreifen und damit die gegnerischen Kräfte an verschiedenen Kriegsschauplätzen zu binden. Während Ernst von Weimar nach Osnabrück marschierte und dort unter militärischem Druck einen Sohn von Christian IV. zum Administrator wählen ließ, stießen Christian von Braunschweig nach Süden, ins Hessische, und Ernst von Mansfeld nach Südosten vor[29]. Die Vorstöße Braunschweigs und Mansfelds scheiterten freilich rasch an der entschlossenen Gegenwehr Tillys und Wallensteins. Dabei kam es zu symbolträchtigen Niederlagen des protestantischen Lagers. In Hessen regelten die kaiserlich-katholischen Besatzer unter Tilly nach ihrem erfolgreichen Einmarsch die Verhältnisse ganz im Sinne des Kaisers und seiner Verbündeten (Hessen-Darmstadt) auf Kosten Hessen-Kassels, das für seine lange Opposition gegen Kaiser und Liga nun einen hohen Preis zu zahlen hatte und in die politische Bedeutungslosigkeit zu stürzen schien[30]. Mansfeld erlitt beim Versuch, Wallensteins Stellung an der Dessauer Elbbrücke zu erstürmen, eine spektakuläre Niederlage, die seine Truppen nachhaltig schwächte – der erste große militärische Erfolg Wallensteins, der damit die Schlagkraft der neuaufgestellten kaiserlichen Armee unter Beweis stellte[31]. Schon planten die siegreichen kaiserlichen und ligistischen Truppen für Sommer 1626 das von Dänemark so gefürchtete gemeinsame Vorgehen, als verschiedene militärische Ereignisse sie doch wieder daran hinderten. So brach im Sommer 1626 in Oberösterreich, wo die bayerischen Pfandherrn in kaiserlichem Auftrag eine scharf gegenreformatorische Politik durchführten, ein großer, militärisch außerordentlich gut geführter Bauernaufstand aus, der Wallenstein zwang, Truppen zu dessen Niederwerfung nach Österreich abzuordnen. Ihnen ist die Niederwerfung dieses letzten großen Aufstands in den habsburgischen Erblanden im Zeitalter des Dreißigjährigen Krieges denn auch in blutigen Kämpfen gelungen. Zeitgleich mit dem Ausbruch des Aufstands entschloss sich Ernst von Mansfeld, mit seinen Truppen den niedersächsischen Kriegsschauplatz zu verlassen und über Schlesien und Böhmen nach Ungarn zu marschieren, mit dem Ziel, sich mit Bethlen Gabor, dem Fürsten von Siebenbürgen, zu verbinden, der die Kriegslage zu einer neuen Offensive gegen Habsburg ausnutzen wollte. Sie planten, gemeinsam die Erblande von Osten zu bedrohen. Wallenstein vereitelte diese Planungen, indem er mit der kaiserlichen Hauptarmee die Verfolgung Mansfelds aufnahm. Als Wallenstein nach gewaltigen Eilmärschen, die eine große logistische Leistung darstellten, unvermutet in Ungarn erschien, gaben Mansfeld und Bethlen Gabor ihren Angriffs-plan auf. Mansfeld starb kurze Zeit später auf dem Rückzug, während Bethlen Gabor auf der Basis des Status Quo ante zum Frieden mit Wien zurückkehrte.

Christian IV. versuchte die Abwesenheit der kaiserlichen Armee im Sommer 1626 zu nutzen, indem er mit seinen nun zahlenmäßig überlegenen Streitkräften die ligistischen Truppen zum Kampf zu stellen und zu vernichten suchte. Doch er hatte nicht mit Wallensteins Organisationsgeschick und Tillys militärischer Tüchtigkeit gerechnet. Angesichts des drohenden dänischen Angriffs sandte Wallenstein Tilly Truppen in der Stärke von zwei Regimentern zu Hilfe, die Tilly noch rechtzeitig vor Beginn der Auseinandersetzungen erreichten. Gestützt auf diese zusätzlichen Trup-pen ist es Tilly gelungen, den dänischen König bei Lutter am Barenberg vernichtend zu schlagen.

Für den dänischen König wirkte sich diese Niederlage nicht nur wegen der erlittenen Verluste verheerend aus. Vielleicht noch weitreichender als die unmittel-bar militärischen waren die politischen Folgen der Schlacht. Denn in den Folge-monaten im Winter 1626/27 kehrten viele niedersächsische Kreisstände in die Botmäßigkeit des Kaisers zurück, während es Christian IV. nur noch mit Mühe gelang, weiteren Widerstand im Niedersächsischen Kreis zu organisieren[32].

Als Wallenstein von Ungarn kommend mit seinen Truppen im Sommer 1627 wieder auf dem niedersächsischen Kriegsschauplatz erschien, befand sich die kaiser-lich-ligistische Seite mithin in einer strategisch ausgezeichneten Position. Dänemark war in die Defensive geraten und sah sich einem abgestimmten offensiven Vorgehen der kaiserlichen und ligistischen Truppen gegenüber. Während Tilly sich auf die Einnahme der verbliebenen dänischen Festungen im Niedersächsischen Kreis kon-zentrierte, rückte Wallenstein nach einer weiteren Vergrößerung seiner Truppen auf insgesamt 66 Infanterie- und Kavallerieregimenter in die Erblande der Olden-burgermonarchie, in Holstein, Schleswig und im dänischen Jütland ein. Bis zum Jahresende gelang es Wallenstein, den gesamten dänischen Festlandsbesitz zu er-obern, während sich Christian IV. mit den ihm verbliebenen Streitkräften auf die dänischen Ostseeinseln zurückzog. Dort war er unangreifbar, solange seine Feinde über keine ausreichende Flottenmacht verfügten. Knapp zehn Jahre nach Ausbruch des Böhmischen Aufstands befand sich Ferdinand II. damit auf dem Höhepunkt seiner militärischen Erfolge. Im Winter 1627/28 waren alle Kriegsgegner des Kaisers aus dem Reich gedrängt oder unterworfen worden.

# 3. Die Folgen des Krieges:
## Höhepunkt und erste Krisenzeichen kaiserlicher Macht

### a) Veränderungen im Reich: Auf dem Weg zum »Reichsabsolutismus«?

Während in der militärischen Auseinandersetzung zwischen dem Kaiser und dem dänischen König seit der Jahreswende 1627/28 zunächst ein gewisser Stillstand eintrat, kam es im Reich zu grundlegenden politisch-konfessionellen Veränderun-gen, die im Zeichen der kaiserlichen Hegemonie standen.

Voraussetzung dafür war, dass der Kaiser dank Wallensteins militärischer Stärke über Machtmittel verfügte (und zwar auch in ehedem eher kaiserfernen Gebieten im Norden und Westen des Reiches), die keiner seiner habsburgischen Vorgänger seit dem 15. Jahrhundert je besessen hatte. Im Wissen um diese neuerrungene Herrschaftsstellung waren Ferdinand II. und Wallenstein bei einer Begegnung in Prag übereingekommen, jene Reichsangehörigen, die feindliche Waffendienste geleistet hatten, als »notorische Rebellen« zu bestrafen und ihren Besitz so rasch wie möglich zugunsten des Kaiserhofs – und das hieß angesichts der gewaltigen Zahlungsrückstände des Kaisers bei Wallenstein faktisch: zugunsten der kaiserlichen Armee – einzuziehen. Diese Aufgabe übernahmen kaiserliche Konfiskationskommissionen, die im Schutz der kaiserlichen Streitkräfte im Frühjahr 1628 ihre Tätigkeit in Nord- und Westdeutschland aufnahmen. Ihren spektakulären Höhepunkt erreichten diese Konfiskationen mit der Einziehung der mecklenburgischen Herzogtümer und ihrer Übertragung auf Wallenstein[33].

Dass der Kaiser rechtlich zu einem solchen Vorgehen befugt sei, daran zweifelte am Wiener Hof niemand. Ob die Absetzung eines altehrwürdigen reichsfürstlichen Geschlechts und die Erhebung Wallensteins zu einem der großen Territorialherrn des Reichs politisch nützlich sei, das freilich war unter den Räten Ferdinands II. heftig umstritten, seit Wallenstein einen entsprechenden Vorschlag gemacht hatte. Schließlich setzten sich die Befürworter der mecklenburgischen Translation gegen die Skeptiker in der Regierung durch. Dabei spielte die drückende finanzielle Abhängigkeit des Kaiserhofs von Wallenstein eine zentrale Rolle: Nur auf diese Weise – so glaubte man – seien Wallensteins unverzichtbare Dienste und damit der Zusammenhalt der Armee weiterhin zu sichern. Große Bedeutung für die Entscheidung hatten auch die gesamthabsburgischen Seemachtpläne. Die Kontrolle der mecklenburgischen Ostseeküste und der in dieser Region liegenden Hafenstädte galt als wichtiger Schritt, um langfristig eine militärische Präsenz Habsburgs im Ostseeraum zu sichern. Diese lag einerseits im Interesse Spaniens, das so zusätzlichen Druck auf die Generalstaaten ausüben wollte, für die der Ostseehandel beträchtliche wirtschaftliche Bedeutung hatte. Andererseits hoffte die kaiserliche Regierung, durch Aufbau einer eigenen Flotte den Dänenkönig doch noch endgültig niederringen und langfristig selbst am Ostseehandel teilhaben zu können. Der Kaiserhof machte aus seinen maritimen Herrschaftsansprüchen im Übrigen kein Hehl. So erhielt Wallenstein offiziell den Titel eines »Generals des ozeanischen und baltischen Meeres«.

Damit freilich geriet die kaiserliche Politik geradezu zwangsläufig in Gegensatz zu jener Macht, die beharrlich auf die Errichtung ihres eigenen »Dominium Maris Baltici« hinarbeitete, dem Königreich Schweden (vgl. Kap. II 1c): Gustav II. Adolf ließ bereits zu diesem Zeitpunkt keinen Zweifel daran, dass er die habsburgischen Seemachtpläne so nicht hinnehmen würde. Eine günstige Gelegenheit, seine Entschlossenheit zu demonstrieren, erhielt der Schwedenkönig durch die kaiserliche Belagerung der Hansestadt Stralsund im Sommer 1628. Ein rasch abgeschlossener schwedischer Schutzvertrag mit der Stadt und die Entsendung einer schwedischen Garnison verfehlten ihre Wirkung nicht: Wallenstein sah von der Eroberung der Stadt ab, nicht zuletzt, um einen größeren bewaffneten Konflikt mit Schweden zu vermeiden. Gustav II. Adolf begnügte sich vorerst mit dieser erfolgreichen Machtdemonstration, zumal er militärisch weiterhin in Polen gebunden war und die schwedisch-dänischen Spannungen fortdauerten[34].

Auch von anderer Seite regte sich neuer entschiedener Widerstand gegen die ausgreifende Machtpolitik Wiens bzw. Wallensteins, die in der mecklenburgischen Translation ihren sichtbarsten Ausdruck fand, nämlich im Lager der Liga-Fürsten. Zu den schärfsten Kritikern des kaiserlichen Vorgehens in Mecklenburg gehörte von Anfang an Maximilian von Bayern, der es (wie alle übrigen Liga-Kurfürsten) in der Folgezeit strikt abgelehnt hat, Wallenstein als Herzog von Mecklenburg anzuerkennen. Dahinter stand mehr als der wachsende, bis zum regelrechten Hass sich steigernde Antagonismus zwischen dem »Emporkömmling« Wallenstein, dem reichsrechtliche Traditionen lebenslang fremd blieben, und einem alteingesessenen Reichsfürsten wie Maximilian von Bayern[35]. Der tiefere politische Grund war, dass der Kaiser dank Wallensteins Armee erstmals seit Ausbruch des Krieges von der Hilfe der Liga unabhängig wurde – ein Vorgang, den man in München verständlicherweise mit größter Sorge beobachtete. Das eigenmächtige Handeln des Kaisers in der mecklenburgischen Frage ohne jede Rücksichtnahme auf seine Verbündeten im Reich wirkte alarmierend, zumal der Ärger der Liga über Wallenstein noch durch scharfe Auseinandersetzungen über die Verteilung der Truppenquartiere angeheizt wurde. Auf dem Liga-Tag in Bingen im Sommer 1628 wurde sogar von der Möglichkeit eines bewaffneten Konflikts zwischen ligistischen und kaiserlichen Truppen gesprochen. Aber auch die Liga beließ es bei Warnungen an die Adresse Wiens, zum offenen Bruch der Liga mit dem Kaiser und seinem ebenso gefürchteten wie verhassten Generalissimus kam es nicht.

Während Wallensteins ständig wachsende Armee und das kaiserliche Vorgehen in Mecklenburg zu erheblichen Spannungen zwischen dem Kaiser und seinen ligistischen Verbündeten führten, bestand hinsichtlich der Konfessionspolitik zwischen Wien und München ein grundsätzlicher Konsens: Ferdinand II. und Maximilian waren sich einig, dass die günstige militärische Lage genutzt werden müsse, um die religionsrechtlichen Streitfragen im Reich endgültig zugunsten der katholischen Seite zu regeln[36]. Dies bezog sich vor allem auf den zentralen Streitpunkt bei der Auslegung des Augsburger Religionsfriedens, nämlich die Frage der säkularisierten Geistlichen Territorien im Reich, die vor 1618 wesentlich zur Krise und zur Auflösung der Reichsverfassung beigetragen hatte.

Die Frage, wie konkret vorzugehen sei, erörterte der Kaiser ausführlich mit den katholischen Kurfürsten und seinem Reichshofrat, um dann einer Konfessionspolitik zu folgen, die einer katholischen »Mittellinie« (Martin Heckel) entsprach[37]. Auch 1628/29 drangen mithin die theologischen Extremisten im eigenen Lager, die auch Fürsprecher am Kaiserhof hatten und die angesichts der kaiserlich-ligistischen Waffenerfolge eine katholische Totallösung für das Reich anstrebten, beim Kaiser nicht durch. Stattdessen hielt Wien ausdrücklich am Augsburger Religionsfrieden fest, allerdings in seiner strikt katholischen Auslegung, die kraft kaiserlicher Machtvollkommenheit nun zur einzig verbindlichen Interpretation dieses Reichsgesetzes erklärt wurde[38]. Dies geschah im sog. Restitutionsedikt, das Kaiser Ferdinand II. am 6. März 1629 verkündete. Darin sollten alle wichtigen Streitfragen, die sich aus der unterschiedlichen Auslegung des Augsburger Religionsfriedens ergeben hatten, geregelt werden. Die einschneidendsten Bestimmungen betrafen das Kirchengut

im Reich: Der Geistliche Vorbehalt wurde als unmittelbar geltendes Recht anerkannt, alle Geistlichen Territorien, die 1552 katholisch gewesen waren, hatten
katholisch zu bleiben oder – falls sie bereits den Glauben gewechselt hatten – unter
die Herrschaft katholischer geistlicher Fürsten zurückzukehren. Bis dahin durften die
bisherigen protestantischen Administratoren nicht mehr als rechtmäßige Landesherren auftreten und das Stimmrecht in irgendwelchen Reichsgremien ausüben.
Zugleich wurde festgelegt, dass alle reichsunmittelbaren Fürsten, ob weltlich oder
geistlich, das unbeschränkte Recht hatten, ihren Untertanen zur Annahme ihrer
Konfession oder widrigenfalls zur Auswanderung zu zwingen. Auch das gesamte
reichsmittelbare Kirchengut, das seit 1552 in protestantische Hände gekommen sei,
war wieder der katholischen Kirche zurückzugeben, also zu *restituieren*. Der Schutz
des Religionsfriedens sollte darüber hinaus grundsätzlich nur für Katholiken und
Lutheraner gelten. Alle übrigen, auch die Reformierten, wurden ausgeschlossen[39].

Insgesamt stellte das Edikt einen harten Schlag gegen den protestantischen Besitzstand im Reich dar. Bald nach seiner Verkündung entsandte der Kaiserhof nach
dem Vorbild der Konfiskationskommissionen sog. Restitutionskommissionen ins
Reich, die sämtliches nach 1552 entfremdete Kirchengut zu inventarisieren und
einzuziehen hatten. Bei der Umsetzung des Edikts gab es freilich erhebliche regionale Unterschiede. Während es im südwestdeutschen Raum zu zahlreichen Resti-
tutionen kam, blieb seine Wirkung in Nord- und Westdeutschland eher begrenzt.
Dies lag auch daran, dass die Kommissionen dort auf die militärische Hilfe Wallensteins angewiesen waren, der sie nur sehr zögerlich unterstützte. Unter den potentiellen Gewinnern der Restitution auf katholischer Seite setzte ein heftiger Wett-
bewerb um die Kirchengüter ein. Dies galt für die katholischen Orden, dies galt aber
auch für die führenden katholischen Reichsfürstengeschlechter, die jeweils ihre
nachgeborenen Söhne mit den neuerworbenen Reichsabteien und Reichsbistümern
auszustatten gedachten. Hauptgewinner war der jüngere Sohn Ferdinands II., Erzherzog Leopold Wilhelm, dem zusätzlich zu seinen Bistümern Passau und Straßburg
noch Halberstadt, Magdeburg und die Anwartschaft auf das Erzstift Bremen zugesprochen wurde.

Vielleicht noch wichtiger als die unmittelbaren besitzrechtlichen Folgen waren die
politisch-psychologischen Auswirkungen des Edikts. Denn auch die gemäßigten
protestantischen Reichsstände wie Kursachsen äußerten sich empört über das Edikt
und zeigten verstärkte Bereitschaft zur Bildung einer geschlossenen antikaiserlichen
Widerstandsfront des deutschen Protestantismus. Zwar war an eine bewaffnete Gegenwehr angesichts der militärischen Machtverhältnisse im Reich nicht zu denken,
aber langfristig hat dem Kaiser der Vertrauensverlust der gemäßigten Protestanten
enorm geschadet. Dies galt nicht nur aus konfessionellen, sondern auch aus reichsverfassungsrechtlichen Gründen: Denn der Kaiser – allen juristischen Winkelzügen
des Reichshofrats zum Trotz – schien doch auf diese Weise das Recht zu bean-
spruchen, bei der Auslegung von Reichsgesetzen künftig das letzte Wort zu haben.
Langfristig bedeutete das einen weiteren enormen Zuwachs an kaiserlicher Macht.

Das Verhalten des Kaisers im Zusammenhang mit den Übergriffen der kaiserlichen Armee, mit den Konfiskationen und schließlich beim Erlass des Restitutionsedikts hat der kaiserlichen Regierung schon zeitgenössisch den Vorwurf eingetragen,
das Reich von einer »gemischten« in eine »absolute« Monarchie nach dem Vorbild

Frankreichs umwandeln zu wollen. Auch in der neueren Historiographie ist wiederholt die Auffassung vertreten worden, Ferdinand II. habe in dieser Phase seiner Regierungszeit auf einen »Reichsabsolutismus« hingearbeitet[40]. Zweifellos sind Parallelen zwischen den Zentralisierungsmaßnahmen der Monarchie im Frankreich Richelieus und dem Vorgehen des Kaisers bzw. Wallensteins in mancher Hinsicht unverkennbar. Dies betrifft vor allem die Instrumente der Politik. So bediente sich auch der französische König intensiv außerordentlicher, zentral gesteuerter Kommissionen (*commissions extraordinaires du conseil*), um seine Ziele im Land durchzusetzen[41]. Auf der anderen Seite gibt es keine Belege, dass der Kaiserhof die verfassungsrechtlichen Grundlagen des Reiches umstürzen oder wesentlich verändern wollte. Vor allem der Charakter des Reiches als einer Wahlmonarchie, der naturgemäß das entscheidende Hindernis für alle zentralistischen bzw. »absolutistischen« Reformbestrebungen im Reich dargestellt hätte, wurde von Seiten der kaiserlichen Regierung zu keinem Zeitpunkt in Frage gestellt, vielmehr sowohl nach außen als auch intern bekräftigt[42]. Im Übrigen wurde der kaiserlichen Regierung immer wieder schmerzhaft bewusst gemacht, dass ihre Machtstellung im Reich wesentlich von Wallensteins Armee abhing, etwa, als Wallenstein eine Mitspracherecht bei kaiserlichen Begnadigungsakten gegenüber »Reichsrebellen« forderte – und 1628 erhielt[43]. Das Ziel der dauerhaften Errichtung einer starken monarchischen Zentralgewalt, auf das Ferdinand II. in seinen Hauslanden mit solchem Nachdruck hingearbeitet hat, spielte im römisch-deutschen Reich bei den politischen Planungen Wiens keine quellenmäßig fassbare Rolle.

## b) Veränderungen in Europa: Neue Kriegsgefahr und dänischer Kompromissfriede

Ein Friedensschluss zwischen Dänemark und dem Kaiser schien derweil in weiter Ferne zu liegen. Deutlich wurde dies im Januar 1629, als sich Friedensdelegationen beider Seiten im Januar 1629 in Lübeck zu Verhandlungen trafen. Während Christian IV. zur Verblüffung und Empörung seiner kaiserlich-ligistischen Verhandlungspartner schlichtweg die Rückkehr zum Vorkriegszustand vorschlug, forderten die Kaiserlichen nichts Geringeres als die Abtretung Schleswigs, Holsteins und Jütlands. Letzteres sollte an Kursachsen fallen, das im Gegenzug dem Kaiser die Lausitzen zurückerstatten sollte[44]. In der Folgezeit freilich änderte Wien seine Haltung, in enger Übereinstimmung mit Wallenstein, der schon seit längerem auf erheblich größere Kompromissbereitschaft bei den Verhandlungen mit Christian IV. gedrängt hatte. Es war daher schon ein klares Signal, dass Wallenstein die Verhandlungsführung mit Dänemark übertragen worden war, und zwar mit Vollmachten zu eigenständigem Handeln, die das übliche Maß weit überstiegen.

Das Umdenken in Wien ist vor dem Hintergrund der veränderten politischen Konstellation in Westeuropa zu sehen, die Habsburg nichts Gutes verhieß. Zum einen geriet Spanien im niederländischen Krieg zunehmend in die Defensive, nicht zuletzt wegen der enormen Finanzprobleme der spanischen Krone, die sich durch die Kaperung der spanischen Amerikaflotte mit den Silbereinnahmen eines Jahres (September 1628) dramatisch verschärften. Die schlecht bezahlten und demoralisierten spanischen Truppen verweigerten den Befehl oder gingen ganz zum niederländischen Kriegsgegner über, der daraufhin große militärische Erfolge erzielen konnte, die auch ein niederländisches Eingreifen im Reich in den Bereich des Möglichen rückten[45]. Dies war für Wien um so alarmierender, als zur gleichen Zeit auch Frankreich seine außenpolitischen Aktivitäten wieder deutlich verstärkte: Nachdem Ludwig XIII. und Richelieu mit der Einnahme La Rochelles (November 1628) den letzten Hugenottenkrieg siegreich beenden und die militärische Machtbasis der Hugenotten zerstören konnten, drängte Richelieu darauf, die unterbrochene anti-habsburgische Politik wieder aufzunehmen[46]. Gelegenheit dazu bot die Entwick-lung in den strategisch bedeutsamen und reichen norditalienischen Fürstentümern Mantua und Montferrat, deren Herrschergeschlecht, die Gonzaga, Ende 1627 aus-gestorben war und auf das der Herzog von Nevers, ein Lehnsmann der französischen Krone, Erbansprüche anmelden konnte. Um die Erbfolge von Nevers zu verhindern, waren im Frühjahr 1628 spanisch-savoyische Streitkräfte in den Herzogtümern eingerückt und dort bald in Kämpfe mit Truppen von Nevers' geraten, die sich dann rasch um die strategisch wichtige Alpenfestung Casale konzentrierten – eine Entwicklung, die Richelieu keinesfalls hinzunehmen bereit war. Richelieu über-zeugte seinen Monarchen, dass ein Eingreifen in Italien nun – nach dem Fall La Rochelles – unbedingte Priorität haben müsse. Im Januar 1629 brach eine franzö-sische Armee unter der persönlichen Führung Richelieus nach Italien auf und nahm das Herzogtum Monferrat ein. Casale erhielt eine französische Besatzung. So drohte im Frühjahr 1629 ein offener französisch-spanischer Krieg, und zwar – und dies verlieh der Krise zusätzliche Brisanz – unter direkter Teilnahme des Kaisers: Denn im Gegensatz zum Krieg seines spanischen Verbündeten mit den Niederlanden sah sich der Kaiser im Falle Mantua/Monferrat als Oberlehnsherr Reichsitaliens viel stärker zu einem Eingreifen verpflichtet. Dies geschah zunächst rechtlich: Schon kurz nach dem Einmarsch spanischer Truppen in die Herzogtümer hatte Ferdinand II. diese als erledigte Reichslehen eingezogen (*sequestriert*) und Nevers zur Räumung der Ge-biete auffordern lassen[47]. Unter dem Eindruck des französischen Einmarsches ent-schied sich Wien dann im Mai 1629, unmittelbar militärisch tätig zu werden. Starke kaiserliche Truppenverbände rückten zur Unterstützung Spaniens in Oberitalien ein.

Die neuen Krisenherde und Gefahren ließen es dem Kaiserhof ratsam erscheinen, so rasch wie möglich zum Frieden mit Dänemark zu kommen, der die errungene Machtstellung im Reich sicherte, selbst um den Preis der angestrebten territorialen Zugewinne. Dies bestimmte auch die Verhandlungslinie Wallensteins bei seinen Gesprächen in Lübeck und auf seiner neuen mecklenburgischen Residenz in Güstrow, wo er zwischen März und Mai 1629 den Friedensschluss mit Christian IV. quasi im Alleingang aushandelte. Von zentraler Bedeutung war für Wallenstein der Rückzug Dänemarks aus dem Reich, den Christian IV. schließlich zugestand: Abgesehen von seiner angestammten Landesherrschaft in Holstein verzichtete Chris-tian IV. – auch im Namen seiner Söhne – auf alle Rechte bzw. Ansprüche im Reich und sicherte zu, sich nicht mehr in die Reichsangelegenheiten einzumischen. Dafür blieb der oldenburgische Hausbesitz im Gegenzug unangetastet. In territorialer Hinsicht kam Christian IV. somit gemessen an dem für ihn außerordentlich ungüns-tigen Kriegsverlauf glimpflich davon. Freilich nahm er dadurch, dass er seine ehe-maligen Verbündeten im Reich ihrem (zum Teil – wie Mecklenburg zeigte – sehr bitteren) Schicksal überließ, einen erheblichen Reputationsverlust in Kauf, was seinen künftigen außenpolitischen Handlungsspielraum beschränkte. Für den Kaiser hingegen war der beiderseitige, vollständige Verzicht auf jede Kriegsentschädigung territorialer oder finanzieller Art ein schmerzliches Zugeständnis. Denn damit stand fest, dass eines der Grundprobleme des Kaisers, die materielle Notlage angesichts der immensen Kriegsaufwendungen, trotz des Sieges im Niedersächsisch-Dänischen Krieg ungelöst bleiben würde.

### c) Vorzeichen der Wende: Vom Regensburger Kurfürstentag zur »Journée des Dupes«

Nach dem Frieden von Lübeck schien der Kaiser nach verbreiteter Auffassung eine unerschütterliche militärische Machtstellung im Reich zu besitzen. Auch die sich seit Anfang 1629 verdichtenden Anzeichen eines offenen Eingreifens Schwedens im Reich (vgl. Kapitel V 1 a), das faktisch schon mit der Besetzung Stralsunds begonnen hatte, wurden in Wien zwar aufmerksam und sorgenvoll registriert, aber noch nicht als existentielle Gefahr gesehen, was auch nicht überraschen kann: als Gustav II. Adolf im Juli 1630 tatsächlich mit 13 000 Soldaten im Reich landete, verfügte allein die kaiserliche Armee über eine Gesamtstärke von ca. 100 000 Söldnern. Hellsichtigen Zeitgenossen war freilich klar, welch hohen politischen Preis der Kaiser für diese militärische Stärke zahlte. Dies war nicht nur die in Wien als drückend empfundene Abhängigkeit von Wallenstein, sondern auch die beträchtliche Verstimmung der Reichsfürsten über die Belastungen durch die riesige kaiserliche Armee und ihre Kontributionspraxis, die zu einer ständig wachsenden Entfremdung der katholischen Kurfürsten vom Kaiser führte. Sie wurde auf dem Regensburger Kurfürstentag (Juli–Oktober 1630) deutlich, auf dem Ferdinand II. die Grenzen seiner politischen Macht schmerzlich vor Augen gestellt wurden.

Grundsätzlich war die Abhaltung eines Kurfürstentags nichts Ungewöhnliches in der politisch-rechtlichen Praxis des Reichs. Die Kurfürsten besaßen nicht nur das Recht zur Kaiserwahl, sondern verstanden sich auch als bedeutendste Berater des Reichsoberhauptes, die in allen wichtigen Reichsangelegenheiten zu konsultieren waren[48]. Dazu fanden auf Initiative und unter Beteiligung des Kaisers in unregelmäßiger Folge Kurfürstentage statt. Auch Ferdinand II. hat die Rolle der Kurfürsten als »innerste Räte« des Kaisers akzeptiert und mehrfach Kurfürstentage einberufen (1623, 1627, 1630). In der Herrschaftszeit Ferdinands II. gewannen diese Kurfürstentage sogar noch an Bedeutung, weil der Kurfürstentag das einzige noch funktionierende Reichsgremium war. Ihre herausragende politische Rolle zur Zeit Ferdinands II. war auch daran abzulesen, dass diese Kurfürstentage unter außerordentlich festlichem Gepräge und unter Teilnahme diplomatischer Delegationen zahlreicher europäischer Mächte stattfanden. Der glanzvollste war zweifellos Regensburger Kurfürstentag von 1630, zu dem insgesamt um die 25 000 Gäste im Gefolge des Kaisers, der Kurfürsten und der Botschafter nach Regensburg reisten.

Ferdinand II. hatte sich von diesem Kurfürstentag ursprünglich weitere rechtlich-politische Rückendeckung für sein Eingreifen in Italien erhofft, das mit dem Hinweis auf Reichsinteressen legitimiert worden war. Doch sah sich das Reichsoberhaupt offenbar in dieser Form unerwartet der geschlossenen, konfessionsübergreifenden Opposition aller Kurfürsten gegenüber, die mit Nachdruck die sofortige Ablösung Wallensteins als kaiserlichem Oberbefehlshaber forderten und dies faktisch zur Vorbedingung für jede weitere Zusammenarbeit machten. Treibende Kraft dabei war

Maximilian von Bayern, der als Kurfürst intensiv auf eine aktivere Rolle des Kurkollegs in der Reichspolitik hinarbeitete. Angesichts dieser massiv vorgebrachten Forderung hat Ferdinand II. nach Beratungen mit seinen Räten nachgegeben und Wallenstein seine Entlassung mitgeteilt, der sich dieser Entscheidung entgegen vieler Befürchtungen widerspruchslos beugte[49].

Zu Recht ist darauf hingewiesen worden, dass die Ablösung Wallensteins aus Sicht Ferdinands II. auch positive Aspekte besaß: Bot sie doch dem Wiener Hof angesichts der umfassenden Kommandogewalt ihres Generalissimus die Chance, »den fortschreitenden Ausverkauf militärischer Befugnisse seit 1625 zu revidieren« (Michael Kaiser)[50]. Gleichwohl wogen die Nachteile, die der kaiserlichen Regierung aus der Absetzung erwuchsen, erheblich schwerer als die Vorteile. Denn es bestand kein Zweifel, dass viele Offiziere und gerade Regimentsobristen nur aufgrund ihres besonderen Vertrauensverhältnisses zu Wallenstein in der kaiserlichen Armee dienten, der sie nun nach der Entfernung Wallensteins vom Oberbefehl den Rücken kehrten – eine Entwicklung, die die Kampfkraft der kaiserlichen Streitkräfte in den kommenden Monaten erheblich schwächte. Die Niederlage des Kaiserhofs wäre komplett gewesen, wenn es den katholisch-ligistischen Kurfürsten gelungen wäre, auch ihr zweites Ziel zu erreichen, nämlich als Nachfolger Wallensteins ausgerechnet Maximilian von Bayern durchzusetzen. Doch diese Demütigung, die den Kaiser erneut – wie vor 1625 – vom Wohlwollen Bayerns und der Liga abhängig gemacht hätte, konnten die Vertreter Wiens schließlich noch in harten Verhandlungen abwenden. Als Kompromisslösung verständigte man sich in Regensburg darauf, den militärischen Leiter der Ligatruppen, Tilly, auch mit dem Oberbefehl über die kaiserlichen Truppen zu betrauen[51].

Auch in Hinblick auf die italienischen Angelegenheiten nahm der Regensburger Kurfürstentag nicht den vom Kaiser gewünschten Verlauf. Statt dem Reichsoberhaupt die erhoffte Rückendeckung zu geben, drängten die Kurfürsten auf eine baldige Verständigung zwischen Wien und Paris, die schließlich im Oktober 1630 auch zustande zu kommen schien. Nach schwierigen Verhandlungen einigten sich die anwesenden französischen Emissäre, zu denen Richelieus Vertrauter Père Joseph zählte, und die Kaiserlichen schließlich auf den Regensburger Vertrag, der den Rückzug aller Truppen aus Italien und die kaiserliche Anerkennung des französischen Kandidaten Nevers als Herzog von Mantua vorsah. Als Gegenleistung für den Verzicht des Kaisers auf ein weiteres Engagement im Mantua-Krieg sagte die französische Verhandlungsdelegation in Regensburg zu, dass Frankreich sich in Zukunft weder direkt noch indirekt, durch Verbündete, an den Reichshändeln beteiligen werde. Eine Unterstützung der noch verbliebenen Gegner des Kaisers im Reich, so des geächteten Pfalzgrafen, oder Schwedens durch Frankreich wäre damit unmöglich geworden[52].

Allerdings besaßen die französischen Emissäre entgegen der mündlichen Versicherungen von Père Joseph für eine solch weitgehende Zusage keine Vollmacht ihrer Regierung – eine Tatsache, die sich außerordentlich nachteilig für den Kaiser auswirken sollte. Denn während Wien seine Truppen aus Italien zurückzuziehen begann, machte Kardinal Richelieu nach Rückkehr seiner Verhandlungsdelegation deutlich, dass eine Ratifizierung des Regensburger Vertrags für ihn nicht in Frage kam. Aus Richelieus Sicht konnte nur eine nachhaltige Schwächung Habsburgs im

Reich die Gefahr einer »Universalmonarchie« des Hauses Österreich beseitigen und den Wiederaufstieg Frankreichs zur legitimen Führungsmacht der Christenheit ermöglichen. Die ablehnende Haltung des Kardinals gegenüber dem Regensburger Vertrag führte am französischen Königshof zu einer letzten heftigen Auseinandersetzung zwischen den Anhängern einer Verständigung mit Habsburg um die Königinmutter Maria von Medici (den sog. *Dévots*) und Richelieu, der sich schließlich beim König am »Tag der Betrogenen« (*Journée des Dupes*) durchsetzen konnte: Ludwig XIII. lehnte eine Ratifikation des Regensburger Vertrags ab, entmachtete die *Dévots* am Königshof und schwenkte endgültig auf den außenpolitischen, gegen Habsburg gerichteten Kurs Richelieus ein, an dem er von nun an in den kommenden dreizehn Jahren seiner Regierungszeit unerschütterlich festhielt. Für die Auseinandersetzungen auf dem deutschen Kriegsschauplatz hatte diese Wendung in Paris weitreichende Konsequenzen: Denn seit der *Journée des Dupes* stand fest, dass die österreichischen Habsburger für die kommenden Jahre des Krieges im Reich stets mit der verdeckten oder offenen Gegnerschaft Frankreichs zu rechnen hatten[53].

Die politischen Niederlagen des Kaiserhofs im Jahre 1630 waren in gewisser Weise die Konsequenz des raschen militärischen Aufstiegs des Kaisers im Niedersächsisch-Dänischen Krieg. Sie führten dem Kaiserhof unmißverständlich vor Augen, auf welch massiven Widerstand innerhalb und außerhalb des Reiches die Errichtung einer Militärhegemonie Habsburgs in Mitteleuropa stieß. Eine einseitige militärische Lösung der Konflikte im Reich – das wurde schon 1630 klar – war deshalb für den Kaiser praktisch unmöglich.

Rein äußerlich betrachtet änderten diese politischen Rückschläge Wiens an den militärischen Kräfteverhältnissen zunächst wenig, das Übergewicht der kaiserlich-katholischen Waffen im Reich blieb vorerst bestehen. Doch waren es deutliche Krisensymptome der kaiserlichen Macht, die frühzeitig anzeigten, wie fragil die Macht Wiens aller militärischen Stärke zum Trotz doch war – eine Fragilität, die der Schwedische Krieg dann in aller Deutlichkeit zeigen sollte.

# V. Europäische Eskalation II: Schwedischer Krieg und schwedische Hegemonie (1630–1634)

## 1. Das Scheitern der (ersten) Konflikteindämmung 1629/31

### a) Eine Einhegung der Konflikte im Reich? Die kaiserliche Politik 1629/30

Die großen militärischen Erfolge Wallensteins und Tillys im Niedersächsisch-Dänischen Krieg hatten zwar ein eindeutiges militärisches Übergewicht der kaiserlich-katholischen Partei geschaffen, das Reich einer dauerhaften einvernehmlichen Friedensregelung freilich nicht näher gebracht, im Gegenteil: Neben der weiterhin ungelösten Pfalzfrage waren, vor allem durch die ständig wachsenden Kontributionslasten, durch das Restitutionsedikt und durch das rechtlich problematische Vorgehen gegen »Reichsrebellen«, neue Frontstellungen und Gegensätze entstanden. Angesichts dieser politisch-konfessionellen Zuspitzungen standen die Chancen für den Kaiserhof schlecht, seine durch Wallensteins Organisationsgeschick und Skrupellosigkeit entstandene militärische Vormacht in eine politisch-rechtlich akzeptierte Friedensordnung umzuwandeln. Dies hatte der Verlauf des Regensburger Kurfürstentages noch einmal deutlich unterstrichen. Die beiden protestantischen Kurfürsten von Sachsen und Brandenburg, die im Kreis der protestantischen Reichsfürsten eindeutig zur eher verfassungskonservativ und reichstreu orientierten Richtung tendierten, hatten es von vornehrein abgelehnt, persönlich an dem Kurfürstentag teilzunehmen. Und noch vor dem Ende der Kurfürstentags hatte Kursachsen die Einberufung eines großen Protestantenkonventes angekündigt, auf dem über Maßnahmen gegen die Belastungen durch die kaiserliche Armee und das Restitutionsedikt beraten werden sollte[1]. Anders formuliert: Die kaiserliche Regierung musste sich darauf einstellen, dass ihre Machtstellung im Reich weiterhin wesentlich auf militärischer Stärke beruhen würde, und nicht auf einer wie auch immer gearteten Verständigung.

Vor diesem Hintergrund sind die Friedensverträge des Kaisers mit Dänemark vom Juli 1629 und mit Frankreich von Oktober 1630 zu sehen. Beide Verträge zielten – ebenso wie die strikte Nichteinmischung des Kaisers im niederländisch-spanischen Krieg – darauf ab, die Krise im Reich politisch-militärisch einzudämmen und von den Konflikten in der Peripherie nach Möglichkeit zu trennen. Für die Erreichung dieses Zieles nahm Wien – wie gesehen – sogar in Kauf, dass die Reputation des Kaisers in Reichsitalien Einbußen erlitt und Wien den heftigen Unmut seines spanischen Verbündeten auf sich zog. Der spanische Premier Olivares ging in seinem

Zorn über den Regensburger Vertrag so weit, von einem Krieg zwischen Madrid und Wien zu sprechen[2].

Doch die Zielsetzung, die Konflikte im Reich von jenen im europäischen Umfeld zu trennen, erwies sich als illusionär. Es wurde nämlich deutlich, dass es die militärische Vormachtstellung des Kaisers in Mitteleuropa war, die zur weiteren europäischen Eskalation des Krieges führte: Gerade weil der Konflikt im Reich politisch ungelöst geblieben war und der Kaiser daher weiterhin einseitig auf militärische Stärke setzen musste, kam es zur endgültigen Ausweitung des Krieges hin zu einem europäischen Krieg. Dies zeigt die Genese der direkten Kriegsteilnahme Schwedens und der indirekten Frankreichs zwischen 1629 und 1631 in aller Deutlichkeit.

### b) Der Weg zum Kriegseintritt Schwedens

Die Regierung in Stockholm hatte die militärisch-politische Entwicklung im Reich während des Niedersächsisch-Dänischen Krieges aufmerksam beobachtet. Dies geschah natürlich aus konfessionellen Gründen, war dem streng lutherisch eingestellten König Gustav II. Adolf und seinem Reichsrat das Schicksal des deutschen Protestantismus doch keineswegs gleichgültig. Wichtiger aber war für die schwedische Führung, dass die großen Erfolge der kaiserlich-katholischen Waffen die grundsätzlichen Machtverhältnisse in Norddeutschland nachhaltig zu verschieben begannen und die Interessen Schwedens am *Dominium Maris Baltici* tangierten (s. oben S. 11–15). Spätestens mit dem Erscheinen kaiserlich-ligistischer Truppen an der Ostseeküste im Winter 1627/28 war hier für Schweden eine Grenze deutlich überschritten. Nicht zufällig setzten in diesem Zeitraum ernsthafte Planungen der Regierung in Stockholm ein, sich militärisch im Reich zu engagieren[3]. Im Januar 1629 fiel im schwedischen Reichsrat dann die Entscheidung, sich nicht auf Defensivmaßnahmen wie den Schutz Stralsunds zu beschränken, sondern offensiv einzugreifen: Denn es war inzwischen, nicht zuletzt durch die Belehnung Wallensteins mit Mecklenburg, deutlich geworden, dass die kaiserlich-katholische Partei an eine dauerhafte Präsenz an der Ostseeküste und den Aufbau einer habsburgischen Ostseeflotte dachte. Eine dauerhafte Militärpräsenz Habsburgs in dieser Region, die für Wien zur Sicherung seiner militärischen Vorherrschaft im Reich unabdingbar erschien, stieß auf den erbitterten Widerstand Schwedens, das darin eine empfindliche Begrenzung des eigenen politisch-militärischen Aktionsradius erblickte[4].

Anfang 1629 gab es freilich noch zwei erhebliche Hindernisse für ein direktes und offensives schwedisches Militärengagement in Norddeutschland. Da war zum einen die Kriegsteilnahme Dänemarks im Reich. Eine längerfristige Waffenbrüderschaft der beiden traditionellen Ostseerivalen (vgl. Kap. II 1 c) im Reich war unvorstellbar. Und zum anderen war dies der seit 1621 andauernde, mit unverminderter Härte fortgeführte polnische Krieg (vgl. oben S. 13–15). Beide Hindernisse konnten im weiteren Verlauf des Jahres 1629 beseitigt werden. Zunächst schied Dänemark trotz aller Versuche der französischen Diplomatie, Christian IV. von einer längeren Kriegsteilnahme zu überzeugen, aus dem Krieg aus[5]. Mit dem Frieden von Lübeck von Juli 1629 war aus schwedischer Sicht das »dänische Problem« im Reich zunächst gelöst, und wenig später gelang die Überwindung des zweiten Hindernisses. Nachdem sich im Sommer 1629 die militärische Konfrontation zwischen Polen und Schweden noch einmal zugespitzt hatte und die polnische Armee – nicht zuletzt dank der von Wallenstein leihweise zur Verfügung gestellten Söldnertruppen – einige militärische Erfolge über die von Gustav II. Adolf geführten Streitkräfte hatten erzielen können, wurde im September 1629 zu Altmark ein sechsjähriger Waffenstillstand zwischen den Kriegsparteien abgeschlossen. An seinem Zustandekommen hatte die französische Diplomatie (Hercule de Charnacé) wesentlichen Anteil; und seine Artikel lassen deutlich erkennen, dass der Waffenstillstand wesentlich darauf gerichtet war, Schweden ein Eingreifen im Reich zu ermöglichen. Schweden verpflichtete sich, bis auf Livland mit Riga alle Eroberungen in Polen bzw. polnischen Lehnsgebieten wieder zu räumen, erhielt im Gegenzug aber für die Laufzeit des Waffenstillstands die Hafenzölle und -abgaben der polnischen und preußischen Hafenstädte – zusätzliche Einnahmen, die einem Drittel der Steuereinnahmen des schwedischen Staates entsprachen. So verschaffte der Waffenstillstand von Altmark Schweden nicht nur die von Stockholm und Paris gewünschte Entlastung auf dem polnischen Kriegsschauplatz, sondern auch weitere wichtige Mittel, um den kommenden Kriegszug zu finanzieren.

Damit waren die Voraussetzungen zum schwedischen Eingreifen geschaffen. Gestützt auf das Vertrauen des schwedischen Reichsrates, das schwedische Rekrutierungssystem (s. oben S. 13 f.) und die zusätzlichen Einnahmen stellte Gustav II. Adolf im Winter und Frühjahr 1629/30 eine kleine, aber schlagkräftige Armee auf, mit der er im Juli 1630 in Pommern landete. Große Bedeutung besaß für den Schwedenkönig die Zusage weiterer finanzieller Unterstützung durch Frankreich, die sich in der schwierigen Anfangsphase des Feldzugs denn auch als entscheidend erweisen sollte. Freilich drohte dem Schwedenkönig kurz nach Beginn seines »Deutschen Krieges« diese entscheidende Hilfe abhanden zu kommen, als die Nachricht vom erwähnten kaiserlich-französischen Frieden von Regensburg bekannt wurde.

## c) Der Weg zur indirekten Kriegsteilnahme Frankreichs

Es entsprach ganz der politischen Strategie, die Ludwig XIII. und sein Premierminister Richelieu seit dem Ende des Hugenottenkrieges 1628 verfolgt hatten, die Feldzugsvorbereitungen Gustav II. Adolf 1629/30 auf vielfältige Weise zu fördern. Sie zielte darauf, eine umfassende europäische Widerstandsfront gegen die Habsburger aufzubauen, deren Aufstieg seit 1620/21 von Paris mit größtem Mißtrauen beobachtet wurde. Das Hauptaugenmerk Richelieus war dabei – unter Aufnahme traditioneller strategischer Zielsetzungen (vgl. oben S. 10 f.) – auf Spanien und dessen militärische Bemühungen um die Sicherung der Spanischen Straße gerichtet. Nicht zufällig kam es daher gerade beim Kampf um Mantua und Montferrat zum ersten größeren bewaffneten Zusammenstoß zwischen Habsburg und Frankreich. Richelieu war und blieb der festen Überzeugung, dass Spanien imperial-»universalmonarchische« Zielsetzungen verfolge und die französische Krone dauerhaft aus der Frankreich legitimerweise zustehenden Führungsposition unter den christlichen Monarchien verdrängen wolle.

Vor diesem Hintergrund wird deutlich, warum der Abschluss des Friedens von Regensburg von Oktober 1630 zwischen kaiserlichen und französischen Unterhändlern eine so wichtige Weichenstellung bedeutet hätte. Dieser Friede zielte darauf, den Kaiser aus den Auseinandersetzungen zwischen Frankreich und Spanien herauszuhalten (vgl. oben S. 68 f.). Dies erschien den französischen Unterhändlern Brûlart und Père Joseph als durchaus akzeptable Lösung und fand auch Befürworter am französischen Hof. Maßgebliche Persönlichkeiten am französischen Königshof, allen voran Richelieu, lehnten aber eine Trennung des Kriegsgeschehens im Reich von der französisch-spanischen Auseinandersetzung strikt ab und setzten sich im erwähnten »Journée des Dupes« (vgl. oben S. 69) beim König durch. Hauptgrund für den Widerstand Richelieus gegen den Regensburger Vertrag war, dass dem Reich und eventuellen Bündnissen unter den Reichsständen bei einem möglicherweise kommenden Konflikt mit Spanien eine entscheidende Bedeutung zukamen – zumal die Verhandlungen mit Schweden über eine Unterstützung schon weit fortgeschritten waren. Der Verzicht auf etwaige Bündnisse oder auch auf künftiges militärisches Engagement im Reich stellte aus Richelieus Sicht eine erhebliche Beschneidung des französischen Handlungsspielraums dar, insbesondere in den kommenden Auseinandersetzungen mit Spanien[6]. Eine direkte Kriegsbeteiligung wollte Richelieu dabei so lange wie möglich vermeiden. Dies erklärt, warum der Kardinal wenige Monate nach der Ablehnung des Regensburger Vertrags doch einer vertraglichen Regelung der Streitfragen um Mantua und Montferrat im Vertrag von Cherasco zustimmte: Denn anders als der Regensburger Vertrag führte dieser zu einer Verständigung mit dem Kaiser in den italienischen Angelegenheiten, ohne Frankreich von einer Bündnispolitik im Reich gegen Habsburg und damit einer indirekten Kriegsteilnahme abzuhalten[7].

Eines zeigt die Genese der direkten Kriegsbeteiligung Schwedens und der indirekten Frankreichs also in aller Klarheit: Beide europäischen Mächte waren nicht bereit, sich auf eine Politik der Non-Intervention in die Konflikte im Reich festlegen zu lassen, betrachteten sie dies doch als eine unerträgliche Einschränkung ihres Aktionsradius: Für Schweden stand dabei die Wahrung seiner Interessen an der Ostsee, für Frankreich der drohende Konflikt mit Spanien im Mittelpunkt, bei dem Paris nicht allein stehen wollte. Anders formuliert: Ohne eine einvernehmliche Lösung der Streitfragen im Reich war eine weitere Ausweitung, eine weitere Europäisierung des Krieges im Reich nicht zu verhindern – eine Europäisierung, die mit verheerenden Folgen für das Reich verbunden war.

## 2. Die Hegemonie Gustav Adolfs im Reich: Entstehung und Reaktionen (1630/32)

### a) Die militärischen Frontstellungen bis Sommer 1631

Die Phase des Schwedischen Krieges markiert einen wichtigen Einschnitt in der Geschichte des Dreißigjährigen Krieges. Bis 1630 scheiterte die Errichtung einer Friedensordnung an der mangelnden Kompromissbereitschaft und -fähigkeit der wichtigsten Streitgegner, also des Kaisers und der reichsständischen Konfessionsparteien. Mit dem Schwedischen Krieg änderte sich dies grundlegend: Kompromissbereitschaft der Konfliktparteien im Reich allein war nicht mehr ausreichend, ein

Friede konnte nicht mehr im Reich selbst ausgehandelt werden, sondern nur noch unter unmittelbarer Beteiligung und Zustimmung der auswärtigen Kronen zustande kommen. Dies hing eng mit einer nachhaltigen Verschiebung der Kräfteverhältnisse im Reich, mit dem Aufstieg neuer und dem Abstieg bzw. dem Verschwinden traditioneller Machtblöcke, zusammen. Der wichtigste »Aufsteiger« war das Königreich Schweden, das nach 1631 zum stärksten Machtfaktor im Reich wurde und bis 1634 über weite Teile West-, Nord- und Mitteldeutschlands eine hegemoniale Herrschaftsposition ausübte. Die wichtigsten »Absteiger« waren im gleichen Zeitraum die katholische Liga unter Führung Kurbayerns sowie die von Kursachsen initiierte reichsständisch-protestantische »Mittelpartei«.

Dass der Kriegseintritt Schwedens die Machtverhältnisse im Reich so nachhaltig verändern würde, war keineswegs von Beginn des schwedischen Militärengagements an eindeutig erkennbar. Vielmehr sah es zunächst danach aus, als würde Schwedens Invasion nur regionale Bedeutung im nordostdeutschen Raum zukommen.

Nach der Landung hatte Gustav Adolf seine Truppenstärke auf 40 000 Mann erweitern können, besonders durch Zuzug schwedischer Armee-Einheiten aus Preußen, Livland und Finnland. Vor allem dank der starken Ausrüstung mit Artillerie verfügte der Schwedenkönig so über eine respektable Streitmacht, mit deren Hilfe er Pommern unterwarf. Die Eroberung Pommerns war durch die Einnahme der beiden strategisch wichtigen Festungen Greiz und Greifenhagen an der Oder weitgehend abgeschlossen. Der weitere Vormarsch stieß freilich auf grundsätzliche Schwierigkeiten.

Dies waren zum einen die bald auftretenden Versorgungsprobleme: Es zeigte sich nämlich rasch, dass auch der Schwedenkönig nicht über die notwendige materielle Basis verfügte, seine Streitkräfte zu unterhalten. Er versuchte dieser Schwierigkeiten dadurch Herr zu werden, dass er schon in den ersten Monaten nach dem Einfall die von ihm eroberten Territorien nach dem Vorbild von Wallensteins Kontributionssystem dazu zwang, seine Truppen mit Barmitteln und Proviant auszustatten. Wegen der schmalen, zunächst auf Pommern beschränkten territorialen Basis Schwedens im Reich konnten die Probleme damit natürlich nicht gelöst werden. Entscheidende Bedeutung erlangten daher in der Anfangsphase die französischen Subsidien, zu deren Zahlung sich Richelieu im Vertrag von Bärwalde von Februar 1631 verpflichtet hatte. Insgesamt sagte Frankreich die Sofortzahlung von 300 000 Livres (für 1630) und dann von jeweils jährlich 1 Million Livres zu. Im Gegenzug versprach Schweden die Kriegsführung mit einer Armee von 30 000 Mann und 6000 Reitern[8]. Damit erst stand fest, dass der Schwedenkönig über die materiellen Möglichkeiten verfügte, seinen Feldzug im Reich überhaupt fortzusetzen – darauf kam es der schwedischen und der französischen Regierung an. Alle weiteren Abmachungen zwischen beiden Mächten waren von zweifelhaftem Wert, worüber sich wohl auch Richelieu keine Illusionen machte. So war die Zusicherung Schwedens, die Neutralität Bayerns und der Liga zu achten, an die unrealistische Bedingung geknüpft, dass sich auch die ligistischen Verbündeten ihrerseits streng neutral verhalten würden. Und das Versprechen Schwedens, in allen eroberten Territorien den katholischen Kultus, soweit bisher ausgeübt, zu achten, galt nur im Rahmen des Religionsfriedens – dessen Auslegung bekanntlich zwischen den Konfessionsparteien strittig war. Mit dem Vertrag von Bärwalde war das Versorgungsproblem für die schwedischen Streitkräfte – wenigstens für eine gewisse Zeit – leidlich gelöst, zumal seit Frühjahr 1631 auch niederländische Hilfsgelder eingingen.

Als noch erheblich schwierigeres Problem für Gustav Adolfs deutsches Engagement erwies sich das Fehlen ernstzunehmender Bündnispartner im Reich. Gustav Adolf hatte angesichts der seit 1629 deutlich verschärften politisch-konfessionellen Spannungen offenbar damit gerechnet, rasch Bündnispartner unter den protestantischen Reichsständen zu gewinnen. Diesem Ziel diente auch das schwedische Kriegsmanifest, das sehr geschickt an die traditionell-rechtlich orientierte politische Orientierung der Reichsstände appellierte und auf kriegerische oder konfessionelle Polemik, ja sogar auf direkte Kritik an Kaiser Ferdinand II., verzichtete. Es stellte den Feldzug vielmehr als Defensivmaßnahme gegen die vielfältigen Rechtsverletzungen dar, die Schweden von der schlecht beratenen kaiserlicher Regierung zugefügt worden seien. Auch im Reich ziele Schwedens Engagement ausschließlich auf die Wiederherstellung traditioneller, in jüngster Zeit unterdrückter (»deutscher«) Freiheiten der Reichsstände[9].

Trotz solch behutsamer Erklärungen und der bedrohlichen Lage, in der sich viele protestantische Reichsstände nach dem Restitutionsedikt befanden, blieb das Echo auf die Deklaration äußerst gering. Das stellte den Schwedenkönig zu Beginn seines Feldzugs im Reich vor beträchtliche militärische und legitimatorische Probleme. Bündnispartner fand er zunächst nur unter politisch-militärisch eher bedeutungslosen, also sehr kleinen oder als »Reichsrebellen« vom Kaiser depossedierten Reichsständen, oder solchen, die sich in einer politisch-rechtlich prekären Lage befanden. Zu letzteren zählte Landgraf Wilhelm V. von Hessen-Kassel, der 1627 ein durch die gescheiterte Politik seines Vaters Moritz weitgehend zerrüttetes Territorium übernommen hatte. Wilhelm unternahm mit dem – im November 1630 zunächst vorläufig, im August 1631 dann dauerhaft geschlossenen – Bündnis einen kühnen Versuch, aus seiner ansonsten politisch-militärisch recht ausweglosen Situation auszubrechen[10]. Potentere Bündnispartner, vor allem die protestantischen Kurfürsten von Sachsen und Brandenburg, verhielten sich selbst unter militärischem Zwang äußerst reserviert gegenüber dem schwedischen Bündniswerben. Trotz der bedrohlichen Lage des Protestantismus hielten die mächtigeren evangelischen Reichsstände an ihrer reichstreuen Position aus grundsätzlichen Erwägungen fest, aber auch deshalb, weil eine europäische Ausweitung der Konflikte aus ihrer Sicht nicht weniger gefährlich war als die Vormachtstellung des kaiserlich-ligistischen Lagers[11]. Dies musste Gustav Adolf im Mai und Juni 1631 erfahren, als er – von Pommern südwärts vorrückend – die ungeschützte Mark Brandenburg besetzte. Trotz heftiger schwedischer Drohungen verweigerte Kurfürst Georg Wilhelm beharrlich den Abschluss des gewünschten Bündnisses. Über vertragliche Vereinbarungen zur Versorgung der Truppen Schwedens und der Einbeziehung Brandenburgs in das – für das Land drückende – Kontributionssystem des Schwedenkönigs gingen die Vereinbarungen zwischen Schweden und Brandenburg vom Mai und Juni 1631 nicht hinaus[12]. Ohne eine zuverlässige Heeresfinanzierung und vor allem ohne starke Bündnispartner im Reich waren die Erfolgsaussichten des schwedischen Feldzugs trotz der anerkannten Schlagkraft der schwedischen Armee im Frühjahr und Sommer 1631 eher ungewiss.

Freilich stellte sich die Lage auf der Gegenseite, bei den kaiserlich-ligistischen Truppen unter Tilly, kaum besser dar. Hauptproblem waren die inneren Gegensätze im katholischen Lager, die Tilly als Doppelbefehlshaber der ligistischen und – nach Wallensteins Entlassung – auch der kaiserlichen Truppen kaum überbrücken konnte[13]. Maximilian von Bayern verlangte von Tilly eine zurückhaltende, defensive Kriegsführung, die sich auf den Schutz der Bundeslande der Liga konzentrierte. Einen Angriff auf die schwedischen Truppen, den Tilly gemäß der von ihm bevorzugten offensiven Militärstrategie wünschte, lehnte der bayerische Kurfürst ab. Maximilian hatte militärische, aber auch politische Gründe für sein Vorgehen. Ein wichtiger Grund war die schrittweise Annäherung Bayerns an Frankreich, die im Mai 1631 zum bayerisch-französischen Vertrag von Fontainebleau führte. Darin sagte Frankreich Bayern Unterstützung bei einem feindlichen Angriff gegen das Versprechen bayerischer Neutralität zu – ein Neutralitätsversprechen Maximilians, das in eindeutigem Gegensatz zu bayerischen Verpflichtungen gegenüber dem Reichsoberhaupt stand. In dieser komplizierten, widersprüchlichen Lage hielt Maximilian vorsichtiges Zuwarten für das Gebot der Stunde[14].

Die kaiserliche Regierung dagegen forderte von Tilly ein energischeres Vorgehen gegen den schwedischen Eindringling, musste jedoch eingestehen, dass die kaiserlichen Truppen, auf die sich Tilly hätte stützen können, seit der Entlassung Wallensteins zusehends verfielen. Hier wurde sichtbar, wie wichtig die ökonomische wie militärische Integrationsfunktion des kaiserlichen Oberbefehlshabers gewesen war. Es war daher nicht überraschend, dass am Kaiserhof seit Frühjahr 1631 wieder intensiv über eine Rückberufung Wallensteins nachgedacht wurde – freilich auch, um zusätzlichen Druck auf Maximilian und die Liga auszuüben[15].

In dieser widersprüchlichen und für ihn prekären Situation entschloss sich Tilly, seine Kräfte auf die Belagerung und Einnahme der strategisch wichtigen Reichsstadt und Festung Magdeburg zu konzentrieren. Diese gehörte zu den Reichsständen, die sich früh Gustav Adolf angeschlossen hatten. Ihre Eroberung war sowohl mit der Defensivstrategie gegen Schweden im Sinne Münchens, als auch mit der Offensivstrategie, wie Wien sie wünschte, vereinbar. Zugleich sollte von der Niederringung Magdeburgs eine Signalwirkung ausgehen, und zwar gegenüber den schwedischen Invasoren wie auch gegenüber den übrigen evangelischen Reichsständen. Gerade letzteres erschien Tilly im Frühjahr 1631 wichtig, konnte bei denen doch eine neuartige politisch-militärische Formierung beobachtet werden[16].

Hintergrund war, dass viele evangelische Reichsstände die Entwicklung der militärisch-politischen Situation seit Sommer und Herbst 1630 mit größter Sorge beobachtet hatten. Vor allem die kursächsische Regierung sah mit zunehmendem Unbehagen, dass sie vor die Alternative zwischen zwei zutiefst ungeliebten politischen Bündnisoptionen gestellt wurde: sich nämlich entweder Schweden anzuschließen, was der defensiv-reichstreuen Ausrichtung der kursächsischen Politik eindeutig widersprach, oder sich mit dem Kaiser gegen Schweden zu verbünden, was aus konfessionell-politischen Gründen ebenso wenig in Frage kommen konnte. In dieser Lage entschieden sich Kursachsen und weitere evangelische Reichsstände für eine Politik der bewaffneten Neutralität, die sich gleichermaßen gegen Schweden und den Kaiser richtete. Konkrete Gestalt nahm diese Politik im Frühjahr 1631 an, als sich auf Anregung Kursachsens in Leipzig evangelische Reichsstände versammelten und die Aufstellung eigener Truppen beschlossen, die insgesamt 40 000 Mann umfassen sollten[17]. Diese Politik zielte auf nichts Geringeres als auf die Errichtung einer reichsständisch-protestantischen Mittelpartei, durchaus vergleichbar mit der Liga, wenn auch nicht so straff organisiert wie diese[18].

Die Reaktion des Kaiserhofs glich rechtlich wie politisch jener zu Beginn des Niedersächsisch-Dänischen Krieges gegenüber den Rüstungsanstrengungen der evangelischen Reichsstände des Niedersächsischen Kreises (vgl. oben S. 56 f.). Ähnlich wie 1625 deutete Wien die Rüstungsanstrengungen der evangelischen Stände als Bruch reichsrechtlicher Verpflichtungen, die solche militärischen Anstrengungen nach Auffassung des Kaisers bzw. seines Reichshofrats an die Zustimmung des Reichsoberhaupts band. Ein entsprechendes kaiserliches Mahnmandat (»Avocatorialmandat«) an Dresden und seine Leipziger Verbündeten erging am 14. Mai 1631, weitere Monitorien folgten[19]. Dies entsprach auch der Einschätzung Tillys, der die Aufstellung einer kursächsischen Armee als erheblichen Risikofaktor für seine eigene Feldzugsplanung betrachtete. Der verstärkte Druck auf Madgeburg war daher nicht nur eine Drohgebärde gegenüber Schweden und seinen Verbündeten, sondern auch gegenüber allen übrigen protestantischen Ständen, um sie wieder zur Botmäßigkeit gegenüber dem Kaiser zu bewegen.

Am 20. Mai 1631 gelang den von Tilly geführten, militärisch überlegenen kaiserlich-ligistischen Truppen die Einnahme der Stadt. Ein Entsatz durch Schweden, auf den viele Einwohner bis zuletzt gehofft hatten, war ausgeblieben. Der Schwedenkönig verfolgte angesichts seiner militärischen Schwierigkeiten und des Fehlens von Bündnispartnern eine vorsichtig zurückhaltende Strategie, die er zur Verärgerung Tillys streng aufrechterhielt und die jede Konfrontation mit Tilly ausschloss[20].

Das grausame Kriegsrecht der Zeit lieferte die erstürmte Stadt den Eroberern auf Gnade und Ungnade aus. Die Plünderung der Stadt durch die schlecht versorgten und aufgeputschten Angreifer konnte Tilly kaum verhindern und wollte es wohl auch nicht. Dass die Stadt freilich während der Plünderung durch einen Großbrand weitgehend zerstört wurde, war sicher nicht von Tilly intendiert, wurden seine Truppen doch durch das *Excidium Magdeburgense* einer Versorgungsbasis und eines zuverlässigen Stützpunktes beraubt. Damit verfehlte auch die psychologische Wirkung der Einnahme Magdeburgs ihr Ziel. Statt der erhofften Einschüchterung führte die Auslöschung der Stadt dazu, dass Kursachsen und die übrigen evangelischen Reichsstände sich in ihren Defensivmaßnahmen bestärkt sahen und diese beschleunigten, zumal das Entsetzen über die Katastrophe Magdeburgs bis in die Reihen der unmittelbar beteiligten Landsknechte reichte[21] und die öffentliche Resonanz gewaltig war[22]. Doch auch für die Reputation Gustav Adolfs, der den Entsatz der Stadt feierlich versprochen und auf den die Stadt bis zuletzt vergeblich gehofft hatte, markierte Magdeburg ein »severe blow« (Michael Roberts)[23].

So war ein militärisch-politischer Durchbruch ausgeblieben, im Gegenteil, die machtpolitische Lage war noch unübersichtlicher geworden: Seit Sommer 1631 existierten im Reich vier militärische Machtzentren mit jeweils durchaus divergierenden Interessen. Die katholische Partei blieb in Kaiser und von Bayern geführte Liga gespalten (wobei sich das Verhältnis des Kaisers zu Bayern nach dem französisch-bayerischen Vertrag von Fontainebleau drastisch verschlechtert hatte[24]), während auf protestantischer Seite Schweden und Kursachsen als eigenständige militärisch-politische Kräfte agierten.

*b) Breitenfeld, der Zusammenbruch der reichsständisch-konfessionellen Mittelparteien und die Rückkehr Wallensteins*

Nach dem Fall Magdeburgs drängte Tilly auf eine rasche militärische Entscheidung gegen die schwedische Streitmacht – eine Entscheidung, der sich Gustav Adolf aber, im Bewusstsein der zahlenmäßigen Unterlegenheit und der schlechten Versorgungslage seiner Truppen sowie des Fehlens von Verbündeten, geschickt entzog. Ein Versuch Tillys, den Schwedenkönig in seinem stark befestigten Lager in Werben an der Havel zur Schlacht zu zwingen, scheiterte Ende Juli/Anfang August 1631. Unverrichteter Dinge musste Tilly wieder abziehen – eine erste Niederlage des als *Senex triumphans* gefeierten katholischen Feldherrn von nicht geringer Symbolkraft[25].

Nach dem Misserfolg von Werben konzentrierten sich die kaiserlich-ligistischen Militäranstrengungen auf Sachsen, denn Tilly drängte energisch darauf, den sächsischen Kurfürsten und seine Leipziger Verbündeten mit Waffengewalt zum Rüstungsstopp zu zwingen. Dies geschah auch deshalb, weil Tilly bei einer militärischen Konfrontation mit Dresden die sächsischen Territorien als Kontributionsgebiet und Truppenquartier seiner schlecht versorgten Armee hätte nutzen können[26]. Tillys Kriegsherren in Wien und München unterstützten diesen Kurs nur zögerlich, waren sie sich doch der Gefahr bewusst, dass ein Angriff auf Sachsen den Kurfürsten zum Übertritt ins schwedische Lager führen könnte. Immerhin hatte die kaiserliche Regierung Ende Juli aber grundsätzlich die Erlaubnis zum Vormarsch erteilt, bei weiterem »Ungehorsam« des sächsischen Kurfürsten, also der Fortsetzung der Rüstungsanstrengungen[27]. Nachdem die kaiserlich-ligistischen Truppen Ende August 1631 an der sächsischen Grenze erschienen waren, ohne dass Kurfürst Johann Georg vor dieser Demonstration der Stärke zurückgewichen wäre und sich den kaiserlichen Avocatorialmandaten zur Abrüstung gebeugt hätte, marschierte Tillys Streitmacht am 4. September 1631 in Kursachsen ein.

Dieser Schritt löste auf der Gegenseite eine politische und militärische Kettenreaktion aus, mit der Tilly und seine Auftraggeber trotz eindeutiger Warnungen nicht gerechnet hatten. Denn anders als erwartet verzichteten die sächsischen Truppen zunächst auf eine direkte Konfrontation mit Tilly und zogen sich stattdessen in nordöstlicher Richtung an die Elbe zurück, um sich mit der dort versammelten schwedischen Hauptarmee zu verbinden. Am 11. September 1631 wurde das Zusammengehen von Kursachsen und Schweden durch ein förmliches Bündnis, den Vertrag von Coswig, besiegelt, in dem beide Seiten eine gemeinsame Kriegsführung und den Ausschluss separater Friedensverhandlungen vereinbarten[28]. Der Schritt, vor dem Kursachsen so lange zurückgeschreckt war und auf den Schweden so lange gehofft hatte, war damit, unter dem Druck der kaiserlich-ligistischen Waffen, vollzogen worden. Innerhalb der kursächsischen Regierung war es vor allem der Befehlshaber der sächsischen Armee, General Hans Georg von Arnim, gewesen, der diese Politik einer begrenzten Zusammenarbeit mit Schweden nun beim Kurfürsten durchsetzen konnte. Es entsprach der Logik der neuen Bündnispolitik, dass die Pläne, eine dritte von Kursachsen geführte protestantische »Mittelpartei« zwischen Schweden, dem Kaiser und der Liga zu errichten, die auf dem Leipziger Konvent erstmals Gestalt angenommen hatte, damit zunächst für unbestimmte Zeit vertagt

werden mussten – eine Rückkehr zu diesen Plänen hat es dann im weiteren Kriegsverlauf, jedenfalls bis zum Westfälischen Friedenskongress, nicht mehr gegeben[29].

Durch den eiligen Abzug der sächsischen Truppen fiel Leipzig am 16. September
zwar praktisch kampflos in die Hände der kaiserlich-ligistischen Truppen, am darauf
folgenden Tag freilich sah sich Tilly bei Breitenfeld unweit von Leipzig den nun rasch
herangerückten vereinigten schwedisch-sächsischen Truppen gegenüber. Damit
erhielt der kaiserlich-ligistische Oberbefehlshaber nun doch die lange vergeblich
gesuchte Gelegenheit zur direkten militärischen Konfrontation mit der schwedischen Hauptarmee unter Gustav Adolf, freilich unter strategisch weit ungünstigeren
Bedingungen als im Juli/August: Die vereinigten sächsisch-schwedischen Truppen
waren den kaiserlich-ligistischen Truppen sowohl an Zahl wie an Ausrüstung durch
Artillerie deutlich überlegen – ein Umstand, der wesentlich zum Ausgang der
Schlacht bei Breitenfeld am 17. September 1631 beitrug.

Im Prinzip handelte es sich um eine Doppelschlacht, in der Tillys Streitmacht
nacheinander gegen die sächsische und dann die schwedische Armee zu kämpfen
hatte. Genau dieser Charakter als Doppelschlacht nahm Tilly die Möglichkeit, sein
bisher mit Erfolg eingesetztes Konzept anzuwenden, seine Truppen in der gefürchteten Aufstellung als »Tercios« konzentriert gegen einen Gegner einzusetzen. Es
gelang ihm zunächst zwar, die sächsischen Truppen zu schlagen, der nachfolgenden
Auseinandersetzung mit den schwedischen Streitkräften war seine Armee nicht mehr
gewachsen, zumal die schwedischen Unterbefehlshaber, unter denen vor allem
Feldmarschall Gustav Horn herausragte, koordinierter und flexibler agierten als
die kaiserlich-ligistischen. Darüber hinaus unterstützte die schwedische Artillerie
die Angriffe der eigenen Truppen weit wirkungsvoller als die Gegenseite und auch
die schon im polnischen Krieg erprobte Kooperation von Infanterie und Kavallerie
erreichte einen neuen Gipfelpunkt[30]. Die geschlagenen kaiserlich-ligistischen Truppen waren gezwungen, fluchtartig Sachsen zu räumen und sich nach Süden, in
Richtung Franken, abzusetzen, wo sie sich mit den Truppen Aldringens und Karl
von Lothringens verbanden.

Breitenfeld war zweifellos eine empfindliche, verlustreiche militärische Niederlage
des kaiserlich-ligistischen Lagers[31]; zu einem regelrechten Desaster wurde diese
Schlacht für die katholische Partei freilich erst durch die weitreichenden politisch-
psychologischen Wirkungen, die sie vor allem auf die politische und militärische
Führung der Liga ausübte.

Dies galt zunächst für die Generalität um Tilly selbst, der nach Breitenfeld
offensichtlich nicht mehr zu seiner alten militärischen Führungsstärke zurückfand
und in einer Position unentschlossenen Abwartens verharrte. Auch als Tilly nach der
Vereinigung mit Aldringen und Lothringen wieder über eine ansehnliche, Gustav
Adolf zahlenmäßig sogar überlegene Truppenstärke verfügte, riet Tilly von jedem
weiteren direkten militärischen Vorgehen gegen Schweden ab. Angesichts der Rat-
losigkeit der militärischen Führung wuchs der politischen Führung der Liga, also vor
allem dem Bundesobersten Maximilian von Bayern, eine Schlüsselrolle zu. Doch
auch Maximilian sah nach Breitenfeld die einzig sinnvolle strategische Option darin,
sich auf die Verteidigung seiner eigentlichen bayerischen Stammlande zu konzentrieren und dem Schwedenkönig ansonsten weitgehend freie Hand zu lassen.
Besonders verheerend wirkte sich diese rein auf die Defensive des bayerischen und

des schwäbischen Reichskreises beschränkte Strategie für die geistlichen, der Liga angehörenden Reichsstände am Ober- und Mittelrhein und in Franken aus, denen Maximilian und Tilly kaum Unterstützung zukommen ließen, obwohl sie Bündnispartner waren[32].

Denn gerade dorthin verschob sich im Herbst 1631 das militärische Geschehen, nachdem sich Schweden und Kursachsen im Gefolge der Schlacht von Breitenfeld auf eine Aufteilung ihrer militärischen Operationsgebiete verständigt hatten. Während sich die kursächsische Armee unter ihrem Oberbefehlshaber Arnim den habsburgischen Landen zuwenden sollte, führte Gustav Adolf die schwedische Hauptarmee von Sachsen nach Südwesten, in die reichen Territorien des fränkischen, kurrheinischen und oberrheinischen Kreises. Schon am 2. Oktober 1631 wurde Erfurt, am 14. Oktober Würzburg und am 22. Dezember 1631 Mainz eingenommen, das Sitz des schwedischen Hauptquartiers wurde. Trotz der dringenden Bitten der dortigen Ligastände um Unterstützung lehnte Maximilian jede militärische Hilfe für die bedrängten Fürsten ab, selbst jene für seinen Bruder, den wittelsbachischen Kurfürsten Ferdinand von Köln. Die politischen Folgen dieses schwedischen Siegszuges waren weitreichend. Weite Teile Nord-, West- und Süddeutschlands gerieten unter schwedische Kontrolle und wurden in das schwedische Kontributionssystem einbezogen. Die kaiserlich-ligistische Hegemonie im Reich wurde damit in nur wenigen Monaten durch die schwedische ersetzt[33]. Zugleich bedeuteten der Siegeszug Gustav Adolfs und die Reaktion Maximilians und Tillys faktisch das Ende der Liga, die ihre Funktion als reichsständisch-katholisches Militärbündnis offensichtlich eingebüßt hatte. Zu Recht ist in der Forschung (Michael Kaiser) darauf hingewiesen worden, dass die Liga, die ein Jahrzehnt zuvor noch die führende politisch-militärische Kraft im Reich gewesen war, seit Ende 1631 praktisch zerfallen und kein ernstzunehmender politischer Faktor mehr war, auch wenn die formelle Auflösung erst 1635 beschlossen wurde. Damit war auch die besondere politisch-militärische Rolle Maximilians im Reich, die den bayerischen Herrscher zwischenzeitlich als einen dem Kaiser machtpolitisch geradezu ebenbürtigen Partner hatte erscheinen lassen, vorerst ausgespielt[34]. Insofern ist die Lage der Liga nach Breitenfeld in gewisser Weise durchaus mit jener der Union nach der Schlacht am Weißen Berg zu vergleichen. Die Führungsstellung innerhalb der katholischen Partei im Reich lag seit Herbst 1631 wieder eindeutig bei Habsburg.

Kaum weniger spektakulär als der Siegeszug Gustav Adolfs verlief der Feldzug der sächsischen Armee unter Arnim in den habsburgischen Erblanden. Ursprünglich hatte Arnim geplant, nach Schlesien zu marschieren, hatte sich dann aber nach Böhmen gewandt und war überraschend nach Prag vorgestoßen, das sich am 15. November 1631 ergab. Ein weiterer sächsischer Vormarsch in Böhmen wurde durch rasch herangeführte kaiserliche Truppen unter Tiefenbach verhindert.

Nachdem die Krise der Tillyschen Armeeführung offensichtlich geworden war, beseitigte der überraschende und erfolgreiche Vorstoß der kursächsischen Truppen in Böhmen am Kaiserhof die letzten Zweifel, dass eine grundlegende Neuorganisation der kaiserlichen Streitkräfte dringend erforderlich sei. Die Verhandlungen über eine Rückberufung Wallensteins wurden nun intensiviert, zumal auch Wallenstein nach dem Verlust Mecklenburgs und der Besetzung von Teilen Böhmens samt seines Herzogtums Friedland schon aus wohlverstandenem Eigeninteresse seine Bereitschaft erkennen ließ, wieder an die Spitze der kaiserlichen Armee zurückzukehren. Am 15. Dezember 1631 wurde Wallenstein wieder zum Oberkommandierenden der kaiserlichen Armee – zunächst für die Dauer von drei Monaten, endgültig am 13. April 1632 – bestellt[35]. In den folgenden Monaten gelang es ihm, die zerrüttete kaiserliche Armee völlig zu reorganisieren und neu aufzubauen – eine beträchtliche Organisationsleistung, zu deren Erfolg neben der großen Reputation Wallensteins bei den Obristen auch wieder die spanischen Subsidienzahlungen beigetragen haben (vgl. unten S. 95 f.). Im Laufe des Jahres 1632 erreichten die kaiserlichen Streitkräfte bereits wieder eine Stärke von 130 Regimentern. Die kaiserliche Armee unter Wallenstein wurde damit zum eigentlichen militärischen Antagonisten Schwedens, wie die Ereignisse der folgenden Monate erweisen sollten.

Die militärische Wende im Herbst 1631 und Winter 1631/32 verschob mithin das Machtgefüge innerhalb des kriegerischen Geschehens beträchtlich, und zwar sowohl innerhalb des Reiches insgesamt als auch in den jeweiligen konfessionell-politischen Lagern. Während im Reich bis Ende 1631 eine militärische Vormachtstellung Schwedens errichtet wurde, büßten innerhalb der konfessionellen Parteien die jeweiligen reichsständischen Bündnisse ihre Mitwirkungsmöglichkeiten weitgehend ein. Die Errichtung der schwedischen Hegemonie war zweifellos für die Zeitgenossen wie für die Nachwelt der spektakulärere Vorgang: Gustav Adolf wurde im evangelischen Deutschland als gottgesandter Retter gefeiert, von katholischer Seite, wo der Schwedenkönig ehedem belächelt worden war, nun als Strafe Gottes gefürchtet.

Weit weniger augenfällig, aber langfristig von erheblich nachhaltigerer Bedeutung als die Errichtung der schwedischen Hegemonie war die zweite Entwicklung, der Abstieg der reichsständisch-konfessionellen Bündnisse und Einungen. Diese Entwicklung, die im Niedergang der Liga sowie der evangelischen »dritten« Partei zum Ausdruck kam, sollte nämlich die irreversible Folge der militärischen Umwälzungen des Herbstes 1631 sein. Von nun an haben bis 1646/47 weder katholische noch protestantische Ständebünde das kriegerische Geschehen und damit die Suche nach einer Friedensordnung wesentlich beeinflusst.

### c) Frankreich als Schutzherr der Liga? Richelieus zögerliche Protektionspolitik

Wie stark sich die politische Stimmung im Reich durch den schwedischen Siegeszug und den Zerfall der konfessionell-reichsständischen Bündnisse verändert hatte, wird durch das Verhalten vieler katholischer Reichsstände sichtbar. Denn hier war eine deutlich gewachsene Bereitschaft zu erkennen, sich unter Hintanstellung aller Pflichten gegenüber dem kaiserlichen Reichsoberhaupt in vertragliche Schutzverhältnisse zur französischen Monarchie zu begeben[36]. Nach verschiedenen Sondierungen einzelner katholischer Reichsstände wandten sich die katholischen Kurfürsten im Dezember 1631 gemeinsam mit der dringenden Bitte an den französischen König, ihren Territorien Beistand und Schutz zu gewähren, um so die bedrohte katholische Konfession im Reich zu retten. Im Gegenzug boten die Kurfürsten an, ihrerseits alle Feindseligkeiten gegen Schweden und seine Verbündeten einzustellen, wenn Schweden die Gebiete der Liga zurückerstatte. Dies bedeutete praktisch Neutralität zwischen dem Kaiser und Schweden, wenn die katholischen

Fürsten dieses Wort auch noch ängstlich vermieden und formell ihren Gehorsam gegenüber eventuellen Reichsschlüssen zu Protokoll gaben[37]. Im Januar 1632 wurde dieses gemeinsame Ersuchen wiederholt, nun mit der ausdrücklichen Versicherung der katholischen Kurfürsten, dem Kaiser gegen Schweden jede Hilfe zu verweigern, selbst bei einer ausdrücklichen Aufforderung durch den Reichstag[38].

Für Frankreich bedeuteten diese Unterstützungs- und Bündnisersuchen Herausforderung und Chance zugleich. Der überraschende Siegeszug des Schwedenkönigs und die Errichtung der militärischen Hegemonie Schwedens in West- und Mitteldeutschland waren in Paris mit großem Unbehagen beobachtet worden. Von der finanziellen Unterstützung Schwedens hatte sich Paris eine nachhaltige Schwächung Habsburgs erhofft, um selbst erweiterte Handlungsmöglichkeiten im Reich zu gewinnen. Für Richelieu war dabei wichtig, eine direkte militärische Konfrontation mit Habsburg nach Möglichkeit zu vermeiden.

Durch den unerwarteten Aufstieg Schwedens zur neuen hegemonialen Macht in Nord-, West-, und Mitteldeutschland und damit auch in Regionen, die für Frankreich strategisch von größter Bedeutung waren, drohte dieses Kalkül allerdings zu scheitern. Statt von Habsburg schien der französische Spielraum nun durch die neue protestantische Vormacht im Reich beschränkt zu werden. Neutralitätsverträge mit den katholischen Reichsständen hätten Frankreich in diesem Moment der Schwächung des Kaisers und der Liga zum Schutzherrn (*Protecteur*) wichtiger katholischer Stände im Reich gemacht und Ludwig XIII. eine politisch-militärische Schlüsselposition im Reich verschafft. Frankreichs Einflussmöglichkeiten im Reich wären schlagartig gestiegen, während das Ansehen des Kaisers darunter stark gelitten hätte. Zugleich hätte Richelieu Frankreichs Reputation im katholischen Europa erheblich erhöhen können, unterstützte der Heilige Stuhl doch das Hilfsersuchen der katholischen Kurfürsten in Paris nach Kräften.

Es konnte freilich keinen Zweifel geben, dass der französische König diese Rolle, die ihm durch die großen schwedischen Siege über die kaiserlich-katholischen Armeen und durch den Zusammenbruch der Liga zuzuwachsen schien, nicht ohne direktes militärisches Engagement im Reich würde einnehmen können. Anders formuliert: Der siegreiche Schwedenkönig würde – wenn überhaupt – die Neutralität der fraglichen katholischen Territorien und ihre Garantie durch Frankreich nur anerkennen, wenn Frankreich als ernstzunehmende Macht im Reich präsent und seine Stellung im Konfliktfall gegenüber Habsburg oder Schweden auch militärisch zu untermauern bereit war.

Damit war die entscheidende Frage gestellt, mit der sich die französische Regierung seit Herbst 1631 zu beschäftigen hatte, nämlich jene nach der Möglichkeit eines direkten militärischen Engagements im Reich[39]. Richelieu und die übrigen Mitglieder des Staatsrats kamen dabei zu einem eindeutigen Ergebnis: Ein unmittelbares Eingreifen in den Krieg kam für ihn zu diesem Zeitpunkt nicht in Frage, da das Land einen längeren offensiven Einsatz im Reich so kurz nach den schweren inneren Erschütterungen der 1620er Jahre noch nicht verkraften könne. Es drohe die Gefahr, dass die Kräfte der französischen Monarchie durch eine direkte Kriegsteilnahme bei gleichzeitig wieder ausbrechenden inneren Auseinandersetzungen überfordert würden. Damit war auch jede bewaffnete Garantie der Neutralität der katholisch-ligistischen Kurfürsten, die Frankreich in einen großen Krieg mit Schweden verwickeln würde, ausgeschlossen.

Frankreich konnte nach Richelieus Auffassung den bedrängten katholischen Territorien in seiner momentanen Verfassung nur diplomatisch, durch diskrete Vermittlung helfen – eine Position, die Hermann Weber angesichts der Entschlossenheit des Schwedenkönigs als »Resignation« bezeichnet hat. Denn aufgrund des fehlenden militärischen Druckes Frankreichs gab es für Schweden keinen Grund, sich auf irgendwelche über die eigenen Interessen hinausgehenden Neutralitäts- und Sicherheitszusagen für Kurbayern und die übrigen katholischen Fürsten einzulassen. Die insgesamt ergebnislos verlaufenen Verhandlungen zwischen der Liga und den Kurfürsten zwischen Januar und April 1632 haben dies dann auch eindeutig bestätigt[40].

Statt eines umfassenden Eingreifens im Reich als Schutz- und Protektionsmacht der bedrängten katholisch-ligistischen Stände entschied sich Richelieu für ein räumlich begrenztes Vorgehen. Nur einzelne, an strategischen Schlüsselpositionen gelegene Territorien sollten in ein französisches Protektionssystem einbezogen werden, um ein Festsetzen schwedischer oder spanischer Truppen im unmittelbaren Glacis Frankreichs zu verhindern. In diesen Einzelfällen war der Kardinalpremier durchaus zu einer Politik militärisch unterstützter Protektionsverträge bereit. Der erste wichtige dieser Protektionsverträge wurde im Januar 1632 mit dem Herzog Karl IV. von Lothringen geschlossen, der sich angesichts unmittelbarer schwedischer Bedrohung im Vertrag von Vic von Januar 1632 der französischen Protektion unterstellte. Freilich war dieser Protektionsvertrag nur von begrenztem Wert: Der Herzog von Lothringen hatte ihn nicht aus innerer Überzeugung, sondern vor allem aus drängender militärischer Not angesichts der heranrückenden schwedischen Truppenmacht geschlossen; bereits bei Vertragsabschluss sann er intensiv über Wege nach, sich aus dem ungeliebten französischen Schutzbündnis, das seine außenpolitischen Handlungsmöglichkeiten wesentlich einschränkte, wieder zu befreien[41]. Anders lag es bei dem zweiten bedeutenden Protektionsvertrag, den Frankreich in dieser Phase des Krieges abschloss, nämlich jenem mit dem Kurfürsten von Trier und Bischof von Speyer, Philipp Christoph von Sötern. Sötern, der genauso wie der Herzog von Lothringen lange ein Parteigänger Habsburg-Spaniens gewesen war, sah in einem festen Schutzverhältnis zu Frankreich nun langfristig die einzig vernünftige politische Option für sein Territorium. Im Gegenzug hielt Richelieu die für die französischen Zugänge zum Reich wichtigen Territorien Söterns mit ihren strategisch wichtigen Plätzen, darunter den beiden rechtsrheinischen Festungen Ehrenbreitstein im Trierischen und Philippsburg im Speyrischen, für so bedeutend, dass er hier ein direktes militärisches Engagement befürwortete. Der Protektionswunsch des Trierer Kurfürsten führte nach längeren Vorverhandlungen im April 1632 zum Abschluss eines Bündnisses, in dem Frankreich dem Trierer Kurfürsten seinen Schutz versprach, wobei der völkerrechtlich verfänglichere, weil auf die Ungleichheit der Vertragspartner verweisende Begriff *protectio* vermieden und der Begriff *custodia* gewählt wurde. Dafür erhielt Frankreich u. a. das Recht, Besatzungen in die Festungen Ehrenbreitstein und Philippsburg zu legen. Auch Schweden hat schließlich die Neutralität Kurtriers akzeptiert, sicherlich weil Frankreich seine Entschlossenheit bekundet hatte, hier militärische Präsenz zu zeigen. Dies tat Schweden freilich nicht ohne reichsrechtlich problematische Gegenleistungen des Trierer Kurfürsten: Sötern hatte Schweden und seinen protestantischen Verbündeten freies Durchzugsrecht in den Stiftern Trier und Speyer zu gewähren, darüber hinaus den Rückzug all seiner Truppen aus allen kaiserlich-ligistischen Diensten zu veranlassen sowie nach Möglichkeit sicherzustellen, dass der Kaiser und seinen Verbündete seine Territorien nicht mehr nutzten[42].

Durch die Protektionsverträge mit Lothringen und Trier hatte Richelieu dem schwedischen König signalisiert, dass es für ihn eine geographisch-politische »Linie« gebe, die er nicht überschreiten dürfe, und zugleich die Option für ein künftiges militärisches Eingreifen im Reich gewahrt[43]. Prinzipiell änderte dies nichts daran, dass Frankreich in dieser für die katholischen Reichsstände dramatischen Situation eine insgesamt abwartend-passive Position einnahm, die nur indirekte Einflussnahme zur Schwächung Habsburgs und zur Sicherung einer späteren Intervention zuließ – eine abwartende Position, die zu einem nicht unbeträchtlichen Reputationsverlust Frankreichs bei den katholischen Reichsfürsten führte[44].

### d) Gustav Adolf, Wallenstein und die schwedischen Kriegsziele 1632

Der Verlauf der Protektions- und Neutralitätsverhandlungen zwischen Frankreich und den ligistischen Reichsfürsten bestimmte den Verlauf der kriegerischen Ereignisse seit Frühjahr 1632[45] wesentlich mit und sollte vor allem für Bayern dramatische Folgen haben. Anfang April 1632 entschied Gustav Adolf, sich mit seiner Hauptarmee vom Westen des Reiches ab- und Bayern zuzuwenden, um dieses Territorium niederzuwerfen und unter seine Kontrolle zu bringen, bevor Wallensteins Rüstungen abgeschlossen waren. Der bayerische Feldzug zeigte, dass alle Defensivmaßnahmen Kurfürst Maximilians zum Schutz seines Landes, für die er sogar seine Liga-Verbündeten schutzlos gelassen hatte, angesichts des raschen Handelns des Schwedenkönigs und der überragenden schwedischen Kriegstechnik wirkungslos blieben. Nachdem Tilly im März 1632 versucht hatte, die schwedischen Truppen unter Horn in Franken anzugreifen und so das militärische Vorfeld Bayerns zu sichern, erschien Gustav Adolf mit der schwedischen Hauptarmee im April 1632 in Schwaben, um vom Westen aus in Bayern einzurücken. Bei Rain gelang es der schwedischen Armee dank ihrer überlegenen Artillerie, den Lech zu überschreiten und in Bayern einzumarschieren. Maximilian von Bayern, der nach der Schlacht von Rain am Lech den Verlust seines tödlich verwundeten Oberbefehlshabers Tilly zu beklagen hatte, zog sich nach dieser Niederlage in die Donaufestungen Ingolstadt und Regensburg zurück. Am 17. Mai 1632 zog Gustav Adolf in die bayerische Residenzstadt München ein, die sich ihm kampflos unterwarf.

Dieser Triumph bedeutete freilich nicht, dass Gustav Adolf alle Ziele seines bayerischen Feldzugs erreicht hätte: Vielmehr brachte das erste Halbjahr 1632 für Schweden und seine Verbündeten auch erste Rückschläge. Solche waren zunächst in Böhmen zu verzeichnen. Nachdem Wallenstein seine Rüstungen hatte abschließen können und seine endgültige Bestallung als kaiserlicher Oberbefehlshaber erhalten hatte, war es ihm recht problemlos gelungen, die sächsische Armee unter Arnim bis Juni 1632 wieder vollständig aus Böhmen zu vertreiben.

Aber auch der Kriegszug Gustav Adolfs in Bayern und der Oberpfalz erreichte nicht alle Ziele. Die Donaufestungen Ingolstadt, Regensburg und Passau erwiesen sich als unbezwingbar. Damit war der Weg in die kaiserlichen Erblande für die schwedischen Armeen vorerst verstellt. Zugleich war die Verbindung Bayerns zu den habsburgischen Territorien gesichert: Schweden konnte nicht verhindern, dass sich im Juli 1632 die Truppen Wallensteins, die nach erfolgreicher Rückeroberung Böhmens in der Oberpfalz einrückten, mit den Truppen Maximilians vereinigten.

Darüber hinaus misslangen alle Versuche Schwedens, die bayerischen und die kaiserlichen Truppen zur Feldschlacht zu stellen. Trotz eines vom Schwedenkönig angeordneten Vernichtungsfeldzugs gegen Bayern, bei dem weite Teile des Landes systematisch geplündert und niedergebrannt wurden, ließen sich die gegnerischen Armeen nicht aus ihren sicheren Stellungen an der Donau hervorlocken.

Ungeachtet dieser Rückschläge war der Vorstoß Gustav Adolfs bis München und an die Alpen jedoch ein weithin sichtbarer Höhepunkt des schwedischen Siegeszugs, der – je nach Standpunkt – zu den hochfliegendsten Erwartungen oder schlimmsten Befürchtungen Anlass gab. Auch ein so kühl kalkulierender Staatsmann wie Richelieu hielt es 1632 nicht für ausgeschlossen, dass Gustav Adolf nach der Niederwerfung Deutschlands weitermarschieren würde nach Italien, um mit dem Heiligen Stuhl die katholische Religion auszulöschen[46].

Hinter solchen Einschätzungen stand eine verbreitete Unsicherheit, sowohl in den Regierungskanzleien als auch in der Öffentlichkeit, über die weitergehenden politischen Ziele, die der siegreiche Schwedenkönig verfolgte – eine Unsicherheit, die die Zeitgenossen mit der Nachwelt, darunter auch mit der modernen Geschichtswissenschaft, teilen[47]. Tatsächlich sandte die schwedische Regierung seit Herbst und Winter 1631/32 sehr unterschiedliche, zum Teil widersprüchliche politische Signale über ihre Vorstellungen einer künftigen Friedensordnung aus. Und der frühe Tod des schwedischen Königs hat verhindert, dass Sicherheit über seine letzten politischen Ziele gewonnen werden kann.

Trotz all dieser Unsicherheiten im Einzelnen lassen sich aber in Hinblick auf die Politik des Schwedenkönigs seit Herbst 1631 zwei Grundlinien recht klar erkennen. Einerseits hielt Gustav Adolf unbeirrbar an seinem Ziel fest, die schwedische Stellung an der Südküste der Ostsee auszubauen. Insbesondere die Anwartschaft der Wasa auf die Erbfolge im Herzogtum Pommern, dessen Herzog Bogislaw XIV. (1625–1637) kinderlos war und auf das auch die brandenburgischen Hohenzollern Erbansprüche erhoben, blieb für ihn von erstrangiger Bedeutung.

Andererseits blieben die politischen Maßnahmen Gustav Adolfs im Hinblick auf das Reich den militärischen Notwendigkeiten deutlich untergeordnet. Gerade die reichen Schenkungen (*Donationen*) Gustav Adolfs, zumeist eroberte geistliche Güter, an seine militärischen Gefolgsleute und Bündnispartner im Reich dienten wesentlich dazu, diese für hohe Kriegsausgaben zu entschädigen, sie fester an sich zu binden und sie zugleich in die Lage zu versetzen, neue Rüstungsanstrengungen zu finanzieren. Zu den Hauptbegünstigten gehörten daher der Landgraf Wilhelm von Hessen-Kassel und Graf Ludwig-Philipp von Pfalz-Simmern. So schrieb der schwedische Kanzler Oxenstierna nach dem Tod des Königs, gewiss etwas überspitzt, an seinen Staatsrat, der dahingegangene Monarch habe einen Großteil der schwedischen Eroberungen in Deutschland bereits weiterverschenkt[48]. Damit waren in der Sache durchaus Parallelen zu den Konfiskationen und der Weitergabe von »Rebellengut« im Reich durch den Wiener Hof in den zwanziger Jahren zu erkennen, die

Begründungen gingen allerdings auseinander: Berief sich der Kaiserhof bei den Enteignungen auf das Reichsrecht, konkret auf das Majestätsdelikt, mit dem der Heimfall des Eigentums der Majestätsverbrecher an das Reichsoberhaupt begründet werden konnte, so argumentierte Schweden mit dem Kriegsrecht, das den Besitz besiegter Feinde in die Verfügungsgewalt des Eroberers legte. Im Ergebnis freilich dienten sowohl die durch den Kaiser wie durch Schweden vorgenommenen Besitzverschiebungen wesentlich den Notwendigkeiten der Kriegsfinanzierung.

Diese starke Orientierung der schwedischen Politik an militärischen Notwendigkeiten bedeutet freilich nicht, dass die Regierung Gustav Adolfs auf Initiativen für eine künftige Friedensordnung im Reich verzichtet hätte. Doch folgte der Schwedenkönig hier keinen klaren Zielvorstellungen, vielmehr ging es ihm wohl darum, sich für die Zukunft möglichst viele Optionen offenzuhalten[49]. Dies wird beispielhaft bei der Betrachtung der schwedischen Politik gegenüber den untereinander heftig rivalisierenden, zeitweilig regelrecht verfeindeten hessischen Landgrafschaften deutlich. So vertrat Gustav Adolf gegenüber dem lutherischen Landgrafen Georg von Hessen-Darmstadt, der innerhalb des protestantischen Lagers zur gemäßigt kaiserfreundlichen Richtung gehörte, einen bemerkenswert zurückhaltenden, geradezu versöhnlichen Kurs. Im Vertrag von Höchst von November 1631 gestattete der Schwedenkönig Landgraf Georg ausdrücklich, neutral zu bleiben und entband ihn für längere Zeit von allen Quartiers- und Kontributionspflichten – bemerkenswerte Zugeständnisse, insbesondere an einen Reichsfürsten, der in der Vergangenheit wesentlich von der Gunst Wiens profitiert hatte. Der Biograph des Schwedenkönigs, Michael Roberts, vermutet wohl zu Recht, dass Gustav Adolf den Landgrafen Georg für geeignet hielt, bei einem eventuell kommenden Friedensschluss im Reich als Vermittler zu dienen und ihm deshalb »Schonung« gewährte[50]. Dieses entgegenkommende Verhalten gegenüber Hessen-Darmstadt hinderte Gustav Adolf freilich nicht daran, zugleich engste politische Beziehungen zu dessen schärfstem Rivalen, dem reformierten Landgrafen Wilhelm von Hessen-Kassel, zu pflegen. Dies betraf nicht nur die Schenkungen und die engen bündnispolitischen Kontakte, sondern auch dessen Rolle im Hinblick auf eine künftige Reichsordnung: Auf Ansuchen Gustav Adolfs legte der Landgraf von Hessen-Kassel im März 1632 einen Plan zu einer grundlegenden Reorganisation der Reichsverfassung im reichsständisch-protestantischen Sinne vor, die auf eine nachhaltige Schwächung des Kaiseramtes, eine ebenso entschiedene Stärkung der führenden protestantischen Reichsfürsten und insgesamt auf die dauerhafte Dominanz des Protestantismus im Reich hinausgelaufen wäre[51]. Ohne dass dies explizit thematisiert worden wäre, war im Rahmen solcher Reichsreformvorschläge zugleich eine dauerhafte schwedische Führungsrolle im Reich mit oder ohne ein Wasa-Kaisertum vorstellbar[52]. Diese von Gustav Adolf angeforderten, wenn auch sicher nicht in jedem Detail mit ihm abgestimmten Reichsreformpläne hinderten den Schwedenkönig schließlich keineswegs daran, mit den Abgesandten verschiedener verbündeter Reichsstädte, darunter Nürnberg, ernsthaft protestantische Konföderationspläne zu erörtern, die wiederum kaum mit einer Reichsreform im beschriebenen Sinne zu vereinbaren gewesen wäre, sondern die Zerstückelung des Reiches bedeutet hätten. Neben oder an die Stelle des Reiches sollten danach protestantische Corpora – solche für den Krieg und solche für den Frieden – treten, deren Vorsitz und Protektion Schweden übernehmen sollte[53]. Es ist

sehr wahrscheinlich, dass Gustav Adolf all diese untereinander kaum zu vereinbar-
enden politischen Zielvorstellungen sondierte, um sich für spätere Friedensverhandlungen – je nach Kriegsverlauf und den Notwendigkeiten schwedischer Politik –
unterschiedliche Handlungsmöglichkeiten zu sichern. Für eine solche Intention
spricht auch, dass Gustav Adolf bei all seinen so freigiebig verteilten Donationen
sorgfältig darauf bedacht war, sich die – nicht näher definierte – Oberherrschaft (*jura
superioritatis*) und damit gewisse politische Zugriffsrechte in diesen Territorien zu
sichern[54]. Eine solche Politik barg in der noch ungewissen Kriegssituation von 1631/
32 viele Vorteile für Schweden und war daher nicht grundsätzlich mit Ziellosigkeit
gleichzusetzen. Sie wies vielmehr mutatis mutandis Parallelen zur Politik Richelieus
auf, der auf seine Weise – freilich bis 1635 noch unter Verzicht auf direktes Eingreifen
in den Krieg – eine ähnliche Strategie der offenen Optionen verfolgte.

Die militärischen Ereignisse der ersten Hälfte des Jahres 1632 hatten am militärischen
Übergewicht Schwedens prinzipiell nichts geändert, im Gegenteil: Oberflächlich
betrachtet, war die schwedische Militärhegemonie im Reich nach der Besetzung
weiter Teile Bayerns noch erdrückender geworden. Freilich verdeckten diese äuße-
ren Triumphe die Tatsache, dass Wallenstein durch seine vorsichtig-abwartende
Strategie dem Schwedenkönig das Gesetz des militärischen Handelns entwunden
hatte. Da Gustav Adolf nach einer Gelegenheit suchte, die vereinigten kaiserlichen
und bayerischen Streitkräfte zur Entscheidungsschlacht zu zwingen, hatte er sich
nach den militärischen Operationen Wallensteins zu richten – eine Tatsache, die der
kaiserliche Oberbefehlshaber geschickt ausnutzte. Als Wallenstein im Juli 1632 eine
feste Stellung bei Nürnberg bezog, folgte ihm Gustav Adolf dorthin, erneut in der
Hoffnung, den entscheidenden Schlag gegen Wallenstein führen zu können. Freilich
blieb diese Hoffnung vergeblich: Zwischen Juli und September 1632 lagen sich die
Armeen in ihren Stellungen gegenüber, bis sich der Schwedenkönig wegen der
immer schwieriger werdenden Versorgungslage seiner Streitkräfte zum »Befreiungs-
schlag«, zum Angriff auf Wallensteins stark befestigtes Lager an der Alten Veste,
genötigt sah. Da sich diese Stellung trotz des heftigen Ansturms der schwedischen
Truppen als uneinnehmbar erwies, musste Gustav Adolf mit seinen durch Seuchen
und Desertion stark dezimierten Streitkräften abziehen – eine erste symbolträchtige
Niederlage des schwedischen Königs, die mit jener Tillys vor dem schwedischen
Hauptquartier bei Werben fast genau ein Jahr zuvor vergleichbar war[55]. Wallenstein
rückte nach dem Abzug der schwedischen Streitkräfte nach Norden, in Richtung
Sachsen, ab. Der Zug nach Sachsen diente sowohl kriegsorganisatorischen als auch
politischen Zwecken. Zum einen beabsichtigte Wallenstein, seine Truppen zur
Entlastung der  Erblande auf mitteldeutsch-sächsische Winterquartiere zu verteilen.
Eng damit verbunden war, dass durch seinen Einmarsch und seine Quartiernahme
Druck auf den sächsischen Kurfürsten als stärkstem und zugleich unsicherstem
Bundesgenossen des Schwedenkönigs ausgeübt werden sollte. Gerade die wankende
Position des sächsischen Bundesgenossen hat Gustav Adolf dann wohl bewogen, der
kaiserlichen Armee trotz der fortgeschrittenen Jahreszeit, die nach den Regeln der
Kriegskunst eigentlich keine Feldschlacht mehr zuließ, in Eilmärschen nach Sachsen
zu folgen. Zudem bot sich nun doch die lang ersehnte Gelegenheit zur Entschei-
dungsschlacht. In der Tat gelang es dem Schwedenkönig, Wallenstein, der bereits

begonnen hatte, seine Truppen auf ihre Winterquartiere in Mitteldeutschland zu verteilen, zwischen Halle und Leipzig in der Nähe des Städtchens Lützen zur Schlacht zu stellen[56]. Die erhoffte Entscheidung blieb trotz erheblicher Verluste beider Seiten auch hier aus. Die schwedische Armee konnte zwar das Schlachtfeld behaupten, doch gelang Wallenstein der geordnete Rückzug seiner Armee nach Böhmen. Gleichwohl erlangte die Schlacht von Lützen erhebliche Bedeutung, fand doch Gustav Adolf in ihrem Verlauf den Tod[57]. Schon die Zeitgenossen sahen, dass dies eine tiefe Zäsur markierte[58]: Denn der Tod des Königs veränderte die politisch-militärische Konstellation auf der Seite Schwedens grundlegend und zwang die neue schwedische Führung zu einer grundlegenden Reorganisation ihrer gesamten Feldzugsplanung.


## 3. Die schwedische Hegemonie nach Gustav Adolf: Konflikte und Niedergang

### a) Zwischen schwedischem und sächsischem Direktorium: Der Bruch im protestantischen Lager

Nach dem Tod Gustav Adolfs wurde die schwedische Politik im »Deutschen Krieg« auf eine neue Grundlage gestellt. Dies galt zunächst in administrativer Hinsicht. Die politische und die militärische Führung Schwedens im Reich – früher in der Hand des Königs vereinigt – wurden nun faktisch voneinander getrennt. Die politische Gesamtleitung übernahm der schwedische Reichskanzler Axel Oxenstierna, der als führendes Mitglied des hochadligen Reichsrats und als engster politischer Mitarbeiter des verstorbenen Königs schon vor dessen Tod über eine eigenständige Machtposition verfügt hatte[59]. Zugleich gehörte Oxenstierna zum Kreis der fünf obersten schwedischen Reichsbeamten, bei denen die Regierungsgewalt im schwedischen Gesamtreich in der Zeit der Minderjährigkeit der Tochter und Thronerbin Gustav Adolfs, Christina (geb. 1626), lag. Oxenstiernas politische Macht innerhalb der schwedischen Regierung wurde noch dadurch gesteigert, dass seit 1634, als der Reichstag die Regentschaftsordnung endgültig beschloss, drei der fünf Mitglieder der fünfköpfigen Regentschaftsregierung enge Verwandte Oxenstiernas waren. Oxenstierna hielt sich in der Regel nicht persönlich bei der Armee auf, über die die Generäle Bernhard von Weimar und Gustav Horn in einem alles andere als reibungslosen Miteinander den Oberbefehl ausübten.

Aber nicht nur administrativ, sondern auch inhaltlich erfuhr die schwedische Deutschlandpolitik nun eine neue Ausrichtung[60]. Ausschlaggebend war dafür Oxenstiernas Lagebeurteilung, die der Reichskanzler im Winter 1632/33 in mehreren Memoranden darlegte und die vor allem durch zwei politische Grundannahmen geprägt war. Einerseits ging Oxenstierna davon aus, dass die materiellen und personellen Belastungen des Königreichs Schweden durch den Krieg ein Maß erreicht hätten, das nicht weiter überschritten werden dürfe. Im Gegenteil: Es müsse über Wege einer Verminderung der schwedischen Kriegslasten in steuerlicher Hinsicht und über eine verstärkte Rückkehr der wehrverpflichteten und ausgehobenen Landeskinder nachgedacht werden. Andernfalls drohten dem Königreich in seiner nach dem Tod des Königs ohnehin labilen Situation Unruhen und Rebellionen, die auch außenpolitisch gefährlich werden könnten.

Andererseits schloss Oxenstierna eine Reduzierung des Militärengagements Schwedens in Deutschland kategorisch aus. Denn die in Deutschland stehende, starke Armee war nach der Auffassung des Reichskanzlers der beste Garant Schwedens gegen die Aggressions- und Revancheabsichten der alten Ostseerivalen, Polen und Dänemark, und müsse zunächst unter Waffen bleiben. Zudem sei nur auf militärischem Wege eine angemessene »Satisfaktion« Schwedens für seine Kriegslasten durchzusetzen, die sowohl in territorialen Abtretungen als materiellen Transferleistungen bestehen müsse. In den Beratungen im Winter 1632/33 legte sich Oxenstierna noch nicht vollständig fest, welche Territorien des Reiches Schweden erwerben müsse, ließ aber durchblicken, dass er in erster Linie an Gebiete an der Ostsee, Pommern und Preußen, dachte. Die eingezogenen geistlichen Stifte im Reich hätten ggf. als »Rekompens« zu dienen, also als Ausgleich für eventuelle Verluste, die reichsfürstliche Dynastien durch die Abtretungen an Schweden erleiden würden. Ein Rückzug Schwedens ohne eine nennenswerte Satisfaktion kam für Oxenstierna keinesfalls in Frage, weil eine materielle Entschädigung für das schwer belastete Königreich unverzichtbar sei und zudem die Reputation der schwedischen Krone wesentlich von einer angemessenen Satisfaktion abhänge.

Aus diesen Grundannahmen, die im Prinzip in der Folgezeit unverändert geblieben und zur Grundlage der weiteren deutschen Politik Schwedens geworden sind, ergaben sich die konkreten politischen Maßnahmen, die Schweden nach Auffassung Oxenstiernas in der aktuellen Situation ergreifen müsse. Um die Unterhaltung einer Söldnerarmee im Reich ohne weitere große Belastungen für Schweden zu sichern, erschien dem Reichskanzler die Bildung einer großen Konföderation protestantischer Reichsstände unter schwedischem »Direktorium« vordringlich[61]. Als eine mögliche Option war die Errichtung einer solchen Konföderation mit scharfer Stoßrichtung gegen das habsburgische Kaisertum schon unter Gustav Adolf erwogen worden, nun wurde sie in gemäßigter Form zentrales Ziel schwedischer Politik. Falls sich die Reichsstände dem schwedischen Ansinnen verschließen sollten – und Oxenstierna äußerte sich sehr kritisch, zuweilen geradezu verächtlich über die Unzuverlässigkeit und Undankbarkeit der möglichen Allianzpartner im Reich –, musste nach Auffassung des Reichskanzlers die Hilfe Frankreichs, gegebenenfalls auch der Niederlande und Englands, in Anspruch genommen werden, um seine Ziele, die Unterhaltung einer starken Armee und Durchsetzung der Satisfaktionsforderungen, zu erreichen[62].

Oxenstierna ließ also keine Zweifel aufkommen, dass er eine Fortsetzung des schwedischen Kriegseinsatzes im Reich für erforderlich hielt – darin stand er eindeutig in Kontinuität mit der Politik Gustav Adolfs. Diesem Militärengagement gab er nun aber eine klare, umgrenzte Zielsetzung. Die Sicherung einer angemessenen »Satisfaktion« stand von nun an im Mittelpunkt – eine Satisfaktion, die in territorialer Hinsicht auch dem weiteren Ausbau des schwedischen »Dominium Maris Baltici« zu dienen hatte. Eng damit verbunden waren die reichspolitisch-konfessionellen Zielsetzungen, da die Bildung einer möglichst umfassenden Allianz protestantischer Reichsstände unter schwedischer Führung aus Oxenstiernas Sicht das beste Mittel zur Verwirklichung der Ziele war. Die Pläne für eine vollständige Umgestaltung des Reiches – unter möglicher Loslösung wenigstens der protestantischen Stände vom habsburgischen Kaisertum – wurden aufgegeben, stattdessen trat Schweden nun reichspolitisch für die Wiederherstellung des Besitzstandes der protestantischen Reichsstände und die dauerhafte Sicherung ihrer hergebrachten *Libertät*, also für verbesserte Schutzrechte der Protestanten gegen kaiserlich-katholische Übergriffe, ein[63].

Im Frühjahr 1633 gelang der schwedischen Diplomatie unter Oxenstierna ein erster größerer Erfolg bei der Realisierung dieser Ziele. Die evangelischen Stände des Fränkischen, des Schwäbischen und des Oberrheinischen Kreises schlossen sich mit Schweden zum sogenannten Heilbronner Bund zusammen, der den Intentionen Oxenstiernas in mancher Hinsicht durchaus entsprach. Ziel des Bundes war die Sicherung der hergebrachten Reichsverfassung, der Rechte der protestantischen Reichständе sowie explizit auch die Durchsetzung einer angemessenen schwedischen Satisfaktion. Auf dieser Basis strebten die Bündnispartner einen gerechten und soliden Frieden im Reich an. Zur Durchsetzung dieser Ziele solle eine von den Reichsständen unterhaltene Armee dienen[64].

Das Direktorium des Heilbronner Bundes lag eindeutig bei Reichskanzler Oxenstierna als dem Vertreter des Königreichs Schweden. Anders als bei den Konföderationsplänen Gustav Adolfs vorgesehen, enthielt der Bundesvertrag keine ausdrückliche Wendung gegen das habsburgische Kaisertum und blieb insofern der neuen politischen Linie Oxenstiernas entsprechend auf dem Boden der herkömmlichen Reichsverfassung. Weit weniger zufrieden war Oxenstierna damit, dass seine reichsständischen Vertragspartner die Errichtung eines »Bundesrates« durchsetzten, der dem schwedischen Direktorium zur Seite gestellt wurde und in dem neben drei schwedischen Vertretern (einschließlich Oxenstiernas) auch sieben ständische Vertreter saßen, die von den drei beteiligten Kreisen entsandt wurden. Dieser Bundesrat war in allen wichtigen Entscheidungen zu hören, allerdings sollte die letzte Entscheidung in militärischen Angelegenheiten bei Schweden bleiben.

Das rasche Zustandekommen des Heilbronner Bundes konnte freilich nicht darüber hinwegtäuschen, dass die Realisierung der politischen Konzeption Oxenstiernas auf erhebliche Schwierigkeiten stieß – Schwierigkeiten, die bereits seit Frühjahr 1633 unübersehbar wurden. Sie zeigten sich zunächst im Bereich der Finanzen: Rasch wurde deutlich, dass die meisten evangelischen Reichsstände des Heilbronner Bundes ihren Verpflichtungen zur Unterhaltung der Armee nur zögerlich nachkamen. Ein Teil war nach den schweren Belastungen der vorausgegangen Jahre dazu nicht mehr in der Lage, ein anderer Teil forderte von Oxenstierna zunächst eine Abstellung aller Übergriffe seitens der schwedischen Streitkräfte[65].

Auch Frankreich verhielt sich im Frühjahr und Sommer 1633 zurückhaltend und unterstützte den Heilbronner Bund bzw. dessen militärische Kräfte nicht im erhofften Ausmaß. Richelieu ließ zwar im Frühjahr und Sommer 1633 in Verhandlungen mit den Emissären Schwedens und des Heilbronner Bundes erkennen, dass er zusätzliche, über die vertraglichen Verpflichtungen mit Schweden hinausgehende finanzielle Unterstützung der Bundesgenossen keineswegs ausschloss. Dafür erwarte Paris aber, dass sich der Heilbronner Bund stärker auf die französischen Wünsche einlasse. Diese betrafen zum einen den verbesserten Schutz des katholischen Konfessionsstands im Reich, zum anderen die verstärkte Berücksichtigung der französischen Sicherheitsinteressen im Elsass, in Lothringen und im Rhein/Moselgebiet durch den Heilbronner Bund – ganz im Sinne jener regional begrenzten Sicherheitsstrategie, die Richelieu inzwischen verfolgte (vgl. oben S. 83 f.). Gerade im Frühjahr und Sommer 1633 hielt Richelieu diese Sicherheitsstrategie für wichtiger denn je, häuften sich dort doch die Anzeichen eines verstärkten Militärengagements Spaniens. Darüber hinaus forderte Richelieu ein gesichertes Mitsprache- und Vetorecht Frankreichs bei allen künftigen Friedensverträgen zwischen dem Heilbronner Bund und dem Kaiser, um nicht plötzlich allein Spanien bzw. dem Haus Österreich gegenüberzustehen (vgl. dazu unten S. 117). Weil sich 1633 weder Oxenstierna noch der Heilbronner Bund auf eine stärkere Berücksichtigung der französischen Interessen einlassen wollten, blieb im Gegenzug auch das erhoffte größere Engagement Frankreichs aus[66].

Wegen der schlechten Zahlungsmoral der im Heilbronner Bund zusammengeschlossenen Stände und der Zurückhaltung Frankreichs trat eine massive Finanz- und Versorgungskrise der schwedischen Streitkräfte mit erheblichen Folgen für die schwedische Kriegsführung ein: Die ausbleibenden Soldzahlungen führten schon im Frühjahr 1633 zu weit ausgreifenden Meutereien innerhalb der schwedischen Streitkräfte, die im Frühsommer 1633 vorübergehend den Abbruch der geplanten Militäroperationen zur endgültigen Niederwerfung Bayerns und zur Eroberung der Donaufestungen erzwangen. Die militärische Lage Schwedens wurde zusätzlich durch Rangstreitigkeiten zwischen Gustav Horn und Bernhard von Weimar erschwert. Letzterer erhob energischen Anspruch auf den von Oxenstierna beharrlich verweigerten Oberbefehl über die gesamten schwedischen Streitkräfte im Reich – ein Anspruch, von dem sich der Weimarer auch durch seine Erhebung zum Herzog eines aus Stiftsgebieten Würzburgs und Bambergs neugebildeten Herzogtums Franken nicht abbringen ließ[67]. Erst Ende August 1633 konnten Disziplin und Kampfkraft der schwedischen Streitkräfte nach komplizierten Verhandlungen mit den Vertretern des Heilbronner Bundes wieder leidlich hergestellt werden. Zur gleichen Zeit wurde das Problem des Oberbefehls durch die Trennung der jeweiligen Operationsgebiete der schwedischen Befehlshaber zumindest vorläufig gelöst. Horn wandte sich mit seinen Truppen nach Westen, um einem drohenden spanischen Vormarsch am Oberrhein entgegenzutreten, während Herzog Bernhard die bayerischen Feldzugsplanungen wieder aufnahm[68].

Die Finanzkrise der schwedischen Streitkräfte hing mit einem weiteren, noch gravierenderen Problem zusammen, nämlich der Tatsache, dass die von Oxenstierna angestrebte protestantische Konföderation ein regional begrenztes Rumpfgebilde blieb. Es war relativ leicht gewesen, die süddeutschen bzw. südwestdeutschen Reichsstände für ein Bündnis zu gewinnen, weil sie aufgrund ihrer exponierten Lage auf den schwedischen Schutz dringend angewiesen waren. Dagegen scheiterten alle Bemühungen der schwedischen Diplomatie, auch Kursachsen, Kurbrandenburg und damit auch die übrigen Angehörigen der beiden sächsischen Kreise für das Bündnis zu gewinnen.

Kursachsen hatte schon kurz nach dem Tod des Königs klargemacht, dass für Dresden ein Beitritt zu einer von Schweden dominierten protestantischen Konföderation im Reich nicht in Frage komme. Nach Auffassung der kursächsischen

Regierung stand ein solches »Direktorium« im protestantischen Deutschland nur Kursachsen selbst zu[69]. Vor allem der Kommandant der sächsischen Truppen, Arnim, drängte auf eine Lösung der vertraglichen Bindungen an Schweden, die Sachsen daran hindern würde, die ihm zukommende Rolle im protestantischen Deutschland einzunehmen und auf einen sicheren Frieden hinzuwirken[70]. Nicht ganz so intransigent gegenüber allen schwedischen Bündnisersuchen hatte sich zunächst Kurbrandenburg erwiesen. Hauptgrund war der Wunsch des Kurfürsten, durch Annäherung an Oxenstierna die brandenburgische Anwartschaft auf Pommern gegen konkurrierende schwedische Wünsche durchsetzen zu können. Dies führte dazu, dass die Position Kurbrandenburgs zwischen Schweden und Kursachsen bis zum Sommer 1634 in der Schwebe blieb. Erst im August 1634 musste sich der brandenburgische Kurfürst eingestehen, dass der Erwerb Pommerns zu den Essentials der schwedischen Politik gehörte und brach dann endgültig alle Gespräche über einen Beitritt zum Heilbronner Bund ab[71].

Kursachsen war seit dem Winter 1632/33 intensiv bemüht, seinen eigenständigen Führungsanspruch innerhalb des protestantischen Lagers auch nach außen zu vertreten. In diesem Zusammenhang sind die Friedensinitiativen zu sehen, die die Dresdner Regierung seit Winter 1632/33 entwickelte. Im Mittelpunkt dieser Friedensbemühungen stand der Gedanke einer Friedensvermittlung im Reich durch Dänemark, der von Dresden, aber auch von Wien und Kopenhagen unterstützt wurde und zur Vorbereitung eines Friedenskongresses in Breslau führte[72]. Oxenstierna betrachtete diese Planungen verständlicherweise mit größtem Missfallen, widerstrebte ihm doch der Führungsanspruch Kursachsens im protestantischen Lager ebenso sehr wie eine erneute Einmischung des alten Ostseerivalen in Reichsangelegenheiten. Die schwedische »Obstruktionspolitik« (Kathrin Bierther) trug denn auch entscheidend dazu bei, dass die dänische Interposition bis Ende 1633 faktisch gescheitert ist und auch der Breslauer Kongress nie zustande kam[73]. Langfristig haben diese von Sachsen geförderten Friedensbemühungen aber durchaus Früchte getragen, denn hier wurden bereits wichtige Vorüberlegungen angestellt, die dann im Prager Frieden realisiert wurden[74].

Aber nicht nur diplomatisch, sondern auch militärisch war Kursachsen bemüht, seine Unabhängigkeit von jeder schwedischen Bevormundung zu verdeutlichen. Dies zeigte sich 1633/1634 vor allem in Niederschlesien, wo sächsische und schwedische Truppen streng getrennt voneinander gegen die Kaiserlichen operierten. Auch nachdem die schwedischen Truppen im Oktober 1633 bei Steinau an der Oder (südlich der Grenze zwischen Schlesien und dem Kurfürstentum Brandenburg) gegen Wallensteins Armee eine ebenso überraschende wie vernichtende Niederlage erlitten hatten und ein weiterer Vormarsch Wallensteins nach Norddeutschland möglich wurde, lehnte Dresden strikt jedes militärische Zusammengehen mit Schweden ab. Die militärische Rivalität zwischen Schweden und Sachsen ging schließlich seit Winter 1633/34 so weit, dass beide Mächte beim Ringen um ihre jeweiligen Operationsgebiete in Schlesien an den Rand einer militärischen Auseinandersetzung gerieten[75].

Die Niederlage von Steinau war ein erstes unübersehbares Zeichen dafür, dass die inneren Schwierigkeiten des protestantischen Lagers auch zu einer militärischen Krise der Hegemonialmacht geführt hatten. Schon diese Niederlage hätte überdies erhebliche Auswirkungen haben können, bedrohte Wallenstein doch nun den nord-ostdeutschen Raum und damit die schwedischen Rückzugslinien. Dass die Nieder-lage trotzdem folgenlos blieb, lag einerseits daran, dass dem schwedischen Befehls-haber Bernhard von Weimar wenige Wochen nach Steinau im November 1633 mit der Eroberung der strategisch wichtigen Donaufestung Regensburg ein spektakulä-rer Erfolg gelang – ein Erfolg, durch den nun auch Böhmen bedroht war – und der einen Feldzug der kaiserlichen Truppen in Norddeutschland ausschloss[76]. Dass die Schlacht von Steinau noch keine dramatischen Konsequenzen für Schweden hatte, hing darüber hinaus mit der Lage im kaiserlich-katholischen Lager zusammen, das gleichfalls zunehmend von heftigen inneren Konflikten erschüttert wurde. Die waren zwar anderer Natur als jene im protestantischen Bereich, nahmen aber im Winter 1633/34 nicht minder bedrohliche Ausmaße an.

## b) Der Kaiser zwischen Wallensteins Militärmacht und spanischen Liga-Plänen: Neue Gegensätze innerhalb des katholischen Lagers

Bis 1630/1631 waren die Machtverhältnisse auf Seiten der katholischen Partei im Reich wesentlich durch die Konkurrenz zwischen der von Maximilian von Bayern geführten katholischen Liga und dem Kaiser geprägt worden. Der Kaiser war auf die Unterstützung der ligistischen Truppen angewiesen und musste deshalb starke Rücksicht auf bayerische Wünsche nehmen. Mit dem Siegeszug Gustav Adolfs und der Errichtung der schwedischen Hegemonie im Reich änderte sich dies schlagartig: Die Liga versank politisch wie militärisch in der Bedeutungslosigkeit, und Maximilian büßte einen erheblichen Teil seines Einflusses dauerhaft ein.

Dies bedeutet freilich keineswegs, dass Wien zum alleinigen Machtzentrum innerhalb der katholischen Partei aufgestiegen wäre. Im Gegenteil: Im Verlauf des Jahres 1633 wurden neue, sich verschärfende Gegensätze innerhalb der katholischen Partei sichtbar. Der wichtigste war zweifellos jener zwischen der kaiserlichen Regie-rung in Wien und ihrem militärischen Oberbefehlshaber, Albrecht von Wallenstein. Schon zum Zeitpunkt der Rückberufung Wallensteins hatte es keinen Zweifel geben können, dass der Generalissimus alles andere als ein militärischer Befehlsemp-fänger Kaiser Ferdinands II. war, beruhte der Zusammenhalt der neu errichteten kaiserlichen Armee doch wesentlich auf der Person Wallensteins und seiner Kredit-würdigkeit bei der militärischen Führungsschicht der Armee, den Obristen. Der Kaiserhof war also in hohem Maße von dem neu berufenen Generalissimus abhängig, der sich dieser Position bewusst war: Ausdrücklich hatte sich Wallenstein bei seiner Berufung zusichern lassen können, dass Wien sich jeder Einmischung in militärische Angelegenheiten strikt enthalten müsse[77].

Im Jahre 1632 waren größere Konflikte zwischen Kaiserhof und Hauptquartier noch ausgeblieben. Erst nach dem Tod Gustav Adolfs kam es zu ernsthafteren Spannungen zwischen der kaiserlichen Regierung und Wallenstein, die vor allem mit der militärischen Strategie des Generalissimus während des Feldzugs 1633 zusammenhingen. Obwohl Wallenstein die kaiserliche Armee unter großen Opfern und Kontributionslasten für die Erblande im Winter 1632/33 wieder aufgerüstet hatte, verzichtete er zur wachsenden Verärgerung seiner Auftraggeber auf größere militärische Aktionen, obwohl seit Frühjahr 1633 die Krisenzeichen der schwedi-

schen Streitkräfte unübersehbar geworden waren. Wie stark Wallensteins Machtstellung war, wird daran deutlich, dass der Kaiser gegenüber seinem Generalissimus
Verwunderung und Befremden über die defensive Kriegsführung bekundete – etwa
zum Verhalten der kaiserlichen Armee in Schlesien, wo die kaiserlichen Truppen den
weit unterlegenen schwedischen Truppen monatelang kampflos gegenüberlagen –
darüber hinaus aber keinerlei Handhabe besaß, eine Änderung der Militärstrategie
durchzusetzen. Auf die außerordentliche Machtposition des Generalissimus verweisen auch dessen relativ freie Handlungsmöglichkeiten im politisch-diplomatischen
Bereich. Während des Jahres 1633 gab es zahlreiche diplomatische Kontakte zwischen Wallenstein und Sachsen bzw. Schweden – diplomatische Kontakte, die häufig
ohne Zustimmung der kaiserlichen Regierung, in vielen Fällen sogar ohne ihr Wissen
stattfanden und die heute zum Teil aktenmäßig kaum noch rekonstruierbar sind[78].

Konflikte zwischen Söldnerführern und ihren fürstlichen Auftraggebern waren im
Zeitalter des Dreißigjährigen Krieg nicht ungewöhnlich, wie nicht zuletzt die zeit-
gleichen Auseinandersetzungen auf schwedischer Seite um Bernhard von Weimar
zeigten. In der Regel ging es dabei um die unzureichende Finanzierung der Truppen.
Dazu kamen systembedingte Interessengegensätze: Während die Obristen als
Kriegsunternehmer bemüht waren, ihre Armeen und damit ihr »Betriebskapital«
möglichst zu schonen, forderten die fürstlichen Kriegsherren häufig ein offensives,
risikoreiches Vorgehen. Der Gegensatz zwischen Kaiserhof und kaiserlichem Hauptquartier ging jedoch seit 1633 über dieses normale Maß weit hinaus. Dies hing zum
einen mit der einzigartigen Machtposition Wallensteins zusammen, war zum anderen
aber auch darauf zurückzuführen, dass Wallensteins politisch-militärisches Handeln
1633 für seine Auftraggeber vielfach rätselhaft und unklar blieb. Deutliche Beispiele
sind das erwähnte passive Verhalten der kaiserlichen Armee nach dem Sieg bei
Steinau im Oktober 1633 oder die trotz aller Warnungen abwartende Position
gegenüber der schwedische Bedrohung Regensburgs im Monat darauf.

Die Historiographie ist in der Beurteilung der Motive für Wallensteins schwer
durchschaubares Handeln, das nach übereinstimmender Meinung der Forschung
mehrfach die Grenzen des Erlaubten hin zu »unzweifelhaftem Verrat« (Heinrich
Ritter von Srbik) überschritten hat[79], nach wie vor gespalten. Ebenso wie schon
zeitgenössisch seine schärfsten Kritiker am Kaiserhof unterstellt ein Teil der Forschung dem Generalissimus hochverräterische Absichten, die im Zusammenwirken
mit den Kriegsfeinden des Kaisers konsequent auf einen Sturz Habsburgs in Mitteleuropa gerichtet gewesen seien[80]. Ein anderer Teil der Geschichtsschreibung sieht
Wallensteins Ziel dagegen in der Errichtung einer dauerhaften gerechten Friedensordnung im Reich – ein Ziel, das er nach eigener Überzeugung nur unabhängig von
Wien habe erreichen wollen und können[81]. Für beide Thesen gibt es Anhaltspunkte
in den Quellen, vor allem durch Gesprächsprotokolle Dritter, klare Beweise fehlen
jedoch. In der jüngeren Forschung schließlich wird darauf hingewiesen, dass Wallenstein spätestens seit der zweiten Jahreshälfte 1633 ein schwerkranker Mann war und es
daher nicht auszuschließen sei, dass er überhaupt keine klare Linie mehr verfolgt
habe. Wegen des Fehlens von eindeutigen Selbstzeugnissen Wallensteins wird sich
die Frage nach seinen Motiven wohl nicht endgültig klären lassen[82].

Fest steht dagegen, dass sich das kaiserliche Hauptquartier in der zweiten Jahreshälfte 1633 immer stärker zu einem eigenständigen Machtzentrum innerhalb der

katholischen Partei entwickelte und es zugleich zur wachsenden Entfremdung zwischen der kaiserlichen Regierung und ihrem Generalissimus kam. Der Kaiser freilich hielt – trotz kritischer, warnender Stimmen am Kaiserhof und unter einzelnen Verbündeten wie Maximilian von Bayern – bis Ende 1633 an seinem Generalissimus fest. Erst im Dezember 1633, nachdem Wallenstein entgegen eindeutiger kaiserlicher Weisung auf einen Entsatz Regensburgs verzichtet hatte und daher aus Sicht des Kaisers mitschuldig wurde am Verlust der wichtigen Donaufestung an Schweden, kam auch Kaiser Ferdinand II. zu der Überzeugung, dass eine dauerhafte Zusammenarbeit mit Wallenstein nicht mehr möglich und eine erneute Entlassung unumgänglich sei[83].

Dass Ferdinand II. und seine maßgeblichen Räte so lange an Wallenstein festhielten, lag nicht nur an dessen militärischer Schlüsselstellung, sondern auch an der Rücksichtnahme auf den mächtigsten Verbündeten, Spanien unter Philipp IV. und dessen *Valido* (»Günstlings-Premierminister«[Wolfgang Reinhardt]), den Herzog von Olivares. Olivares riet während des ganzen Jahres 1633 energisch von einer Entlassung Wallensteins ab – ein Votum, das Ferdinand II. nicht einfach übergehen konnte, vor allem wegen der unverzichtbaren Subsidienzahlungen Madrids. Welche Größenordnungen diese Subsidienzahlungen in den Jahren 1632/33 erreichten, zeigen die neueren Berechnungen von Hildegard Ernst: Danach überwies Madrid der kaiserlichen Armee in diesen Jahren monatlich Subsidien in Höhe von 50 000 Gulden, eine gewaltige Summe, die dem Monatssold von 12 000–13 000 einfachen Soldaten (!) entsprach[84].

Die erstaunliche Höhe dieser Subsidien und die Aufforderung Madrids an die Wiener Regierung, Wallenstein im Amt zu belassen, sind nur vor dem Hintergrund der außenpolitischen Strategie zu verstehen, die Olivares seit dem Winter 1631/32 mit neuem Nachdruck vertrat: Sie zielte vor allem auf eines, die endgültige Einbindung von Kaiser und Reich in den Krieg zwischen den Generalstaaten und Spanien.

Seit 1632 waren die Waffenstillstands- und Friedensverhandlungen zwischen Spanien und den Generalstaaten in eine Sackgasse geraten. Angebote, die die Niederlande auf der Grundlage des Waffenstillstands von 1609 formuliert hatten, waren von Spanien insbesondere wegen der Lage in Übersee abgelehnt worden: Die Generalstaaten waren nicht bereit gewesen, die Eroberungen in den spanischen Kolonien, insbesondere die 1630 eingenommene Festung Pernambuco, zurückzugeben. Genau dies aber forderte Spanien, denn in den zwanziger und frühen dreißiger Jahren hatte sich gezeigt, welch enormer finanzieller Schaden der spanischen Krone durch ein Festsetzen der Niederlande in den Kolonien und durch einen fortgesetzten Kaperkrieg zugefügt werden konnte. Nach dem Scheitern des Waffenstillstands entschied sich Olivares für eine antiniederländische Strategie, die auf ein großes, den Kaiser sowie katholische Reichsstände umfassendes Bündnis gegen die Generalstaaten und eventuell auch gegen deren französischen Verbündeten zielte. Bislang hatten Wien und die ligistischen Fürsten des Reiches jede Beteiligung am Krieg gegen die Niederlande strikt vermieden; der spanische Staatsrat erhoffte sich nun, in der äußerst bedrohlichen Lage, in die das katholische Lager im Reich 1631 geraten war, eine größere Bereitschaft zur Bildung einer solchen Liga, denn er verband seine antiniederländischen Bündnisvorschläge mit Angeboten eines gemeinsamen Vorgehens gegen die schwedischen Invasoren im Reich. Die Reaktion des Kaisers freilich blieb 1632/33 enttäuschend für Madrid. Ferdinand II. lehnte die Vorschläge Madrids zwar nicht rundheraus ab, verhielt sich aber ausweichend und legte alternative Bündnisangebote vor, die gerade die von Madrid gewünschte Liga nicht umfassten[85].

Doch Olivares sah in den direkten, insgesamt enttäuschend verlaufenden Kontakten zum Kaiserhof nicht den einzigen, vielleicht nicht einmal den wichtigsten Weg zur gewünschten Liga. Zusätzlich suchte die spanische Regierung das direkte Gespräch mit dem kaiserlichen Generalissimus Wallenstein, über dessen quasi-autonome Machtstellung Madrid bestens informiert war. Seit 1632 ließ die spanische Regierung dem Generalissimus – bezeichnenderweise ohne jede Zustimmung des Kaisers – sehr verlockende Angebote unterbreiten, um ihn für ein militärisches Vorgehen gegen die Generalstaaten zu gewinnen, in der sicheren und berechtigten Erwartung, dass auch der Kaiser durch eine militärische Aktion Wallensteins unweigerlich in den niederländischen Krieg hineingezogen werden würde. Neben enormen finanziellen Hilfszusagen umfassten die spanischen Angebote an Wallenstein das feste Versprechen, ihm die eroberten niederländischen Gebiete – man dachte an Westfriesland – als dauerhaften Besitz zu übertragen. Im Januar 1633 ging der spanische König sogar so weit, Wallenstein für den Fall eines Eingreifens in den Niederlanden die Vollmacht zu geben, im Namen des spanischen Königs Verträge zu schließen und Krieg erklären zu können[86].

Trotz der zunächst reservierten Reaktion Wallensteins hielt Olivares während des gesamten Jahres 1633 an der Vorstellung fest, dass der organisatorisch geschickte kaiserliche Generalissimus eine wichtige Rolle für die spanischen Pläne spielen könnte und daher unbedingt im Amt bleiben müsse. Noch im Herbst 1633, als der Konflikt zwischen Wallenstein und Wien seinem Höhepunkt zustrebte, ließ Olivares durchblicken, dass Wien bei einer Trennung von Wallenstein die spanischen Subsidien riskiere.

Aus Olivares Sicht gab es noch einen weiteren Weg, den gewünschten Bund im Reich zustande zu bringen, und dies war eine deutlich verstärkte spanische Truppenpräsenz im Reich. Sie würde nach Auffassung Madrids faktisch jenen militärischen Zusammenschluss des Kaisers und Spaniens herbeiführen, der auf dem formalen Bündnisweg so schwer herzustellen war. Gelegenheit dazu bot die von Madrid schon seit längerem geplante Verstärkung der spanischen Flandernarmee, die von Mailand über die »Spanische Straße« in die Niederlande geführt werden sollte (vgl. oben S. 8 f.). Der Oberbefehl sollte beim Bruder Philipps IV., Ferdinand, Kardinal von Toledo (dem »Kardinalinfanten«), liegen. Zur Vorbereitung dieses Zugs durch das Reich, der für 1634 geplant war, wurde Mitte 1633 ein kleineres spanisches Vorauskommando unter dem Gouverneur von Mailand, Feria, über die Alpen entsandt, das im September in Tirol eintraf, um direkt in die Kämpfe am Oberrhein um Breisach einzugreifen.

Den Kaiser brachte der von Spanien einseitig angeordnete Einmarsch zusätzlicher spanischer Truppen ins Reich in mehrfacher Hinsicht in eine Zwangslage. Zum einen war er geeignet, den sich ohnehin zuspitzenden Konflikt mit Wallenstein zu verschärfen, forderte der Generalissimus doch vereinbarungsgemäß den Oberbefehl

über sämtliche Truppen des Kaisers und seiner Verbündeten im Reich. Zum anderen
stellte das aus protestantischer Sicht historisch belastete, geradezu unheilverheißende
Erscheinen spanischer Armeeeinheiten im Reich alle 1633 angelaufenen (Separat-)
Friedensbemühungen mit Sachsen in Frage. Gleichwohl war an ein förmliches
kaiserliches Durchmarschverbot für Spanien im Reich – nicht zuletzt wegen der
materiellen Abhängigkeit Wiens von Madrid – nicht zu denken.

Das Jahr nach dem Tod des Schwedenkönigs war also vor allem durch wachsende
Gegensätze innerhalb der Kriegsparteien bestimmt. Einer zwischen Schweden bzw.
dem Heilbronner Bund und Sachsen tief gespaltenen protestantischen Partei stand
ein katholisches Lager gegenüber, das im Verlauf des Jahres 1633 gleichfalls in eine
sich dramatisch zuspitzende innere Krise geriet: Die kaiserliche Regierung befand
sich in einer schwierigen Lage zwischen ihrem Oberbefehlshaber, der auf die Errichtung einer unabhängigen Machtposition hinarbeitete und dabei immer unbe-
rechenbarer agierte, und Spanien, das den Kaiser gegen dessen Willen in eine
europäische Kriegsallianz gegen die Generalstaaten, eventuell auch gegen Frankreich, einzubinden wünschte. Die Entscheidungen, die 1634 fielen, betrafen daher
nicht nur die Machtverhältnisse zwischen den Kriegsparteien, sondern auch (und vor
allem) jene innerhalb der Kriegsparteien.

*c) Die Entscheidungen des Jahres 1634: Auf dem Weg zum »deutschen Frieden«?*

Die Entscheidungen des Jahres 1634 führten einen tiefgreifenden Wandel der
Machtverhältnisse im Reich herbei, der in seinen Dimensionen durchaus mit den
Umwälzungen des Jahres 1631 zu vergleichen ist. Die militärischen und politischen
Veränderungen nährten Hoffnungen auf einen möglichen innerdeutschen Frieden
ohne Beteiligung auswärtiger Mächte – Hoffnungen, die vor allem die Politik des
Kaiserhofs, seit Herbst 1634 zusätzlich auch der Kurfürsten von Sachsen und Bran-
denburg bestimmten.

Insgesamt war für den militärischen und politischen Verlauf des Jahres 1634
bestimmend, dass die kaiserlich-katholische Partei im Reich und ihre Verbündeten
vorübergehend zu koordiniertem militärischen Vorgehen zurückfanden, während
dies der gegnerischen Kriegspartei nicht gelang.

Eine zentrale Voraussetzung für die neue Geschlossenheit des kaiserlichen Lagers
war die Klärung des sich ständig verschärfenden Konfliktes zwischen dem Hof und
seinem zunehmend selbständig agierenden Oberbefehlshaber – eine Klärung, die in
den Monaten des Jahres 1634 in einem Gewaltstreich erfolgte. Schon Ende 1633,
nach dem Fall Regensburgs, war der Kaiser – wie erwähnt – nach langem Schwanken
zu der Überzeugung gelangt, dass eine Trennung von Wallenstein auf Dauer unumgänglich sei. Verständnis, ja energische Unterstützung für diese Entscheidung erhielt
der Kaiser von einer Seite, von der damit überhaupt nicht hatte gerechnet werden
können: von der spanischen Botschaft in Wien. Im Gegensatz zum spanischen
Staatsrat in Madrid unter Olivares, der bei seiner wallensteinfreundlichen Linie
blieb[87] und noch im Januar 1634 Sondergratifikationen für den Generalissimus
beschloss, waren der Botschafter Castañeda und der Sonderbotschafter Oñate aufgrund ihrer größeren Nähe zum Geschehen im Reich bis Dezember 1633 zu der
Überzeugung gelangt, dass Wallenstein der Sache Spaniens und des Kaisers inzwi-

schen erheblich schade bzw. geradezu verräterisch handle und dringend von seinem Kommando entfernt werden müsse – wenn nötig mit Gewalt. Dies war für das kommende Verfahren gegen Wallenstein von großer Bedeutung, denn die Auszahlung der umfangreichen spanischen Subsidien an die kaiserliche Armee wurde von der Botschaft organisiert. Oñate signalisierte dem Kaiser, dass er auch nach einem Sturz Wallensteins mit weiteren Subsidien rechnen könne, mehr noch, dass er die Auszahlung weiterer Subsidien sogar nur im Falle von dessen baldigem Sturz verantworten könne – eine politische Strategie, mit der sich die Diplomaten in direkten Gegensatz zu ihren Auftraggebern setzten: Oñate war dem regulären Geschäftsträger Castañeda nicht zuletzt deshalb als Sonderbotschafter zur Seite gestellt worden, weil letzterer in den Augen Madrids als zu wallensteinkritisch galt[88].

Eigenständiges Handeln von Diplomaten, selbst in politischen Schlüsselfragen, war in dieser Zeit – nicht nur im Falle Spaniens – nicht ungewöhnlich und oft schon wegen der ebenso langen wie komplizierten Kommunikationswege auch erforderlich. Ein recht bedeutendes Beispiel ist die französische Botschaft auf dem Westfälischen Friedenskongress, die als zweites politisches Entscheidungszentrum für die französische Friedenspolitik neben der Regierung in Paris angesehen werden kann[89]. Sich freilich so eindeutig über klare Weisungen des Dienstherrn hinwegzusetzen, wie das die spanische Botschaft zwischen Dezember 1633 und Februar 1634 bei der Frage des kaiserlichen Oberbefehls getan hat, war auch im diplomatischen Alltag des Dreißigjährigen Krieges eine Seltenheit und ist ein weiteres Zeichen für die besondere Brisanz des Falles Wallenstein.

Die wallensteinfeindliche Wendung der spanischen Botschaft erleichterte dem Kaiser nach seiner grundsätzlichen Entscheidung weitere Schritte gegen den Generalissimus, die dann freilich viel schneller erfolgten, als die Beteiligten sich dies wohl vorgestellt hatten. Verantwortlich für die letzte Eskalation dieser Auseinandersetzung war Wallensteins eigenes Verhalten, der den Konflikt mit seinem Auftraggeber einseitig verschärfte. Unter dem Einfluss seiner wichtigsten Ratgeber Ilow und Trčka hatte Wallenstein am 11. Januar 1634 eine Versammlung der Obristen, also der maßgeblichen Führungsschicht seiner Armee, in sein Hauptquartier nach Pilsen einberufen. Dieser Konvent endete damit, dass 49 anwesende Offiziere eine Verpflichtungserklärung unterzeichneten, in der sie eidesstattlich versicherten, sich auf keinen Fall von Wallenstein zu trennen oder trennen zu lassen. Jeder, der künftig *zuwieder handele unnd sich* [von Wallenstein] *absondern wolte*, solle von den Unterzeichnern als Eidbrüchiger verfolgt und an Leib, Leben und Besitz bestraft werden. Im Gegenzug versicherte der Generalissimus, sich nicht ohne Zustimmung seiner Obristen von seinem Amt zurückzuziehen. Dieses Dokument, bekannt geworden als »1. Pilsener Revers«, erhielt dadurch entscheidende Brisanz, dass es keine Treueverpflichtung gegenüber dem Kaiser mehr enthielt, dem Kaiser stattdessen schwere Vorwürfe wegen seiner mangelnden Fürsorge für die Armee gemacht wurden[90].

Was genau mit dem 1. Pilsener Revers bezweckt war, ist im Nachhinein nicht mehr eindeutig zu rekonstruieren. Sehr wahrscheinlich handelte es sich – wenigstens in den Augen Wallensteins – lediglich um eine weitere Drohgebärde gegenüber dem Kaiserhof, während seine Ratgeber möglicherweise weitergehende Pläne einer endgültigen Trennung vom Kaiser verfolgten. In jedem Falle erwies er sich schon bald als kardinaler politischer Fehler des Generalissimus und seiner Ratgeber: Die kaiserliche Regierung deutete diesen Schritt nach seinem Bekanntwerden in Wien nämlich umgehend als Bestätigung der allenthalben kursierenden schweren Hochverratsvorwürfe gegen den Generalissimus, zumal etwa zeitgleich neue schwere Anschuldigungen dieser Art in Wien eintrafen, die ausgerechnet von einem langjährigen Weggefährten und Günstling Wallensteins stammten, von Octavio Piccolomini.

Aufgrund der als alarmierend empfundenen Nachrichten aus Pilsen entschied der Kaiser, dass Wallenstein als Verräter seines Kommandos zu entheben, gefangenzusetzen und gegebenenfalls zu töten sei. Zunächst war geplant, dies in einem streng geheimen Vorgehen mit Hilfe einiger weniger eingeweihter Offiziere zu tun, zu denen neben dem Stellvertreter und designierten Nachfolger Wallensteins, Matthias Gallas, auch die Generäle Aldringen und Piccolomini zählten. Doch das geheime Vorgehen gegen Wallenstein scheiterte, weil es den beteiligten Offizieren angesichts der ungewissen Reaktion der Truppen als zu riskant erschien. Daraufhin entschied sich der Kaiser zum offenen Bruch, um seine gesamte Autorität gegen Wallenstein in die Waagschale zu werfen. In sofort publizierten Deklarationen, die im gesamten Bereich der Armee und in den Erblanden sowie unter den Verbündeten verbreitet wurden, warf der Kaiser Wallenstein öffentlich monströse Verratsabsichten mit dem Ziel des Sturzes, der Enteignung und der Ausrottung des Erzhauses vor. Wallenstein, der von nun an in der kaiserlichen Korrespondenz nur noch als *der Friedländer* firmierte, war damit zum offenen Rebellen erklärt worden und stand rechtlich auf einer Stufe mit jenen geächteten Reichsangehörigen, die sich am Krieg gegen den Kaiser beteiligten[91].

Es ist bezeichnend für Wallensteins inzwischen fast autonome Machtstellung, dass der Kaiserhof in diesen Tagen tatsächlich sehr ernsthaft mit einer größeren bewaffneten Konfrontation zwischen kaiserlichen und wallensteinhörigen, *friedländischen* Truppen rechnete und für diesen Fall fieberhaft Vorsorge trug. Doch dazu ist es nicht mehr gekommen: In nur wenigen Tagen fiel die gesamte Armee aufgrund der kaiserlichen Erklärungen von ihrem geächteten Oberbefehlshaber ab, dem in dieser Lage nur noch die Flucht aus Böhmen zu den ehemaligen Kriegsfeinden blieb. Auf dieser Flucht wurden Wallenstein und seine engsten Weggefährten auf Befehl kaisertreuer Offiziere am 25. Februar 1634 in der böhmischen Grenzstadt Eger getötet.

Der rasche und vollständige Zusammenbruch von Wallensteins bei Freund und Feind gefürchteter Machtstellung hat schon die Zeitgenossen überrascht und ist auch im Rückblick immer wieder mit Erstaunen registriert worden. Dabei ist freilich zu berücksichtigen, dass sich bei den zahlreichen Meutereien im Dreißigjährigen Krieg keiner der Söldnerführer gegen seinen fürstlichen Auftraggeber hat durchsetzen können. Für irgendwelche Formen von »Condottieretum«, also einer selbständigen Herrschaftsbildung auf rein militärischer Basis, war in der ersten Hälfte des 17. Jahrhunderts, auch unter den besonderen Bedingungen des Dreißigjährigen Kriegs, offensichtlich kein Platz mehr, dazu war der Aufstieg des auf dynastischer Legitimität beruhenden frühmodernen Fürstenstaats zu weit fortgeschritten[92] (Schubert). Zudem hatte Wallenstein durch sein undurchsichtiges Handeln nicht nur das Vertrauen des Kaiserhofs verloren, sondern er galt auch bei den schwedischen und sächsischen Kriegsgegnern schon seit 1633 kaum noch als ernstzunehmender Verhandlungspartner. Anders als in der breiten Wallenstein-Historiographie seit dem 19. Jahrhundert wurde das gewaltsames Ende unter den Zeitgenossen nicht als verpasste Friedenschance gedeutet, sondern – jedenfalls aus politischer Perspektive – auf allen Seiten mit gewisser Erleichterung aufgenommen[93].

Auch in den Wochen nach Wallensteins Tod blieben größere Auseinandersetzungen innerhalb der Armee aus, so dass die Reorganisation der kaiserlichen Armee bis April 1634 recht problemlos gelang. Den nominellen Oberbefehl übernahm der Kaisersohn und König von Ungarn, Ferdinand (III.), die eigentliche militärische Führung lag bei Wallensteins bisherigem Stellvertreter, Graf Matthias Gallas. Nicht zufällig war Gallas zugleich Hauptnutznießer der gewaltigen Vermögensumverteilungen, die der Ächtung und dem Tod Wallensteins und seiner engsten Vertrauten folgten. Der Kaiserhof war offensichtlich bemüht, Gallas eine in den Augen der Obristen auch ökonomisch ähnlich kreditwürdige Position zu verschaffen, wie Wallenstein sie besessen hatte[94].

Nachdem der Kaiserhof die Armee einstweilen recht sicher unter seine Kontrolle gebracht hatte, konzentrierte er seine Bemühungen auf die militärische Entscheidung gegen Schweden bzw. den Heilbronner Bund in Süddeutschland. Zum einen konnte man bei einem solchen Vorgehen auf die Unterstützung der noch verbliebenen, insgesamt freilich schwachen Liga-Truppen zählen, zum anderen förderte die einseitig antischwedische Strategie die Spaltungstendenzen im protestantischen Lager. Erstes Ziel des koordinierten kaiserlich-logistischen Vormarsches war die Donaufestung Regensburg, deren Belagerung im Juni 1634 begann.

Dagegen kam es auf der Gegenseite auch 1633 zu keinem gemeinsamen Vorgehen, sondern faktisch sogar zu einer Dreiteilung der protestantischen Kräfte: Während die sächsische Armee unter Arnim erneut in Böhmen einmarschierte, versuchte ein Teil der Streitkräfte Schwedens bzw. des Heilbronner Bundes unter Gustav Horn durch einen Feldzug in Südwestdeutschland der spanischen Armee unter dem Kardinalinfanten den Weg ins Reich zu versperren, während ein anderer Teil unter Bernhard von Weimar sich nach Franken wandte – eine Aufspaltung der Kräfte, die den Kaiserlichen sehr half. Am 22. Juli gelang den zahlenmäßig überlegenen kaiserlich-logistischen Streitkräften nach zweimonatiger Belagerung die Einnahme Regensburgs. Damit war auch die Verbindung von Bayern nach Böhmen wiederhergestellt, so dass es Arnim ratsam erschien, sich aus seinen vorgerückten Positionen in Böhmen zurückzuziehen[95].

Nach der Einnahme Regensburgs und der Räumung Böhmens durch die sächsische Armee wandte sich die kaiserliche Armee nach Südwesten, nach Schwaben, um mit der Belagerung der Stadt und Festung Nördlingen zu beginnen, deren Besitz für die Kontrolle des schwäbischen Kreises von großer Bedeutung war. Erst jetzt, angesichts der neuen Gefahr, schloss sich die bisher getrennt operierende schwedische Armee zum gemeinsamen Vorgehen zusammen. Damit gewannen die protestantischen Kräfte einen Teil ihrer Kampfkraft zurück, was umso schwerer wog, als nun doch deutliche Schwächen der chronisch unterversorgten kaiserlichen Armee erkennbar wurden. Die Frage des Oberbefehls hatte der Kaiserhof zwar beantworten können, die alte Problematik der prekären Finanzausstattung der kaiserlichen Streitkräfte war aber ungelöst geblieben und hatte sich nach Wallensteins Sturz eher noch verschärft.

In der militärisch äußerst schwierigen Lage entschieden sich der Kaiserhof und die kaiserliche Armeeführung für ein Vorgehen, das im Vorjahr noch auf heftigen Widerstand in Wien gestoßen war: Man wandte sich an Spanien mit der Bitte um militärische Unterstützung. Konkret ging es um die Unterstützung durch eine Armee, die Spanien im Rahmen einer neuen Offensivstrategie für den Kriegsschauplatz in Flandern aufgestellt hatte und die sich unter dem Befehl des Kardinalinfanten Fernando, des Bruders Philipps IV., rheinaufwärts auf dem Weg in die Niederlande befand[96]. Spanien erklärte sich zur gewünschten militärischen Hilfeleistung bereit, zum einen, um dadurch die Pläne zur Errichtung der angestrebten Liga mit Wien zu befördern (vgl. unten S. 106 f.), zum anderen, weil es zur dauerhaften Sicherung der Spanischen Straße ein eigenes Interesse an der Zerstörung der schwedischen Machtbasis in Süddeutschland hegte. Anfang September erschien die spanische Flandernarmee unter dem Oberbefehl des Kardinalinfanten vor Nördlingen, um sich mit der kaiserlichen Armee zu vereinigen, wenige Tage, bevor auch die vereinigten schwedischen Streitkräfte dort eintrafen, um die Festung zu entsetzen. Die spanische Verstärkung war entscheidend für den Ausgang der nun folgenden Schlacht (5./6. September 1634), denn die verbündeten katholischen Truppen waren den schwedischen nicht nur zahlenmäßig, sondern auch an Ausrüstung und Kampfkraft deutlich überlegen. Die Schlacht von Nördlingen endete mit einem klaren kaiserlichen Sieg und einer vernichtenden Niederlage Schwedens, die auch das schwedische Offizierskorps empfindlich traf. Zu den kaiserlichen Gefangenen zählte mit Gustav Horn einer der beiden schwedischen Oberbefehlshaber[97].

Die Schlacht von Nördlingen ist in ihrer Bedeutung durchaus mit der Schlacht von Breitenfeld zu vergleichen. Dies gilt auch und vor allem für die politischen Folgen, zumal die Schlacht von Nördlingen von den Siegern psychologisch-propagandistisch ausgenutzt wurde. Zunächst trug die Schlacht wesentlich dazu bei, den Zerfall des Heilbronner Bundes zu beschleunigen. Dass sich der Bund und die Autorität Oxenstiernas unter den Bundesgenossen in einer Krise befanden, war schon im Mai und Juni 1634 auf dem Bundestag in Frankfurt deutlich geworden. Es gelang Oxenstierna nicht, die politische Kontrolle über den Bund auszuüben und die ausstehenden Beiträge für die Armee wirksam einzufordern. Viele protestantische Reichsstände sahen politische Chancen zum Überleben des Bundes nur noch in einer Hinwendung zu Frankreich – trotz der eher ungünstigen Angebote, die Frankreich dem Bund machte. Das Eintreffen der militärischen Schreckensmeldungen zunächst vom fränkischen, dann vom schwedischen Kriegsschauplatz beschleunigten diese Tendenz erheblich[98].

Mit dem Rückzug schwedischer Truppen über den Main nach Norden, der Krise des Heilbronner Bundes und dem Zusammenbruch der schwedischen Hegemonie in weiten Teilen Süd- und Westdeutschlands war für viele katholische Territorien in Süddeutschland, etwa für Bayern oder die geistlichen Territorien Frankens, vorerst eine Phase schwerer Bedrängnisse beendet. Für viele protestantische Reichsterritorien in Süddeutschland freilich, die nun Einquartierungsgebiet für die nachrückenden, schlecht versorgten kaiserlichen Truppen wurden, begann nun erst eine ausgesprochene Leidenszeit, wie jüngst für die lutherische Grafschaft Hohenlohe eindrücklich gezeigt worden ist[99].

Entscheidende Folgen hatte die Schlacht von Nördlingen auch für die kaiserlich-kursächsischen Verhandlungen. Bis zum Sommer 1634 hatte Kursachsen stets den – von Oxenstierna bestrittenen – Anspruch erhoben, als evangelische Vormacht im Reich für alle Protestanten im Reich und letztlich auch für Schweden mitzuverhandeln. Dies hatte Dresden auch gegenüber den Emissären des Kaisers und Wallensteins stets deutlich gemacht, und darauf hatte auch der Gedanke der dänischen Interposition gezielt[100]. Der Kaiser dagegen hatte einen Partikularfrieden mit Kursachsen, allenfalls mit Kurbrandenburg, vor allem aber ohne Schweden angestrebt. Unter dem Eindruck der Schlacht von Nördlingen, dem Zusammenbruch der schwedischen Vormachtstellung und dem Erstarken der katholischen Waffen hatte Dresden seine Verhandlungsstrategie geändert und sich der grundsätzlichen kaiserlichen Position angenähert. Seit Spätsommer und Herbst 1634 wurde zwischen Wien und Dresden nicht mehr über einen Universalfrieden, sondern über einen Partikularfrieden ohne dänische Interposition und unter Ausschluss Schweden verhandelt, dem dann freilich weitere protestantische Stände sollten beitreten können[101]. Dies war eine folgenschwere Richtungsentscheidung: Auf dieser Basis kamen die Verhandlungen zwischen Dresden und Wien rasch voran, schon im November 1634 konnte ein Vorfrieden, die sogenannten »Pirnaer Noteln«, zwischen Kursachsen und dem Kaiser geschlossen werden, der schon viele Elemente des späteren kaiserlich-sächsischen Friedensschlusses von Prag vorwegnahm (vgl. unten S. 109–113). Zugleich war damit auch die Zielrichtung der Verhandlungen hin zu einer rein innerdeutschen Verständigung zwischen dem Kaiser und Kursachsen vorgegeben – eine Entscheidung, die weitreichende Folgen für die Realisierungschancen des kaiserlich-sächsischen Friedensprojektes haben sollte.

Auf dem Höhepunkt der schwedischen Machtentfaltung im Reich 1632/33 wäre jeder Gedanke einer friedlichen Verständigung im Reich ohne Schweden von vorneherein obsolet gewesen. Dass ein Frieden ohne Einbindung Schwedens überhaupt wieder möglich schien, war eines der wichtigsten Ergebnisse der Entscheidungen des Jahres 1634 gewesen. Damit war auch die Kernfrage der politischen Entwicklung der Folgezeit gestellt, nämlich die Frage danach, ob das Reich tatsächlich – wie vom Kaiser und Kursachsen angestrebt – wieder aus eigener Kraft zum Frieden zurückfinden konnte, also die europäische Eskalation des Krieges ein reversibler Vorgang gewesen war.

# VI. Kein Friede ohne Europa: Der Prager Friede und sein Scheitern (1634–1638)

## 1. Die Entstehung des spanisch-französischen Krieges (1631/1635)

Der Kriegseintritt Frankreichs, der mit der feierlichen Kriegserklärung Ludwigs XIII. an Spanien im Mai 1635 formell erfolgte, gilt nach herkömmlicher, bis heute verbreiteter Auffassung als eine direkte Folge der schwedischen Niederlage von Nördlingen. Die Zurückdrängung Schwedens habe Richelieu genötigt, seine bisher verfolgte Strategie des »Verdeckten Krieges« aufzugeben und direkt in den Krieg einzutreten, um Schwedens »Kapitulation« (Parker) zu verhindern[1] oder wenigstens die schwedische Position wieder zu stärken[2]. Die eingehende Forschung zur französischen Politik 1634/35 hat deutlich gemacht, dass diese Deutung zu kurz greift[3]. Sie vermag zu zeigen, dass die Schwächung Schwedens nach Nördlingen aus Richelieus Sicht in gewisser Hinsicht gar nicht unwillkommen war – eine zunächst überraschende, aber auf dem Hintergrund von Richelieus prinzipieller Position verständliche Haltung: Der Kardinalpremier hielt einen Krieg Frankreichs mit Spanien stets für möglich, langfristig sogar für sehr wahrscheinlich. Er wollte aber den Kriegseintritt erst dann vollziehen, wenn er darauf rechnen konnte, dem gefürchteten spanischen Kriegsgegner nicht allein, ohne feste Bündnispartner gegenüberstehen zu müssen. Seit Nördlingen und seinen einschneidenden Folgen war eine deutlich erhöhte Bereitschaft von Schweden und dessen bisherigen Bündnispartnern im Reich zu erkennen, sich auf das französische Bündniswerben einzulassen. So trug die veränderte militärische Lage im Reich dazu bei, die geeigneten Voraussetzungen für den französischen Kriegseintritt zu schaffen[4].

Stellt man diese nun überzeugend herausgearbeitete Position Richelieus zum Krieg jener seines spanischen Kontrahenten, des Conde-Duque Olivares, gegenüber, die gleichfalls Gegenstand neuer Arbeiten geworden ist, so sind bemerkenswerte Parallelen erkennbar. Ebenso, wie es die politische Hauptsorge der französischen Regierung war, im Kriegsfall allein Spanien gegenüberzustehen, fürchtete auch Spanien, gegen Frankreich ohne Bündnispartner Krieg führen zu müssen[5]. Ein genauerer Blick auf die Genese des französisch-spanischen Krieges lässt deutlich werden, wie sehr diese Furcht vor politischer Isolation die Außenpolitik in Madrid und Paris bis zum Kriegsausbruch 1635 bestimmte.

Schon Ende der 1620er Jahre hatte die Gefahr bestanden, dass der alte Gegensatz zwischen Frankreich und Spanien (vgl. dazu Kapitel II, 2) in einen weitausgreifenden offenen Krieg umschlagen würde, als sich die beiden Mächte in Norditalien bewaffnet gegenübergestanden hatten. Doch der drohende Krieg hatte nach der Annullierung des Regensburger Vertrags durch den Vertrag von Cherasco 1631 abgewendet werden können[6].

Die vorläufige Entspannung der Situation in Oberitalien 1631 beseitigte die Kriegsgefahr keineswegs. Im Gegenteil: Die Möglichkeit eines Krieges beschäftigte die Regierungen beider Länder zwischen 1632 und 1634 intensiv. Dies zeigen die Beratungen der französischen Regierung sehr eindrücklich. Hauptgrund für die anhaltende Aktualität der Frage eines Krieges mit Spanien war der fortgehende spanisch-niederländische Krieg. Die Versuche Spaniens, die Spanische Straße, also seine Nachschub- und Kommunikationslinien von Italien in die Niederlande, zu sichern, liefen Richelieus Sicherheits- und Protektionspolitik im Elsass, in Lothringen und im Rheinland diametral entgegen[7]. Vor allem im Vorfeld des Durchzugs von Kardinalinfant Fernando 1633/34 verschärften sich die Gegensätze zwischen beiden Mächten. Der nun einsetzende »französisch-spanische Wettlauf zum Rhein« zur Sicherung von Stützpunkten in diesem Raum barg das Risiko einer bewaffneten Auseinandersetzung[8]. Darüber hinaus forderten die verbündeten Generalstaaten die Regierung in Paris mehrfach eindringlich auf, direkt in den Krieg mit Spanien einzugreifen, und stellten im Gegenzug erhebliche territoriale Zugewinne Frankreichs, insbesondere in den spanischen Niederlanden, in Aussicht[9]. Über die Position, die Richelieu zur Frage eines offenen Krieges mit Spanien einnahm und mit der er sich auch im Kronrat durchsetzte, sind wir durch seine umfassenden Memoranden und Gutachten sehr gut informiert. Sie zeigen eindrücklich, dass Richelieu bei allen Schwankungen im Detail zwischen 1631 und 1634 in dieser Frage einer klaren politischen Grundlinie folgte. Der Kardinalpremier hielt es für wenig ratsam, irgendetwas zu unternehmen, was eine Kriegsteilnahme Frankreichs beschleunigen oder gar einen kriegerischen Automatismus auslösen könnte; leitend war dabei die Überzeugung, dass das Königreich einem langen Krieg mit Europas führender Militärmacht Spanien materiell und ideell noch nicht gewachsen sei. Alle Schritte, die zur unmittelbaren Auslösung der militärischen Konfrontation mit Spanien führen konnten, waren zu vermeiden. Zugleich empfahl Richelieu seinem Monarchen, bei seinen politisch-militärischen Maßnahmen stets die Möglichkeit eines bevorstehenden Waffengangs mit Spanien im Blick zu haben und gewappnet zu sein. Wichtig war dabei aus Sicht des Kardinalpremiers vor allem die Sicherung des militärischen Vorfeldes Frankreichs im Norden und Nordosten, das den Zugang zum Reich und zu Norditalien sicherte. Auf dieser Einschätzung beruhte zu wesentlichen Teilen die Protektionspolitik Frankreichs, die am Rhein, gegenüber dem Trierer Kurfürsten, im Elsass und in Lothringen gewisse Erfolge brachte[10].

Ein weiteres, nicht minder wichtiges Ziel Richelieus war, die Isolation Frankreichs für den möglichen Kriegs- und Krisenfall zu vermeiden. Eine solche für Frankreich bedrohliche Situation könne eintreten, wenn sich seine potentiellen Bundesgenossen mit Habsburg-Spanien in Partikularfriedensverträgen verständigten, die ohne Frankreichs Zustimmung geschlossen worden seien und seine Interessen unberücksichtigt ließen[11].

Diese Ziele bestimmten die Politik Frankreichs gegenüber den Generalstaaten und dem Heilbronner Bund bzw. Schweden zwischen 1632 bis 1634. Auf Weisung des Kronrates in Paris hatten die französischen Diplomaten auf Bündnisverträge hinzuarbeiten, die Frankreich weder rechtlich noch faktisch auf einen Krieg mit Habsburg-Spanien festlegten, Frankreichs Entscheidungsspielraum in dieser Hinsicht also wahrten. Zugleich sollten sie allerdings ein Mitsprache- und Mitbestimmungsrecht der französischen Krone bei kommenden Friedensverhandlungen bzw. -verträgen dieser Bündnispartner mit Spanien bzw. dem Kaiser sichern. Dieser Logik war schon der Vertrag von Bärwalde zwischen Frankreich und Schweden gefolgt, als Schweden gegen die Zusicherung umfassender finanzieller Unterstützung den Verzicht auf Separatfriedensverträge mit dem Kaiser zusicherte, ohne dass Frankreichs Kriegsteilnahme in dem Vertrag thematisiert oder gar fixiert worden wäre. Der Wunsch, entsprechende Bündnisse auch mit den Generalstaaten und dem Heilbronner Bund zu schließen, blieb zunächst unerfüllt. Sowohl die protestantischen Reichstände als auch die Generalstaaten lehnten es 1633 ab, sich fest an Frankreich zu binden, ohne dass Frankreich seinerseits den Kriegseintritt verbindlich zusagte.

Erst die Veränderung der militärischen Lage zugunsten des Kaisers bzw. Spaniens, die seit Anfang 1634 zu beobachten war, leitete eine gewisse Wende zugunsten Frankreichs ein. Dies galt selbstverständlich für die Generalstaaten, die durch die Pläne Madrids zur Verstärkung der spanischen Flandernarmee alarmiert waren. Im April 1634 schlossen die Generalstaaten mit Frankreich ein Bündnis, in dem sie gegen weitere Subsidienzahlungen den zeitweiligen Verzicht auf Friedensverhandlungen mit Spanien erklärten. Damit entschied Frankreich faktisch mit, ob und wann Friedensgespräche im Niederländischen Krieg begannen. Nach Ablauf dieser Frist wurde der französisch-niederländische Vertrag in einer Abmachung vom 8. Februar 1635 noch erweitert: Nun wurde sogar ein gemeinsamer Angriff der beiden Mächte auf die Spanischen Niederlande ernsthaft ins Auge gefasst; freilich stand auch dieser Vertrag unter einer für Richelieus Bündnispolitik charakteristischen Vorbehaltsklausel, die Frankreich einen Ausweg ließ[12].

Auch beim Heilbronner Bund setzte im Jahre 1634 ein Umdenken bezüglich der Wünsche Frankreichs ein. Dabei spielten die Erfolge der Kaiserlichen und die Krisenzeichen des schwedischen Militärs seit Frühsommer 1634 eine große Rolle, weil sie Frankreichs Hilfe als unverzichtbar erscheinen ließen. Am 17. Juni 1634 schloss der Heilbronner Bund einen Vertrag mit Frankreich, der einen Frieden zwischen dem Bund und dem Kaiser ohne Zustimmung, ja sogar ohne Vermittlung des französischen Königs ausschloss. Darüber hinaus hatten die Bundesgenossen noch wichtige Zugeständnisse an Frankreich mit einer Übergabe fester Plätze am Rhein bzw. im Elsass im Falle einer eventuellen gemeinsamen Kriegsführung gegen die Armee des Kardinalinfanten machen müssen. In der Folge intensivierte Frankreich seine Protektionspolitik gegenüber den Ständen im Elsass beträchtlich, wobei diese Politik sich nun schon recht deutlich in Richtung einer territorialen Kontrolle des Elsassraumes durch Frankreich entwickelte[13]. Nach der Schlacht von Nördlingen sahen sich die Vertreter des Heilbronner Bundes in ihrer schwierigen Lage zu noch weitergehenden Zugeständnissen genötigt. Sie stimmten zu, dass Frankreich Sitz und Stimme im Bundesrat erhielt und ihm im Kriegsfall die Kontrolle über das gesamte Elsass zufallen solle. Dafür sagte Paris zu, in einem solchen Falle eine 12 000 Mann starke Hilfsarmee über den Rhein zu entsenden. Eine eindeutige Festlegung auf den Krieg traf Paris auch nach Nördlingen – ganz getreu der Verhandlungslinie Richelieus – nicht. Frankreich wurde zu einem Bündnispartner mit starken Rechten, aber vergleichsweise geringen Pflichten. Die Vertreter des Heilbronner Bundes erkannten durchaus, welches Ungleichgewicht auf diese Weise in ihrem Verhältnis zu Frankreich entstand, mussten dies aber aufgrund ihrer schwierigen Lage akzeptieren[14]. Für die französische Diplomatie stellten diese Verträge, die im Jahre 1634 und 1635 mit den Generalstaaten und dem Heilbronner Bund im Sinne der Strategie Richelieus geschlossen wurden, große Erfolge dar: Sie verbesserten Frankreichs Ausgangsposition für den Fall des Krieges in bündnispolitischer wie strategischer Hinsicht entscheidend, ohne dass Richelieu sich schon eindeutig auf den Krieg mit Habsburg-Spanien hatte festlegen müssen. Da auch der Kaiser darauf verzichtete, den Aufbau von französischen Herrschaftsstrukturen im Elsass – und damit auf Reichsboden – öffentlich als feindseligen Akt zu deklarieren, blieb die Situation zwischen Wien und Paris zwar gespannt, aber offen.

Bemerkenswerterweise gibt es strukturell sehr enge Parallelen zwischen der beschriebenen Haltung Frankreichs zum Krieg mit Spanien und jener Spaniens zum Krieg mit Frankreich. Auch der spanische Staatsrat unter Olivares ging 1632/33 durchaus von der Möglichkeit eines nicht allzu fernen französisch-spanischen Krieges aus. Den Hauptgrund sah Olivares in der Politik Frankreichs, die auf eine nachhaltige Schwächung Spaniens gerichtet sei. Auch ohne formellen Krieg verfolge Frankreich in den Niederlanden, im Reich und in Italien eine Strategie, die für das spanische Imperium geradezu verderblich sei und daher beendet werden müsse[15]. Daraus zog der Conde-Duque freilich nicht die Konsequenz, dass Spanien nun offen gegen Frankreich vorgehen müsse. Vielmehr formulierte er im Staatsrat zwischen 1631 und 1634 stärkste Bedenken gegen einen Krieg mit Frankreich, denn auf sich allein gestellt sei Spanien – so die 1633/34 mehrfach vorgetragene Überzeugung des Conde-Duque – einer solchen militärischen Konfrontation mit den Generalstaaten und der bourbonischen Monarchie nicht gewachsen[16].

In diesem Zusammenhang werden die intensiven Pläne Spaniens zur Bildung einer großen Liga mit dem Kaiser und weiteren katholischen Reichsfürsten verständlich, die gerade 1631/32 forciert wurden: Nur auf der Grundlage eines solch breiten Bündnisses hielt Olivares einen Krieg mit Frankreich für relativ aussichtsreich. Für wichtig hielt Olivares die Unterstützung durch den Kaiser nicht nur in militärischer Hinsicht, sondern auch und vor allem in politisch-reichsrechtlicher: Mit Rückendeckung des Kaisers sei Spanien berechtigt, das Reich ungehindert als Operationsgebiet zu nutzen und dort in großem Umfang Musterplätze zur Anwerbung neuer Söldnertruppen anzulegen. Letzteres erschien dem Staatsrat, der die Gefahr einer bevölkerungspolitischen Auszehrung der Monarchie beschwor, besonders bedeutsam.

Die politische Entwicklung des Jahres 1634 gab diesen Liga-Plänen, die 1632/33 ergebnislos geblieben waren, nach Auffassung des Staatsrats in Madrid neue Dringlichkeit. Die erfolgreichen, gegen Spanien gerichteten bündnispolitischen Anstrengungen Richelieus und die Konsolidierung der kaiserlichen Macht im Reich ließen es aus Sicht Madrids ratsam erscheinen, nun die antifranzösische bzw. antiniederländische Liga zustande zu bringen. Um dies zu erreichen, schreckte Madrid seit

Frühjahr 1634 nicht vor drastischen Maßnahmen zurück. Im Februar 1634 wurden die Subsidienzahlungen an Wien, die von vitaler Bedeutung für die kaiserliche Armee gewesen waren, vollkommen eingestellt. Eine Wiederaufnahme – dies wurde dem kaiserlichen Oberbefehlshaber Ferdinand (III.) durch seinen königlichen Vetter in Madrid unmissverständlich mitgeteilt – komme nur in Frage, wenn Wien zum Abschluss der großen antifranzösischen bzw. antiniederländischen Allianz bereit sei. Seine Hoftheologen, so Philipp, hätten ihm verboten, andernfalls noch weiteres, von seinen schwer belasteten Vasallen gezahltes Geld nach Deutschland fließen zu lassen[17]. Hinweise Ferdinands (III.), damit behandle Spanien ihn weit schlechter als seinen »verräterischen« Vorgänger Wallenstein, änderten an der harten Haltung Madrids kaum etwas. Olivares hielt den Abschluss einer großen, antifranzösischen bzw. antiniederländischen Liga zwischen Spanien, dem Kaiser und nach Möglichkeit weiteren katholischen Reichsständen inzwischen für geradezu existentiell.

Die Weigerung, der kaiserlichen Armee ohne Bündnisvertrag weitere Mittel zukommen lassen, zeitigten rasch militärische und politische Wirkungen. Aufgrund der Versorgungsschwierigkeiten ihrer Streitkräfte sahen sich kaiserliche Regierung und Armeeführung schon im Spätsommer – wie gesehen – genötigt, zur Unterstützung ihres Feldzugs in Süddeutschland direkte spanische Truppenhilfe anzufordern, die wesentlich zum kaiserlich-spanischen Erfolg von Nördlingen beitrug. Im Bewusstsein der eigenen Schwäche und der Abhängigkeit von spanischer Hilfe begann der Kaiserhof im Herbst 1634, von seiner bisherigen, ablehnenden Position gegenüber den spanischen Liga-Plänen langsam abzurücken. Ein Ende Oktober 1634 geschlossener Vertrag zwischen Ferdinand II. und Philipp IV. enthielt geheime Zusatzvereinbarungen, in denen der Kaiser zwar reichsrechtlich verklausuliert, aber politisch recht unzweideutig Zugeständnisse in Hinblick auf die gewünschte Liga machte: Wien erkannte wenigstens intern an, dass der König von Spanien als Mitglied des Burgundischen Reichskreises Anspruch auf Unterstützung durch Kaiser und Reich beim Kampf gegen unbotmäßige (niederländische) Untertanen habe – eine Hilfe, die auch gegen die Unterstützer dieser »Rebellen« außerhalb des Reiches zu leisten sei, was als Hinweis auf Frankreich gewertet werden konnte. Entsprechend euphorisch reagierte die Regierung in Madrid auf die Nachrichten vom Abschluss dieses Vertrags. Aber es gab auch vorsichtigere Stimmen: Der spanische »Deutschlandexperte« und Sonderbotschafter Madrids in Wien, Oñate, erkannte zwar an, dass sich die kaiserliche Regierung bewegt habe, äußerte aber gegenüber dem Kardinalinfanten in Brüssel Zweifel, ob der Vertrag wirklich schon den Durchbruch zur gewünschten Liga mit dem Kaiser bedeute – Zweifel, die sich als berechtigt erweisen sollten[18].

Unabhängig von diesen Bewertungsunterschieden war der spanische Staatsrat in Madrid mit der Regierung in Brüssel und der Wiener Botschaft im Winter 1634/35 darin einig, dass die politischen und militärischen Ereignisse des Jahres 1634 endlich wichtige Fortschritte in Richtung auf die gewünschte Liga gebracht hatten. Spanien könne – so lautete die verbreitete Einschätzung – wenigstens vorübergehend wieder aus der Position einer gewissen Stärke gegenüber Frankreich handeln[19]. Wichtige Vertreter der spanischen Regierung, wie Olivares selbst und der Kardinalinfant in Brüssel, drängten energisch auf Maßnahmen, um diese Situation zu einer grundsätzlichen Positionsverbesserung Spaniens gegenüber Frankreich zu nutzen. Folge war eine deutliche Intensivierung der Gespräche zwischen Madrid und Wien über eine militärische Zusammenarbeit sowie über Anwerbung und Austausch von Truppen, die im Winter 1634/35 zu beobachten ist[20]. Vor diesem Hintergrund ist aber auch jene Militäraktion zu sehen, die dann den Anstoß zur französischen Kriegserklärung geben sollte, nämlich die Besetzung Triers und die Gefangennahme des Trierer Kurfürsten Philipp Christoph von Sötern durch Einheiten der spanischen Flandernarmee.

Dieser Schlag war im März 1635 recht überraschend erfolgt, nachdem es zuvor den kaiserlichen Truppen gelungen war, die als uneinnehmbar geltende Festung Philippsburg im Handstreich zu erobern. Im Anschluss daran fiel die Hauptstadt des Kurfürstentums Trier in die Hand spanischer Truppen, die den Kurfürsten am 26. März 1635 gefangen setzten. Vier Tage später war die Regierung in Paris darüber informiert: Sie forderte im April offiziell in Brüssel die sofortige Freilassung ihres Verbündeten – eine Forderung, die vom Kardinalinfanten Fernando in Brüssel Anfang Mai 1635 definitiv abgelehnt wurde.

Das militärische Vorgehen Spaniens gegen Trier und die Gefangennahme des Kurfürsten verfolgten offensichtlich das Ziel, Richelieu zur Aufgabe seiner bisher verfolgten bündnispolitischen Strategie, durch die Frankreich seinen Einfluss steigern konnte und trotzdem seinen Handlungsspielraum wahrte, zu zwingen. Denn der französische Kronrat wurde durch das spanische Vorgehen vor die Alternative gestellt, entweder mit Waffengewalt auf die Trierer Militäraktion zu reagieren und damit den lange vermiedenen Schritt hin zum Krieg aktiv zu vollziehen; oder die Gefangennahme eines seiner engsten Verbündeten im Reich letztlich kampflos hinzunehmen und dadurch einen dramatischen Gesichtsverlust bei den übrigen Bündnispartnern zu erleiden, der das gesamte französische Bündnis- und Protektionssystem im Reich und darüber hinaus gefährden musste[21].

Die Reaktion des Kronrates in Paris fiel in dieser Lage eindeutig aus. Mit der Ablehnung einer Freilassung Söterns war der Krieg mit Spanien aus Sicht der maßgeblichen Politiker in Paris, allen voran Richelieus und seines Beraters Père Joseph, unvermeidbar geworden. Seit April 1635 wurde die militärische Konfrontation mit Spanien vorbereitet. Dies geschah zum einen völkerrechtlich-propagandistisch: Am 19. Mai 1635 wurde offiziell die Kriegserklärung Frankreichs an Spanien publiziert, die den Streit zwischen der französischen und der spanischen Krone, durchaus bewusst, auf eine sehr grundsätzliche Ebene hob. Der Angriff auf Kurtrier wurde zu einem flagranten Bruch des Völkerrechts erklärt. Er bilde den vorläufigen Schlusspunkt einer Kette von Aggressionen Spaniens gegen Frankreich und seine Verbündeten, die nicht mehr hinnehmbar seien[22]. Schon bald erschienen Gegenschriften spanischer Provenienz, in denen Sötern schwere Verletzungen des Reichsrechts vorgeworfen wurden, die für den Kaiser und seine Verbündeten nicht hinnehmbar gewesen seien. Frankreichs Unterstützung für den Trierer wurde als Beweis des stetswährenden Expansionswillens der Bourbonenmonarchie gewertet, dem im Interesse der territorialen Integrität des Reiches habe entgegengetreten werden müssen[23]. Nahezu zeitgleich mit der propagandistischen Auseinandersetzung begann auch die unmittelbare militärische Konfrontation. Noch im Mai 1635 überschritten französische Truppen die Grenze zu den spanischen Niederlanden und stießen schon Ende Juni 1635 bis nach Brüssel vor. Der französisch-spanische Krieg, der insgesamt 25 Jahre währen sollte, war voll entbrannt.

Der Ausbruch des Krieges zwischen Frankreich und Spanien führte – anders als in Madrid und Brüssel erwartet und durch öffentlichen Verweis auf die angebliche kaiserliche Verantwortung für die Gefangennahme des Trierers auch gefördert[24] – im Jahre 1635 nicht zugleich zum offenen Krieg zwischen Frankreich und dem Kaiser, von dem auch in der modernen Literatur zuweilen die Rede ist[25]. Im Gegenteil waren sowohl Frankreich als auch der Kaiser nach Mai 1635 bemüht, geradezu demonstrativ den Eindruck friedlicher Beziehungen zu wahren. Frankreich achtete sorgfältig darauf, die Kriegserklärung ausschließlich gegen Spanien zu richten und dies auch gegenüber dem Kaiser hervorzuheben[26], während der Kaiser jede Beteiligung an der Trierer Aktion indirekt, später direkt, dementieren ließ[27]. Zugleich hielten beide Seiten ihre diplomatischen Beziehungen in vollem Umfang aufrecht und traten im Sommer 1635 in eine neue Runde intensiver bilateraler Verhandlungen ein[28]. Wiederholte Forderungen Spaniens nach Beendigung des französischen Handels im Reich, nach Unterstützung der spanischen Truppen durch einen kaiserlichen Angriff auf Frankreich und nach sofortigem Abbruch der Beziehungen wurden im August 1635 sowohl von Kaiser Ferdinand II. als auch von der kaiserlichen Armeeführung um seinen Sohn Ferdinand (III.) recht kategorisch abgelehnt[29].

Dabei konnte es schon 1635 keinen Zweifel geben, dass der Kaiser trotz dieser zurückhaltenden Position eine Verstrickung in den französisch-spanischen Krieg dauerhaft kaum würde vermeiden können, wenn der Krieg im Reich länger fortging. Dazu war das kriegerische Geschehen – zumal im Osten des Reiches und in Oberitalien bzw. im Veltlin – zu eng miteinander verflochten und der Kaiser langfristig zu stark auf Spanien angewiesen. Doch gerade eine dauerhafte Fortführung des Krieges im Reich schien im Verlauf des Jahres 1635 aus Sicht der Wiener Hofburg wie auch der wichtigsten Reichsfürsten vermeidbar zu sein. Diese Hoffnungen auf Frieden im Reich beruhten wesentlich auf dem Frieden von Prag, der wenige Tage nach Ausbruch des französisch-spanischen Krieges unterzeichnet worden ist.

## 2. Der Prager Frieden von Mai 1635

### a) Entstehung, Inhalt und Zielrichtung des Friedens

Die hohen Erwartungen und großen Hoffnungen, die im Reich in den Frieden von Prag[30] gesetzt wurden, können zunächst überraschen. Denn äußerlich und formal betrachtet handelte es sich bei diesem Frieden um einen rein bilateralen, zwischen dem Kaiser und Kursachsen geschlossenen Friedensvertrag. Inhaltlich zeigt er aber, dass es den beiden Vertragspartnern der Sache nach um weit mehr als um eine bloße Verständigung über ihre spezifischen Sonderinteressen ging. Zwar wurden auch diese geregelt: Kursachsen erhielt – bezeichnenderweise in einem Nebenrezess des Friedens[31] – die Ober- und Niederlausitz als böhmische Lehen sowie vier Magdeburgische Ämter zugesprochen, der sächsische Prinz August wurde als Administrator des Erzstifts Magdeburg bestätigt. Im Mittelpunkt des Prager Friedens selbst stand freilich die Regelung der zentralen konfessionell-politischen Streitfragen im Reich. Nach dem Willen der Vertragschließenden sollte der Frieden von Prag somit als Basis einer allgemeinen Friedensordnung für das Heilige Römische Reich dienen. Dem entsprach, dass der Prager Friede auf Öffnung angelegt war und den Reichsständen formell der Beitritt angeboten wurde[32].

Ursprünglich hatte Kursachsen bei den Friedensverhandlungen mit dem Kaiser einen noch umfassenderen Friedensschluss angestrebt, in den auch die auswärtigen Kronen, insbesondere Schweden, aufgenommen werden sollten, und der auf diese Weise Grundlage eines Universalfriedens werden sollte. Diese politische Linie hatte Kursachsen bereits in den Friedenssondierungen mit den Kaiserlichen bzw. mit Wallenstein seit 1632 vertreten und hielt daran auch fest, als im Juni 1634 im böhmischen Leitmeritz formelle Friedensverhandlungen zwischen dem Kaiser und Kursachsen aufgenommen worden waren. Aus diesem Grunde favorisierte die Regierung in Dresden noch bis weit ins Jahr 1634 den Plan einer dänischen Friedensvermittlung, von dem sie sich auch durch den schwedischen Widerstand nicht abbringen ließ. Nachdem zunächst Schweden gegen die sächsischen Pläne opponiert hatte – nicht zuletzt, weil es Kursachsen das Recht bestritten hatte, als Führungsmacht der Protestanten im Reich aufzutreten –, meldeten in Leitmeritz auch die Kaiserlichen Bedenken gegen die sächsischen Pläne eines Universalfriedensschlusses an. Die kaiserliche Diplomatie arbeitete nämlich darauf hin, in den Verhandlungen mit Kursachsen zu einer allein auf das Reich beschränkten friedlichen Verständigung zu gelangen. Nach Vorstellungen des Kaiserhofes konnte ein auf diese Weise geeintes Reich Schweden und Frankreich aus einer Position der militärischen und politischen Stärke heraus gegenübertreten und sich über deren territoriale Satisfaktionsforderungen hinwegsetzen. Dem Kaiserhof war dabei bewusst, dass ein innerer Ausgleich im Reich mit konfessionspolitischen Zugeständnissen verbunden war, vor allem beim konfessionell strittigsten Punkt, dem Restitutionsedikt. Schon seit 1633 ließ der Kaiser die Bereitschaft erkennen, über eine Suspendierung des Ediktes zu sprechen, vorzugsweise mit Zustimmung der katholischen Reichsstände, nötigenfalls aber auch im Alleingang[33].

Die entscheidenden Weichenstellungen für den Frieden zwischen dem Kaiser und Kursachsen erfolgten nach dem Umschwung der militärischen Lage im Sommer und Herbst 1634, als nach der Schlacht von Nördlingen der Niedergang der schwedischen Macht und das Wiedererstarken des Kaisers bzw. Habsburgs im Reich unübersehbar geworden war. Kursachsen schwenkte unter dem Eindruck der veränderten Machtverhältnisse auf die kaiserliche Verhandlungslinie ein und stimmte einem Friedensschluss im Reich ohne Einschluss der fremden Kronen prinzipiell zu[34]. Genauso wichtig für das Zustandekommen des Friedens wie für die Wendung Kursachsens waren die Signale, die nach der Schlacht von Nördlingen vom Kaiserhof ausgesandt wurden. Ferdinand II. und seine Berater zeigten nämlich die Bereitschaft, trotz der für sie günstigeren militärischen Situation am konfessionspolitischen Kompromisskurs festzuhalten. Wichtig war vor allem die kaiserliche Haltung zur Frage der säkularisierten Kirchengüter: Auch nach Nördlingen hielt der Kaiser trotz kritischer Stimmen seitens seiner Räte und Hoftheologen am Verzicht auf das Restitutionsedikt fest. Hier wurden zweifellos die Erfahrungen der Jahre 1632/34 wirksam: Der Zusammenbruch ihrer Machtstellung 1631/32 hatte der kaiserlichen

Regierung demonstriert, dass eine einseitige, im Wesentlichen mit militärischer
Macht durchgesetzte Lösung der konfessionellen Streitfragen dem Reich nicht die
notwendige innere Stabilität geben konnte und daher eine echte konfessionelle
Verständigung gesucht werden musste. Schon im November 1634 wurde in Pirna
ein Vorvertrag geschlossen, die sogenannten »Pirnaer Noteln«, die dann zur Basis des
endgültigen Friedensschlusses von Mai 1635 wurden.

Entsprechend verbanden die Bestimmungen des Prager Friedens zwei Ziele miteinander: Zum einen sollte das Reich im Innern durch eine konfessions- und
verfassungspolitische Verständigung eine funktionsfähige Ordnung zurückerhalten,
zum anderen sollte der Frieden die militärischen Voraussetzung schaffen, um die
fremden Kronen Schweden und Frankreich, nötigenfalls mit Gewalt, zum Rückzug
aus dem Reich zu bewegen.

Ausgangspunkt der Bemühungen zur Befriedung des Reiches war eine allgemeine
Restitutionsverpflichtung beider Konfessionsparteien: Grundsätzlich sollte der territoriale Besitzstand im Reich auf der Basis des Status Quo vor der Landung Gustav
Adolfs wiederhergestellt werden[35]: Darauf wurden die konfessionspolitischen Bestimmungen des Prager Friedens entfaltet – Bestimmungen, die in der älteren Ge-
schichtsschreibung wiederholt als einseitig kaiserlich-katholisch kritisiert worden
sind. In der Tat waren die Regelungen des Prager Friedens für die katholische Seite
weitaus günstiger als jene des Westfälischen Friedens dreizehn Jahre später, etwa im
Hinblick auf die konfessionellen Besitzstände in Süd- und Nordwestdeutschland.
Durch diese Kritik ist es lange Zeit freilich etwas aus dem Blick geraten, dass der
Prager Frieden eine durchaus innovative, auf den Konfessionskompromiss zielende
Leistung der kaiserlichen und kursächsischen Diplomaten und Juristen darstellte –
eine Tatsache, die in der neueren Forschung stärker erkannt und herausgestellt
wird[36]. Im Verlauf der Friedensverhandlungen, die zum Prager Frieden führten,
wurden konfessionelle Lösungsansätze entwickelt, die von ihrer Grundidee her
bedeutsam blieben und in modifizierter Form in den Westfälischen Frieden von
1648 übernommen wurden.

Das gilt für das konfessionspolitische Hauptproblem, die Rechtsstellung des nach
dem Augsburger Religionsfrieden säkularisierten reichsunmittelbaren und mittel-
baren Kirchenbesitzes. Grundsätzlich wurde der *hochbetheuerte* Augsburger Religionsfrieden in seiner Gültigkeit erneut ausdrücklich bestätigt[37]. Um hinsichtlich
des Hauptstreitpunktes bei der Auslegung dieses Friedens, des nach 1552/1555
säkularisierten Besitzes (vgl. oben S. 21 f.), zu einer Klärung zu gelangen, verständigten sich die Vertragspartner auf ein Stichdatum, das sog. »Normaljahr«, das über den
Besitz- und Konfessionsstand des Kirchengutes entscheiden solle: Grundsätzlich
sollten die konfessionellen Verhältnisse in den Territorien des Reiches künftig so
bleiben, wie sie zu diesem Zeitpunkt bestanden hatten. Als Termin wurde der
12. November 1627 festgelegt – also ein Zeitpunkt, der nach dem Sieg des Kaisers
im Böhmischen-Pfälzischen Krieg, aber vor dem Restitutionsedikt lag[38]. Diese
Regelung wurde auf vierzig Jahre befristet, eine Befristung, die wohl eher theoreti-
scher Natur war und kirchenrechtlich-theologischen Bedenken gegen eine unbe-
fristete Gültigkeit einer solchen Abmachung Rechnung tragen sollte. Um trotz
dieser Befristungsregelung auch in der ferneren Zukunft einen Wiederausbruch
des Konfessionskriegs nach Möglichkeit zu verhindern, schrieb der Prager Frieden

vor, dass über das Schicksal der geistlichen Güter künftig in jedem Falle nur in friedlichem Einvernehmen, nämlich aufgrund der Beratung und Verständigung eines konfessionell paritätisch besetzten ständischen Gremiums, entschieden werden dürfe[39]. Eine Sonderregelung wurde für Böhmen und die übrigen habsburgischen Erblande getroffen. Hier verlangten und erhielten die Kaiserlichen trotz entgegengesetzter sächsischer Wünsche, die im Vertrag ausdrücklich erwähnt wurden, das uneingeschränkte Ius Reformandi. Zu kleineren Zugeständnissen war Wien nur in Hinblick auf die schlesischen Erblande bereit[40].

Die alte Frage nach der Auslegung und Gültigkeit des Geistlichen Vorbehalts, die in den vergangenen Jahrzehnten die Gemüter so erhitzt hatte und entscheidend zur Krise der Reichsverfassung vor 1618 beigetragen hatte, war damit auf eine rein formale Weise gelöst worden. Anders formuliert: Nicht die Suche nach einer gerechten Lösung bestimmte diesen Lösungsansatz, ausschlaggebend waren vielmehr Nützlichkeitserwägungen. Aber gerade darin erwies sich der Gedanke des »Normaljahrs« als zukunftsweisend, wenn auch im Westfälischen Frieden nicht der für die katholische Seite relativ günstige Zeitpunkt 1627, sondern das Jahr 1624 gewählt wurde. In gewisser Weise blieb auch die unterschiedliche Regelung der konfessionellen Verhältnisse im Reich und in den Erblanden langfristig wirksam, ebenso wie die Vorstellung eines konfessionell paritätisch zusammengesetzten ständischen Gremiums als künftigem Schiedsrichter in Reichsreligionsfragen. In modifizierter Form begegnet uns beides 1648 wieder.

Leitbild bei der Formulierung der verfassungsrechtlichen Bestimmungen des Prager Friedens war die einvernehmliche Lenkung des Reiches durch den Kaiser und die Kurfürsten, hinter denen die übrigen Reichsstände politisch-rechtlich deutlich zurücktraten. Diese starke Betonung der Vorrangstellung von Kaiser und Kurfürsten wurde im Vertrag an verschiedenen Stellen sichtbar: So wurden strittige und im Prager Frieden offen gebliebene Fragen der Reichsgerichtsbarkeit, etwa der künftigen Reichshofratsjurisprudenz, ausdrücklich einer späteren inhaltlichen Abstimmung zwischen dem Kaiser und den Kurfürsten vorbehalten[41]. Alle reichsständischen Einungen und Bündnisse wurden bis auf den explizit ausgenommenen Kurverein und die Reichskreise ausdrücklich verboten – ein Verbot, das nun auch formal das Aus für die katholische Liga, den Heilbronner Bund und andere reichsständische Bündnisse bedeutete[42]. Selbst die Tatsache, dass im Prager Friede in der pfälzischen Frage kein wesentliches Entgegenkommen gegenüber der Familie des geächteten, 1632 verstorbenen pfälzischen Kurfürsten signalisiert wurde, wurde ausdrücklich auf eine gemeinsame kaiserlich-kurfürstliche Entscheidung zurückgeführt, hätten doch Kaiser und Kurfürsten gemeinsam festgestellt, dass der Pfälzer Hauptverantwortlicher für den zurückliegenden Krieg sei und mitsamt seiner Familie für die Kosten aufzukommen habe. Daher müsse der Kaiser trotz kursächsischer Bedenken an der Translation seiner Würde und seiner Lande festhalten[43].

Die verfassungsrechtliche Grundtendenz des Prager Friedens wird auch dadurch deutlich, dass der Friedensschluss sich en passant über traditionelle, im Reichsherkommen fest verankerte reichsständische Rechte hinwegsetzte. So legte der Vertrag eine Art Reichssteuer fest, deren Erhebung doch – wie indirekt zugestanden wurde – unter normalen Umständen eigentlich dem Reichstag vorbehalten war[44]. Zu Recht ist darauf hingewiesen worden, dass es daher durchaus der verfassungsrechtlichen Logik des Prager Friedens entsprach, wenn im Jahr nach dem Friedensschluss ein Kurfürstentag, und nicht etwa der Reichstag, erneut eine Reichsteuer bewilligte[45]. Insgesamt kann daher kein Zweifel sein, dass sich die im Vertrag vom Kaiser feierlich zugesicherte Wahrung der *libertet, freiheit und hochheit* im Reich in erster Linie auf die Rechte der Kurfürsten bezog[46].

Die betont auf das Zusammenwirken von Kaiser und Kurfürsten gerichtete verfassungsrechtliche Linie des Vertrags kam nicht überraschend, beruhte der Vertrag doch auf einer kaiserlich-kurfürstlichen Verständigung. Zudem entsprach er der Situation des Reiches, in dem seit zwei Jahrzehnten de facto nur noch das Kurkolleg ein handlungsfähiges reichsständisches Kollegialorgan gewesen war – eine Situation, die nun faktisch fortgeschrieben wurde. Zu berücksichtigen ist schließlich auch, dass die Frage der Nachfolge im Reich, bei der Wien auf die Kurfürsten angewiesen war, zum Zeitpunkt des Vertragsabschlusses noch schwebte und aus Wiener Sicht besondere Priorität hatte. Das stärkte naturgemäß die Position der Kurfürsten.

Unumkehrbare verfassungsrechtliche Festlegungen waren damit freilich nicht getroffen worden. Vielmehr beschrieben diese Punkte eher eine allgemeine Grundtendenz, enthielt doch der Prager Frieden weder in konfessions- noch in verfassungsrechtlicher Hinsicht ein bis in alle Einzelheiten ausformuliertes Programm.

Anders sah dies bei den militärorganisatorischen Bestimmungen des Prager Friedens aus: Sie waren detailliert, und ließen keinen Zweifel an der zentralen Zielsetzung des Vertrags. Es war erklärte Absicht der Vertragschließenden, das Militärwesen im Reich grundlegend zu reorganisieren, um die Kronen Frankreich und Schweden unter Androhung, nötigenfalls auch unter Anwendung, von militärischer Gewalt zu zwingen, sich wieder aus dem Reich zurückzuziehen[47]. Konkret sah der Vertrag vor, unter nomineller Oberhoheit des Kaisers eine Reichsarmee mit einer Stärke von ca. 80 000 Mann aufzustellen, die sich in zwei separate Truppenteile gliederte, über die jeweils Ferdinand (III.) und der Kurfürst von Sachsen bzw. deren Beauftragte die »tatsächliche Befehlsgewalt« ausüben sollten[48]. Nach den Verhandlungen wurde zwischen dem Kaiser und Kurbayern eine Sonderabmachung getroffen, die die Teilung des Kommandos der katholischen Truppen zwischen Ferdinand III. und Maximilian vorsah[49].

Die Prager Beschlüsse über die Aufgliederung der Kommandostruktur innerhalb der Reichsarmada waren nur sinnvoll, wenn es zugleich zur Aufteilung der Operationsgebiete der jeweiligen Truppenkörper kam. Tatsächlich zielte die Prager Heeresreform auf eine Trennung der militärischen Einflusszonen zwischen dem Kaiser bzw. Kurbayern und Kursachsen. Während Süddeutschland faktisch unter kaiserlich-bayerische Militärhegemonie gestellt wurde, überließ der Kaiser Kursachsen die »dominierende Rolle« in Norddeutschland[50]. Zentral waren die Bestimmungen zum künftigen Unterhalt der Streitkräfte. Die Finanzierung der Reichsarmee sollte nicht mehr auf bisherigem Wege durch die Kontributionen der Einquartierungsgebiete gewährleistet werden – eine Finanzierungsmethode, die der Prager Frieden ausdrücklich verurteilte[51]. Stattdessen sollte die Armee regulär aus Steuern bezahlt werden, deren Höhe im Vertrag festgelegt wurde und die von allen Ständen, die dem Frieden beitraten, aufzubringen waren.

## b) Die Akzeptanz des Friedens im Reich

Der Prager Frieden zielte darauf, die *auswärtigen Potentaten und Nationen*, insbesondere die Kronen Frankreich und Schweden, durch den Aufbau einer stabilen Friedensordnung im Reich zum dauerhaften Rückzug aus dem Reichsgebiet zu zwingen. Diese Planung setzte voraus, dass die Reichsstände sich insgesamt auf das im Vertrag enthaltene Angebot einlassen und dem Frieden beitreten würden. Eine solch positive Resonanz im Reich auf das Prager Vertragswerk schien durchaus fraglich, denn politisch wie reichsrechtlich konnten der Prager Frieden und die Art seines Zustandekommens als eine schwere Zumutung, ja, geradezu als eine Provokation für die übrigen Reichsstände betrachtet werden. Der Kaiser und Kursachsen regelten hier ohne Konsultation irgendwelcher reichsständischer Gremien Angelegenheiten, die das ganze Reich betrafen. Damit beanspruchten diese beiden Vertragspartner unverhohlen eine Art von »Reichs-Condominat« – ein Anspruch, der durch den Hinweis auf die besondere Notsituation des Reichs bei Vertragsabschluss nur mühsam verdeckt wurde. Mit einem solchen Vorgehen verstießen die Vertragschließenden nicht nur gegen politische Empfindlichkeiten und völkerrechtliche Gepflogenheiten, sondern auch gegen reichsrechtliche Traditionen, die auf Abstimmung und Konsens beruhten. Schon allein dies stellte eine besondere Brüskierung für all jene Reichsstände dar, die nicht unmittelbar am Vertragsabschluss beteiligt waren oder wenigstens – wie die übrigen vier Kurfürsten und der Landgraf von Hessen-Darmstadt – beratend hinzugezogen worden waren. Diese Verhandlungsstrategie gewann zusätzliche Brisanz durch die Benachteiligung einzelner Reichsstände oder Gruppen von Reichsständen. So blieben die reformierten, an der Genfer Reformation orientierten Reichsstände – wie schon 1555 im Augsburger Religionsfrieden – unerwähnt und waren damit von den konfessionspolitischen Kompromissbestimmungen ausgeschlossen, obwohl die Bedeutung der Reformierten im Reich seit der zweiten Hälfte des 16. Jahrhunderts erheblich gewachsen war. Darüber hinaus forderte und erhielt der Kaiser im Prager Frieden das Recht, eine Reihe von Reichsständen vom Friedensschluss auszunehmen und sie dadurch faktisch auf Sondervereinbarungen mit dem Kaiserhof zu verweisen.

Bemerkenswerterweise ist der Prager Frieden trotz dieser, aus Sicht der auf ihre »Libertät« bedachten Reichsstände schwer hinnehmbaren Vorgehensweise im Reich rasch und umfassend akzeptiert worden. Im Verlauf des Jahres 1635 sind fast sämtliche Reichsstände, die nicht ausdrücklich vom Frieden ausgeschlossen waren, dem Vertrag beigetreten. Die Gründe für diese Entwicklung sind vielschichtig. Eine Rolle haben sicher die scharfen Sanktionen gespielt, die der Kaiser jenen Reichsständen androhte, die im Bündnis mit den fremden Kronen verblieben. Implizit waren sie im Prager Frieden enthalten, und wurden in den Mahnmandaten (*Avocatorialmandaten*) von Juli und August 1635 ausdrücklich wiederholt[52]. Doch der Hinweis auf eventuelle kaiserliche Strafmaßnahmen ist als Erklärung allein kaum ausreichend, war doch der Kaiser 1635 von einer umfassenden militärischen Beherrschung des Reiches, die mit jener in der Epoche des Lübecker Friedens 1629 zu vergleichen wäre, weit entfernt: Durch den Prager Frieden sollten ja gerade erst die Voraussetzungen geschaffen werden, die bisher unabhängig operierenden

Armeen im Reich aufzulösen und beide ausländischen Kronen zum Rückzug zu zwingen.

Ein weiterer Faktor, der zur großen Akzeptanz des Friedens beitrug, war zweifellos die enorm gewachsene Kriegsmüdigkeit und Friedenssehnsucht im Reich: Der nun schon seit siebzehn Jahren andauernde Krieg hatte erhebliche Verwüstungen hinterlassen, mit starken Bevölkerungsverlusten in vielen Reichsterritorien. In den besonders hart betroffenen Regionen Nord-, West- und Mitteldeutschlands konnten diese Verluste bereits 5 Prozent und mehr der Gesamtbevölkerung betragen[53]. Aus den greifbaren demographischen Quellen (insbesondere Kirchenbücher) sowie aus der Aktenüberlieferung der landesherrlichen Verwaltungen ergibt sich ein teilweise dramatisches Bild vom Ausmaß der Kriegsfolgen für die Bevölkerung. Zugleich wird deutlich, dass die fürstlichen Administrationen bereits Mitte der 1630er Jahre angesichts der kriegsbedingten Verheerungen vielerorts kaum noch in der Lage waren, Grundstrukturen der gewohnten Ordnung aufrechtzuerhalten. Die deutsche Gesellschaft zeigte wirtschaftliche und soziale Erosionserscheinungen, die in diesem Ausmaß bis dahin unvorstellbar gewesen waren[54]. Die Aussicht, diesen vielerorts zur Unerträglichkeit gesteigerten, wesentlich durch die Kontributionspraxis mitverursachten Zustand zu beenden, war auch aus Sicht der weitaus meisten protestantischen Reichsstände wichtiger als die konfessionellen und politischen Unausgewogenheiten des Prager Friedens. Damit eng verbunden war ein Wandel der politischen Atmosphäre, der unter den politisch Verantwortlichen, aber auch in einer breiteren Öffentlichkeit im Umfeld des Prager Friedens zu beobachten war: Es gab Mitte der 1630er Jahre konfessionsübergreifend einen deutlichen Aufschwung traditioneller, an Reichs- und Kaisertreue orientierter Vorstellungen, die in der Geschichtsbeschreibung mit dem Begriff des »Reichspatriotismus« recht treffend umschrieben worden sind[55].

Hier ist sehr wahrscheinlich auch ein Grund dafür zu suchen, dass der Kaiserhof sich im Verlauf des Jahres 1635 den Forderungen Spaniens so beharrlich widersetzte, offen mit Frankreich zu brechen und sich direkt am spanisch-französischen Krieg zu beteiligen. Es war nicht nur die Sorge Wiens vor dem Verlust seines politischen Handlungsspielraums, sondern sehr wahrscheinlich auch die Befürchtung, eine Kriegsallianz mit Spanien gegen Frankreich könne die insgesamt für Wien nicht ungünstige Stimmungslage im Reich negativ beeinflussen.

Die Frage, auf welch große Akzeptanz der Prager Frieden im Reich traf, besaß aus Sicht der kaiserlichen Regierung entscheidende Bedeutung für die weitere politische Entwicklung. Dies zeigte sich auch daran, wie hartnäckig die kaiserliche Regierung um die (wenigen) Reichsstände warb, die sich dem Prager Frieden nicht sofort anschlossen. Besonders aufschlussreich ist der Fall des wichtigsten widerstrebenden Reichsstands, der Landgrafschaft Hessen-Kassel: Erst nach einem Jahr andauernder Verhandlungen und dem Abschluss eines französisch-hessischen Bündnisses (vgl. unten S. 119) verhängte Kaiser Ferdinand II. über Landgraf Wilhelm die Reichsacht. Auch dies geschah zunächst nur geheim, um eine Verständigung und eine Friedensregelung mit Kassel doch noch zu ermöglichen. Den offenen Bruch mit Hessen-Kassel vollzog erst Kaiser Ferdinand III. im April 1637, knapp zwei Jahre nach dem Prager Frieden[56].

Insgesamt schien aus Wiener wie aus Dresdner Sicht die außerordentlich große Bereitschaft der katholischen und protestantischen Reichsfürsten, dem Prager Frieden beizutreten, die hohen Erwartungen in diesen Frieden voll zu bestätigen. Die Entscheidung über das Schicksal des Friedens hing freilich davon ab, ob der Prager Frieden auch in Hinblick auf die fremden Kronen erfolgreich sein würde.

## 3. Europa und das Scheitern des Prager Friedens (1635–1638)

### a) Frankreich, Schweden und der »ehrenvolle Friede«

Der große Erfolg, den der Prager Frieden im Reich hatte, bestärkte den Kaiser und Kursachsen in ihrer Überzeugung, mit diesem Frieden auch die Basis zur Beendigung des Konflikts mit Schweden und Frankreich gelegt zu haben. Wien und Dresden hielten in den Jahren seit 1635 mit einer erstaunlichen, in gewisser Weise auch fatalen Beharrlichkeit an der Vorstellung fest, dass auch der Friede mit Stockholm und Paris nur auf der Grundlage des Prager Friedens, also seiner Anerkennung durch Schweden und Frankreich, erfolgen könne. Eine solche Anerkennung freilich kam für die beiden Kronen in den Jahren nach 1635 zu keinem Zeitpunkt wirklich in Frage. Auch in militärischen Krisensituationen, für Schweden im Sommer 1635 und 1637, für Frankreich im Sommer 1636, wurde der Beitritt zum Prager Frieden nicht ernsthaft erwogen. Dabei schlossen beide Mächte grundsätzlich eine friedensvertragliche Regelung mit dem Kaiser nach dem Prager Frieden keineswegs aus, betonten aber übereinstimmend, dass für sie nur ein »ehrenvoller Friede« in Frage komme. Und ein solcher sei der Prager Frieden nicht.

Während also in der Ablehnung des Prager Friedens Konsens zwischen den Kronen bestand, gab es über den Inhalt eines solchen »ehrenvollen Friedens« erhebliche Auffassungsunterschiede zwischen Paris und Stockholm. Gerade die Forschungen, die in jüngerer und jüngster Zeit jeweils zur französischen und schwedischen Politik vorgelegt worden sind, zeigen deutlich, dass Frankreich und Schweden bei ihren Zielen im Reich mehr trennte als verband.

Schweden hielt auch nach 1635 prinzipiell an seinen Grundbedingungen für einen »ehrenvollen« Friedensschluss fest, also der Gewährung einer territorialen Satisfaktion sowie einer finanziellen Abfindung seiner Truppen. Die leitenden schwedischen Staatsmänner ließen keinen Zweifel daran, dass Schweden weder willens noch in der Lage sei, die Truppen, die es zum Schutz der protestantischen deutschen Reichsstände ins Reich hineingeführt hatte, selbst abzufinden – eine Problematik, die gerade im Sommer 1635 besondere Brisanz gewann, als die schwedischen Truppen aus Sorge um ihre Abfindung offen gegen die politische Führung aufbegehrten und Axel Oxenstierna eine Zeitlang regelrecht in »Geiselhaft« gehalten wurde[57]. Daneben forderte Stockholm die Amnestie im Reich, also die Wiederherstellung des politisch-konfessionellen Vorkriegszustands. Oxenstierna ließ deutlich erkennen, dass ein Verzicht auf die vollständige Wiederherstellung der protestantischen Rechte im Reich einen erheblichen Reputationsverlust für Schweden bedeuten würde. Innerhalb der schwedischen Führung bestand freilich Einigkeit, dass diese Ziele nicht gleichrangig nebeneinander standen. Auf die vollständige

Amnestie konnte gegebenenfalls verzichtet werden, wenn es bei der Durchsetzung der ersten beiden Ziele substantielle Fortschritte gebe. Zwischenzeitlich ließ Oxenstierna in dem »Schönebecker Projekt« vom Oktober 1635 sogar die Bereitschaft erkennen, dass er mit einer Amnestieregelung zufrieden sei, die allein die Schweden geleisteten Waffendienste umfasse und ließ darin sogar die territorialen Forderungen Schwedens unerwähnt – in der Tat erstaunliche Punkte, die berechtigte Zweifel hervorgerufen haben, ob das »Schönebecker Projekt« ernst gemeint war. Als unstrittig darf aber gelten, dass die Regierung in Stockholm 1635/36 prinzipiell bestrebt war, den Krieg in Deutschland auf der Basis eines »ehrenvollen Friedens« baldmöglichst zu beenden, wenn die genannten Punkte (Satisfaktion, angemessene Armeeentschädigung und eine moderate, für Schweden gesichtswahrende Amnestieregelung) eingelöst seien[58].

Frankreich dagegen stellte andere Mindestanforderungen an einen »ehrenvollen« Frieden mit dem Kaiser. Sie bestanden nicht vorrangig in der Einlösung territorialer Forderungen. In militärisch schwierigen Lagen, wie im Herbst 1636, war Richelieu durchaus bereit, die französischen Eroberungen im Elsass und in Trier wieder aufzugeben[59]. Schwerer wog und als unverhandelbar galt die Tatsache, dass Frankreich durch den Prager Frieden aus dem Reich ausgeschlossen und genötigt würde, dort künftig auf Bündnisse und Einflussnahme zu verzichten. Gleichzeitig aber würde Spanien seinen Einfluss im Reich dank des habsburgischen Kaisertums aufrechterhalten. Aus Sicht des Kardinalpremiers war eine einseitige Abschottung Frankreichs vom Reich nicht zu tolerieren und lieferte die bourbonische Monarchie der Gefahr aus, eines Tages doch Spanien allein gegenüberzustehen. Die Furcht vor einer Isolation Frankreich behauptete in Richelieus politischem Denken vor und nach dem Prager Frieden eine Schlüsselstellung. Aus dem gleichen Grund war Paris in der Zeit nach dem Prager Frieden intensiv darum bemüht, Stockholm in ein festes Bündnis einzubinden, das einen schwedischen Separatfrieden mit dem Kaiser verbot – ein Bündniswerben, dem sich die schwedische Regierung trotz ihrer Abhängigkeit von französischen Subsidien bis 1638 ebenso beharrlich wie geschickt entzog[60]. Aus dem gleichen Grunde maß Paris nach 1635 der Frage so entscheidende Bedeutung zu, ob auch die eigenen Verbündeten im Reich zu möglichen Friedensverhandlungen zugelassen seien und vom Kaiser entsprechende diplomatische Schutzpapiere (»Pässe«) erhielten. Bei der zwischen 1636 und 1638 heftig diskutierten Passfrage ging es also keineswegs um Formalien, sondern die Problematik verwies auf den Kern Richelieuscher Friedenspolitik[61].

### b) Das Ringen um die Durchsetzung des Prager Friedens 1635/36

Angesichts der weit auseinander liegenden Positionen über den Frieden gestalteten sich die Verhandlungen, die nach 1635 zwischen dem Kaiser und Kursachsen auf der einen sowie Schweden und Frankreich auf der anderen Seite geführt wurden, äußerst schwierig. Bei den Verhandlungen mit Schweden kam ein weiterer Faktor erschwerend hinzu. Schweden befand sich als Folge der militärischen Umwälzungen des Vorjahres im Frühjahr und Sommer 1635 in einer militärisch recht bedrängten Situation. Der schwedische Machtbereich erstreckte sich lediglich über die Territorien an der Ostsee, die als Truppenquartier kaum zum Unterhalt der schwedischen

Streitkräfte ausreichten. Zudem war die Kriegsbereitschaft innerhalb der schwedischen Regierung nach den Rückschlägen des Jahres 1634 deutlich gesunken. Auch deshalb glaubte man in Wien und in Dresden, aus einer Position der Stärke verhandeln zu können. So verzichtete der Kaiser auf direkte Verhandlungen mit Schweden durch eigene Diplomaten und Bevollmächtigte und überließ Kursachsen die Gespräche mit Schweden – ein Vorgehen, das in Stockholm als diplomatischer Affront und als Demütigung empfunden wurde[62]. Zudem wurde im Verlauf der Verhandlungen deutlich, dass Schweden von kaiserlich-kursächsischer Seite lediglich eine vergleichsweise geringe finanzielle Entschädigung angeboten wurde; über weitergehende territoriale und politisch-konfessionelle Forderungen sollte nicht ernsthaft gesprochen werden. Anders formuliert: Wien und Dresden waren nicht bereit, um einer Verständigung mit Schweden willen die Bedingungen des Prager Friedens in wichtigen Punkten zu modifizieren. Im Gegenteil: Wien hatte den Prager Frieden ja gerade deshalb geschlossen, um Schweden militärisch unter Druck setzen zu können[63]. Damit freilich unterschätzten die Verbündeten den Widerstandswillen Schwedens gegen den Prager Frieden. Trotz aller internen Differenzen, trotz der prekären militärischen Lage und trotz der verbreiteten Kriegsmüdigkeit war die schwedische Regierung nicht bereit, von ihrer Forderung nach einer Satisfaktion abzurücken[64].

Damit begab sich Schweden bei seinem Ringen um den gewünschten »ehrenvollen Frieden« allerdings in ein Dilemma. Es verfügte selbst nicht über die notwendigen Ressourcen, um den Krieg in Deutschland aufrechterhalten und die gewünschten Friedensbedingungen durchsetzen zu können. Die schwierige finanzielle Lage Schwedens verschärfte sich weiter durch die Entwicklung des schwedisch-polnischen Verhältnisses. Denn bei der Verlängerung des schwedisch-polnischen Waffenstillstands, die 1635 von der französischen Diplomatie vermittelt worden war, hatte Schweden auf die wichtigen Einnahmen aus den polnischen Ostseehäfen verzichten müssen. Finanzielle Hilfe war in größerem Umfang nur von Frankreich zu erwarten, das für seine Unterstützung aber den Abschluss eines festen Bündnisvertrags forderte, durch den ein kaiserlich-schwedischer Separatfriede explizit ausgeschlossen worden wäre. In dieser schwierigen Lage spielte die schwedische Führung gegenüber Frankreich auf Zeit. Nach langen und komplizierten Verhandlungen schloss Oxenstierna im März 1636 mit Frankreich den Vertrag von Wismar, in dem Schweden gegen ein festes Bündnis die dringend benötigten Subsidien zugesagt wurden. Um sich freilich einen Ausweg offenzuhalten und doch noch zum erwünschten (Separat-)Frieden mit dem Kaiser zu kommen, ratifizierte die Regierung in Stockholm diesen Frieden zunächst nicht – ein Zeichen, wie sehr Stockholm in dieser Phase des Krieges danach strebte, zu einer akzeptablen Verständigung zu kommen und sich nicht zu fest an Frankreich zu binden[65].

Diese Strategie schien im Sommer und Herbst 1636 aufzugehen, als sich die militärische Situation Schwedens wieder zu bessern begann. In einem gewagten Vorstoß fiel die schwedische Armee im Niedersächsischen Kreis ein, um sich von dort aus nach Osten, gegen Kurbrandenburg, zu wenden. Dort gelang dem schwedischen Oberbefehlshaber Banér in der Nähe des Ortes Wittstock an der Dosse Anfang Oktober 1636 ein Sieg über die zahlenmäßig überlegenen kaiserlich-kursächsischen Truppen. Dieser Erfolg verbesserte die schwedische Position in strategischer und materieller Hinsicht wesentlich. Zum einen war die Reichsarmee gezwungen, Brandenburg zu räumen und der schwedischen Armee zu überlassen. Zum anderen besaß der Sieg von Wittstock erheblichen Symbolwert, demonstrierte Schweden doch damit vor Freund und Feind, dass seine militärische Schlagkraft ungebrochen war. Nach Wittstock mussten auch Wien und Dresden eingestehen, dass eine rasche Verständigung mit Schweden auf der Basis des Prager Friedens nicht möglich war.

Die Verhandlungen mit Schweden unterschieden sich der Form nach beträchtlich von den Gesprächen zwischen dem Kaiser und Frankreich, die nach dem Prager Frieden geführt wurden. Denn die kaiserliche Regierung und Diplomatie waren geradezu peinlich bemüht, jede überflüssige Brüskierung Frankreichs zu vermeiden, und nahmen dafür sogar 1635 nicht unbeträchtliche Spannungen mit Spanien in Kauf, das ein schärferes kaiserliches Auftreten gegenüber Frankreich verlangte[66]. Auch Frankreich war zunächst trotz des Kriegsausbruchs mit Spanien sehr daran interessiert, die diplomatischen Gesprächsfäden mit Wien nicht abreißen zu lassen. Entsprechend wurden die seit Mai 1635 intensivierten Bemühungen des Heiligen Stuhls, zwischen Frankreich und Habsburg zu vermitteln, von Paris und Wien unterstützt. Alle diese eher atmosphärischen Entspannungsbemühungen änderten freilich nichts daran, dass die sachlichen Gegensätze zwischen Wien und Paris unverändert fortbestanden: Richelieu war unter keinen Umständen bereit, einem Frieden beizutreten, der Frankreich vom Reich und seinen dortigen potentiellen Bündnispartnern isolierte. Entsprechend forderte die französische Regierung vom Kaiser, in die kommenden Friedensverhandlungen seine Verbündeten im Reich, auch die nicht amnestierten Reichsstände, gleichberechtigt einzubeziehen – eine Forderung, die von Wien energisch zurückgewiesen wurde.

Das starre Festhalten an diesen Positionen führte im Verlauf des Jahres 1636 schrittweise zu einer Verschlechterung der Beziehungen zwischen Frankreich und dem Kaiser, der sich nun langsam auf Spanien zuzubewegen begann. Um die Jahreswende 1635/36 gestattete der Kaiser Spanien vertraglich Werbungen im Reich und stellte den offenen Bruch mit Frankreich in Aussicht[67]; im Frühjahr 1636 kam es faktisch zu dem bis dahin vermiedenen sukzessiven Abbruch der diplomatischen Beziehungen zwischen Paris und Wien[68]. Zugleich intensivierte Frankreich seine Bemühungen, den äußerst schwachen Widerstand im Reich gegen den Prager Frieden nach Kräften zu stärken. Zunächst hatte Frankreich hier nur in einem einzigen Fall Erfolg, der aber einen gewissen Symbolwert hatte: Im Juni 1636 schloss der Landgraf von Hessen-Kassel einen Vertrag mit Frankreich, in dem er sich vorläufig zum Verzicht auf jeden Separatfriedensvertrag mit dem Kaiser und zur Aufstellung einer eigenen Armee verpflichtete. Im Oktober des gleichen Jahres wurde der Vertrag dann auf Dauer geschlossen[69].

Einen ersten Tiefpunkt erreichten die kaiserlich-französischen Beziehungen im Sommer 1636 durch den Einfall spanischer Truppen in Frankreich, der von kaiserlichen Truppen unterstützt wurde und die bourbonische Monarchie für kurze Zeit in eine militärisch bedrängte Lage brachte. Die verbündeten Truppen stießen bis Corbie, 150 km vor Paris, vor und lösten in der französischen Hauptstadt eine Panik aus. Zugleich marschierten kaiserliche Truppen in Burgund ein. Freilich führten

Nachschubschwierigkeiten der kaiserlichen Armee und die Veränderungen der militärischen Lage im Reich durch den schwedischen Sieg bei Wittstock noch im Oktober 1636 zum Rückzug der kaiserlichen Truppen aus Frankreich[70], während sich die spanischen Truppen nach Flandern zurückzogen, um sich wieder auf die Auseinandersetzung mit den Generalstaaten zu konzentrieren. Besonders schwergefallen ist die Entscheidung zum Rückzug weder auf spanischer noch auf kaiserlicher Seite. Neue Forschungen haben deutlich gezeigt, dass die spanische Invasion in Frankreich keiner langfristigen Strategie Madrids und Brüssels entsprang, sondern als »short time preventive strike« betrachtet wurde[71]. Militärisch hielten die maßgeblichen Staatsmänner in Madrid den Krieg gegen die Niederlande für militärisch vorrangig und das französische Unternehmen des Kardinalinfanten daher für sehr gewagt, wenn nicht gar – wie Olivares – für überflüssig[72]. Ähnliches gilt auch für die Entscheidung der kaiserlichen Armeeführung um Ferdinand (III.), diesen Vormarsch mit eigenen militärischen Einheiten zu unterstützen. Auch dieser beruhte nicht auf einem großangelegten Plan, sondern war eher als ein situationsbedingter »opportunistic move« (Lesaffer) anzusehen[73].

Es ist sehr bezeichnend für das kaiserlich-französische Verhältnis in dieser Phase des Krieges, dass beide Seiten auch 1636 trotz der direkten militärischen Konfrontation großen Wert darauf legten, den formell erklärten Kriegszustand zu vermeiden. Ein geplantes Manifest Ferdinands (III.) gegen Frankreich wurde auf Weisung der kaiserlichen Regierung aufgehalten. Wien bestand gegenüber der eigenen Armeeführung darauf, dass der Prager Frieden und die begleitenden Mandate zur Rechtfertigung aller Militäraktionen ausreichten: Eine formelle kaiserliche Kriegserklärung sei daher ebenso überflüssig wie schädlich. Entsprechend wurde die Erklärung der kaiserlichen Armeeführung an die französische Bevölkerung so überarbeitet, dass auf alle Spitzen gegen Ludwig XIII. verzichtet wurde und die »Verlegung« (*translatio*) kaiserlicher Truppen nach Frankreich nur als zeitweilige Maßnahme erschien, »damit der König von Frankreich auf diese Weise zu einem sicheren und gerechten Frieden gelange« (*ad aequas securae pacis conditiones veniat*)[74]. Tatsächlich hat Ludwig XIII. auf dieses Signal reagiert und seinerseits trotz des Einmarsches auf eine Kriegserklärung gegen den Kaiser verzichtet, so dass es entgegen einer sehr verbreiteten Darstellung[75] auch 1636 tatsächlich nicht zum formell erklärten Krieg zwischen Frankreich und dem Kaiser gekommen ist[76].

Insgesamt – dies war schon im Sommer und Herbst 1636 deutlich erkennbar – erwies sich die Erwartung, Frankreich und Schweden zur rasche Annahme des Prager Friedens bewegen zu können, als Illusion. Weder auf dem Verhandlungsweg noch durch militärischen Druck waren der schwedische und der französische Widerstand zu überwinden. Dies war nur durch eine klare militärische Entscheidung zugunsten des Kaisers zu erreichen – und die war im Herbst 1636 trotz zeitweiliger Erfolge in weite Ferne gerückt. Nicht zufällig setzte daher im Verlauf des Jahres 1636 eine stärkere Hinwendung des Kaisers zu Spanien ein. Die kaiserliche Regierung schien sich der Einsicht zu fügen, dass eine militärische Durchsetzung des Prager Friedens gegenüber den fremden Kronen nur durch umfassende spanische Finanz- und Waffenhilfe zu erreichen war. Dies war freilich ein hoher Preis, denn damit leisteten Wien und Dresden genau jener Entwicklung Vorschub, die durch den Prager

Frieden verhindert werden sollte: die Verflechtung des Konfliktes im Reich mit jenen zwischen den europäischen Mächten.

## c) Das Scheitern des Prager Friedens I: Der Regensburger Kurfürstentag (1636/37)

Nach lange vorherrschender Meinung war der Regensburger Kurfürstentag, der zwischen September 1636 und Januar 1637 stattfand, ein weiterer Gipfelpunkt der kaiserlichen Politik im Dreißigjährigen Krieg, weil Kaiser und Kurfürsten der Verwirklichung der Prager Friedensordnung einen wichtigen Schritt näher gekommen seien[77]. In der Tat scheinen einige Ergebnisse dieses Kurfürstentags diese Sichtweise zu bestätigen[78]. Dies gilt vor allem für die Regelung der Nachfolge im Reich, die im habsburgischen Sinne gelang. Seit Mitte der zwanziger Jahre hatte es zu den vorrangigen Zielen der kaiserlichen Politik gehört, die Nachfolge des Kaisersohns Ferdinands (III.) als Reichsoberhaupt bei den Kurfürsten *vivente Imperatore* durchzusetzen. Bis 1630 waren diese Versuche am Widerstand der Kurfürsten gescheitert: Sowohl die katholischen als auch die protestantischen Kurfürsten waren angesichts der Machtstellung des Kaisers im Reich nicht bereit gewesen, mit der Wahl ein wichtiges Druckmittel gegenüber dem Kaiserhof aus der Hand zu geben. In der Epoche der schwedischen Hegemonie war eine römische Königswahl politisch-militärisch von vorneherein ausgeschlossen. Erst der Prager Frieden schuf wieder die Voraussetzungen, um die Frage einer Nachfolge Ferdinands II. zu klären. Sofort setzten auch entsprechende Bemühungen der habsburgischen Diplomatie ein, die nach schwierigen Verhandlungen zur Einberufung eines Kurfürstentags führten. Erst nach Beginn des Kurfürstentags beschlossen die Kurfürsten bzw. (im Falle der abwesenden Kurfürsten von Brandenburg und Sachsen) deren Bevollmächtigte endgültig, trotz der Gefangenschaft des Kurfürsten von Trier und der noch immer nicht einvernehmlich gelösten Kurpfälzer Frage die Wahl durchzuführen, die dann am 22. Dezember 1636 stattfand. Die Krönung seines Sohnes zum neuen Römischen König war zweifellos eine große Genugtuung für den früh gealterten und bereits schwerkranken Kaiser Ferdinand II., der kurz nach dem Kurfürstentag in Wien starb.

Erfolge konnte die kaiserliche Politik auf dem Kurfürstentag auch in Hinblick auf ihre Verhandlungsposition mit Frankreich verbuchen: Die Kurfürsten bestätigten hier noch einmal ausdrücklich den Standpunkt des Kaisers, dass eine Verständigung mit Frankreich nur auf der Basis des Prager Friedens erfolgen dürfe, und lehnten darüber hinaus gehende Zugeständnisse an Ludwig XIII. ab[79].

Gleichwohl würde es zu kurz greifen, den Regensburger Kurfürstentag als Schritt hin zur Realisierung des Prager Friedensprogramms und damit als Erfolg der kaiserlichen Politik zu werten. Denn neuere Forschungen haben deutlich gezeigt, dass in Regensburg diese Ergebnisse gerade deshalb erzielt wurden, weil Kaiser und Kurfürsten bereit waren, wichtige politische Prinzipien der Prager Friedensordnung aufzugeben.

Der Prager Frieden beruhte – wie gesehen – auf der sicheren Erwartung, dass es Kaiser und Reich nach dem Friedensschluss aus eigener Kraft gelingen werde, das Reich zu befrieden und Schweden wie Frankreich zum Rückzug zu zwingen. Gerade deshalb hatte der Kaiser 1634/35 gezögert, sich allzu sehr auf spanische

Bündnisersuche einzulassen, um das Reich nicht grundlos in den spanisch-französisch bzw. spanisch-niederländischen Krieg zu verstricken. Diese Zurückhaltung gegenüber Spanien wurde im Zusammenhang mit dem Regensburger Kurfürstentag sowohl vom Kaiser als auch von den Kurfürsten aufgegeben: Offensichtlich hatten sie keine Hoffnung mehr, den Prager Frieden aus eigener Kraft durchsetzen zu können. Die neue Nähe zu Spanien wurde zunächst in finanzieller Hinsicht deutlich. Der Kaiser und die Kurfürsten zögerten nicht – wie überzeugend nachgewiesen worden ist –, sich die Aufwendungen für diese Reichsversammlung von Spanien weitgehend finanzieren zu lassen. Das Zustandekommen von Kurfürstentag und Königswahl war »zu einem guten Teil das Werk der spanischen Diplomatie«[80]. Insgesamt summierten sich diese Zahlungen, die im Verlauf des Kurfürstentages an den Kaiser, die Kurfürsten und ihre Räte getätigt wurden, auf eine Million Gulden (das entspricht dem Monatssold von 250 000 einfachen Soldaten)[81] – eine wichtige Demonstration spanischer Zahlungsfähigkeit und Zahlungsbereitschaft, die auch atmosphärisch von großer Bedeutung war. Denn auch die Beschlüsse des Kurfürstentages sind, gerade in Hinblick auf die fremden Kronen, in dieser Form nur deshalb getroffen worden, weil Spanien in großem Umfang weitere Subsidienzahlungen an den Kaiser, die katholischen und die protestantischen Kurfürsten in Aussicht stellte.

Die Hinwendung zu Spanien wurde aber auch in anderer Hinsicht deutlich: Mit stillschweigender oder offener Billigung der Kurfürsten machte der Kaiser Spanien eine Reihe von Zugeständnissen, die Madrid bislang vergeblich gefordert hatte. Dies galt für die Pfälzer Frage, die in Regensburg vom Botschafter des englischen Königs Karl I., Arundel, vorgebracht wurde. Auf Wunsch Spaniens, das strategisch wichtige unterpfälzische Gebiete besetzt hielt, lehnte der Kaiser alle Zugeständnisse für eine Restitution pfälzischer Territorien an die Erben von Kurfürst Friedrich V. ab, solange England nicht in ein festes Bündnis mit Spanien gegen die Niederlande eingetreten sei – eine Bedingung, an deren Erfüllung sowohl der Kaiser als auch die Kurfürsten zweifelten und die zu einer Belastung der Beziehungen zwischen Wien und London führte[82]. Noch enger war der Schulterschluss mit Spanien bezüglich der Generalstaaten. Bislang hatte der Kaiser trotz des Drängens Madrids auf die »Habsburger-Liga« alle entsprechenden öffentlichen Unterstützungszusagen für Spanien strikt vermieden. Die Generalstaaten hegten bis zum Regensburger Kurfürstentag die Hoffnung, diese faktische Nicht-Einmischung von Kaiser und Reich in einen beiderseitigen Neutralitäts- oder wenigstens einen Nichtangriffsvertrag umzuwandeln – eine Hoffnung, die aufgrund des deutlich prospanischen Schwenks des Kaisers und der Kurfürsten bitter enttäuscht wurde. Nach längeren ergebnislosen Verhandlungen eröffnete der Kaiser den Kurfürsten und den Diplomaten der Generalstaaten, dass der König von Spanien rechtmäßiger Herr der nach wie vor zum römisch-deutschen Reich gehörenden Niederlande sei und dieser Herrschaftsanspruch unverbrüchlich fortbestehe und dass er aufgrund des Burgundischen Vertrags von 1548 das Anrecht auf Unterstützung durch Kaiser und Reich beim Kampf gegen die »Rebellen« habe. Daher komme für das Reich weder die Neutralität noch ein Nichtangriffspakt in Frage, dem Kaiser stehe vielmehr zu, Spanien gegen die Niederlande zu unterstützen, wann immer es ihm beliebe. Er sei zur Zurückhaltung nur dann bereit, wenn die Generalstaaten auch ihrerseits auf fremde – faktisch also französische – Hilfe verzichteten.

Noch nie hatte sich Ferdinand II. öffentlich den Rechtsstandpunkt Spaniens gegenüber den Niederlanden so eindeutig zu eigen gemacht und dabei eine Unterstützung
Spaniens derart klar in den Bereich des Möglichen gerückt[83]. Bezeichnend für die
politische Stimmungslage des Regensburger Kurfürstentages war auch die Reaktion
der Kurfürsten. Sie hoben in ihrer Antwort an den Kaiser hervor, dass sie den
Niederlanden niemals irgendwelche neuen Rechte und Freiheiten hatten zugestehen wollen. Gegenüber den Niederlanden solle so verfahren werden, wie es der
Reichsverfassung entspreche, gegebenenfalls könne der Kaiser in diesem Rahmen als
Vermittler tätig werden. Die Reaktion des niederländischen Botschafters Foppius
erfolgte prompt. Foppius, der seine Auftraggeber schon seit Beginn des Kurfürstentags vor dem enorm gewachsenen Einfluss Spaniens auf Kaiser und Kurfürsten
gewarnt hatte, reiste nach Übergabe der kurfürstlichen Antwort umgehend aus
Regensburg ab[84]. Damit war zugleich eine wichtige Vorentscheidung gefallen,
dass sich an der Bündniskonstellation im Niederländischen Krieg nichts änderte.
Das seit 1635 bestehende Bündnis der Generalstaaten mit Frankreich wurde im
Folgejahr verlängert.

Insgesamt wurde auf dem Regensburger Kurfürstentag eine neue Qualität der
Zusammenarbeit von Kaiser und Kurfürsten mit Spanien deutlich, die auch die
protestantischen Kurfürsten von Brandenburg und Sachsen einschloss. Mit der
Anlehnung an Spanien gestanden die Vertragspartner des Prager Friedens stillschwei-
gend ein, dass ihre ursprüngliche Vorstellung illusionär gewesen war. Indem man sich
nun der Hilfe Spaniens bediente, um den Prager Frieden durchzusetzen, wurden
Leitprinzipien dieses Friedensschlusses aufgegeben: Denn statt die westeuropäischen
Großmachtkonflikte vom Reich fernzuhalten, förderten sie auf diese Weise die
Einbindung des Reiches in die westeuropäischen Blockpolitik. Logische Konsequenz dieser Entwicklung war, dass nun auch die Gegenseite mit einem engeren
bündnispolitischen Zusammenwirken antwortete.

### d) Das Scheitern des Prager Friedens II: Der französisch-schwedische Vertrag von 1638

Mit der Annäherung von Kaiser und Reich an Spanien korrespondiert eine zweite
Entwicklung, die in wohl noch höherem Maße zum Scheitern der Prager Friedensordnung beigetragen hat: der endgültige bündnispolitische Schulterschluss zwischen
Frankreich und Schweden. Er wurde durch den Hamburger Vertrag von März 1638
vollzogen, der Separatfriedensverträge Frankreichs oder Schwedens mit dem Kaiser
ausschloss und der trotz seiner Befristung auf drei Jahre bis zum Westfälischen
Friedensschluss 1648 Bestand hatte. Schon der Historiker des Westfälischen Friedens,
Fritz Dickmann, hat die Tragweite des Hamburger Bündnisses klar erkannt, als er
feststellte, dass dieser Vertrag »das Schicksal Deutschlands besiegeln sollte«[85] – eine
Feststellung, die in merkwürdigem Kontrast zu der Tatsache steht, dass der Hamburger Vertrag in vielen Gesamtdarstellungen zum Dreißigjährigen Krieg nach wie
vor übergangen wird.

Der Weg zwischen dem vorläufigen, von Schweden nicht ratifizierten Bündnisvertrag von Wismar (vgl. oben S. 118 f.) und dem endgültigen Vertrag von Hamburg
war keineswegs geradlinig verlaufen, im Gegenteil: Nach dem Sieg bei Wittstock
hatte die Regierung in Stockholm noch gehofft, zu dem angestrebten »ehrenvollen«

Frieden mit Kaiser und Reich gelangen zu können, ohne sich fest an Frankreich binden zu müssen. Hatte Schweden doch seinen potentiellen Verhandlungspartnern im Reich eindrucksvoll demonstriert, dass es militärisch wahrlich keine quantité négligeable war.

In der Tat hatte der militärische Erfolg Schwedens seine Wirkung im Reich nicht verfehlt. An der Notwendigkeit weiterer Verhandlungen mit Stockholm wurde im Reich allenthalben nicht gezweifelt, wollte man Schweden zum Rückzug veranlassen. Doch zeigte sich bereits im Winter 1636/37, auf dem Regensburger Kurfürstentag, dass die Meinungen, wie diese Verhandlungen konkret auszusehen hatten, im Reich weit auseinander gingen. Im Zentrum dieses Streits stand die Frage der schwedischen Satisfaktionsforderungen.  Die kaiserliche Regierung vertrat ebenso wie die katholischen Kurfürsten die Überzeugung, dass die Erfüllung etwaiger Satisfaktionswünsche Schwedens allein Sache der protestantischen Reichsstände sei; diese hätten Schwedens Hilfe erhalten und müssten nun dafür aufkommen. Entscheidend für den Verlauf der Verhandlungen wurde, dass selbst die protestantischen Kurfürsten zu keiner gemeinsamen Linie hinsichtlich des »punctum satisfactionis« fanden. Die kursächsische Regierung, die bislang die Verhandlungen geführt hatte, erklärte – ähnlich wie Kaiser und Katholiken –, keinerlei Mitverantwortung für eine Entschädigung Schwedens zu tragen. Der sächsische Kurfürst habe die Schweden nicht ins Reich gerufen und sei nun auch nicht verpflichtet, ihren Abzug zu finanzieren. Schweden abzufinden, sei in erster Linie Angelegenheit Kurbrandenburgs sowie der Herzöge von Mecklenburg und Pommern, zumal sie – wie in den Verhandlungen unzweideutig klar gemacht wurde – über jene Territorien verfügten, die Schweden zu besitzen trachte[86]. Damit waren in erster Linie pommersche Territorien gemeint, auf deren Erwerb Schweden zielte und auf das Brandenburg nach dem Tod des letzten Herzogs im März 1637 Erbansprüche erhob. Konsequenterweise zog sich Kursachsen, das bisher die Verhandlungen mit Schweden geführt hatte, aus den folgenden Gesprächen mit Schweden völlig zurück.

Der Kurfürst von Brandenburg befand sich damit in einer prekären Lage. Er war auf Verhandlungen mit Schweden angewiesen, dienten doch seine ausgepressten Territorien als Operationsgebiet und Quartier der schwedischen Truppen. Zugleich sah er sich von Kursachsen und dem katholischen Reich mit der Frage einer Satisfaktion Schwedens faktisch im Stich gelassen – ein bemerkenswerter Fall nichtsolidarischen Handelns im Reich, der in eklatantem Gegensatz zur Beschwörung des Reichspatriotismus in der Epoche des Prager Friedens stand. Dies hatte erhebliche Folgen: Da der Kurfürst von Brandenburg nicht bereit war, auf Pommern zu verzichten, erschienen die Verhandlungen mit Schweden in der ersten Jahreshälfte des Jahres 1637 von vornherein wenig aussichtsreich.

In der Tat bestimmte diese Ausgangslage die brandenburgisch-kaiserlich-schwedischen Verhandlungen, die bis zum Sommer 1637 durch den Markgrafen Sigismund von Brandenburg, einen Verwandten des brandenburgischen Kurfürsten, mit dem stellvertretenden schwedischen Generallegaten für Deutschland, Sten Bielke, geführt wurden. Da der Markgraf keine Vollmacht zu substantiellen Angeboten im Bereich der Satisfaktion besaß, kamen sie über Präliminarien nicht hinaus. Auf schwedischer Seite nährte dies den Argwohn, der brandenburgische Kurfürst und der Kaiser wollten die Verhandlungen lediglich zum Zeitgewinn bis zu einer möglichen Verbesserung ihrer militärischen Lage nutzen[87]. Dieser Verdacht Stockholms wog um so schwerer, als Schwedens militärische Position im Reich seit Frühjahr 1637 tatsächlich erneut schwer erschüttert wurde. Die schwedischen Truppen unter den Generalen Banér und Wrangel sahen sich gezwungen, ihre bis zur sächsischen Grenze vorgeschobenen Stellungen in Mitteldeutschland zu räumen und sich wieder in Richtung auf die »Seekante« zurückzuziehen. Nur mit großer Mühe gelang es den beiden schwedischen Kommandanten, wenigstens die schwedischen Stellungen in Pommern zu halten. Mit dem Rückzug der schwedischen Truppen geriet auch wieder die materielle Basis der schwedischen Kriegsführung im Reich in Gefahr[88]. Im Sommer 1637 zogen Oxenstierna und die übrigen Mitglieder des Reichsrats Konsequenzen aus ihrer Einschätzung der diplomatischen und militärischen Entwicklung. Einerseits kam ein Rückzug aus dem Reich ohne den erhofften »ehrenvollen Frieden« für die schwedische Regierung ebenso wenig in Frage wie im Vorjahr, allen militärischen Rückschlägen und materiellen Gefährdungen zum Trotz. Andererseits erschien die Hoffnung auf eine Verhandlungslösung mit dem Kaiser und Brandenburg durch die bisherigen Erfahrungen nicht mehr gerechtfertigt, vielmehr war sie ständig wachsendem Misstrauen gewichen. Spätestens seit Herbst 1637 war das Vertrauen in die Friedensbereitschaft des Kaisers so stark erschüttert, dass neuen kaiserlichen Verhandlungsangeboten in Stockholm offensichtlich keine ernsthafte Bedeutung mehr zugemessen wurde[89]. Parallel dazu setzte sich im Sommer, spätestens im Herbst 1637, innerhalb der schwedischen Regierung die Überzeugung durch, dass die eigenen Ziele wohl nur an der Seite Frankreichs durchzusetzen seien, auch wenn ein derartiges Bündnis den eigenen politischen Handlungsspielraum einengen und den Kriegseinsatz im Reich erheblich verlängern sollte[90].

Für Richelieu stellte der Sinneswandel Stockholms eine große, lang ersehnte Chance dar. Das Gewinnen fester Bündnispartner im Kampf gegen Habsburg, das – wie gesehen – in der politischen Vorstellungswelt des Kardinalpremiers stets eine zentrale Rolle gespielt hatte, hatte auch im Jahre 1637 für Paris nichts von seiner Bedeutung verloren, im Gegenteil: Die militärische Entwicklung des Jahres 1637 war für Frankreich in hohem Maße enttäuschend verlaufen; die französischen Streitkräfte hatten ihre Ziele praktisch an allen Fronten verfehlt. Besonders schmerzlich war die Lage in den Niederlanden und im Veltlin mit seinen strategisch wichtigen Pässen, die die französischen Truppen vollständig hatten räumen müssen[91]. Das deutlich gesteigerte direkte und indirekte spanische Militärengagement machte sich allenthalben bemerkbar und verwies auf die dringende Notwendigkeit einer festen Allianzbildung.

Anders als der Kaiser war Richelieu um vertrauensbildende Maßnahmen gegenüber Schweden bemüht. Sehr eindringlich zeigte sich dies bei den Vorbereitungen eines vom Heiligen Stuhl angeregten Friedenskongresses, auf dem der Streit zwischen Frankreich und Habsburg beigelegt werden sollte. Geradezu demonstrativ forderte Richelieu die Zulassung seiner schwedischen und niederländischen Bündnispartner zu diesem Kongress – eine Forderung, die er ins Zentrum seiner Kongresspolitik rückte und die schließlich vom Kaiser erfüllt wurde[92]. Eines der Ziele dieser »Passpolitik« war zweifellos, Stockholm unmissverständlich zu signalisieren, dass das schwedische Bündnis für Paris unbedingte Priorität besaß[93]. Ein ähnlich deutliches Signal war auch die Wahl des Comte d'Avaux, des wahrscheinlich professionellsten Diplomaten Ludwigs XIII., zur Führung der Bündnisverhandlungen mit Schweden[94].

Die politische Neuorientierung Schwedens und die entschlossene Diplomatie Richelieus ebneten den Weg zum Abschluss des Bündnisvertrags. Heftige Auseinandersetzungen gab es noch über die Höhe der an Stockholm zu zahlenden französischen Subsidien, weil Schweden die Nachzahlung ausstehender Summen verlangte. Doch auch diese Schwierigkeiten konnten schließlich gemeistert werden, so dass Anfang März der Hamburger Vertrag unterschrieben wurde. In dem Dokument stellten die beiden Mächte ihre gemeinsamen Kriegsziele im Reich fest, in deren Zentrum die Wiederherstellung des »Status quo ante bellum«, also eine generelle Amnestie und Restitution auf dem Stand von 1618 sowie eine adäquate Satisfaktion für beide Mächte standen. Friedensverhandlungen beider Mächte mit dem Kaiser sollten nur gemeinsam und inhaltlich wie zeitlich miteinander abgestimmt erfolgen, auch dann, wenn sie aus konfessionellen Gründen an verschiedenen Orten stattfinden mussten. Im Hamburger Vertrag wurde in diesem Zusammenhang bereits die Möglichkeit eines koordinierten Doppelkongresses erwogen, der dann fünf Jahre später in Westfalen Wirklichkeit werden sollte, auch wenn im Vertrag von 1638 noch an Köln und Hamburg bzw. Lübeck als Verhandlungsorte gedacht worden war. Schweden gelang es lediglich, die italienischen Fragen aus der Abmachung über die Friedensverhandlungen auszuklammern – hier durften beide Seiten nach wie vor eine eigenständige Politik verfolgen. Davon abgesehen waren beiden Mächten Separatfriedensverträge mit dem Kaiser von nun an verboten. War damit die Kernforderung Richelieus erfüllt, so spielte für Schweden in seiner bedrängten Lage die Klärung der Subsidienfrage im Friedensvertrag eine zentrale Rolle. Frankreich sagte zu, für 1637 rückwirkend 400 000 Reichstaler an Schweden zu zahlen. Eine ebenso hohe Unterstützungszahlung wurde Stockholm für jedes weitere Jahr des Krieges zugesagt. Damit erhielt Schweden von Frankreich im Jahre 1638 Subsidien in doppelter Höhe der im gleichen Jahr von Spanien an den Kaiser gezahlten Hilfsgelder, die schon beträchtlich waren[95].

Der Abschluss des Hamburger Vertrags von März 1638 war für den weiteren Verlauf des Krieges von größter Bedeutung. Ein rascher Friedensschluss mit den auswärtigen Mächten auf der Basis des Prager Friedens war nun ausgeschlossen. Es war Frankreich gelungen, Schweden in seinen Kampf mit Habsburg fest einzubinden, was den Kaiser seinerseits dazu zwang, den eingeschlagenen Weg einer Annäherung an Spanien fortzusetzen. Mit dem Hamburger Vertrag war jene militärische Blockkonstellation entstanden, die bis zum Friedensschluss 1648 prinzipiell unverändert bleiben sollte. Der zeitgenössische Brauch, von Frankreich und Schweden vereinheitlichend als den »Kronen« zu sprechen, die mit dem Kaiser im Krieg lagen, ist seit dem Hamburger Vertrag durchaus berechtigt.

Charakteristisch war die besondere Position Frankreichs, das mit den Generalstaaten im Kampf gegen Spanien, mit Schweden im Kampf mit dem Kaiser verbunden war, und zwar jeweils in Verträgen, die Frankreichs Bündnispartnern einen Separatfriedensvertrag ausdrücklich untersagten. Zu einem Bündnisvertrag Schwedens mit den Niederlanden ist es dagegen bezeichnenderweise nie gekommen, so dass Frankreich »formal zwei getrennte Kriege führte«[96]. Das gab Frankreich bei allen künftigen Universalfriedenskongressen eine politisch-diplomatische Schlüsselstellung, die freilich die französische Diplomatie bisweilen vor Zerreißproben stellte.

Erst jetzt, im Frühjahr 1638, stand endgültig fest, dass der europäische Krieg in Deutschland nur durch einen europäischen Frieden würde beendet werden können. Die Entwicklung des Dreißigjährigen Kriegs zum europäischen Krieg war damit unübersehbar geworden.

# VII. Der europäische Krieg in Deutschland: Der Kampf um die Friedensverhandlungen (1638–1645)

## 1. Allgemeine Charakteristika der Auseinandersetzung 1638/1645

Von 1638 an ist ein deutlicher Wandel des Kriegsgeschehens und der begleitenden politisch-diplomatischen Auseinandersetzung festzustellen. In militärischer Hinsicht entwickelte sich der Krieg nach dem Scheitern des Prager Friedens 1637/38 endgültig zum »europäischen Krieg in Deutschland« (Konrad Repgen)[1]. Schon zuvor war die politisch-konfessionelle Frontbildung im Reich untrennbar mit politischen Entwicklungen außerhalb des Reiches verbunden. Nun, in der Phase nach 1638, wurde auch das Kriegsgeschehen im Wesentlichen durch Ereignisse außerhalb des Reiches bestimmt. Auch auf den Verlauf der militärischen Ereignisse konnten die Verantwortlichen im Reich nur noch begrenzt Einfluss nehmen. Kaum ein Vorgang zeigt dies deutlicher als die Krise Spaniens seit 1639/40. Die Erschütterung der spanischen Monarchie veränderte nicht nur die Machtverhältnisse in Westeuropa, sondern hat wesentlich dazu beigetragen, dass sich die militärische Lage im Dreißigjährigen Krieg seit 1641/42 dauerhaft zum Nachteil des Kaisers wandelte.

Die Folgen der spanischen Krise waren um so gravierender, als sie das Haus Österreich und seine Verbündeten in einer politisch brisanten Situation trafen. Denn seit Ende 1641 trat das Ringen um den richtigen Weg zu einer Friedenslösung mit den Kronen Frankreich und Schweden in eine neue Phase. Dies verweist auf das zentrale Charakteristikum der Auseinandersetzungen zwischen 1638 und 1645, den Kampf um mögliche Friedensverhandlungen. Dabei ging es nicht um die grundsätzliche Frage, ob überhaupt Friedensverhandlungen zwischen dem Kaiser und den Kronen stattfinden sollten: Seit 1638 war den politisch Verantwortlichen an den europäischen Höfen klar, dass weder Frankreich noch Schweden den Prager Frieden akzeptieren und ihm beitreten würden. Damit konnte es keinen Zweifel daran geben, dass eine Friedenslösung für das Reich nur in neuen Friedensverhandlungen gefunden werden konnte, zu denen sowohl der Kaiser als auch die Kronen prinzipiell bereit waren. Heftig umstritten aber war die Frage, in welchem Rahmen und mit welcher Beteiligung diese Friedensverhandlungen stattfinden und mit welchen Themen sie sich beschäftigen sollten. Denn damit waren bereits vorab inhaltliche Festlegungen verbunden. Kontrovers zwischen dem Kaiser und den Kronen war in diesem Zusammenhang vor allem, ob es auch um Reichsangelegenheiten gehen solle und ob die Reichsstände Zutritts- und Mitspracherechte erhalten sollten.

Insgesamt lassen sich zwei Phasen dieses Ringen um die künftigen Friedensverhandlungen unterscheiden. Die erste Phase (1638–1641) mündete in den Hamburger Präliminarvertrag von Dezember 1641: In diesem Vertragswerk wurde eine sehr vage Verständigung zwischen dem Kaiser und den Kronen über einen allgemeinen Rahmen der künftigen Friedensverhandlungen erzielt, der die meisten inhaltlichen Fragen offenließ und späterer Klärung vorbehielt. In der zweiten Phase (1642–1645) fand dann die entscheidende Auseinandersetzung im Kampf um die konkreten Verhandlungsgegenstände und die Teilnehmer der Westfälischen Friedensverhandlungen statt – eine Auseinandersetzung, die nach drei Jahren heftigen militärischen und diplomatischen Ringens mit der Eröffnung der eigentlichen Westfälischen Friedensverhandlungen beendet wurde.

## 2. Das Ringen um die Friedensverhandlungen I: Die Entstehung des Präliminars von 1641

### a) Die militärische Entwicklung

Am 25. Dezember 1641 schlossen Vertreter des Kaisers sowie Frankreichs und Schwedens in Hamburg einen Vertrag, in dem sie sich, auch im Namen Spaniens und der Generalstaaten, auf den baldigen Beginn von Friedensverhandlungen verständigten. Vorgesehen war ein gemeinsamer Universalfriedenskongress, der an zwei getrennten Tagungsorten, nämlich in Münster und Osnabrück, stattfinden sollte[2]. Dass es zu diesem Vertrag – der landläufig als »Präliminarfrieden« bezeichnet wurde – überhaupt kommen konnte, beruhte auf einer deutlichen Veränderung der militärischen und in der Folge auch der politisch-diplomatischen Situation im Reich seit 1638.

Militärische Voraussetzung des Hamburger Präliminarfriedens war die Herstellung eines Gleichgewichts der Kräfte zwischen den Kriegsparteien, die eng mit dem Wiedererstarken Schwedens zusammenhing. Noch Ende 1637 besaßen der Kaiser und seine Verbündeten ein deutliches Übergewicht im Reich. Die französischen Streitkräfte hatten bis 1638 größte Schwierigkeiten, sich auf die Erfordernisse eines Krieges mit Spanien einzustellen[3], während Schwedens Position deutlich geschwächt war: Bis zum Winter 1637/38 war die schwedische Armee wieder aus den meisten ihrer Stellungen in Süd-, Südwest- und Mitteldeutschland verdrängt worden. Sogar in ihren Rückzugspositionen an der Ostsee wurden die schwedischen Streitkräfte von den Kaiserlichen, die Teile Pommerns besetzt hatten, bedroht[4]. Seit Frühjahr 1638 gelang es dann den schwedischen Streitkräften mit Hilfe der französischen Subsidien, ihre schwere militärische Krise zu überwinden und zu neuer Offensivkraft zurückzufinden. Zugleich kam es zu einer Reorganisation der Befehlsstruktur. Die militärische und politische Gesamtleitung in Deutschland lag seit April 1638 bei General Johan Banér (1596–1641) – eine enorme Machtposition für diesen strategisch hochbegabten, aber auch unberechenbaren Militär. Banér war durchaus zu entschlossenem zupackenden Handeln fähig, zeigte aber ähnlich wie sein kaiserlicher Gegenpart Matthias Gallas zeitweise deutliche Führungsschwäche. Zudem wurde die schwedische Diplomatie zwischen 1638 und 1641 immer wieder durch die heftige Rivalität zwischen Banér und dem »Chefunterhändler« Johan Adler Salvius gelähmt, der auch für die Organisation und Auszahlung der französischen Subsidien und die Beschaffung von Krediten zuständig war. Diesem Streit, der von tiefen gegenseitigen Kränkungen bis hin zu Verratsvorwürfen begleitet war, stand die Regentschaftsregierung in Stockholm eher hilflos gegenüber[5].

In militärischer Hinsicht allerdings begann die Ära Banér sehr erfolgreich. Im Verlauf des Jahres 1638 gelang es dem neuen Oberbefehlshaber, Pommern zurück-zuerobern und die kaiserlichen Truppen zum Rückzug in die Erblande zu zwingen. Die Festigung der schwedischen Rückzugsposition im Norden des Reiches erlaubte es Schweden, im darauf folgenden Jahr weiter nach Süden vorzustoßen: 1639 mar-schierte Banér in Sachsen ein und errang im April 1639 bei Chemnitz einen Sieg über die kaiserlich-sächsischen Truppen, der der schwedischen Hauptarmee den Weg nach Böhmen öffnete – der erste Einmarsch feindlicher Truppen dort seit 1631[6]. Die schwedische Führung rechnete offenbar damit, dass ihr Einmarsch in Böhmen eine antihabsburgische Rebellion auslösen würde. Diese Hoffnung wurde enttäuscht, die Lage in Böhmen hatte sich seit den zwanziger Jahren deutlich gewandelt: Nach vergeblicher Belagerung Prags und einer systematischen Verwüs-tung weiter Teile des Landes, die an die Strategie Gustav Adolfs gegenüber Bayern 1632 erinnerte, räumten die schwedischen Truppen Böhmen wieder. Auch wenn es Banér nicht gelungen war, Böhmen zu einer schwedischen Operationsbasis zu machen, so war der Einmarsch in den Erblanden doch ein sehr deutliches Zeichen, dass die Phase eines militärischen Übergewichts des Kaisers und seiner Verbündeten im Reich vorüber war. Dies galt um so mehr, als sich für den Kaiser die politisch-militärische Großwetterlage in Südosteuropa zu verschlechtern begann: Seit der Sultan im Mai 1639 den Krieg mit Persien hatte beenden können, drohte – erstmals seit über drei Jahrzehnten – wieder die Gefahr eines osmanischen Angriffs auf die Erblande, der erhebliche kaiserliche Kräfte binden würde.

Der Wandel der militärischen Lage im Reich wurde von den Reichsständen, vor allem den eher antikaiserlichen, sorgfältig registriert. Besondere Bedeutung für die militärischen Kräfteverhältnisse im Reich besaß die Landgrafschaft Hessen-Kassel, die nie dem Prager Frieden beigetreten war und über starke eigene Streitkräfte verfügte. Seit dem Tod Landgraf Wilhelms 1637 wurde sie von dessen Witwe, Landgräfin Amalie Elisabeth (1602–1651), regiert, die eine energische Politik des Landeserhalts bzw. des Landesausbaus betrieb und sie den sich wandelnden politisch-militärischen Konjunkturen geschickt anzupassen wusste[7]. Unter dem Eindruck der erstarkenden schwedischen Stellung im Reich brach die Regentin die zu diesem Zeitpunkt schon recht weit gediehenen Verhandlungen über einen Beitritt zum Prager Frieden im Sommer 1639 unvermittelt ab und schloss am 22. August 1639 ein Bündnis mit dem König von Frankreich[8]. Schmerzlicher noch für den Kaiser und seine Verbündeten war der Übertritt der Herzöge von Braunschweig-Lüneburg und Braunschweig-Wolfenbüttel ins schwedische Lager, der bis Frühjahr 1640 erfolgte. Denn anders als Hessen-Kassel hatten die Braunschweiger Herzöge bereits den Prager Frieden anerkannt. Ihr Wechsel auf die Seite der Kronen besaß daher beträchtliche Symbolkraft, war er doch ein deutliches Signal für den schwindenden Rückhalt des Prager Friedenssystems im protestantischen Lager[9].

Der Kaiser reagierte auf die sich verschlechternde Lage, indem er die seit Mitte der dreißiger Jahre verfolgte Strategie einer engeren Anbindung an Spanien konsequent fortsetzte und ausweitete. Im September 1639 wurde ein Militärbündnis zwischen dem Kaiser, Spanien und Erzherzogin Claudia von Tirol geschlossen, der Ebsdorfer Vertrag, dessen Ziel in erster Linie die Rückeroberung Vorderösterreichs war[10]. Angesichts der eigenen militärischen Schwierigkeiten wurde der Widerstand Wiens gegen ein lange vermiedenes gemeinsames Vorgehen mit Spanien gegen Frankreich offensichtlich immer geringer. Aus seinen militärischen Rückschlägen zog der Kaiserhof allerdings nicht nur politische, sondern auch militärorganisatorische Konsequenzen: Der Kaiserhof unternahm energische Schritte, um die Führung der kaiserlichen Armee zu straffen und enger an den Hof zu binden. In diesem Zusammenhang kam es Anfang 1639 zum Wechsel des Oberbefehls, mit dem der Bruder des Kaisers, Erzherzog Leopold Wilhelm (1614–1662), betraut wurde. Ganz ungewöhnlich war dieser Schritt nicht: Trotz der fortschreitenden Professionalisierung des Militärwesens kam es im Verlauf des Krieges sowohl in der kaiserlichen Armee als auch in anderen Streitkräften immer wieder zur persönlichen Übernahme des Oberbefehls durch den fürstlichen Kriegsherrn oder dessen nächste Verwandte. Gerade in militärischen Krisenzeiten sollte nach außen und innen demonstriert werden, dass der Kriegsherr seine Verantwortung in besonderer Weise wahrzunehmen gedachte. Auch in den Söldnerarmeen verfehlte dies seine Wirkung offensichtlich nicht, sondern führte zu einer Festigung der Kommandostruktur und des inneren Zusammenhalts der Armeen. Die Berufung von Leopold Wilhelm zeigte deutlich, dass der Kaiserhof den Wandel der militärischen Lage zu seinen Ungunsten genau registriert hatte und mit durchaus öffentlichkeitswirksamen Maßnahmen gegenzusteuern versuchte[11].

Im Bewusstsein seiner wachsenden Stärke bereitete Banér im Frühjahr 1640 einen neuen Schlag gegen den Kaiser vor. Bei Erfurt versammelten sich unter seinem Oberbefehl die verbündeten Truppen Schwedens, Hessen-Kassels, Braunschweigs sowie Frankreichs bzw. des ehedem in französischen Diensten stehenden, 1639 verstorbenen Generals Bernhard von Weimar. Ziel war ein erneuter Einmarsch in die habsburgischen Erblande, um dort die Entscheidung gegen den geschwächten Kaiser zu suchen. Aufgrund der militärischen Gegenmaßnahmen Leopold Wilhelms und innerer Schwierigkeiten der disparaten Armee Banérs sah sich der schwedische Oberbefehlshaber im Winter 1640/41 jedoch genötigt, seinen Plan eines weiteren Vormarschs in Böhmen aufzugeben und im Frühjahr 1641 fluchtartig den Rückzug nach Mitteldeutschland anzutreten. Auf diesem Rückmarsch, der von ständigen Kämpfen mit den nachdrängenden kaiserlichen Truppen begleitet war, erkrankte Johan Banér und verstarb Anfang Mai 1641 in Halberstadt[12].

Banérs Tod stürzte die schwedischen Streitkräfte in die bisher schwerste Krise seit Beginn des »Deutschen Krieges«, die sich im Verlauf des Jahres 1641 dramatisch zuspitzte. Denn die nun erneut offene Führungsfrage verband sich in gefährlicher Weise mit der ohnehin ständig schwelenden Versorgungsproblematik. Grundsätzlich stand die Regentschaftsregierung in Stockholm ihren Regimentsobristen und Unterfeldherrn im Reich, insbesondere einigen der hochrangigen deutschen Offiziere, mit einem gewissen Misstrauen gegenüber, das in finanzieller und politisch-militärischer Hinsicht wohl nicht ganz unberechtigt war. Daher wurde Salvius die Auszahlungen von Geldmitteln an die Armee bis zum Eintreffen des neuernannten schwedischen Oberbefehlshabers Lennart Torstensson im Reich untersagt. Diese Anordnung, die eigentlich der Straffung der Befehlsgewalt dienen sollte, bewirkte genau das Gegenteil des Gewünschten, weil sich Torstenssons Ankunft aus unterschiedlichen Gründen sechs Monate lang, bis November 1641, verzögerte – sechs Monate, in denen die Kommandostrukturen innerhalb der unterversorgten schwedischen Armee im Reich zusehends zerfielen[13].

Insgesamt zeigte die militärische Entwicklung zwischen 1638 und 1641, dass die Kronen im Reich stärker geworden waren, von einer eindeutigen Unterlegenheit der kaiserlichen Truppen konnte aber noch keine Rede sein. Die Zeitgenossen im Reich sprachen von einem *Aequilibrium* zwischen dem Kaiser und seinen Kriegsgegnern, freilich ohne jede positive Konnotation, wussten sie doch, dass sich dieses militärische Gleichgewicht konfliktverlängernd auswirken konnte. Die Veränderung der militärischen Lage trug auch wesentlich zum Wandel der politischen Atmosphäre bei, in der die intensiven diplomatischen Gespräche über mögliche Friedensverhandlungen stattfanden: Da die Aussicht auf einen raschen militärischen Sieg der einen oder der anderen Seite schwand, wuchs im Reich der Willen zu einer Einigung mit den Kronen, dem sich auch der Kaiser nicht entziehen konnte.

## b)  Vom Kölner Kongress zum Regensburger Reichstag: Die Grundsatzpositionen der Parteien

Im Mittelpunkt dieser vielschichtigen diplomatischen Verhandlungen seit 1638 stand das Projekt eines Friedenskongresses, des sog. »Kölner Kongresses«, der trotz der intensiven Gespräche über ein Vorstadium faktisch nie hinausgekommen ist[14]. Dieser Kongress ging auf die Initiative der Kurie zurück: Aufgrund seines Selbstverständnisses als »Padre Commune« der Christenheit fühlte sich der Papst zur Friedensstiftung unter den christlichen Gemeinwesen berufen[15] und bemühte sich seit Ausbruch des französisch-spanischen Krieges, einen Ausgleich zwischen den katholischen Großmächten zu finden. Trotz beträchtlicher Bedenken der Regierungen in Paris und Wien haben sowohl die französische als auch die kaiserliche Diplomatie demonstrativ ihre Unterstützung für die Friedensbemühungen der Kurie bekundet, um dann in den eigentlichen Verhandlungen mit allerlei diplomatischen Finessen hinhaltenden Widerstand zu leisten. So dauerte es bis 1640, bis die Kurie das Scheitern ihres Plans eingestand und ihren Kongresslegaten, Kardinal Martio Ginetti, nach vierjährigem Aufenthalt in Köln nach Rom zurückbeorderte.

Hier wird ein Charakteristikum der Diplomatie im Zeitalter des Dreißigjährigen Krieges sichtbar, auf das besonders in der neueren Forschung aufmerksam gemacht worden ist[16]. Anders als lange Zeit angenommen, handelte es sich bei den intensiven diplomatischen Verhandlungen, die das kriegerische Geschehen begleiteten, mitnichten um »Geheimdiplomatie«. Im Gegenteil: Zahlreiche Informationen drangen aus den Verhandlungen rasch nach außen, wozu die beteiligten Diplomaten selbst erheblich beitrugen. Die Nachrichten gelangten nicht nur an die übrigen europäischen Höfe und Regierungskanzleien, sondern auch, in Form von gedruckten

Berichten, Flugschriften und Zeitungen, an eine größere europäische Öffentlichkeit. Anders formuliert: Das Verhalten der beteiligten Verhandlungspartner, ihre Vorschläge und Argumentationen, orientierte sich in hohem Maße an der zu erwartenden Resonanz der übrigen Regierungen und politisch interessierten Kreise in Europa. Dies erklärt, warum eine schnelle und offene Ablehnung der päpstlichen Friedensinitiative und eine klare Formulierung der eigenen Beweggründe nicht in Frage kamen, hätte man dann doch von der Gegenseite leicht für das Scheitern des Friedensprozesses verantwortlich gemacht werden können. Entsprechend zogen sich diese kaiserlich-französischen Gespräche mit zahlreichen taktischen Wendungen über einen langen Zeitraum und parallel zu den Kriegshandlungen hin, ohne ein eindeutiges Ergebnis zu zeigen.

Diese diplomatischen Gespräche sind Gegenstand gründlicher Untersuchungen geworden[17], weil sie einen guten Einblick in das politische Kalkül und die Zielvorstellungen geben, die die beteiligten Mächte im Zusammenhang mit den geplanten Friedensverhandlungen verfolgten. Auch geben sie Aufschluss über die Grenzen der jeweiligen Kompromissfähigkeit in dieser Phase des Krieges.

Eine recht stringente Linie zu den geplanten Friedensverhandlungen vertrat – bei manchen Wendungen im Detail – der französische Staatsrat unter Kardinal Richelieu. Richelieu stand allen Kongressplänen skeptisch gegenüber, solange nicht einige klare Grundbedingungen erfüllt waren. Zunächst legte der Kardinalpremier seiner prinzipiellen allianzpolitischen Strategie folgend größten Wert darauf, dass Frankreich nicht allein mit Habsburg verhandele, sondern dass die Bündnispartner, Schweden und die Generalstaaten, in geeigneter Form hinzuziehen seien. Aufgrund der Konfessionsproblematik drängte Richelieu – wie schon im Bündnisvertrag mit Schweden 1638 avisiert – auf einen gemeinsamen Universalfriedenskongress, dessen Beratungen dann konfessionell getrennt an zwei verschiedenen Tagungsorten stattfinden sollten. Zudem verlangte er die gleichberechtigte Teilnahme seiner reichsständischen Verbündeten an dem Kongress. Dabei ging es nicht nur um bündnispolitische Überlegungen. Vielmehr strebte Richelieu an, auf diese Weise auch die künftige verfassungsrechtliche, konfessionelle und politische Ordnung des Reiches zum Gegenstand der Friedensverhandlungen zu machen. Schließlich lehnte Richelieu es ab, Ferdinand III. schon vor Beginn der Verhandlungen als Kaiser anzuerkennen. Nach französischer Lesart war die Kaiserwahl nichtig, weil zwei Kurfürsten, nämlich Kurtrier und Kurpfalz, an der Beteiligung widerrechtlich gehindert worden seien. Eine Anerkennung Ferdinands III. als Kaiser konnte nach französischer Auffassung höchstens am Ende, keinesfalls aber am Anfang eines solchen Friedenskongresses stehen.

Ganz anderer Natur waren die Vorbehalte, die der Kaiser gegen den Kölner Kongress hegte. Im Prinzip hatte Wien auch nach dem französisch-schwedischen Bündnis von 1638 die Hoffnung nicht aufgegeben, mit Stockholm zu einem separaten Friedensschluss zu kommen, war doch der französisch-schwedische Bündnisvertrag von 1638 nur befristet geschlossen worden. Trotz demonstrativer Befürwortung der päpstlichen Kongresspläne wurde das Kölner Projekt daher auch vom Kaiserhof zunächst dilatorisch verhandelt[18]. Aus demselben Grund stand Wien einem Universalfriedenskongress, auf dem zwischen allen Streitgegnern verhandelt werden sollte, sehr skeptisch gegenüber, wobei die kaiserliche Diplomatie diese Frage mit Rücksicht auf die Außenwirkung nicht ins Zentrum ihrer Argumentation rückte, sondern seit dem Winter 1637/38 Entgegenkommen signalisierte[19]. Energischen Widerstand, der wohl auch dem Ziel diente, den Universalfriedenskongress möglichst aufzuhalten, setzte Wien dem französischen Wunsch nach Zulassung der verbündeten Reichsstände entgegen. Der Kaiser war lediglich bereit, jene Reichsstände in irgendeiner Weise am Kongress zu beteiligen, die noch nicht dem Prager Frieden beigetreten waren. In den kaiserlichen Akten firmierten sie als die »bislang mit uns [dem Kaiser] noch nicht Ausgesöhnten« (nobis nondum reconciliati). Und auch diese sollten nur im Gefolge der französischen Verhandlungsdelegation zu den Beratungen hinzugezogen werden, um eine Grundsatzdiskussion über innere Reichsangelegenheiten zu vermeiden.

Freilich zeigte sich rasch, dass Richelieu in dieser Sache nicht zu Zugeständnissen bereit war. Letztlich ging es in diesem Streit, der sich über Jahre hinzog, weniger um die Zulassung weiterer namentlich benennbarer Teilnehmer aus dem Reich zu dem Friedenskongress – Frankreich besaß bis 1641 außer Hessen-Kassel und dem gefangen gesetzten Trierer Kurfürsten ohnehin keine bedeutenden reichsständischen Verbündeten – als um eine Grundsatzfrage. Aus Sicht des Kaisers war das Reich im Innern mit dem Prager Frieden weitgehend befriedet worden, während Richelieu genau dies in Frage zu stellen suchte: In zukünftigen Friedensverhandlungen sollte über die innere Verfasstheit des Reiches, konkret über eine Stärkung der Reichsstände, die Frage einer Amnestie und verwandte Probleme neu gesprochen werden können.

Wenig Zustimmung fand der Kaiser mit seiner harten Haltung in dieser Grundsatzfrage bei den Kurfürsten, denen im Prager Frieden ein Mitspracherecht bei kommenden Friedensverhandlungen zugestanden worden war. Vor allem Kurbayern war überzeugt, dass der Kaiser mit seiner Position dauerhaft den Interessen seiner Verbündeten im Reich schadete. Kurfürst Maximilian fürchtete insbesondere negative Rückwirkungen auf die angestrebte pfälzische Kurtranslation, denn angesichts der Schwächung des Kaisers hielt es Kurbayern für ratsam, sich in der kurpfälzischen Sache langfristig französischer Unterstützung zu versichern. Entsprechend intensivierte der Kurfürst seine eigenen Kontakte nach Frankreich, um Möglichkeiten einer Annäherung der Positionen, eventuell sogar eines kaiserlich/bayerisch-französischen Separatfriedens zu sondieren. Dabei ließ die bayerische Regierung großes Verständnis für den französischen Wunsch erkennen, dass sich Wien vor einem Separatfrieden von Spanien lösen müsse: Die seit Mitte der dreißiger Jahre verfolgte kaiserliche Politik der engen Anbindung an Spanien wurde von München eher argwöhnisch verfolgt, seit die Hoffnung auf einen raschen Sieg dahin war[20].

Doch in diesem Punkte war Wien nicht bereit, seinem wichtigsten Verbündeten im Reich zu folgen: Gegen einen Separatfrieden mit Frankreich hatte Ferdinand III. prinzipiell nichts einzuwenden, freilich durfte er aus Wiener Sicht nicht um den Preis einer Trennung von Spanien geschlossen werden; die kaiserliche Regierung war nicht willens, die spanische Allianzpolitik, die sie seit Mitte der dreißiger Jahre entschieden verfolgte und mit dem Militärbündnis von 1639 vertiefte, in absehbarer Zeit aufzugeben. Um weiteren kurfürstlichen, insbesondere kurbayerischen, Pressionen in dieser Hinsicht auszuweichen, entschloss sich der Kaiser im Frühjahr 1640 zu einem für viele Beobachter überraschenden Schritt, zur Einberufung des Reichstags, der seit 1613 nicht mehr zusammengetreten war. Der Entschluss des Kaisers war in dieser Situation durchaus konsequent: Auf den Reichsversammlungen besaß das Reichsoberhaupt eine starke Stellung, die er besonders zur Geltung bringen konnte, wenn er – wie 1640/1641 – persönlich erschien[21].

Die Erwartung des Kaiserhofs erfüllte sich freilich nicht. Der Kaiser wurde in Regensburg mit der gewandelten politischen Atmosphäre im Reich und unter den Reichsständen konfrontiert. Das Interesse der Reichsstände, auch der katholischen Mehrheit, an der baldigen Aufnahme und Durchführung von Friedensverhandlungen war überwältigend, weil angesichts der Kriegslage die Hoffnung auf eine rasche militärische Lösung und eine baldige Vertreibung der Kronen illusorisch war. Zwar wurde der Prager Frieden als Grundlage einer Friedensordnung in Regensburg prinzipiell noch nicht in Frage gestellt. Doch wurden in der Praxis alle kaiserlichen Forderungen und Positionen, die einer schnellen Erreichung von neuen Friedensverhandlungen mit den Kronen zu widersprechen schienen, vom Reichstag mit größtem Argwohn betrachtet.

Nur mit großer Mühe und massiven Pressionen auf Kurfürst Maximilian, dem indirekt mit einem Entzug der kaiserlichen Unterstützung in der pfälzischen Frage gedroht wurde, gelang es dem Kaiser, einen Beschluss des Reichstags zur Trennung von Spanien zu verhindern[22]. Eine regelrechte Niederlage erlitt der Kaiserhof in Hinblick auf die Festlegung der Teilnehmer künftiger Friedensverhandlungen. Sowohl der Kurfürstenrat als auch der Fürstenrat forderten Ferdinand III. unmissverständlich auf, nicht nur den »unausgesöhnten« Reichsständen die Teilnahme am Friedenskongress zu gestatten, sondern auch weitere Verbündete Frankreichs und Schwedens hinzuziehen[23]. Weitergehende Forderungen von Seiten Hessen-Kassels und Braunschweigs, auch die Gesamtheit der Reichsstände zum Friedenskongress zuzulassen, erwiesen sich freilich bei den meisten übrigen Reichsständen als nicht durchsetzbar. Kurfürsten und Fürsten verständigten sich in dieser Hinsicht auf eine sehr moderate Lösung: Einer Delegation des Fürstenrats wurde gestattet, an einem Friedenskongress teilzunehmen, freilich nur, um dem Kaiser die eigenen Wünsche und Beschwerden vorzutragen[24].

Insgesamt war die vom Kaiser erhoffte politische Unterstützung durch den Reichstag ausgeblieben, als dieser nach dreizehnmonatiger Beratung im Oktober 1641 auseinander ging. Auch in anderer Hinsicht erwiesen sich die politischen Hoffnungen der kaiserlichen Regierung als trügerisch. Im Juni 1641 verlängerten Schweden und Frankreich ihr 1638 geschlossenes Bündnis, nun auf unbestimmte Zeit bis zum Friedensschluss. Seit 1638 war es ohnehin nur eine vage Hoffnung gewesen, die beiden Bündnispartner noch einmal voneinander zu trennen, nun, seit Juni 1641, war dies praktisch aussichtslos[25].

*c) Der Hamburger Präliminarvertrag: Kompromiss ohne Entscheidung*

Unter diesen Vorzeichen, dem Rückschlag für die kaiserlichen Separatfriedenspläne und dem Aus für den päpstlichen Kölner Kongress, begann im Oktober 1641 die letzte Runde der Verhandlungen über den künftigen Friedenskongress, die von den Botschaftern Frankreichs, Schwedens und des Kaisers, d'Avaux, Salvius und Curt von

Lützow, geführt wurden. Nach dem schwedisch-französischen Bündnisvertrag vom Juni 1641 war die Bereitschaft zum Kompromiss allenthalben vorhanden. Erleichtert wurde die Einigung dadurch, dass Schweden durch die dramatische Krise seiner Streitkräfte unter großem Druck stand[26]. Schweden drängte stark auf den baldigen Beginn von Friedensverhandlungen und war sogar bereit, für diese letzte Runde die Vermittlung seines alten Ostseerivalen Dänemark zu akzeptieren[27].

Ergebnis der Hamburger Verhandlungen war der erwähnte Präliminarvertrag von Dezember 1641. Die Bezeichnung »Präliminarfrieden« führt eher in die Irre, handelte es sich doch in wesentlichen Punkten um einen Formelkompromiss, der viele Fragen in Bezug auf den künftigen Friedenskongress unbeantwortet ließ und auch inhaltliche Vorfestlegungen nach Möglichkeit vermied. Klarheit schuf der Vertrag immerhin über den allgemeinen Rahmen des zukünftigen Friedenskongresses[28]. Es wurde – wie von Richelieu angestrebt – festgelegt, dass es sich um einen einzelnen Universalfriedenskongress der am Krieg beteiligten europäischen Mächte und des Reiches an zwei getrennten Tagungsorten handeln solle. Gegen anfänglichen Widerstand des Kaisers, der sich eine größere Nähe des Kongresses zu den Erblanden gewünscht hätte, wurden die westfälischen Städte Münster und Osnabrück ausgewählt. Die Nähe der beiden Orte zueinander entsprach dem Wunsch Frankreichs und Schwedens, die Einheit des Kongresses zu betonen. Dem gleichen Ziel diente auch die Regelung, dass nicht nur die Kongressstädte, sondern auch deren Verbindungsstraßen dem Kriegsgeschehen entzogen und neutralisiert werden sollten. Als Beginn des Kongresses wurde der 25. März 1642 festgelegt.

Andere Streitfragen konnten dagegen nur vorläufig gelöst bzw. mit größter diplomatischer Finesse und Formulierungskunst umgangen werden. Dies galt für die heikle Frage der Kaiser-Titulatur Ferdinands III. Sie konnte dadurch offengehalten werden, dass Frankreich und der Kaiser ihre Urkunden nicht direkt austauschten, sondern getrennte Schreiben an den dänischen Vermittler richteten. Für die kommenden Friedensverhandlungen verhieß es freilich nichts Gutes, dass die Verhandlungspartner im Präliminarvertrag nicht einmal die Rechtsstellung ihres Gegenübers anerkannten und die Entscheidung vertagten[29].

Vertagt wurde auch die Entscheidung über die Frage der Kongressteilnehmer aus dem Reich. Der Kaiser willigte zwar ein, dass der Kreis möglicher Teilnehmer noch auf weitere, namentlich nicht genannte Bundesgenossen und Anhänger Frankreichs und Schwedens erweitert werde (*pro universis Imperii Germanici [...] foederatis et adhaerentibus in genere*). Scheinbar setzte sich das Reichsoberhaupt damit über Bedenken einiger Räte hinweg, die eindringlich vor einer solchen Erweiterung gewarnt hatten[30]. Tatsächlich jedoch war der Kaiser im Dezember 1641 entschlossen, die Zahl der Reichsstände, die als Verbündete der Kronen an dem Friedenskongress teilnehmen würden, so klein wie möglich zu halten. Er wollte unbedingt vermeiden, dass es auf einem künftigen Friedenskongress zu einer intensiven Beratung von Reichsverfassungsfragen kommen sollte. Der Kaiser war nach wie vor der Meinung, dass der Prager Kompromiss nicht wieder vollständig aufgeschnürt werden sollte. Wenn dieses Ziel nicht vertragsrechtlich erreicht werden konnte, so sollte es politisch-militärisch geschehen. Ganz unbegründet war diese Hoffnung im Dezember 1641 nicht. Wirkliche Verbündete der Kronen waren – sieht man von sehr kleinen oder deposedierten Reichsständen einmal ab – zum Zeitpunkt des Vertragsabschlusses nach wie vor nur Hessen-Kassel und Braunschweig. Ob nur sie durch den Präliminarvertrag zum Friedensvertrag zugelassen waren oder eventuelle weitere Verbündete, war Auslegungssache, die vom Kaiser naturgemäß anders bewertet wurde als von seinen Gegnern[31].

Inwieweit sich der Kaiser mit seiner Interpretation würde durchsetzen können und ob sich die Zahl der Verbündeten der Kronen überhaupt vergrößern würde, darüber musste die künftige militärische Entwicklung entscheiden. Und die schien im Herbst 1641 für den Kaiser noch keineswegs aussichtslos zu sein; es gab durchaus Zeichen für eine Besserung der eigenen militärischen Lage, vor allem wegen der erwähnten, sich ständig verschärfenden Situation innerhalb der schwedischen Streitkräfte. Immerhin erlebte Schweden die bis dahin größten und gewalttätigsten Meutereien seiner Streitkräfte in Deutschland, in deren Verlauf es zu heftigen Spannungen zwischen deutschen und schwedischen Armeeangehörigen, darunter auch Offizieren, gekommen war. Selbst schwedische Regimentsobristen wie Gustav Wrangel und Gustav Gustavsson (ein außerehelicher Sohn Gustav Adolfs) waren bei den Auseinandersetzungen mit verbitterten Untergebenen in Lebensgefahr geraten[32]. Bei militärischen Auseinandersetzungen im Herzogtum Braunschweig im Sommer 1641 war deutlich geworden, dass die schwedischen Truppen nur noch begrenzt einsatzfähig waren, so dass ein Abfall des Herzogs von Braunschweig-Lüneburg von Schweden möglich erschien. An einigen europäischen Höfen – und zwar nicht nur in Wien – wurde sogar ein baldiger, vollständiger Zerfall der schwedischen Armee für wahrscheinlich gehalten[33]. Eine solche Entwicklung hätte genau jene Situation herbeigeführt, die der Kaiser angestrebt hatte und die Richelieu stets hatte vermeiden wollen, weil Frankreich dann de facto allein seinem habsburgischen Gegner im Reich gegenüberstand. Die kaiserliche Regierung hielt es angesichts der Schwierigkeiten auf der gegnerischen Seite für tunlich, durch Verzögerung der Ratifikation den Beginn der Friedensverhandlungen über den eigentlich avisierten Zeitraum hinaus zu verschieben, um einen möglichen Umschwung der militärischen Lage zu ihren Gunsten abzuwarten[34].

Bemerkenswerterweise setzte auch die französische Regierung auf eine Verzögerung des Kongressbeginns, weil sie die genau entgegengesetzte Erwartung hegte: Richelieu hoffte, dass sich die Kräfteverhältnisse im Reich zugunsten der Kronen wandeln und dazu führen würden, die gewünschte Teilnahme weiterer Reichsstände auf dem Friedenskongress möglich zu machen. Grundlos war auch diese Erwartung trotz der schwedischen Krise nicht, vor allem wegen der Entwicklung in West- und Südwesteuropa (s. unten Kap. VII, 3). Aber auch aus dem Reich kamen ermutigende Signale für Paris. Besondere Bedeutung hatte in diesem Zusammenhang der Kurswechsel Kurbrandenburgs, der im Oktober 1641, unmittelbar nach dem Regensburger Reichstag, vom jungen Landesherrn, Kurfürst Friedrich Wilhelm (1640–1688), bekannt gemacht worden war. Er ließ offiziell mitteilen, von nun an eine neutrale Position im Krieg einzunehmen, die brandenburgischen Streitkräfte größtenteils abzudanken und künftig jede Unterstützung der Reichsarmee zu verweigern. Durch Wahrung der Neutralität hoffte die brandenburgische Regierung, zu einer Annäherung an Schweden zu gelangen, um in direkten Verhandlungen zu einer Verständigung über die pommersche Erbschaft zu gelangen. Eine neutrale Position war soeben vom Regensburger Reichstag – hierin der Linie des Prager

Friedens folgend – in seinem Abschied noch einmal ausdrücklich verboten worden[35]. Die entsetzten Reaktionen am Kaiserhof waren daher nur zu verständlich, brach doch nun zum ersten Mal ein Kurfürst offiziell aus dem Prager Friedenssystem aus und erklärte es damit für endgültig obsolet.

Zum Zeitpunkt der Unterzeichnung des Hamburger Präliminarvertrags befand sich der Krieg somit in einer offenen, äußerst schwer berechenbaren militärischen und politischen Phase – eine Tatsache, der die Formelkompromisse des Hamburger Vertragswerks Rechnung trugen. Vor diesem Hintergrund wird auch verständlich, warum man sich in Hamburg auf keinen sofort oder wenigstens mit Beginn des Friedenskongresses gültigen Waffenstillstand verständigte: Beide Seiten hofften noch auf einen nachhaltigen militärischen Umschwung zu ihren Gunsten. Genau diese Konstellation führte dazu, dass die Entwicklung im Spanischen Reich seit 1639 so prägende Bedeutung für die militärische und politische Lage in Mitteleuropa erlangte. Denn gerade in diesen Jahren seit 1641 entfaltete die Krise Spaniens ihre volle Wirkung auf dem mitteleuropäischen Kriegsschauplatz.

## 3. Die Krise der spanischen Monarchie

### a) Der Krieg in Westeuropa bis 1638

Die Krise des spanischen Reiches spitzte sich seit den Jahren 1639/40 in dramatischer, für die Zeitgenossen in diesem Ausmaß unvorhersehbarer Weise zu. Im Konflikt zwischen Spanien und seinen Kriegsgegnern, den Generalstaaten bzw. Frankreich, hatten eher ausgewogene Kräfteverhältnisse geherrscht, beiden Seiten waren durchschlagende militärische Fortschritte versagt geblieben. Olivares hatte seit 1634/35 wieder eine eindeutige Offensivstrategie verfolgt, in deren Kontext massive Rüstungsanstrengungen, die Entsendung des Kardinalinfanten Fernando an der Spitze einer neuen Armee in die Niederlande und sukzessive auch der endgültige Bruch mit Frankreich zu sehen ist. Ganz erfolglos war diese Strategie nicht geblieben. Spanien hatte im Jahr 1635 einen siegreichen Feldzug gegen die Generalstaaten durchführen können, der in der Einnahme der strategisch bedeutenden Festung Schenkenhans am Niederrhein gipfelte; im folgenden Jahr, in der *année de Corbie*, hatte zudem der bereits erwähnte, spektakuläre spanische Vorstoß nach Frankreich stattgefunden. Doch gingen die meisten spanischen Zugewinne in der Folgezeit rasch wieder verloren, der erhoffte dauerhaften Durchbruch, durch den ein günstiger Friede mit den Generalstaaten hätte erzwungen werden sollen, blieb aus[36].

Auch Frankreich und die Generalstaaten hatten bis 1638 trotz erheblicher Aufwendungen für den Krieg keine größeren Erfolge verbuchen können. Gerade im Falle Frankreichs lag das an strukturellen Defiziten der Streitkräfte, auf die neuere Forschungen aufmerksam gemacht haben: Die bourbonische Monarchie hatte enorme Schwierigkeiten, Staat und Armee in den Anfangsjahren des Krieges auf die Erfordernisse eines Krieges gegen Spanien einzustellen. Sichtbare Zeichen waren die sehr geringe Verlässlichkeit der – hochadligen – Offiziere[37], die ständigen Übergriffe der Soldaten im eigenen Land sowie – im Gegenzug – die heftige Ablehnung, die dem Militär von Seiten der Zivilbevölkerung entgegenschlug und sich in mehreren Revolten gegen die neuartigen, extrem ungeliebten Kriegsbelastungen Luft machte[38].

Die einzige größere französische Leistung dieser Jahre war die Einnahme der Festung Breisach im Dezember 1638, die für die Sicherung des Elsass und die Blockade der Spanischen Straße strategisch von erheblicher Bedeutung war. Doch auch Breisach ist nur eingeschränkt als wirklicher Erfolg der französischen Armee zu werten. Denn der Bezwinger der Festung Breisach, Herzog Bernhard von Weimar, agierte als Kriegsunternehmer weitgehend unabhängig von seinen französischen Auftraggebern, zu denen sein Verhältnis Ende 1638 wegen ausbleibender Unterstützung äußerst gespannt war. In der französischen Regierung wurde mit guten Gründen bezweifelt, dass der Weimarer seine Eroberungen dem König von Frankreich übergeben würde; man hielt es in Paris für durchaus möglich, dass Herzog Bernhard die französischen Dienste bei nächster Gelegenheit quittieren, ja, eventuell sogar eine eigene Landesherrschaft im elsässisch-vorderösterreichischen Raum aufbauen werde[39].

### b) Die spanischen Katastrophen von 1639/40

Seit 1639 änderte sich das Bild geradezu schlagartig. Im Verlauf von zwölf Monaten musste die spanische Monarchie eine Reihe äußerst schwerer Rückschläge und Erschütterungen hinnehmen. Dies galt zunächst in militärischer Hinsicht: Alle Versuche, die Kommunikations- und Versorgungslinien in die Spanischen Niederlande zu Wasser oder zu Lande wiederherzustellen, endeten im Desaster. Eine große spanische Seestreitmacht, die den Seeweg von Spanien in die Niederlande militärisch wieder passierbar machen sollte, wurde im Oktober 1639 von der niederländischen Flotte vor Dover vernichtet – eine Seeniederlage, die in ihren Auswirkungen nach Auffassung der neueren spanischen Historiographie mit der Niederlage der Armada 1588 zu vergleichen ist und eigentlich weit schädlichere Auswirkungen hatte[40]. Diese Niederlage wog um so schwerer, als auch alle Anstrengungen, den sicheren Landweg in die Spanischen Niederlande wiederherzustellen, scheiterten, und es Frankreich nach dem überraschenden Tod Bernhards von Weimar (Juli 1639) gelang, die Kontrolle über das Elsass und die Stellungen am Oberrhein zu festigen. Damit gab es keine sichere Verbindungslinie zwischen den Spanischen Niederlanden und der iberischen Halbinsel bzw. den italienischen Territorien der spanischen Krone mehr. Dies hatte dramatische Folgen für die spanische Militärstrategie, die wesentlich darauf beruhte, die Spanischen Niederlande als geeignete Aufmarschbasis (plaza de armas) für alle Feldzüge gegen Frankreich und die Niederlande nutzen zu können[41]. Anders formuliert: Seit der zweiten Jahreshälfte 1639 stand fest, dass Spanien seine ursprünglichen Kriegsziele im Kampf gegen die Generalstaaten und Frankreich auf militärischem Weg in näherer Zukunft nicht mehr erreichen konnte[42].

Noch schwerer allerdings wogen die inneren Erschütterungen der spanischen Monarchie. Im Jahr 1640 sagten sich zwei wichtige Fürstentümer, die bislang in Personalunion mit Kastilien verbunden waren, von Madrid los: das Königreich Portugal (dem im folgenden Jahr Portugiesisch-Brasilien folgte) und die Grafschaft Katalonien. Der Zeitpunkt der Lostrennung war keineswegs zufällig. Angesichts der Finanzkrise der Krone hatte der spanische Staatsrat unter Olivares seine Bemühungen forciert, neben Kastilien auch die übrigen Teilreiche in einer sogenannten *union de armas* verstärkt zur Übernahme finanzieller Lasten heranzuziehen[43]. Offenbar hatte Olivares die Widerstände gegen die angestrebte *union de armas* unterschätzt, die dann 1640 mit der Revolte großer Teile des Adels und der städtischen Oberschichten in den betreffenden Fürstentümern gegen die Personalunion mit dem Königreich Kastilien sichtbar wurden[44]. Gerade die katalanische Rebellion hatte dramatische Folgen für Madrid, weil die Aufständischen das französische Bündnis suchten und fanden. Im Januar 1641 nahm König Ludwig XIII. den Titel eines Grafen von Barcelona an – ein Schritt, der ihn offiziell zum Schutzherrn der aufständischen Katalanen machte. Damit wurde die militärische Auseinandersetzung der beiden Großmächte tief in die iberische Halbinsel hineingetragen und damit begann in Spanien ein »internal thirty years' war« (I.A.A.Thompson)[45].

Anders als in vorhergehenden Krisen war die spanische Monarchie nach 1640 außerstande, die Rückschläge der Jahre 1639/40 rasch wieder auszugleichen. Eine zügige Rückgewinnung der Spanischen Straße sowie Kataloniens und Portugals erwies sich als unmöglich. Unmittelbare Folge der schweren Erschütterungen Spaniens war, dass sich die militärischen Kräfteverhältnisse zugunsten seiner Gegner zu verschieben begannen. Weithin sichtbares Fanal dafür war die schwere spanische Niederlage von Rocroi im Mai 1643, als die bislang als geradezu unbesiegbar geltende spanische Infanterie in Flandern von der französischen Armee unter Condé vernichtend geschlagen wurde[46].

Auch am spanischen Hof, im engsten Kreis der Regierung, machte man sich über die Schwere der entstandenen Krise keine Illusionen. Als Philipp IV. im Januar 1643 nach langem Zögern seinen seit mehr als zwei Jahrzehnten geradezu allmächtigen Minister und *Valido*, den Herzog von Olivares, entließ und vom Hof verbannte, war dies ein offenes Eingeständnis der dramatischen Situation des Königreichs und des Scheiterns der bisher verfolgten Politik[47].

In der einschlägigen Forschungsliteratur werden die Gründe der für die Zeitgenossen doch recht überraschenden Krise Spaniens seit längerem intensiv erörtert. Systematisch betrachtet stehen sich zwei Deutungsansätze gegenüber. Die eine, ältere Forschungsrichtung geht davon aus, dass die Krise 1639/40 Ausdruck eines generellen Niedergangs der spanischen Macht sei[48]. In Anlehnung an zeitgenössische, häufig von den Gegnern Spaniens in polemischer Absicht formulierte Vorstellungen wird in diesem Zusammenhang von einer Ära des Niedergangs, einem »siglo de decadencia«, gesprochen, das 1639/40 offenbar geworden sei. Diese sei auf unüberwindbare strukturelle Schwierigkeiten des spanischen Reiches zurückzuführen. Genannt werden hier vor allem die geographische Zersplitterung des Reiches, administrative Unzulänglichkeiten sowie die ausgeprägte Heterogenität Spaniens als einer »Composite Monarchy«. Die großen rechtlichen Unterschiede zwischen den Teilreichen, nicht zuletzt in fiskalischer Hinsicht, und die langen Kommunikations- und Versorgungswege innerhalb des Reiches hätten die Monarchie langfristig – gerade in der Konkurrenz zur geographisch und rechtlich kompakteren französischen Monarchie – vor unlösbare Probleme gestellt. Zu dem Zeitpunkt, in dem das Kernland der Monarchie, Kastilien, durch den Rückgang der Silberimporte aus Südamerika und die Abnahme der Bevölkerung in Schwierigkeiten geraten sei, seien all diese

Probleme in vollem Umfang ausgebrochen. Das Krisenjahr 1639/40 ist in dieser Sicht als epochales Wendejahr der spanischen Monarchie zu werten[49].

Dem steht eine andere, neuere Richtung gegenüber, die diesem Interpretationsansatz teilweise widerspricht. Sie weist auf mehrere Punkte hin, die in der »Decadencia«-Theorie nicht gebührend gewürdigt worden seien. Zunächst sei die geographische Aufteilung der spanischen Monarchie nicht nur eine Last, sondern strategisch auch ein Vorzug gewesen. Gerade der Besitz der Spanischen Niederlande als vom kastilischen Kernland getrennter, militärischer Aufmarschbasis habe Madrid lange Zeit erhebliche Vorteile gegenüber Frankreich und den Generalstaaten verschafft. Auch der direkte Vergleich mit Frankreich fällt nicht ganz so eindeutig zu Lasten Spaniens aus[50]. Es wird darauf verwiesen, dass auch Frankreich seit Kriegsausbruch vor ähnlichen, äußerst schwerwiegenden inneren Problemen stand, die trotz ständig wachsender Steuerlast zum Staatsbankrott (Juli 1648) und mehrfach zu Aufständen gegen die einschneidenden fiskalischen und administrativen Maßnahmen führten. Die schwerste dieser Unruhen, die Fronde (1648–1653), sei zu einem Bürgerkrieg eskaliert, der die französische Monarchie in ihren Grundfesten erschüttert habe – ein Vorgang, der in dieser Radikalität ohne Parallele in Spanien ist. Schließlich sei es eine unzulässig Simplifizierung, von einem kontinuierlichen Niedergang Spaniens zwischen 1640 und dem letzten Drittel des 17. Jahrhunderts auszugehen. Im Gegenteil sei Spanien in den späten vierziger und frühen fünfziger Jahren eine bemerkenswerte militärische und ökonomische Regeneration gelungen, einige abgefallene Teilreiche seien wieder Teile des Imperiums geworden, während  der französische Rivale politisch-militärisch in die Defensive geraten sei[51].

Die Diskussion über die Bewertung der spanischen Krise im 17. Jahrhundert ist noch nicht abgeschlossen. Ihre Ergebnisse deuten darauf hin, dass es nötig ist, den Niedergang der spanischen Macht nicht als isolierten Vorgang zu deuten, sondern ihn in engem Zusammenhang mit der konkreten politisch-militärischen Konstellation seit 1635 zu betrachten: Die genannten, unbestreitbar vorhandenen strukturellen Probleme der spanischen Monarchie wurden 1639/40 in derart dramatischer Weise wirksam, weil sich Madrid für einen längeren Zeitraum in einem kräftezehrenden Zweifrontenkrieg gegen Frankreich *und* die Niederlande befand. Dies stellte eine enorme Herausforderung dar, die Spaniens Möglichkeiten auf Dauer übersteigen musste und bislang verdeckte Probleme des spanischen Reiches in aller Schärfe zutage treten ließ. Zugleich erwies sich, dass die geographische Ausdehnung der Monarchie sich in einer solchen allianzpolitischen Lage nachteilig auswirkte und die langen Kommunikationswege gegen die beiden koordiniert agierenden Kriegsgegner langfristig nicht zu verteidigen waren. Es ist daher gewiss nicht zufällig, dass eine gewisse Regeneration der spanischen Macht in dem Moment einsetzte, als die Niederlande 1648 einen Separatfrieden mit Spanien schlossen und aus dem Krieg ausschieden. Die endgültige Niederlage Spaniens im Krieg mit Frankreich in den fünfziger Jahren des 17. Jahrhunderts war erst besiegelt, als mit England unter dem Lordprotektor Cromwell 1655/57 erneut eine zweite Großmacht auf der Seite des französischen Gegners in den Krieg eintrat[52]. Insgesamt bestätigt dies, dass die hohe Aufmerksamkeit, die Richelieu und Olivares mit unterschiedlichem Erfolg der Allianzfrage zuwandten, vollauf berechtigt war. Es war die Bündniskonstellation, die wesentlich über das äußere und innere Geschick der beiden Mächte entschied.

Die Krise Spaniens hatte massive Rückwirkungen auf das Kriegsgeschehen im römisch-deutschen Reich, vor allem deshalb, weil sich Spaniens Stellung als Geldgeber des Kaisers und seiner Verbündeten nachhaltig veränderte. Bis 1640 hat Madrid noch beträchtliche Subsidien ins Reich fließen lassen, die vor allem dem Kaiser zugute kamen. Noch 1640 wurde von Madrid die enorme Summe von fast 500 000 Gulden an Hilfsgeldern nach Wien überwiesen. Schon im folgenden Jahr 1641 leistete Madrid praktisch überhaupt keine Subsidien mehr; die spanischen Geldzahlungen beschränkten sich auf die Erstattung der Aufwendungen für jene Truppen, die der Kaiser Spanien überließ[53]. Spanien benötigte das Geld dringender denn je für die eigenen Bedürfnisse.

Für die militärischen Kräfteverhältnisse im Reich hatte dies weitreichende Folgen. Denn der Kaiser war – ebenso wie Schweden – immer wieder dringend auf die Subsidien zahlungskräftiger Bündnispartner angewiesen. Zwar beruhte die Armeefinanzierung zu einem großen Teil auf den Kontributionen, den Kriegssteuern, die von den Territorien, in denen die Söldnertruppen einquartiert waren, erhoben wurden (vgl. oben S. 58 f.). Subsidien, also liquide Mittel, waren freilich stets dann erforderlich, wenn es galt, eine neue Feldarmee aufzustellen, um von der Defensive wieder in die Offensive überzugehen. Zudem waren die Feldarmeen auch bei Feldzügen fernab von ihren Unterhaltsgebieten auf andere Mittel als die Kontributionen angewiesen. Gerade in militärischen Situationen, in denen es darum ging, die eigenen Offensivkräfte zu stärken, das Gesetz des militärischen Handelns zurückzugewinnen und weiträumige Feldzüge durchzuführen, spielten die Fremdmittel eine Schlüsselrolle. Dies hatte sich in den ersten zwei Jahrzehnten des Krieges wiederholt gezeigt, und zwar stets dann, wenn der Kaiser oder sein schwedischer Kriegsgegner jeweils in die Defensive gedrängt worden waren und die militärische Offensivkraft vor allem dank großzügiger Subsidien von dritter Seite zurückerlangen konnten[54].

Entsprechend schmerzhaft machte sich für den Kaiser das Fehlen der spanischen Subsidien bemerkbar: Ihm kam seit 1641 schrittweise die Fähigkeit abhanden, militärische Krisen zu überwinden und offensive Operationen durchzuführen. Noch 1641 hatten die massiven Schwierigkeiten Schwedens die Folgen der spanischen Krise für den Kaiser abgemildert, aber ab 1642/3 trafen sie ihn mit unverminderter Härte.


## 4. Das Ringen um die Friedensverhandlungen II: Umschwung im Reich und Kongressbeginn (1642/45)

Die Krise Spaniens beeinflusste die militärische Entwicklung auf dem Kriegsschauplatz im Reich nachhaltig. Sie war zwischen 1642 und 1645 von einer nachhaltigen Veränderung zugunsten Schwedens und Frankreichs gekennzeichnet. Zunächst, im Jahr 1642, hatte es den Anschein, dass dieser Umschwung wesentlich auf die wiedergewonnene militärische Schlagkraft Schwedens zurückgehe. Seit 1643/44 wurde freilich deutlich, dass es weniger die Stärke der Kronen als die Schwäche des Kaisers war, die die militärische Wende herbeiführte. Traten doch – vor allem in Nordeuropa – Entwicklungen ein, die sich für den Kaiser und seine Verbündeten möglicherweise günstig auswirken konnten. Aufgrund der beschriebenen finanziellen Lage erwiesen sich die kaiserliche Regierung und die kaiserliche Armeeführung aber als unfähig, diese Situation militärisch auszunutzen; die kaiserliche Armee hatte ihre Fähigkeit zu offensiver Kriegführung weitgehend verloren. Alle Bemühungen des Kaisers, in die Offensive zu gehen und militärisch wieder die Oberhand zu gewinnen, scheiterten kläglich und endeten 1645 in einer militärischen Katastrophe.

## a) Der schwedisch-dänische Krieg und die Strukturkrise der kaiserlichen Armee

1642 wurde zum Jahr der Regeneration Schwedens auf dem deutschen Kriegsschauplatz. Verschiedene Gründe trugen dazu bei, dass es dem neuen Oberbefehlshaber Lennart Torstensson (1603–1651) seit dem Jahreswechsel 1641/42 gelang, die massive Krise der schwedischen Streitkräfte zu überwinden. Zum einen waren zusammen mit Torstensson etwa 7000 neu ausgehobene schwedische Soldaten im Reich eingetroffen, die als schwedische Kerntruppen auf die Regimenter verteilt wurden und erheblich zur Stärkung der Disziplin beitrugen. Zum anderen gelang es Salvius, im Herbst 1641 von Hamburg aus die notwendigen Kredite für die Armee zu organisieren. Dass dies möglich wurde, lag wesentlich an den französischen Subsidien, die bei der Verlängerung des französisch-schwedischen Vertrags nach harten Verhandlungen auf 120 000 Gulden jährlich erhöht worden waren[55]. Seit Ende 1641 wurden die Mittel an die im Reich stehenden schwedischen Söldnertruppen weitergeleitet und halfen mit, die bis dahin dramatisch schlechte Versorgungslage der Soldtruppen zu verbessern[56]. Schließlich erwies sich der neue Oberbefehlshaber Lennart Torstensson als geschickter Organisator und vor allem als ausgezeichneter Stratege, der Schwächen des Gegners rasch erkannte und mit offensiven Blitzfeldzügen glänzend auszunutzen verstand. Dass Torstensson – von Rheuma und Gicht gezeichnet – viele seiner militärischen Operationen vom Krankenlager aus leitete, erhöhte in gewisser Weise den Nimbus, den dieser Feldherr bei Freund und Feind besaß. Überdies war Torstensson ein politischer Kopf, der dank ausgezeichneter Beziehungen auf die Führung in Stockholm und auf die Verhandlungsdelegation in Osnabrück beträchtlichen Einfluss nahm[57].

Torstenssons Feldzugsplan von 1642 entsprach im Prinzip der Strategie, die bereits sein Vorgänger Banér verfolgt hatte. Er zielte darauf, die militärische Entscheidung in den Erblanden zu suchen. Hilfreich war dabei, dass ihm beim Vormarsch nach Süden im mittlerweile neutralen Brandenburg kein militärischer Widerstand entgegengesetzt wurde. In Schlesien und Mähren rückten die schwedischen Truppen rasch vor und besetzten strategisch wichtige Städte und Plätze. Heftige Kämpfe entbrannten beim Versuch der Schweden, auch nach Böhmen vorzustoßen: Um den schwedischen Streitkräften unter Torstensson den Weg nach Böhmen zu verlegen, war die kaiserlich-sächsische Reichsarmee unter Erzherzog Leopold Wilhelm und General Octavio Piccolomini in Kursachsen eingerückt. Bei Breitenfeld in der Nähe von Leipzig trafen die Armeen am 2. November 1642 – nun schon zum zweiten Mal während des Krieges an diesem Ort – zur Schlacht aufeinander, die Torstensson für sich entschied. Dank der geschickten Taktik des schwedischen Oberbefehlshabers und seiner überlegenen Artillerie wurde die kaiserliche Hauptarmee fast vollständig vernichtet und ihre verbliebenen Einheiten gezwungen, unter Zurücklassung ihrer

Ausrüstung nach Böhmen zu fliehen[58]. Diese kaiserliche Niederlage war um so schwerwiegender, als auch der französisch-hessische Feldzug des Jahres 1642 erfolgreich verlief. Nach einem Sieg des französischen Generals Guébriant bei Kempen am Niederrhein rückten französische und hessische Truppen im Erzstift Köln ein und besetzten feste Plätze im Niederrheinisch-Westfälischen Kreis[59]. Damit gefährdeten sie die Verbindungslinien zwischen den Truppen der Reichsarmee in Westfalen und der spanischen Flandernarmee[60]. Zugleich wurde ein weiterer Vormarsch ins Reich und eine Vereinigung der französisch-hessischen mit den schwedischen Truppen unter Torstensson möglich. Dem Vorstoß dieser vereinigten Streitmacht weit in die habsburgischen Erblande hinein konnte der Kaiser nach dem Verlust seiner Armee bei Breitenfeld zunächst keine starken Streitkräfte mehr entgegensetzen[61].

So waren die Aussichten für den Kaiser und Kurbayern am Jahreswechsel 1642/43 ausgesprochen düster. Maximilian von Bayern musste mit einem Vormarsch der siegreichen Truppen Frankreichs in sein Territorium rechnen, während der Kaiser einem weiteren Vorstoß Schwedens in die Erblande mit Sorge entgegensah. Wider Erwarten blieb der befürchtete Vormarsch der Kronen in die habsburgischen und bayerischen Kernlande im Jahr 1643 aus, im Gegenteil: Die Kriegslage schien sich seit 1643 noch einmal zugunsten der Reichsarmee zu wenden. Zum einen gelang es der kurbayerischen Armee unter Franz von Mercy, dem ersten großen militärischen Talent unter den bayerischen Heerführern seit Tilly, den französischen Feldzug nach Bayern in mehreren Feldschlachten geschickt abzuwehren. Zu einer regelrechten Katastrophe für die französische Deutschlandarmee kam es beim Aufeinandertreffen der bayerischen und der französischen Streitkräfte im November 1643 in der Nähe von Tuttlingen. Die französischen Truppen, die bereits mit dem Abmarsch in ihre Winterquartiere begonnen hatten, wurden vom Angriff Mercys überrumpelt und fast vollständig aufgerieben. Frankreich sah sich zum Rückzug über den Rhein genötigt. Damit stand zugleich fest, dass auch im folgenden Jahr kein französischer Feldzug nach Bayern möglich werden würde. Maximilian hatte eine wichtige Atempause gewonnen[62]. Die schwere französische Niederlage in der Schlacht bei Tuttlingen – darauf weist die neuere militärhistorische Literatur hin – zeigt eindrücklich, dass Frankreichs Position im Dreißigjährigen Krieg auch nach Rocroi militärisch stets gefährdet blieb. Einen militärischen *Grand Tournant* hat es für Frankreich im Dreißigjährigen Krieg nicht gegeben[63].

Doch nicht nur wegen des bayerischen Erfolgs erhielt der Kaiser Entlastung, sondern auch wegen eines weiteren militärischen Engagements Schwedens außerhalb des Reiches. Weil vom Kaiser nach den schwedischen Feldzügen des Jahres 1642 zunächst keine Bedrohung mehr ausging, hielt der schwedische Regentschaftsrat den Zeitpunkt für günstig, die militärische Auseinandersetzung mit Dänemark zu suchen. Das schwedisch-dänische Verhältnis, das traditionell von der scharfen Rivalität um die Ostseeherrschaft geprägt war (vgl. oben S. 11–15), hatte sich in den späten dreißiger Jahren weiter verschlechtert. Dänemark betrachtete die Fortschritte Schwedens im Reich, vor allem die immer wahrscheinlicher werdenden territorialen Zugewinne in Norddeutschland, mit großem Argwohn, weil es darin eine empfindliche Einschränkung seines eigenen politischen und wirtschaftlichen Handlungsspielraums sah. Dänemarks zunehmend feindselige Haltung blieb Schweden nicht verborgen: Die Regierung in Kopenhagen wahrte in dem Konflikt zwar offiziell

Neutralität, versuchte aber, den schwedischen Erfolg faktisch aufzuhalten. Probates dänisches Mittel war, den Warenverkehr, auch kriegswichtiger Güter, durch den Sund nach Schweden, der hauptsächlich von niederländischen Zwischenhändlern und auf ihren Schiffen abgewickelt wurde, immer schärferen Zollrestriktionen zu unterwerfen[64]. Der Handelsstreit berührte sofort wieder Grundsätzliches: Aus Stockholmer Sicht wartete Christian IV. von Dänemark nur auf eine militärische Situation, um energischer gegen seine Ostseerivalen vorzugehen und das dänische *Dominium Maris Baltici* wieder völlig herzustellen. Auch die geplante dänische Mediation auf dem kommenden Friedenskongress diente nach Auffassung Stockholms nur dem Ziel, schwedische Zugewinne abzuwehren und schwedischen Interessen zu schaden. Diese Befürchtungen waren sicher nicht völlig unberechtigt. Andererseits war der schwedische Aufstieg aus dänischer Perspektive in der Tat durchaus bedrohlich: Zweifellos könnte die expansive Ostseemacht Schweden einen weiteren Aufstieg nutzen, um sich endgültig als Vormacht im Ostseeraum zu etablieren.

Innerhalb der schwedischen Führung war der geplante Kriegszug gegen Dänemark zwischen der dominierenden Gruppe um Oxenstierna und einigen oppositionellen Räten umstritten. Ein wichtiges Argument der Kritiker Oxenstiernas war die völkerrechtliche Lage. Einen ernstzunehmenden Kriegsgrund, der nach den kriegsrechtlichen Gepflogenheiten der Zeit ein militärisches Vorgehen rechtfertigte, besaß Schweden offensichtlich nicht. Hinweise im Reichsrat, dass die angeblich einseitige dänische Friedensvermittlung im Deutschen Krieg als versteckte Kriegsführung (!) gewertet werden könnten, halfen da kaum weiter und offenbarten die rechtliche Argumentationsnot der Kriegspartei innerhalb der schwedischen Führung[65].

Angesichts der politisch komplizierten Meinungsbildung in Stockholm fiel dem Oberbefehlshaber Torstensson eine Schlüsselrolle bei der Entfesselung des schwedisch-dänischen Krieges zu. Er ergriff noch vor der endgültigen Weisung aus Stockholm die Initiative zum Feldzug gegen Dänemark, indem er die schwedische Hauptarmee aus Schlesien und Mähren unter dem Vorwand der Quartiersuche nach Norden zu verlegen begann. Dieses Verhalten Torstenssons war auch für den weiteren Verlauf des dänischen Krieges charakteristisch: Er war vom politisch-militärisch eigenständigen, geradezu eigenmächtigen Handeln des schwedischen Oberbefehlshabers bestimmt, so dass der Krieg durchaus zu Recht in der schwedischen Historiographie als »Torstenssonskriget« (Torstenssonkrieg)[66] firmiert.

Bis Spätherbst 1643 hatte Torstensson mit der ihm eigenen Geschwindigkeit die Dislozierung seiner Streitkräfte nach Norden abgeschlossen und rückte dann im Dezember 1643, also zu einer Zeit, in der normalerweise das Kriegsgeschehen ruhte, im Herzogtum Holstein ein. Überrumpelt wurde dabei nicht nur der dänische Gegner, der den rasch vorrückenden schwedischen Truppen Jütland weitgehend überlassen musste[67], sondern auch der französische Verbündete und Geldgeber. Die Regierung in Paris war zuvor nicht konsultiert worden und reagierte empört auf die unwillkommene Entlastung des Kaisers: Torstensson wurde mit der Einstellung der Subsidien gedroht, wenn Schweden nicht bald auf den deutschen Kriegsschauplatz zurückkehre. Kurzfristig vermochte Paris damit nichts mehr an den schwedischen Plänen zu ändern, aber auf lange Sicht konnte sich Schweden, das von den französischen Zahlungen in hohem Maße abhängig war, nicht über die französischen Wünsche hinwegsetzen[68].

Für den Kaiser und seine Verbündeten eröffneten die militärischen und politischen Entscheidungen des Jahres 1643 völlig neue Perspektiven. Nach der düsteren Lage am Ende des Jahres 1642 ergab sich im Winter 1643/44 erstmals seit längerer Zeit wieder die Möglichkeit, in die Offensive zu gehen und die Initiative auf dem deutschen Kriegsschauplatz zu übernehmen. Tatsächlich waren Ferdinand III. und Kurfürst Maximilian entschlossen, diese Situation nicht ungenutzt verstreichen zu lassen. Auf der vom Kaiser und Bayern beschickten Passauer Militärkonferenz im Februar 1644 wurde entschieden, dass die kaiserliche Hauptarmee unter Gallas in den dänisch-schwedischen Krieg intervenieren solle, um Schweden weiter zu schwächen und so lange wie möglich vom Reich fernzuhalten. Unterdessen sollten die bayerischen Truppen unter Mercy die erfolgreiche Kampagne gegen Frankreich am Oberrhein fortsetzen[69].

Die Umsetzung dieser Planung enthüllte dann freilich die durch die dramatische finanzielle Lage bedingte strukturelle Schwäche der kaiserlichen Armee in ganzer Schärfe. Wie in Passau beschlossen, hatte Gallas die kaiserliche Hauptarmee aus ihren Ausgangsquartieren im südlichen Sachsen und in Böhmen bis Juli 1644 auf den holsteinischen und jütländischen Kriegsschauplatz geführt. Doch erwies sich der Zug der kaiserlichen Streitkräfte nach Norden bald als völlig sinnlos: Vor allem aufgrund massiver Versorgungsmängel war die kaiserliche Armee außerstande, zu einem ernstzunehmenden militärischen Faktor auf dem dänischen Kriegsschauplatz zu werden. Gallas' Truppen, die sich in einer zunehmend desolaten Lage befanden, wurden von der schwedischen Armee ohne Schwierigkeiten ausmanövriert; auch die dänischen Militärs lehnten aufgrund ihrer skeptischen Beurteilung der kaiserlichen Kampfkraft eine engere Koordination ihrer Aktionen mit der kaiserlichen Armee ab. Nach einem ergebnislos verlaufenen Feldzug im Sommer und Herbst 1644, in dem es zu gar keinen größeren Kampfhandlungen gekommen war, verließ Gallas den Kriegsschauplatz und führte die Armee in ihre Ausgangsstellungen in Südsachsen und Böhmen zurück. Damit war der Versuch gescheitert, den Verlauf des dänisch-schwedischen Krieges wesentlich zu beeinflussen und Schweden an einem baldigen Wiedereintritt in den »Deutschen Krieg« zu hindern. Doch hatte der ergebnislose Feldzug einen hohen Tribut gekostet: Als Gallas wieder in seinen ursprünglichen Quartieren eintraf, hatte er 50 Prozent seiner Infanterie und 35 Prozent seiner Kavallerie verloren, wobei der allergrößte Teil der Verluste auf Versorgungsschwierigkeiten, Krankheit, Not und Desertion zurückzuführen war[70]. In der gleichen Zeit konnte eine schwedische Armee unter Gustav Horn Dänemark auf dem Kriegsschauplatz in Schonen in die Defensive drängen. Zentrale Bedeutung erlangte die Unterstützung Schwedens durch die niederländische Flotte, die Dänemark im September 1644 eine schwere Niederlage zufügen konnte. Seit dieser Seeniederlage kämpfte Dänemark nur noch für möglichst glimpfliche Friedensbedingungen.

So endete das Jahr 1644 mit einem doppelten Triumph Schwedens. Die kaiserliche Armee, die Schweden dauerhaft an den Kriegsschauplatz im Norden hatte binden sollen, war erheblich geschwächt, während der dänische Krieg im Prinzip zugunsten Schwedens entschieden war. Dies gab Torstensson die Möglichkeit, dem immer schärferen Drängen des französischen Verbündeten nachzugeben und im Herbst 1644 auf den deutschen Kriegsschauplatz zurückzukehren.

Lange Zeit ist das Scheitern des kaiserlichen Feldzugs von 1644 wesentlich auf die Unfähigkeit von General Gallas zurückgeführt worden, wobei die schwedische Publizistik und Zeitgeschichtsschreibung zu dieser Einschätzung von Gallas als berüchtigtem »Heerverderber« nicht unerheblich beigetragen hat[71]. Daran ist zweifellos richtig, dass Gallas' militärische Führungsfähigkeiten begrenzt waren und er nicht mit so kompetenten Heerführern wie seinem Gegenspieler Lennart Torstensson oder wie dem bayerischen Oberbefehlshaber Franz von Mercy zu vergleichen ist[72]. Doch die entscheidende Ursache für das Desaster des Feldzugs von 1644 – dies hat die neuere Forschung zur Kriegsfinanzierung in dieser letzten Phase des Dreißigjährigen Krieges nachgewiesen – war struktureller Natur. Hauptgrund für das Scheitern von Gallas war die Tatsache, dass die Finanzlage des Kaiserhofs offensive Operationen wie jene von 1644 praktisch unmöglich machte.

Seit dem Ausfall der spanischen Subsidien konnte der Kaiserhof so gut wie keine über die Kontributionen hinausgehenden finanziellen Mittel mehr aufbringen, und hatte damit auch kaum noch Möglichkeiten, Kredite für sein Militär zu beschaffen. Solange die Truppen in ihren Quartieren verblieben und sich auf die Defensive beschränkten, blieben die Auswirkungen dieser finanziellen Lage begrenzt. Sobald freilich ein von diesen Quartieren weit entfernter Feldzug stattfand, versagte das System der Kontributionen: Denn um sich während eines raschen, beweglichen Feldzugs versorgen zu können, waren in hohem Maße Barmittel, die sog. *Extraordinarigelder*, erforderlich, denn nur so konnten die notwendigen Lebensmittel und kriegsnotwendigen Güter, meist durch Kauf in nahegelegenen Handelsstädten, beschafft werden. Da der Kaiser nicht über diese Mittel verfügte, »führte die unzureichende Ausrüstung zusammen mit der schwierigen Versorgungslage schließlich zur Auflösung« der Armee Gallas[73]. Die kaiserliche Armeeführung hatte diese Tatsache während der Feldzugsplanung von 1644 dramatisch unterschätzt. Bemerkenswerterweise hat sich ein Teil der kaiserlichen Befehlshaber – in besserer Lageeinschätzung als der Hof und Gallas – sich genau aus diesem Grund kaiserlichen Befehlen zur Beteiligung an solch gewagten Offensivoperationen entzogen[74].

Auch in anderer Hinsicht wurden die Hoffnungen, die der Kaiser und seine Verbündeten in den Feldzug von 1644 gesetzt hatten, enttäuscht. Dies betraf zum einen den Krieg Mercys gegen die französischen Truppen. Zwar gelang es Mercy, die französische Armee unter Condé und Turenne in einer Schlacht bei Freiburg erneut zu schlagen, doch verfehlte der bayerische Feldzug sein strategisches Ziel: Es gelang Mercy nicht, die französischen Truppen über den Rhein zu verfolgen und Frankreich endgültig in die Defensive zu drängen. Der entscheidende Durchbruch auf dem Kriegsschauplatz im Südwesten blieb der Reichsarmee mithin versagt[75].

Auch im Südosten blieb die Lage für den Kaiser bedrohlich. Einen Waffenstillstand, der 1642 mit den Osmanen geschlossen wurde, hatte der Sultan nicht ratifiziert. Diese offene Situation nutzte der osmanische Vasall, Georg I. Rákóczy Fürst von Siebenbürgen, um in enger Abstimmung mit Frankreich und Schweden habsburgische Positionen in Ungarn anzugreifen. Wien musste daher Truppen vom deutschen an den ungarischen Kriegsschauplatz entsenden, denen aber gleichfalls ein entscheidender Erfolg gegen Rákóczy versagt blieb. Ferdinand III. setzte daraufhin auf Diplomatie: Er entsandte im Sommer 1644 einen seiner professionellsten Diplomaten, Hermann Graf Czernin, nach Konstantinopel, um in direkten Verhandlungen mit dem Osmanischen Reich die siebenbürgisch-ungarische Krise zu entschärfen. Ein rascher Erfolg blieb auch dieser Mission zunächst versagt[76]. So sah sich der Kaiser nach dem Desaster der kaiserlichen Armee im Norden einer fortdauernden Bedrohung von Südosten gegenüber[77].

### b) Der schleppende Kongressbeginn und die Entscheidung von 1645

Im Herbst und Winter 1644 setzten innerhalb der kaiserlichen Regierung wieder intensive Beratungen über die politisch-militärische Strategie und den richtigen Weg zu Friedensverhandlungen ein. Dies lag nach dem desaströsen Verlauf des Feldzugs von 1644 nahe. Zeitgleich war das Ringen um die Friedensverhandlungen in eine neue Phase eingetreten, als im Verlauf des Jahres 1644 Diplomaten europäischer Mächte in Münster und Osnabrück eintrafen, um den 1641 vereinbarten Universalfriedenskongress vorzubereiten.

Dass es nach dem Hamburger Präliminarvertrag über zwei Jahre gedauert hatte, bis überhaupt die wichtigsten Mächte mit der Entsendung ihrer Vertreter zu dem Friedenskongress nach Westfalen begannen, lag zunächst an dem durch vielfältige Hindernisse und Unsicherheiten verzögerten Ratifikationsprozess. Unsicherheiten waren zunächst von Frankreich ausgegangen. Frankreich hatte zwar – ebenso wie der Kaiser – den Präliminarvertrag bis zum Sommer 1642 ratifiziert. Allerdings war es nur wenig später in Paris zu einem Regierungswechsel gekommen, der Zweifel über den künftigen Kurs und damit auch die künftige Friedenspolitik aufwarf. Im Dezember 1642 war die langjährige Schlüsselfigur der französischen Politik und Urheber des Präliminarvertrags, Kardinal Richelieu, gestorben, dem König Ludwig XIII. wenige Monate später, im Mai 1643, zweiundvierzigjährig im Tod gefolgt war. Thronfolger war der erst fünfjährige Ludwig XIV., für den die Königinwitwe Anna (Anne d'Autriche), die Schwester des spanischen Königs Philipp IV., die Regentschaft übernahm – eine Regentschaft, die Ludwig XIII. testamentarisch zu verhindern gesucht hatte. Es zeigte sich freilich rasch, dass der Regierungswechsel entgegen verbreiteter Erwartungen nichts am politischen Kurs Frankreichs änderte. Dies demonstrierte die Regentin gleich bei einer ihrer ersten Personalentscheidungen, als sie Kardinal Jules Mazarin (1602–1661), einen versierten Diplomaten und Politiker italienischer Herkunft, in dem schon Richelieu einen möglichen Nachfolger gesehen hatte, zum Leitenden Minister berief. In der Tat führte Mazarin prinzipiell die Außenpolitik seines Vorgängers Richelieu fort, auch in Hinblick auf den geplanten Universalfriedenskongress[78].

Mit dieser Richtungsentscheidung in Frankreich waren die Unsicherheiten über das Schicksal des geplanten Friedenskongresses freilich keineswegs beseitigt. Erhebliche Widerstände gegen eine Eröffnung kamen vor allem von Spanien, das die Ratifikation des Hamburger Präliminarvertrags bis 1644 verzögerte[79].

Doch auch nach Abschluss des förmlichen Ratifikationsverfahrens stand keineswegs fest, ob es wirklich zu ernsthaften Verhandlungen in Westfalen kommen würde, oder ob der Kongress nicht doch vielleicht eher das Schicksal seines Kölner Vorgängerprojektes erleiden würde. Eine Schlüsselrolle fiel dabei naturgemäß dem

Kaiser zu, und der stand auch nach Abschluss des Ratifikationsverfahrens und nach dem zögerlichen Beginn der Verhandlungen dem Gedanken eines Universalfriedenskongresses äußerst reserviert gegenüber. Dies zeigte der Verlauf der Beratungen, die im Herbst und Winter 1644/45 am Kaiserhof geführt wurden, sehr eindrücklich. Der Geheime Rat war übereinstimmend der Meinung, dass die Abhaltung des Friedenskongresses, gar unter Zulassung der Reichsstände, die Gefahr berge, Kaiser und Reich voneinander zu trennen. Diese Gefahr aber müsse unbedingt vermieden werden, denn erfolgreiche Friedensverhandlungen mit den Kronen könne der Kaiser nur führen, wenn die Loyalität der Reichsstände zum Kaiser prinzipiell gesichert sei[80]. Mit bemerkenswerter Hartnäckigkeit hielt die kaiserliche Regierung allen militärischen Rückschlägen zum Trotz also an ihrer bisherigen Grundposition zum Frieden fest.

Aus dieser Lagebeurteilung zog die kaiserliche Regierung eindeutige Schlussfolgerungen. Um das Vertrauen der Reichsstände in das Reichsoberhaupt wiederherzustellen und zu stärken, müsse der Kaiser ein militärisches Zeichen setzen. Die Geheimen Räte ließen keinen Zweifel daran, dass die Aufstellung einer neuen, schlagkräftigen Armee angesichts der materiell bedrängten Lage des Kaisers und des Ausfalls Spaniens einen enormen Kraftakt darstelle, hielten dies aber für den einzig gangbaren Weg, um den größten politischen Schaden abzuwenden. In diesem Zusammenhang schlugen die Geheimen Räte im Winter 1644/45 eine Reihe von Maßnahmen vor, um die Kampfkraft der kaiserlichen Armee trotz der beschränkten Ressourcen zu heben – Maßnahmen, zu denen auch der rasche Friedensschluss mit Siebenbürgen und die persönliche Übernahme des Oberbefehls der Armee durch den Kaiser gehörten.

Tatsächlich beschrieben die Geheimen Räte recht genau die politisch-militärische Linie, die die kaiserliche Regierung bei Beginn des Feldzugs von 1645 einschlug. Als im Frühjahr 1645 Torstensson erneut in den Erblanden einrückte, um sich mit den Truppen Georgs I. von Siebenbürgen zu vereinigen, suchte die kaiserliche Armeeführung geradezu demonstrativ die militärische Entscheidung. Unter größten Opfern für die Erblande wurde eine neue kaiserliche Armee aufgestellt, die sich unter Generalfeldmarschall Hatzfeld und dem nominellem Oberbefehl des Kaisers selbst den in Böhmen einrückenden Schweden entgegenstellte, um sie am weiteren Vormarsch nach Österreich zu hindern. Bei Jankau stießen die beiden Heere aufeinander. Beide Seiten waren sich über den Symbolcharakter der Schlacht von Jankau im Klaren, die deshalb zu einer der längsten und verlustreichsten des gesamten Krieges wurde. Sie endete mit einem glänzenden Sieg Torstenssons und einer vollständigen Katastrophe für die kaiserliche Armee: Die insgesamt 15 000 Mann starke Reichsarmee, zu denen auch 5000 bayerische und 1400 sächsische Söldner zählten, verlor 9000 Mann durch Tod und Gefangennahme. Zu den Offizieren, die in schwedische Gefangenschaft gerieten, zählte der kaiserliche Generalfeldmarschall Hatzfeld. Schlachtentscheidend war wohl erneut der geschickte Einsatz der Artillerie durch die Schweden, der die kaiserlichen Truppen nichts Gleichwertiges entgegensetzen konnten[81].

Schon die unmittelbaren militärischen Konsequenzen der Niederlage von Jankau waren für den Kaiser dramatisch, auch wenn es der kaiserlichen Regierung im Frühjahr und Sommer gelang, die gefährlichsten Folgen abzuwehren. Weitgehend ungehindert stieß Torstensson weiter nach Süden vor und fiel in Niederösterreich ein, in der Hoffnung, sein Angriff von Norden würde durch einen Einmarsch siebenbürgischer Truppen unterstützt. Erstmals seit dem Böhmischen Krieg 1619/ 20 schien die habsburgische Residenzstadt, aus der die kaiserliche Familie nach Graz fluchtartig übersiedelte, unmittelbar bedroht[82]. Den verbliebenen kaiserlichen Truppen, die dem alleinigen Oberbefehl Erzherzog Leopold Wilhelms unterstellt wurden, gelang es, Torstensson am Donauübergang zu hindern. Da auch die erhoffte Unterstützung durch einen Angriff Georgs I. von Siebenbürgen ausblieb, zog sich Torstensson nach Mähren zurück, um die letzte bedeutende kaiserliche Festung, Brünn, zu erobern – ein Plan, der er nach mehrmonatiger ergebnisloser Belagerung aufgeben musste. Vorläufig beseitigt wurde die Gefahr für die Erblande im August/ September 1645, als sich der Osmanische Sultan gegen beträchtliche territoriale Gegenleistungen an seinen siebenbürgischen Vasallen in Ungarn im Wiener Frieden zur Ratifikation des Waffenstillstands mit dem Kaiser bereit fand: Die Hohe Pforte hatte sich endgültig entschlossen, von einem großangelegten Kriegszug gegen den Kaiser abzusehen und stattdessen zum Angriff im Mittelmeerraum, gegen Venedig, überzugehen. Damit war auch der Weg zum Friedensschluss mit Georg I. frei, das »Schreckensszenario« eines schwedisch-siebenbürgischen Zangenangriffs auf Wien war gebannt[83]. Einige wichtige Festungen in Niederösterreich blieben freilich in schwedischer Hand, so Korneuburg und Krems, und stellten eine ständige Bedrohung des Kaisers in seinem Kernland dar[84].

Weit schwerer als die unmittelbaren militärischen Folgen wogen für den Kaiser die politischen Konsequenzen des Debakels von Jankau, insbesondere in Hinblick auf die Stimmung im Reich. Die politisch-militärische Strategie des Kaiserhofs für den Feldzug war im März 1645 vollständig gescheitert und hatte die gegenteilige Wirkung gezeigt. Statt – vor allem gegenüber den Reichsständen – ein Zeichen ungebrochenen kaiserlicher Widerstandskraft zu setzen, wurde Jankau zum Fanal schwedischer Überlegenheit. Eine Aussicht auf nachhaltige Besserung der militärischen Lage des Kaisers bestand angesichts der sich ständig verschlechternden Situation Spaniens auch bei außerordentlich optimistischer Lagebeurteilung nicht mehr.

In der Tat wurden die von der Hofburg befürchteten Absetzbewegungen unter den Reichsständen in aller Deutlichkeit sichtbar, denen der Kaiser nun nichts mehr entgegensetzen konnte. Dies betraf zum Entsetzen Wiens sogar Kursachsen und Bayern. Der Kurfürst von Sachsen, der sein Land nach Jankau den schwedischen Truppen schutzlos ausgeliefert sah, stimmte notgedrungen Verhandlungen mit Schweden zu, die im September 1645 zum schwedisch-sächsischen Waffenstillstand von Kötzschenbroda führten. Mit dem Ausscheiden Kursachsens war das Prager Friedenssystem endgültig und unleugbar zusammengebrochen[85]. Auch die Loslösungstendenzen Kurbayerns wurden im Sommer 1645 unübersehbar, zumal Maximilian I. im August 1645 bei Alerheim eine schwere Niederlage gegen die französische Armee erlitten hatte, bei der auch sein überragender Feldherr Mercy gefallen war. Danach wuchs die Bereitschaft des bayerischen Kurfürsten zu einer separaten Friedensverständigung mit Frankreich sichtbar an[86].

Ein weiteres unverkennbares Zeichen für die dramatisch geschwundene Autorität des Kaisers war der wachsende, von Wien seit Frühjahr 1645 nicht mehr steuerbare Zustrom reichsständischer Gesandtschaften zum Westfälischen Friedenskongress[87].

Nach dem Willen des Kaisers und der Kurfürsten hätten – wie erwähnt – dort nur ausgewählte Reichsstände vertreten sein sollen, und zwar ohne Entscheidungskompetenz, um keine reichsverfassungsrechtlichen Richtungsentscheidungen zu präjudizieren. In dem nun die Stände trotz ausdrücklichen kaiserlichen Verbots den offiziellen Einladungen der Kronen nach Münster und Osnabrück folgten, wurden Tatsachen geschaffen. Für den Kaiserhof bestand damit die Gefahr, durch weiteren Widerstand oder diplomatisch-juristische Winkelzüge wie der Einberufung eines vom Friedenskongress getrennten Reichstags die Kontrolle über die Entwicklung endgültig zu verlieren, also die Ablösungstendenzen der Reichsstände vom Kaiser zu beschleunigen.

Die Gefahren, die eine solche Entwicklung für den Kaiser auf dem Westfälischen Friedenskongress barg, waren umso größer, als die Kronen nach Jankau zu ernsthaften Verhandlungen übergingen. Nach sorgfältiger Abstimmung mit den Verbündeten übergaben Frankreich und Schweden am 11. Juni 1645 ihre Friedenspropositionen, womit – wie Johann Gottfried Meiern in seiner berühmten Quellensammlung zum Westfälischen Frieden formulierte – »der Anfang zur würcklichen Friedens=Handlung gemacht wurde«. Einen wichtigen Teil der Propositionen nahmen innere Veränderungen im Heiligen Römischen Reich ein, also Verhandlungsgegenstände, die Wien eigentlich aus den Friedensverhandlungen mit den Kronen fernhalten wollte.

In dieser Lage hielt es die kaiserliche Regierung für unvermeidbar, ihre politische Strategie gegenüber dem Westfälischen Friedenskongress radikal zu ändern. Zum einen wurde im August 1645 einer Zulassung sämtlicher Reichsstände zum Friedenskongress »cum iure suffragii«, also mit Entscheidungskompetenz, förmlich zugestimmt[88]. Zum anderen entschied sich der Kaiserhof dazu, nun auch selbst den Frieden nicht mehr außerhalb des Friedenskongresses zu suchen, sondern dort ernsthaft zu verhandeln. Weithin sichtbares Zeichen war die Ernennung von Graf Maximilian von Trauttmansdorff, der politischen Schlüsselfigur im Geheimen Rat Ferdinands III., zum kaiserlichen Generalbevollmächtigten in Münster. Damit war durch die militärische Entwicklung der Jahre 1643/45 die Entscheidung gefallen. Der Westfälische Friedenskongress wurde endgültig zur Plattform der entscheidenden Friedensverhandlungen, und zwar in der Form, wie sich dies Frankreich, zögernd gefolgt von Schweden, gewünscht hatte.

# VIII. Ein europäischer Frieden in Deutschland?
## Die Errichtung der Westfälischen Friedens-
## ordnung

## 1. Der Westfälische Friedenskongress:
## Phasen seines Verlaufs und Fortgang des Krieges

Ein genaues Datum für die Eröffnung des Westfälischen Friedenskongresses lässt sich nicht bestimmen. Er begann auf rein pragmatischem Weg damit, dass seit 1643 diplomatische Gesandtschaften der Kriegsteilnehmer sukzessive und unkoordiniert in den westfälischen Kongressstädten Münster und Osnabrück eintrafen[1]. In der Anfangsphase des Kongresses bis 1644 war noch ungewiss, ob dieser Kongress bei der Suche nach einer Friedenslösung überhaupt größere politische Bedeutung erlangen würde: Vor allem die kaiserliche Regierung hegte intern nach wie vor erhebliche Bedenken gegen den von den Kronen gewünschten Universalfriedenskongress und hätte – wie gesehen – lieber bilaterale Friedensgespräche vorgezogen.

Erst der Verlauf des Feldzugs von 1645 brachte die letzte Entscheidung zugunsten des Kongresses: Nun erst musste sich auch Wien endgültig der Einsicht fügen, dass der Weg zum Frieden nur über den Friedenskongress führen würde. Kaum etwas zeigte diesen Sinneswandel deutlicher als die Ernennung des Grafen Maximilian von Trauttmansdorff, des wichtigsten Ratgebers von Ferdinand III., zum kaiserlichen »Principalgesandten« beim Kongress. Zugleich fiel auch die endgültige Entscheidung über den Teilnehmerkreis. Frankreich und Schweden konnten sich 1645 mit der Forderung nach der Teilnahme der Reichsstände als stimmberechtigte Verhandlungspartner durchsetzen. Damit stand fest, dass der Westfälische Friedenskongress nicht nur von seiner politischen Bedeutung, sondern auch von seinen personellen Dimensionen wahrhaft ein Kongress der Superlative werden würde: Insgesamt nahmen schließlich 109 unterschiedliche diplomatische Gesandtschaften teil, die 16 europäische Staaten, 140 Reichsstände und 38 weitere, am Verhandlungsgeschehen interessierte Herrschaftsträger vertraten[2]. Ein Friedenskongress dieser Größenordnung war beispiellos in der europäischen Geschichte. Natürlich war allen beteiligten Mächten klar, dass von einer gleichberechtigten Teilnahme nicht die Rede sein konnte. Nur fünf Mächte übten bei den Verhandlungen entscheidenden Einfluss aus: Als solche »Großmächte« durften neben dem Kaiser und den Kronen Frankreich und Schweden auch Spanien und die Niederlande gelten. Bedeutungslos freilich waren die Reichsstände nicht, insbesondere die größeren – wie sich vor allem seit Sommer 1647 zeigen sollte –, konnten sie doch durch koordiniertes Vorgehen erheblichen Druck auf die Großmächte ausüben.

Mit Trauttmansdorffs Eintreffen in Münster im Herbst 1645 begann der politisch substantielle Abschnitt des Westfälischen Friedenskongresses, der »central part of the Congress of Westphalia«[3]. Er lässt sich in zwei Phasen einteilen. Die erste Phase stand im Zeichen von Trauttmansdorff als der politisch unbestreitbar dominierenden Persönlichkeit, als »Zentralfigur« (Heckel) des Friedenskongresses[4]. Er trieb die Verhandlungen mit Geschick und Nachdruck voran, und mit dem von ihm konzi-pierten Gesamtentwurf eines Friedensvertrags, dem Trauttmansdorffianum von Juni 1647, schien eine Friedenslösung realisierbar. Entsprechend markierte das vorläufige Scheitern des Trauttmansdorffianum und die darauf folgende Abreise des kaiser-lichen Prinzipalgesandten im Juli 1647 eine tiefe Zäsur. Damit begann eine zweite Phase der Friedensverhandlungen, in der der Kongress, der schon vor dem Scheitern zu stehen schien, doch noch zu einem erfolgreichen Abschluss gebracht werden konnte. In dieser Phase gewann eine Gruppe von Reichsständen, die »Dritte Partei« oder Friedenspartei, entscheidenden Einfluss: Sie trug maßgeblich dazu bei, den schon verloren geglaubten Kongress zu retten.

Der Krieg ging in der gesamten Zeit, in der in Westfalen verhandelt wurde, mit unverminderter Härte weiter. Es war den Streitparteien nicht gelungen, sich auf einen Waffenstillstand während des Friedenskongresses zu verständigen – ein Um-stand, der den Verhandlungsmodus, auf den noch einzugehen ist (vgl. Kap. VIII 2 b), wesentlich mitbestimmte.

## 2. Zwischen Erfolg und Abbruch: Der Friedenskongress bis zur Abreise Trauttmansdorffs (1645–1647)

### a) Der Kriegsverlauf bis zum Ulmer Waffenstillstand (März 1647)

Im Verlauf des Feldzugs von 1645 hatte die schwedische Armee eindrucksvoll ihre Überlegenheit demonstriert und den Kaiser hinsichtlich des Friedenskongresses zum Einlenken gezwungen. Auch das Folgejahr brachte der kaiserlich-katholischen Seite keine Entlastung, im Gegenteil: Die militärischen Schwierigkeiten wuchsen noch. Dies hing eng mit einem Strategiewechsel Schwedens und Frankreichs zusammen. Der schwedische Oberbefehlshaber Torstensson hatte nach den bisherigen militä-rischen Erfahrungen darauf gedrängt, dass die schwedischen und französischen Streitkräfte im Feldzug 1646 gemeinsam vorgehen sollten. Denn er hatte klar erkannt, dass das bisherige getrennte Vorgehen dem Kaiser und Bayern die Mög-lichkeit gegeben hatte, ihre recht schwachen Kräfte flexibel einzusetzen und sich gegenseitig je nach Kriegslage in der Defensive zu unterstützen. Dies hatte es dem Kaiser ermöglicht, die schwedischen Streitkräfte 1645/46 – von einigen festen Plätzen, die in schwedischer Hand blieben, abgesehen – wieder zum Rückzug aus den Erblanden zu zwingen. Zudem war Torstensson mit der eigenständigen Kriegs-führung Frankreichs im Reich unzufrieden, und dies wohl nicht zu Unrecht: Die französische Regierung hatte angesichts der Belastungen an den spanischen Fronten und ihrer Bemühungen um Kurfürst Maximilian militärisch zurückhaltend gegenüber Bayern agiert[5]. Durch gemeinsames Vorgehen hoffte Schweden dies zu ändern.

Die Regierung in Paris konnte sich dem energischen Drängen der schwedischen Führung nicht verweigern und erklärte sich zur Vereinigung ihrer Armee im Reich mit den schwedischen Truppen bereit. Im August 1646 kam es im Raum Gießen/Wetzlar zum Zusammenschluss der schwedischen Armee unter General Wrangel, der im Juni 1646 die Nachfolge Torstenssons angetreten hatte, mit einer von Turenne geführten französischen Armee, die zuvor bei Wesel den Rhein überschritten hatte. Alle Versuche der kaiserlich-bayerischen Truppen unter Erzherzog Leopold Wilhelm, die Vereinigung zu verhindern, schlugen kläglich fehl – erneut zeigte sich die Unfähigkeit der kaiserlichen Armee zu weitausgreifenden offensiven Operationen[6].

Vor allem für Maximilian von Bayern war dies eine alarmierende Entwicklung, denn seine Lande wurden das erste Ziel eines gemeinsamen französisch-schwedischen Vormarsches. Schon im September 1646 überschritt die französisch-schwedische Armee den Lech und fiel in Bayern ein: Oberschwaben wurde Winterquartier der schwedisch-französischen Truppen, für das kommende Jahr 1647 war erneut mit einem gefährlichen Vorstoß des Gegners zu rechnen[7]. Maximilian machte für diese Entwicklung, die sein Land erstmals seit 1634 den Verheerungen der feindlichen Streitkräfte aussetzte und ihn selbst zum Verlassen der Residenzstadt München nötigte, zu einem Gutteil die kaiserliche Armeeführung um Leopold Wilhelm verantwortlich: Erzherzog Leopold Wilhelm war zwar dem Hilfsersuchen Maximilians gefolgt und nach Bayern vorgerückt, hatte hier aber defensiv agiert. Offenbar ging es ihm vorrangig darum, die östliche Grenzregion Bayerns zu sichern, um einen weiteren Vorstoß nach Österreich zu verhindern. Die bedrohliche militärische Lage seines Territoriums, die wesentlich auf diese für ihn unerklärliche und empörende Strategie der kaiserlichen Verbündeten zurückging, hat wesentlich zur politisch-militärischen Kursänderung Maximilians beigetragen. Seit November 1646 nahm die bayerische Regierung Kontakt mit Schweden und Frankreich auf, um über einen Waffenstillstand zu verhandeln. Priorität hatte dabei für Maximilian ein allgemeiner Waffenstillstand unter Einschluss des Kaisers. Als sich dies aber während der Verhandlungen als undurchführbar erwies, war der bayerische Kurfürst auch bereit, dem Vorbild von Kursachsen und von Kurbrandenburg zu folgen und einen separaten Waffenstillstand anzustreben[8].

Es waren aber nicht nur die bedrohliche militärische Lage und das illoyale Verhalten des kaiserlichen Verbündeten, die Maximilian zu diesem aufsehenerregenden Schritt nach 28jähriger Waffenbrüderschaft mit dem Kaiser bewogen. Auch der Stand, den die Friedensverhandlungen im Winter 1646/47, gerade in Hinblick auf die Pfalzfrage, erreicht hatten, ließ Maximilian den Zeitpunkt für eine solche Kurskorrektur günstig erscheinen (vgl. unten S. 160 f.). Im März 1647 wurde nach recht problemlosen Verhandlungen mit Frankreich und weit schwierigeren mit Schweden ein Waffenstillstand geschlossen, der Bayern neutralisierte, dem Kurfürsten dafür aber auch jede Unterstützung des Kaisers verbot[9]. Dem bayerischen Kurfürsten folgte erwartungsgemäß wenig später auch sein Bruder, der Kurfürst von Köln, sowie jener von Mainz. Zu Beginn des Feldzugs von 1647, zwei Jahre nach der Katastrophe von Jankau, war der Kaiser damit militärisch auf einem neuen Tiefpunkt angelangt.

## b) Zum grundsätzlichen Charakter der Friedensverhandlungen

Während der Kaiser 1646/47 in eine immer gefährlichere militärische Lage geriet, verhandelten seine diplomatischen Vertreter unter Trauttmansdorff in Westfalen mit Frankreich und Schweden intensiv über eine politische Lösung des Konfliktes. Diese Verhandlungen erwiesen sich als äußerst schwierig, nicht zuletzt wegen ihres grundsätzlichen Charakters. Prinzipiell war der Verhandlungsmodus der beteiligten Großmächte bereits im Hamburger Präliminarium von Dezember 1641 festgelegt worden. Danach sollte der Kongress in Form einer konfessionell getrennt in Münster und Osnabrück tagenden Doppelkonferenz abgehalten werden. Gerade Richelieu hatte dabei Wert darauf gelegt, dass die katholischen Verhandlungen in Münster und die protestantischen in Osnabrück politisch eine Einheit bilden sollten, und er hatte sich mit dieser Forderung auch durchgesetzt. Daher war im Hamburger Präliminarvertrag nicht nur die Neutralisierung der Kongressstädte, sondern auch die der Verbindungswege vereinbart worden[10].

Schon in Hamburg hatten sich die Verhandlungspartner darauf verständigt, dass die offiziellen Verhandlungen nicht direkt, sondern über »Mediatoren« geführt werden sollten. In Münster sollten der päpstliche Nuntius und der venezianische Botschafter diese Funktion wahrnehmen, in Osnabrück die Vertreter Dänemarks. Man hoffte, auf diese Weise die Rang- und Anerkennungsfragen, die bei der direkten Begegnung der Verhandlungsdelegationen auftreten würden und die schon den Hamburger Präliminarvertrag fast zum Scheitern gebracht hatten, von den Verhandlungen möglichst fernzuhalten[11].

In der Praxis kam es jedoch anders als in Hamburg vereinbart: In Osnabrück wurde schon von Beginn an keine Mediation durchgeführt, sondern die Diplomaten verhandelten direkt miteinander. Grund war der Ausfall Dänemarks als Mediator: Der erwähnte »Torstenssonkrieg« zwischen Schweden und Dänemark (s. oben S. 144 f.) hatte den aus Sicht Stockholms keineswegs unerwünschten Nebeneffekt, dass die dänische Diplomatie in Westfalen keine Mediatorenrolle übernehmen konnte. Dagegen kam bei den Verhandlungen zwischen dem Kaiser bzw. Spanien und Frankreich in Münster die päpstliche bzw. venezianische Mediation im beabsichtigten Sinne zustande. Offiziell fungierten dort der päpstliche Nuntius Fabio Chigi und der venezianische Botschafter Alvise Contarini in allen Verfahrensschritten als Vermittler zwischen den Verhandlungsparteien – eine Stellung, die für das Papsttum und Venedig mit beträchtlichem Reputationsgewinn verbunden war[12].

Die Hauptaufgabe der Vermittler bestand darin, die Vorschläge der Verhandlungspartner entgegenzunehmen und an die Gegenseite weiterzugeben. Dabei hatten sie sich – da sie auf strikte Unparteilichkeit verpflichtet waren – mit eigenen Kommentaren, gar eigenen Vorschlägen, extrem zurückzuhalten. In der Praxis erwies sich die Vermittlung als heikel: Immer wieder wurde den Mediatoren zum Vorwurf gemacht, die Verhandlungen entweder durch allzu große Zurückhaltung zu verzögern oder aber durch inhaltliche Vorstöße zugunsten der Gegenseite zu beeinflussen. Frankreich misstraute vor allem Chigi, während Spanien Contarinis Tätigkeit mit besonderem Argwohn verfolgte[13].

Insgesamt waren diese Verdächtigungen wohl haltlos: Die Mediatoren haben sich nach Ansicht der einschlägigen Forschung an die aufgetragene Unparteilichkeit gehalten. Für Chigi hatte diese neutrale Zurückhaltung allerdings eine Grenze: Allen religionsrechtlichen Zugeständnissen an die Protestanten widersetzte sich Chigi energisch und hat auch in den Verhandlungen klar Stellung bezogen, in dem er die katholischen Reichsstände zum Widerstand gegen solche Zugeständnisse ermutigte[14].

Dass es in Münster zur vereinbarten Mediation kam, bedeutete freilich nicht, dass hier nun sämtliche Verhandlungen über Chigi und Contarini gelaufen wären. Einerseits hinderte die Mediation die diplomatischen Vertreter der Verhandlungsparteien nicht daran, außerhalb der offiziellen Verhandlungsrunden direkt miteinander zu sprechen[15]. Andererseits fühlten sich die Parteien auch während der offiziellen Verhandlungen in Münster nicht unbedingt an die päpstliche und die venezianische Mediation gebunden, wenn andere Verhandlungsformen aussichtsreicher erschienen. Sehr eindrücklich zeigt dies die Rolle der Generalstaaten in Münster, die zwischenzeitlich als Vermittler in den französisch-spanischen Verhandlungen wirkten. Dies geschah mit ausdrücklicher Billigung Frankreichs und Spaniens, obwohl diese niederländische Vermittlung eine ganze Reihe von politisch-völkerrechtlichen Problemen aufwarf[16]. So war und blieb ungeklärt, ob und wie sich die »neue« niederländische Vermittlung mit der »alten« päpstlichen bzw. venezianischen vertrug[17]. Zudem konnten die Generalstaaten nicht als neutrale Macht gelten, was eigentlich Voraussetzung für die Übernahme der Vermittlung war. Vielmehr waren sie offiziell Bündnispartner Frankreichs, während sie von Spanien als militärische Gegner, ja, streng genommen, sogar als »Rebellen« betrachtet wurden. All diese völkerrechtlich-theoretisch schwerwiegenden Hindernisse vermochten die niederländische Mediation nicht aufzuhalten[18]. Als eine Art Mediator, freilich inoffiziell, fungierte auch Bayern, das trotz seines Bündnisses mit dem Kaiser in Münster mehrfach zwischen der kaiserlichen und der französischen Regierung vermittelte[19].

Insgesamt verweist diese »irreguläre« Vermittlung auf ein grundlegendes Charakteristikum des Westfälischen Friedenskongresses: Die an den Westfälischen Friedensverhandlungen beteiligten Diplomaten und ihre fürstlichen Auftraggeber zeigten ein erstaunliches Maß an Flexibilität und verhandlungstechnischer Innovationsbereitschaft. Dies war auch notwendig, denn mit dem Kongress wurde in vielfacher Hinsicht diplomatisch-völkerrechtliches Neuland betreten; mit einem starren Festhalten an überkommenen, völkerrechtlich »korrekten« oder einmal vereinbarten Verhandlungsformen wäre ein Ergebnis wohl kaum erzielt worden. Diese Innovationsbereitschaft zeigte sich auch bei den Verhandlungsformen der Reichsstände. Ursprünglich hatten sich die Reichsstände bei ihren Verhandlungen nahe liegender Weise an der Sitzungsweise des Reichstags orientieren wollen, der – wie gesehen – in drei Kurien tagte, dem Kurfürsten-, dem Fürsten- und dem Städterat. Doch bald wurde deutlich, dass diese Tagungsweise der Beratung über die zentralen reichsreligionsrechtlichen Fragen nicht gerecht wurde, bei der es ja weniger auf die Kurien- als auf die Konfessionszugehörigkeit ankam. Daher beschlossen die Reichstagskurien, konfessionell getrennt in Münster und in Osnabrück zu tagen – ein Schritt, der angesichts des gerade im Reich verbreiteten Respekts vor Recht und Tradition eine bemerkenswerte Neuerung darstellte[20].

Die Bereitschaft zu verhandlungstechnischen Innovationen in größeren und kleineren Angelegenheiten hing mit einem weiteren Charakteristikum des Westfälischen Friedenskongresses bzw. der beteiligten Gesandtschaften zusammen. Theoretisch waren die diplomatischen Vertreter streng weisungsgebunden und nur ausführende Organe der Regierungsentscheidungen, die in den fernen Residenzstädten getroffen wurden. Die Praxis auf dem Kongress sah freilich ganz anders aus, denn in der diplomatischen Alltagsarbeit besaßen die Gesandten erstaunlich weite Handlungsspielräume. Die Diplomaten in Münster und Osnabrück waren also nicht nur Vertreter ihrer Regierungen, sondern faktisch auch politische Entscheidungsträger, wie jüngst für die französische Botschaft in Münster gezeigt worden ist. Es waren nicht zuletzt die langen Kommunikationswege zwischen den Westfälischen Kongressstädten und den Regierungskanzleien, die diese Eigenständigkeit erforderlich machten: Es war für die kaiserlichen, die französischen und die spanischen Vertreter schlechterdings unmöglich, in allen Einzelfragen ständig auf Rückantwort aus den entfernt liegenden Residenzen zu warten. Viele Fragen von geringerer Brisanz mussten die Diplomaten »vor Ort« entscheiden, wenn es nicht ständig zu Verzögerungen bei den Verhandlungen kommen sollte[21].

Die relative Unabhängigkeit der Gesandtschaften trug dazu bei, dass sachliche, aber auch persönliche Kontroversen innerhalb der Verhandlungsdelegationen erhebliche Bedeutung gewinnen konnten. Solche internen Spannungen waren vor allem in der französischen Gesandtschaft zwischen den Botschaftern Abel Servien und Comte d'Avaux, aber auch in der schwedischen zwischen Johan Oxenstierna und Johann Adler Salvius zu beobachten. Im Falle Frankreichs gingen diese Auseinandersetzungen sehr weit, weil die französischen Vertreter Servien und d'Avaux in vielerlei Hinsicht verschiedene konfessionell-politische Auffassungen vertraten und überdies Protégés unterschiedlicher, rivalisierender Hofparteien waren. Auch der Versuch der Regentschaftsregierung in Paris, durch die Entsendung eines deutlich ranghöheren Vertreters, des Herzogs von Longueville, die heftigen Kontroversen zu schlichten, löste die Probleme nicht[22].

Die relative Eigenständigkeit der Botschafter änderte natürlich nichts daran, dass sie in ständigem Briefkontakt mit den heimatlichen Regierungen standen. Vor allem über konkrete Verhandlungsangebote der eigenen und der Gegenseite, die Teil des endgültigen Friedensvertrags werden sollten, wurden die heimischen Regierungen rasch unterrichtet. Diese kommentierten »Verhandlungsakten«, die den Korrespondenzen häufig hinzugefügt wurden, dürfen als erstrangige Quelle gelten, die vorzüglichen Einblick in den Verhandlungsverlauf geben[23].

Für den rückblickenden Beobachter ist angesichts des offiziell streng geheimen Charakters der Verhandlungen erstaunlich, wie rasch und umfassend viele Verhandlungsangebote den Weg in die Öffentlichkeit gefunden haben. Der Westfälische Friedenskongress war offensichtlich eine gewaltige Nachrichtenbörse, an der ständig mit Informationen gehandelt und diese an Dritte und die Öffentlichkeit weitergegeben wurden. Die Diplomaten und ihre Sekretäre kauften nicht nur selbst Flugschriften, Flugblätter und Zeitungen in hoher Zahl, sondern versorgten ihrerseits mit und ohne Bezahlung die Öffentlichkeit mit interessanten Nachrichten zum Verhandlungsverlauf oder zu brisanten Verhandlungsangeboten[24]. Flugschriften waren auch ein beliebtes Medium für gezielte Indiskretionen, etwa über Verhandlungsangebote der anderen Seite, die geeignet waren, Streit in die gegnerischen Bündnisse

hineinzutragen. »Öffentlichkeit galt den Gesandten [auf dem Westfälischen Friedens-
kongress] als mitgestaltender Faktor.«[25]

Dabei ist bemerkenswert, wie hoch die öffentliche Nachfrage nach Informationen
über die Verhandlungen war, die in der Regel um politisch-rechtlich höchst komplizierte Materien kreisten. Flugschriften mit detaillierten Angaben zu den Verhandlungen wurden rasch und in hoher Auflage verbreitet – und dies, obwohl in den
Jahren seit 1644 die Flugschriftenproduktion insgesamt rückläufig war[26]. Ein ein-
drückliches und gut erforschtes Beispiel ist der Westfälische Friedensvertrag selbst.
Schon wenige Monate nach Vertragsabschluss waren zahlreiche Flugschriften mit
dem – bekanntlich umfangreichen und hochkomplexen – Vertragstext in Umlauf,
die einer neuen überzeugenden Schätzung zufolge in insgesamt ca. 40 000 Exemplaren verbreitet wurden[27].

Die große Bedeutung des Faktors »Öffentlichkeit« hing maßgeblich mit der
Fortdauer des Krieges während der gesamten Verhandlungen zusammen. Entspre-
chend waren die Diplomaten darauf bedacht, durch geschickte Informationspolitik
Zwiespalt in die gegnerischen Militärbündnisse hineinzutragen. Zugleich wartete
eine durch den Krieg zunehmend verzweifelte Öffentlichkeit sehnlich auf gute
Nachrichten aus Westfalen[28].

Der Kriegsverlauf seinerseits wirkte selbstverständlich auf den Gang der Verhandlungen: Günstige Nachrichten vom Kriegsschauplatz konnten zum Anlass
genommen werden, die eigenen Forderungen zu erhöhen. Oft wurden auch
Verhandlungen verzögert, weil die Botschafter und die Regierungen auf eine
Verbesserung ihrer militärischen Lage und damit ihrer Verhandlungsposition warte-
ten. Insgesamt stellte der Fortgang der Kriegshandlungen einen weiteren Unsicherheitsfaktor und ein zusätzliches Hindernis für die Verhandlungen dar[29].

### c) Von den Friedenspropositionen (Juni 1645) zum Trauttmansdorffianum (Juni 1647)

Trotz der ebenso ungewohnten wie schwierigen Verhandlungsmodalitäten, der
Komplexität der Materien und des fortgehenden Kriegsgeschehens erzielten die
Verhandlungsdelegationen, vor allem im Verlaufe des Jahres 1646, deutliche Fort-
schritte. Ein wesentliches Verdienst kam dabei Maximilian von Trauttmansdorff zu:
Gerade die sich ständig verschärfende militärische Situation trieb den kaiserlichen
Prinzipalgesandten an, sich mit aller Kraft für eine Friedenslösung zu engagieren.

Bereits seit Juni 1645 standen die entscheidenden Verhandlungsmaterien fest,
seitdem die Kronen dem Kaiser ihre Friedenspropositionen vorgelegt hatten. Dies
waren zum einen die reichsreligionsrechtlichen bzw. reichsverfassungsrechtlichen
Ziele der Kronen, die unter den Bezeichnungen *Amnestie* und *Restitution* zusammengefasst worden waren. In ihren Propositionen hatten Schweden und Frankreich
nichts Geringeres als die Rückführung der konfessionellen Verhältnisse auf den
Status quo ante bellum 1618 gefordert. Schweden verstand unter *Restitution* auch
die Rückgabe der pfälzischen Kurwürde und der Territorien an den Sohn des
geächteten Winterkönigs. Damit hatte sich der Kongress auch mit einer der heikels-
ten Streitfragen des gesamten Krieges zu befassen. Zugleich verlangten Schweden
und Frankreich vor einem Friedensschluss auch eine verbindliche Klärung aller

uneindeutigen Regelungen des Augsburger Religionsfriedens, darunter auch den Einschluss der Reformierten[30].

Zum anderen waren dies die territorialen Forderungen, die Schweden und Frankreich in ihren Propositionen erhoben und in der Folgezeit im Januar 1646, spezifiziert hatten. Sie wurden als *Satisfaktion* bezeichnet, denn Schweden und Frankreich interpretierten ihre territorialen Wünsche als Entschädigung für die Opfer und Verluste, die sie im Krieg erlitten hatten. Dass Schweden nur gegen erhebliche territoriale Zugeständnisse zum Friedensschluss bereit sein würde, war für die Beteiligten keine Überraschung. Auch der Umfang der Gebietsforderungen Schwedens war im Prinzip schon vor dem Kongress bekannt: Die Wasa-Monarchie war – ihrer traditionellen politischen Zielsetzung des *Dominium Maris Baltici* folgend – vor allem am Erwerb von ganz Pommern und des mecklenburgischen Ostseehafens Wismar, daneben an den säkularisierten Reichsstiftern Bremen-Hamburg und Verden interessiert. Das schwedische Streben nach Pommern stieß natürlich auch auf dem Friedenskongress auf den Widerstand Kurbrandenburgs, das hier legitime Erbansprüche geltend machen konnte und das – wenn überhaupt – nur gegen eine entsprechende Entschädigung, einem sogenannten *Rekompens*, zum gütlichen Nachgeben würde bewegt werden können. Über diese Probleme war bereits seit den dreißiger Jahren verhandelt worden[31].

Anders lagen die Dinge im Falle Frankreichs, denn Paris hatte gegenüber den Reichsständen wiederholt beteuert, sich selbstlos im Reich zu engagieren und keine territorialen Ambitionen zu hegen. Auf dem Friedenskongress änderte Frankreich nun auch offiziell seine Haltung. Jetzt forderte die französische Regierung als Satisfaktion den gesamten Besitz des Hauses Habsburg in den Landgrafschaften Ober- und Unterelsass, im Sundgau und im Breisgau (einschließlich Breisach). Daneben meldete es den Anspruch auf den Besitz der strategisch wichtigen Festung Philippsburg an. All diese Territorien sollten in einem einheitlichen Reichslehen zusammengefasst und dem französischen König übertragen werden, der damit Sitz und Stimme auf dem Reichstag erhalten würde[32]. Die Forderung war nicht nur wegen des französischen Kurswechsels in der Satisfaktionsfrage äußerst brisant, sondern aus verschiedenen anderen Gründen: Zum einen waren das Ober- und Unterelsass gar nicht ausschließlich in habsburgischer Hand, sondern auch andere Reichsstände besaßen hier Lehnsgebiete[33]. Eine Übertragung der elsässischen Landgrafschaften auf den französischen König konnte dauerhaft diese nichthabsburgischen Besitzrechte gefährden. Zum anderen hätte der rechtlich anerkannte Besitzwechsel dieser bislang habsburgischen Territorien das endgültige Aus für die Spanische Straße und damit eine nachhaltige Veränderung der Mächteverhältnisse in Westeuropa bedeutet[34]. Schließlich konnte es keinen Zweifel geben, dass der Eintritt des französischen Königs in den Reichsverband auch zu einem Wandel der Reichsstruktur führen würde – und zwar unzweifelhaft zu einem weit stärkeren, als ein möglicher Eintritt Schwedens ins Reich[35]. Dass Frankreich darüber hinaus die endgültige Abtretung der Bistümer Metz, Toul und Verdun als souveränem Besitz verlangte, war im Vergleich zu der Elsass-Forderung weit weniger dramatisch, hatte Frankreich diese formal zum Reich gehörenden Gebiete faktisch doch schon seit drei Generationen in Besitz.

Trauttmansdorffs Verhandlungsstrategie angesichts dieser einschneidenden Forderungen war, in »bilateralen« Gesprächsrunden Verständigungen über die wichtigen Einzelmaterien zu erreichen, mit dem Ziel, durch einen vorläufigen Kompromiss in einem Bereich den Verständigungsdruck in einem anderen Bereich, gegenüber einem anderen Verhandlungspartner, zu erhöhen – eine Vorgehensweise, die sich als insgesamt erfolgreich erwiesen hat[36]. Entsprechend lassen sich die Verhandlungen Trauttmansdorffs in unterschiedliche Phasen einteilen.

Die entscheidenden kaiserlich-französischen Verhandlungsrunden fanden zwischen März und Juni 1646 und im August/September 1646 statt[37]. Eine Schlüsselrolle spielte dabei Kurfürst Maximilian von Bayern, der sein ganzes politisch-militärisches Gewicht am Kaiserhof in die Waagschale warf, um Ferdinand III. und Trauttmansdorff zu Konzessionen an Frankreich in der Elsassfrage zu bewegen. In der Herbeiführung einer kaiserlich-französischen Verständigung sah die bayerische Regierung die beste Möglichkeit, die eigenen Ziele in der Pfalzfrage durchzusetzen. Im September 1646 konnten die Vertreter des Kaisers und Frankreichs eine vorläufige Verständigung über alle Forderungen erreichen (die sog. *September*-Artikel). Darin gestand der Kaiser die Abtretung seines elsässischen Besitzes an Frankreich zu, und zwar als souveränes, nicht mehr zum Reich gehörendes Eigentum der französischen Krone[38]. Die Souveränität Frankreichs über das Elsass wurde als *Ius supremi dominii* umschrieben – eine Souveränität, die verklausuliert und indirekt auch die nichthabsburgischen Besitzungen umfassen konnte, wenn Paris dies irgendwann anstrebte. Dieses Elsass-»Agreement« (Konrad Repgen)[39] machte den Weg frei für die entscheidenden Verhandlungen Trauttmansdorffs mit Schweden, die im Herbst und Winter 1646/47 in Osnabrück stattfanden und mit dem Vorvertrag vom 18. Februar 1647 endeten. Voraussetzung dieses Vorvertrags war das Einlenken Kurbrandenburgs, das im Januar 1647 einem teilweisen Verzicht auf Pommern zugestimmt hatte[40].

Am weitaus kompliziertesten erwiesen sich für Trauttmansdorff die Verhandlungen über das künftige Reichsreligionsrecht. Hauptproblem war die Intransigenz der beiden konfessionellen Corpora, in denen sich die katholischen und die protestantischen Reichsstände zusammengeschlossen hatten. Deren direkte Verhandlungen mussten Anfang Mai 1646 ergebnislos abgebrochen werden. Von nun an übernahm Trauttmansdorff, der allseitig um Vermittlung gebeten worden war, selbst die Verhandlungen mit dem Corpus Evangelicorum. Ein erstes Ergebnis konnte Trauttmansdorff mit der »Endlichen Erklärung« vom 30. November 1646 zum Reichsreligionsrecht erzielen. Auf deren Basis verhandelte er dann – nach dem kaiserlich-schwedischen Vorvertrag von Februar 1647 – über das Reichsreligionsrecht mit der schwedischen Delegation in Osnabrück, die in engem Kontakt mit führenden Vertretern des Corpus Evangelicorum stand. Auffällig war dabei, dass sich Trauttmansdorff immer stärker von den Vorstellungen der Mehrheit des Corpus Catholicorum entfernte. Schon die »Endliche Erklärung« konnte sich katholischerseits nur auf einige – freilich hochrangige und mächtige – katholische Reichsstände (die *Principalen*), nicht auf die katholische Mehrheit stützen. In der zweiten Verhandlungsrunde seit Februar 1647 begegnete die Mehrheit der katholischen Stände der Politik Trauttmansdorffs dann sogar mit unverhohlener Opposition. Gleichwohl hielt Trauttmansdorff an dieser Verhandlungslinie fest, weil er darin den einzigen

Weg sah, in dieser ebenso heiklen wie brisanten Materie zu Fortschritten zu kommen. Und der Erfolg der Verhandlungen schien im auch durchaus recht zu geben[41].

Nach Abschluss seiner Osnabrücker Verhandlungen über die Reichsreligionsfragen glaubte Trauttmansdorff, in so vielen Fragen bereits einer Lösung nahegekommen zu sein, dass prinzipiell ein Durchbruch möglich sei: Er ließ innerhalb der kaiserlichen Delegation – auf schwedische Anregung hin – Entwürfe eines möglichen kaiserlich-französischen und eines kaiserlich-schwedischen Friedensvertrags ausarbeiten, die im Juni 1647 dem Kongress vorgelegt wurden[42]. Trauttmansdorff hielt den Zeitpunkt zur Vorlage dieser Friedensvertragsentwürfe, die zusammengefasst als Trauttmansdorffianum bezeichnet wurden, auch deshalb für günstig, weil die schwierige Pfalzfrage im April 1647 geklärt worden war[43] und von den Mediatoren ermutigende Signale über den Fortschritt der spanisch-französischen Verhandlungen an die kaiserlichen Diplomaten übermittelt wurden[44].

Auf lange Sicht sollte sich das Trauttmansdorffianum als entscheidender Fortschritt erweisen. Denn in vielfacher Weise nahm dieser Universalfriedensentwurf die späteren Regelungen des Westfälischen Friedensvertrags vorweg (s. unten S. 171–177). Dies galt vor allem für das Reichsreligionsrecht. Es enthielt die feierliche Bestätigung des Augsburger Religionsfriedens, der künftig nur noch durch gütliche Einigung der Religionsparteien (*amicabilis compositio*) fortentwickelt werden durfte. Zudem war hier eine strikte rechtliche Gleichberechtigung der katholischen und der protestantischen Reichsstände vorgesehen, ebenso die Bestätigung des Geistlichen Vorbehalts für katholische und protestantische Geistliche Güter (vgl. oben S. 76 f.) sowie die Festlegung eines »Normaljahres«. Das Trauttmansdorffianum griff hier einen Gedanken des Prager Friedens auf (s. oben S. 111 f.), wobei nicht mehr – wie in Prag – 1627, sondern ein für die Evangelischen günstigeres Datum, der 1. Januar 1624, festgelegt wurde.

Auch in anderer Hinsicht nahm das Trauttmansdorffianum die Bestimmungen des Westfälischen Friedensvertrags vorweg, so bei der Pfalzfrage und bei den Satisfaktionsregelungen zugunsten Schwedens wie auch bei den entsprechenden Rekompensregelungen für Brandenburg. In all diesen Punkten orientierte sich der Vertragsentwurf recht genau an den in den vorhergehenden Verhandlungsrunden erzielten Kompromissen[45]. Lediglich im Hinblick auf die kaiserlich-französische Verständigung handelte der kaiserliche Verhandlungsführer anders. Trauttmansdorff hatte sich – völkerrechtlich legitim, politisch aber eher unklug – entschlossen, in einigen Punkten zum Nachteil Frankreichs vom befristeten »Agreement« abzuweichen, das er im September 1646 mit Frankreich erzielt hatte. Vor allem wurden die Schutzrechte für die Reichsstände ausgeweitet[46].

Nicht nur auf diese Schlüsselthemen des Kongresses versuchte das Trauttmansdorffianum eine Antwort zu geben, sondern auch auf zahlreiche Einzelfragen, etwa auf jene nach den jeweiligen konfessionellen Verhältnissen innerhalb der Reichsstädte. Es handelte sich also um ein detailliertes Regelwerk und war als solches ein eindrucksvolles Zeugnis der Friedensbemühungen des kaiserlichen Prinzipalgesandten und seiner engsten Mitarbeiter, insbesondere des aus der vorderösterreichischen Verwaltung kommenden Rates Isaac Volmar. Letzterer galt zwar als diplomatisch etwas weniger geschmeidig als Trauttmansdorff, war aber als exzellenter Jurist und

Verwaltungsfachmann aufgrund seiner souveränem Kenntnis der Verhandlungsmaterien für den Erfolg der Westfälischen Verhandlungen gleichfalls unentbehrlich[47].

### d) Abbruch des Kongresses? Die Krise im Sommer 1647

Als erfahrener und realistisch kalkulierender Diplomat hatte Trauttmansdorff sicher
nicht damit gerechnet, von allen Seiten Beifall für seinen Universalfriedensplan zu
bekommen. Das Ausmaß der Ablehnung, die seinem Friedensplan im Sommer 1647
entgegenschlug, hat ihn und die übrigen kaiserlichen Diplomaten dann aber wohl
doch überrascht. Dies galt vor allem für den heftigen Widerstand aus den Reihen der
Reichsstände. Dabei zeigte sich, dass die stimmberechtigte Teilnahme der Reichsstände nicht nur für den Kaiser, sondern auch für die Kronen, die deren Zulassung
zum Kongress erst durchgesetzt hatten, zum Problem werden konnte[48].

Vehemente reichsständische Opposition regte sich zunächst gegen die Elsassrege-
lungen des Trauttmansdorffianum. Die im Elsass ansässigen Reichsstände wehrten
sich entschieden gegen alle Versuche, die elsässischen Landgrafschaften an Frankreich
abzutreten, ohne dass der Rechtsstatus eines jeden von ihnen ausdrücklich gesichert
war. Auch die – im Vergleich zum September-Artikel ausgeweiteten – Garantie-
klauseln des Trauttmansdorffianum erschienen ihnen bei weitem nicht ausreichend.
Die elsässischen Stände appellierten dabei nicht ohne Erfolg an die reichsständische
Solidarität. Im Gegenzug und zur Abwehr dieser reichsständischen Forderungen
verlangte Frankreich eine definitive Klarstellung seiner Souveränität über das Elsass,
und zwar in Formulierungen, in denen Frankreich nun auch seinerseits über die
Bestimmungen des September-Artikels hinausging. Paris rechtfertigte das damit, dass
sich auch Trauttmansdorff nicht an die ursprüngliche Einigung gehalten hatte. Die
Fronten hinsichtlich der Elsass-Satisfaktion Frankreichs schienen im Sommer 1647
verhärteter denn je seit Kongressbeginn zu sein[49].

Auf ähnlich entschiedenen reichsständischen Widerstand stießen die religionsrechtlichen Regelungen des Trauttmansdorffianum. Die katholische Ständemehrheit kritisierte, vom päpstlichen Nuntius ermutigt, die kaiserlichen Zugeständnisse
an die Protestanten scharf, und blieb trotz aller Warnungen Trauttmansdorffs bei
ihrer ablehnenden Position: Am 7. Oktober 1647 fasste das Corpus Catholicorum
einen förmlichen Beschluss, in dem es sämtlichen seit 1646 gemachten Zugeständnissen an die Protestanten ein entschiedenes Nein entgegensetzte[50].

Nicht nur von reichsständischer Seite und von Frankreich kam Kritik am Trautt-
mansdorffianum, sondern auch von Schweden – Kritik, die auf die schwedische
Armeeführung zurückging. Schweden monierte, dass im Trauttmansdorffianum nur
eine Territorialsatisfaktion, nicht auch eine finanzielle Ausgleichsregelung für die
schwedischen Söldnerarmeen, eine sog. *Militär-Satisfaktion*, Erwähnung finde.
Grundsätzlich konnte es keinen Zweifel geben, dass für Schweden eine *Militär-
Satisfaktion* zur Abfindung seiner im Verhältnis zur Größe des Landes gewaltigen
Streitkräfte unverzichtbar sein würde. Doch die Höhe der Summe – von schwedischer Seite wurde im Sommer 1647 die Zahl von 20 Millionen Reichstalern ins
Gespräch gebracht – machte allen Beteiligten schlagartig bewusst, welche Belastung
hier auf den Kongress zukam. Konnte doch kein Zweifel sein, dass diese Mittel
letztlich von den Reichsständen aufgebracht werden müssten[51].

Schließlich trat ein letztes gravierendes Problem hinzu, das die Realisierungschancen von Trauttmansdorffs Friedensplan erheblich zu vermindern schien: Die von den Mediatoren zwischenzeitlich geäußerte Hoffnung, dass es zu einem Ausgleich zwischen Frankreich und Spanien kommen könne, erwies sich im Sommer 1647 zunehmend als trügerisch[52]. Stattdessen zeichnete sich spätestens seit Juli 1647 immer deutlicher jene politische Konstellation unter den westeuropäischen Mächten ab, die dann in der Schlussphase des Kongresses und darüber hinaus Bestand hatte: Während die Verhandlungen Frankreichs und Spaniens – wenigstens in den zentralen Streitpunkten – festgefahren waren und die Fronten sich eher wieder verhärteten, bewegten sich Spanien und die Niederlande immer stärker aufeinander zu. Zum Teil war Frankreich dafür selbst verantwortlich: Einige kühne Verhandlungsprojekte Mazarins an Spanien, wie den Tausch Kataloniens gegen die südlichen Niederlande, hatten die Niederlande außerordentlich irritiert und zur Entfremdung zwischen Paris und Den Haag beigetragen[53]. Die rasche spanisch-niederländische Annäherung war bereits im Januar 1647 durch die Unterzeichnung der sog. 20 Artikel unübersehbar geworden, in denen sich Spanien und die Niederlande verbindlich auf einen künftigen Friedensvertrag verständigt hatten. Die rasche spanisch-niederländische Annäherung war in gewisser Weise eine Folge der kaiserlich-französischen Verständigung und des absehbaren Übergangs des Elsass mitsamt Breisachs und Philippsburgs von Habsburg an Frankreich, durch den das Schicksal der Spanischen Straße besiegelt und der spanisch-niederländische Krieg faktisch entschieden war. Seitdem gab es für die beiden Kontrahenten keinen Grund mehr, ihre Auseinandersetzung fortzusetzen, im Gegenteil: die Niederlande waren an einer weiteren Schwächung Spaniens und einem Ausgreifen Frankreichs in den flandrischen Raum nicht interessiert[54].

Frankreich und Spanien dagegen gelang eine Einigung in den zentralen Streitpunkten (Lothringen, die Spanische Niederlande, Katalonien und Portugal) nicht. Auch dynastische Entwicklungen erschwerten eine Friedenslösung: Im Verlauf des Jahres 1647 wurde deutlich, dass Philipp IV. seit dem überraschenden Tod seines Thronfolgers (Oktober 1646) die von Paris erhoffte Eheschließung des minderjährigen französischen Königs mit seiner ältesten Tochter kategorisch ausschloss[55]. Die Aussicht auf einen niederländischen Frieden schien den spanischen Widerstandswillen wieder zu steigern, zumal Frankreich trotz aller militärischen Teilerfolge der endgültige, durchschlagende militärische Triumph versagt blieb[56]: In der zweiten Jahreshälfte 1647 kam es zu einigen von Spanien provozierten schwerwiegenden politisch-diplomatischen Zwischenfällen, die das beiderseitige Verhältnis zusätzlich schwer belasteten und sich »französischerseits in das Bild fehlender spanischer Verhandlungsbereitschaft« einfügten[57]. Seit Sommer und Herbst 1647 deutete vieles darauf hin, dass Paris und Madrid ihren Krieg nach einem wahrscheinlicher werdenden spanisch-niederländischen Separatfrieden, der im Januar 1648 dann Wirklichkeit wurde, allein gegeneinander fortsetzen würden, weil ihnen letztlich der Wille zur politischen Verständigung fehlte[58]. Auch dies verdüsterte die allgemeine Stimmungslage auf dem Westfälischen Friedenskongress natürlich beträchtlich.

Insgesamt konnte es keinen Zweifel geben: Statt des erhofften Durchbruchs war der Kongress in der Phase nach der Publikation des Trauttmansdorffianum in eine tiefe Krise geraten. Sinnfällig wurde dies durch die Abreise Trauttmansdorffs aus

Münster im Juli 1647. Der kaiserliche Prinzipalminister war zur Überzeugung ge-
langt, durch seine persönliche Anwesenheit nichts mehr bewirken zu können.
Resigniert schrieb er an den Kaiser, er habe sich zur Abreise entschlossen, weil die
Kronen und ihre Gefolgsleute im Reich den Frieden nicht wollten. Im Sommer und
Herbst 1647 schien der Westfälische Friedenskongress vor dem Scheitern zu stehen.

## 3. Die Rettung des Kongresses 1647/48

### a) Der Kriegsverlauf von 1647 bis 1648

Das Kriegsgeschehen im Jahre 1647 wurde durch den seit März des Jahres geltenden
Waffenstillstand Bayerns mit den Kronen bestimmt. Da der Kaiser militärisch nun
allein stand, hielten die Kronen ein getrenntes militärisches Vorgehen für möglich.
Vor allem Frankreich war daran sehr interessiert, um Truppen vom deutschen
Kriegsschauplatz an den flandrischen verlegen zu können: Seit die spanisch-nieder-
ländischen Kampfhandlungen im Zuge der politischen Annäherung zwischen
Madrid und Den Haag praktisch zum Stillstand gekommen waren, standen die
französischen Streitkräfte in Flandern den spanischen allein gegenüber. Dies führte
nach den Niederlagen der vergangenen Jahre wieder zu leichten Vorteilen der
Spanier in Flandern, die zudem mit der erfolgreichen Verteidigung Leridas in
Katalonien einen wichtigen, vielbeachteten Erfolg erzielen konnten. Freilich: Ähnlich wie Frankreich im Vorjahr blieb jetzt Spanien ein durchschlagender Erfolg
versagt[59], und mit dem gleichfalls durch den kriegsbedingten Steuerdruck verur-
sachten Aufstand im spanischen Vizekönigreich Neapel wurden seit Juli 1647 neue
Erosionserscheinungen im spanischen Imperium sichtbar[60]. Das Ringen der beiden
Großmächte ging mit ungewissem Ausgang weiter.

   Die französischen Pläne zur Stärkung der Flandernarmee stießen auf unerwartete
Schwierigkeiten. Turennes Streitmacht bestand zu einem Großteil aus ehemaligen
Söldnertruppen Bernhards von Weimar, die in Lothringen den Befehl zum Weiter-
marsch nach Flandern verweigerten und stattdessen die Unterstellung unter deutsche
Offiziere sowie die Auszahlung ausgebliebener Soldzahlungen forderten. Es gelang
Turenne nicht, dieser Meutereien Herr zu werden[61].

   Die schwedische Hauptarmee unter ihrem Oberbefehlshaber Karl Gustav Wrangel marschierte zur gleichen Zeit nach Böhmen, um dort die Entscheidung gegen die
kaiserlichen Streitkräfte zu suchen. Doch Wrangels Hoffnung, die ohne bayerische
Unterstützung kämpfenden kaiserlichen Truppen rasch niederringen zu können,
wurde enttäuscht. Der neue kaiserliche Oberbefehlshaber, Peter Melander Graf von
Holzappel, ein Calvinist, der ursprünglich in hessen-kasselschen Diensten gestanden
hatte, erwies sich als geschickter Gegenspieler. Melander hatte erkannt, dass die
kaiserlichen Streitkräfte nur dann eine Chance gegen Schweden hatten, wenn sie sich
auf eine streng defensive Kriegsführung beschränkten. Tatsächlich gelang es dem
kaiserlichen Oberbefehlshaber auf diese Weise, Wrangel auszumanövrieren und
durchschlagende Erfolge der Schweden in Böhmen zu verhindern[62]. Im Herbst
1647 sah sich Wrangel dann sogar zum völligen Abbruch seines Feldzugs und zum
raschen Rückzug aus Böhmen genötigt. Dies war freilich weniger Folge der kaiser-

lichen Kriegsführung, sondern der Rückkehr Bayerns an die Seite des Kaisers. Maximilians Entscheidung, den Waffenstillstand nach sechs Monaten wieder zu kündigen, war Ergebnis einer nüchternen Kosten-Nutzen-Rechnung. Der politische und militärische Preis des Waffenstillstands war hoch gewesen für Bayern. Zunächst hatte er beträchtliche Unruhe in die bayerischen Truppen hineingetragen, die zwischenzeitlich durchaus den Zusammenhalt der Streitkräfte zu bedrohen schien. Prominentester Kritiker des Waffenstillstands unter den hohen bayerischen Offizieren war der bei seinen Untergebenen populäre Reitergeneral Jan van Werth, der Maximilian schließlich sogar den Gehorsam aufgekündigt hatte und zum Kaiser übergetreten war. Allerdings blieben die Folgen der »Werthschen Meuterei« begrenzt, die bayerischen Truppen erwiesen sich insgesamt auch beim Konflikt mit dem Reichsoberhaupt gegenüber dem Landesherrn als loyal. Schwerer wogen die politischen Folgen des Waffenstillstands für Bayern: Maximilian büßte seinen Einfluss auf die kaiserliche Politik weitgehend ein und erlitt zudem einen erheblichen Ansehensverlust unter den katholischen Reichsständen, ohne im Gegenzug – und dies war entscheidend – Einfluss auf Frankreich zu gewinnen. Vor allem blieb das wichtigste Ziel des bayerischen Herrschers, mit Hilfe des Waffenstillstands zu einem Separatfrieden mit Paris zu gelangen, unerreicht: Frankreich blieb seiner Linie treu und lehnte jede Trennung von Schweden zugunsten eines Vertrags mit Bayern ab. Paris war auch zu keiner militärischen Zusammenarbeit mit Maximilian bereit, etwa bei der Aufteilung der Winterquartiere; hier war München weiterhin auf den Kaiser angewiesen. Insgesamt wurde Maximilian während der Waffenstillstandsphase in schmerzlicher Weise deutlich, dass Bayern eine Macht zweiten Ranges war, die nicht auf eine unabhängige Außenpolitik zwischen den Blöcken setzen konnte[63].

Nach längeren Verhandlungen, in denen der Kaiser und Bayern sich beidseitig zum Verzicht auf einen Separatfrieden verpflichteten und Maximilian weitreichende Befehlsgewalt über seine Truppen erhielt, kam es im Oktober 1647 zur Wiedervereinigung der bayerischen und kaiserlichen Truppen in Böhmen, die den Truppen Wrangels nun zahlenmäßig überlegen waren. Entsprechend zog sich Wrangel weit nach Norden, bis nach Westfalen, zurück, um dort seine Armee zu reorganisieren und die hohen Verluste des böhmischen Feldzugs wieder auszugleichen. Die kaiserlich-bayerischen Truppen folgten den schwedischen Truppen ins Reich, verzichteten aber auf ein bewaffnetes Vorgehen gegen sie im Nordwesten des Reichs – wahrscheinlich in sicherer Einschätzung ihrer geringen Offensivkraft. Stattdessen besetzten und verheerten die kaiserlich-bayerischen Truppen unter Melander und Gronsfeld das Territorium des engsten schwedischen Verbündeten, Hessen-Kassel, und gingen in diesem vom Krieg bereits furchtbar verheerten Raum in ihre Winterquartiere[64].

Nach den Erfahrungen des Feldzugs von 1647 und dem Ende des bayerischen Waffenstillstands entschlossen sich die Kronen, im Feldzug von 1648 wieder gemeinsam zu operieren. Frankreich unterstützte ein solches Vorgehen mit Schweden auch deshalb, weil es nach dem Ende des spanisch-niederländischen Krieges im Januar 1648 an einer endgültigen und raschen militärischen Entscheidung im Reich interessiert war. Strategisches Ziel war, die an Ausrüstung und Mannschaftsstärke deutlich unterlegene kaiserlich-bayerische Armee nach Möglichkeit zur Entscheidungsschlacht zu stellen, zu schlagen und dann über Bayern in die kaiserlichen Erblande vorzustoßen[65].

Im April/Mai 1648 vereinigten sich die Armeen der Kronen in Schwaben und rückten nach Osten vor. Bei Zusmarshausen kam es im Mai 1648 zu der von Wrangel und Turenne gesuchten Schlacht gegen die kaiserlich-bayerische Hauptarmee, die mit hohen Verlusten für beide Seiten endete. Zu den Gefallenen gehörte auch der kaiserliche Oberbefehlshaber Melander; der Versuch Wrangels und Turennes, die feindliche Hauptarmee zu vernichten, scheiterte: Die kaiserlich-bayerischen Truppen konnten sich in geordneter Formation zurückziehen und blieben ein ernstzunehmender militärischer Faktor[66].

Nach Zusmarshausen modifizierten die Kronen ihr militärisches Vorgehen. Während der Hauptteil der schwedischen und französischen Truppen weiter nach Bayern vorstieß, trennte sich ein kleinerer Teil der schwedischen Truppen unter General Königsmarck von der Hauptarmee, um eine Offensive gegen das zu diesem Zeitpunkt weitgehend ungeschützte Königreich Böhmen zu unternehmen. Dieses Vorgehen erwies sich militärisch als großer Erfolg, vor allem wegen des geradezu sensationellen Vormarsches von Königsmarck in Böhmen. Während die Hauptarmeen der Kronen den Lech überschritten und Bayern zum vierten Mal verheerten, stieß Königsmarck nach Böhmen vor, um im Juli 1648 überraschend vor Prag zu erscheinen, die Prager Kleinseite einzunehmen und mit der Belagerung der Stadt zu beginnen.

Angesichts dieses gefährlichen Zangenangriffs auf die Erblande verzichtete der neue kaiserliche Oberbefehlshaber, Octavio Piccolomini, auf eine Verteidigung Bayerns und verblieb in den sicheren Stellungen am Inn, um einen Vormarsch der feindlichen Hauptarmee in die Erblande zu verhindern und gleichzeitig Verbindung zum böhmischen Kriegsschauplatz zu halten[67]. Damit war Bayern zum vierten Mal nach 1632, 1634 und 1646 der systematischen Verwüstung preisgegeben[68]. Erst im Spätsommer 1648 begannen die Truppen der Kronen sich aus dem furchtbar verheerten bayerischen Territorium zurückzuziehen, das von Piccolominis Truppen dann unter recht schweren Kavalleriekämpfen gegen die abziehenden schwedischen und französischen Truppen in Besitz genommen wurde. Unterdessen setzte die schwedische Armee unter dem neuen Oberbefehlshaber Karl Gustav von Pfalz-Zweibrücken[69] alles daran, die böhmische Residenzstadt Prag doch noch einzunehmen, das freilich von seiner Bürgerschaft, voran studentischen und jüdischen Verbänden, mit aller Kraft verteidigt wurde[70].

Nicht militärische, sondern politische Entwicklungen, nämlich die Verständigung auf dem Westfälischen Friedenskongress, beendeten den Feldzug des Jahres 1648. Anfang November schwiegen nach Bekanntgabe des Friedensschlusses auf allen Kriegsschauplätzen im Reich die Waffen. Das militärische Ergebnis des Feldzugs von 1648 entsprach jenem der vorausgegangen Jahre: Erneut war die enorme kriegerische Überlegenheit der Kronen deutlich geworden, vor allem wegen ihrer Fähigkeit zur Offensive und zum raschen Bewegungskrieg. Sie fußte auf der materiellen und personellen Stärke ihrer Armeen sowie der Tatsache, dass die Kronen und ihre Verbündeten in dieser letzten Phase weit mehr befestigte Plätze und Stützpunkte im Reich besaßen als der Kaiser, Bayern und Spanien[71]. Gleichwohl war aber auch im Feldzug von 1648 der entscheidende militärische Durchbruch, den Wrangel und

Turenne angestrebt hatten, ausgeblieben. Zum geplanten Vorstoß in die österreichischen Erblande, in den Kernbereich kaiserlich-habsburgischer Macht, war es wieder nicht gekommen. Der Dreißigjährige Krieg ist nicht militärisch entschieden worden, sondern politisch, durch die Verhandlungen in Westfalen, die 1647/48 doch noch unerwartet zu einem Friedensausgleich im Reich führten.

### b) Wiederaufnahme und Durchbruch der Verhandlungen 1647/48: Die Schlüsselrolle der »Dritten Partei«

Zu den Charakteristika des Westfälischen Friedenskongresses gehört die stete Bereitschaft der beteiligten Diplomaten und Regierungen zu verhandlungstechnischen Innovationen. In scheinbar ausweglosen Situationen wurde immer wieder versucht, auf unkonventionellen Wegen Lösungen zu finden. Dies zeigte sich auch in der tiefen Krise, in die der Kongress im Sommer 1647 geraten war.

In der kaiserlichen Kongressgesandtschaft, in der nach der Abreise Trauttmansdorffs nun Isaac Volmar die führende Position einnahm, sowie unter Abgesandten protestantischer Reichsstände wurde im Spätsommer und Herbst 1647 intensiv darüber nachgedacht, wie trotz der ablehnenden Haltung der katholischen Ständemehrheit doch noch ein Kompromiss in Religionsfragen erzielt werden könne. Dabei wurde von verschiedener Seite angeregt, den Religionskompromiss durch kaiserlichen »Vorgriff« herzustellen: Der Kaiser solle – im Prinzip ähnlich wie zuvor beim Prager Frieden – eine religionsrechtliche Friedensregelung aus kaiserlicher Machtvollkommenheit ohne Zustimmung der Ständemehrheit in Kraft setzen, und die Stände ultimativ zum Beitritt auffordern. Rechtlich hielten die kaiserlichen Diplomaten und die Wiener Regierung ein solches Vorgehen – zumindest in Ausnahmefällen – für möglich, politisch aber hatten sie erhebliche Bedenken, die auch aus den Erfahrung mit dem Trauttmansdorffianum resultierten: Setze sich der Kaiser doch der Gefahr aus, nach der einseitigen Verkündung einer solchen Friedensregelung damit allein gelassen zu werden. Zu einem Vorgriff könne sich Wien nur bereit erklären, wenn es zuvor über feste Unterstützungszusagen kompromissbereiter Reichsstände verfüge[72]. Seit Herbst 1647 verhandelte der Kaiser intensiv über die Möglichkeit einer solchen festen Unterstützung, einer sogenannten »Konjunktion« mit den Reichsständen. Adressaten des kaiserlichen Begehrens waren dabei einerseits die protestantischen Kurfürsten, Fürsten und Reichsstädte, andererseits jene katholischen Reichsstände, die zu weitergehenden Zugeständnissen an die Protestanten bereit waren. Sie bildeten zwar lediglich eine Minderheit innerhalb des Corpus Catholicorum, zu ihr zählten aber mit Bayern, Köln, Mainz, Würzburg und Bamberg gerade die mächtigeren katholischen Stände.

Die Verhandlungen des Kaisers mit den beiden protestantischen Kurfürsten über eine »Konjunktion« verliefen ergebnislos: Während Kurbrandenburg die Bildung einer norddeutschen Union protestantischer Stände vorzog, zeigte Kursachsen grundsätzliche Abneigung gegen eine Wiederauflage irgendwie gearteter reichsständischer Sonderbünde. Erheblich positiver war die Resonanz auf den kaiserlichen »Konjunktions«-Wunsch unter den protestantischen Reichsfürsten und Reichsstädten, die aber einen neuen Verhandlungsmodus über die Konfessionsfragen anregten: Sie brachten direkte kaiserlich-schwedische Verhandlungen in Osnabrück ins Gespräch, ähnlich wie jene, die Trauttmansdorff geführt hatte, jedoch mit einem wichtigen Unterschied: In die Verhandlungen sollten nicht nur die verhandlungs-willigen protestantischen Reichsstände eingebunden werden, sondern auch die kompromissbereiten katholischen – ein Vorschlag, auf den letztere im Februar 1648 auch eingegangen sind.

Mit der Konstituierung dieser konfessionsübergreifenden Gruppe kompromiss-bereiter Stände in Osnabrück im Februar 1648 war eine Entwicklung zum Abschluss gekommen, die bereits 1646 begonnen hatte. Treibende Kraft derartiger konfes-sionsübergreifender Bemühungen war auf katholischer Seite das Stift Würzburg unter Bischof Johann Philipp von Schönborn, der in Münster von Johann Philipp Vorburg vertreten wurde, auf protestantischer die sächsischen Herzogtümer mit ihrem Osnabrücker Bevollmächtigten Thumbshirn. Im Jahr 1647 hatte diese Gruppe erheblich an Einfluss auf die katholische Seite gewonnen, weil sich Maximilian von Bayern spätestens seit der Lösung der Pfalzfrage auf ihre Seite gestellt hatte und Schönborn im November 1647 auch den Mainzer Erzstuhl bestieg, mithin das Amt des Kurerzkanzlers übernahm[73].

Es war typisch für den flexiblen Verhandlungsmodus des Friedenskongresses, dass die Ständegruppe, die sich im Februar 1648 in Osnabrück versammelte, eher willkürlich und ohne Rücksicht auf reichsrechtliche Traditionen zusammengesetzt war. Aus dem Kurkolleg waren nur die katholischen Kurfürsten vertreten, bei den Reichsfürsten dagegen fehlte die überwiegende Mehrheit der katholischen Reichs-stände, weil sie den angestrebten religionsrechtlichen Kompromiss ablehnte und daher in Münster blieb. Anders als auf dem Reichstag hielten sich in Osnabrück katholische und protestantische Reichsfürsten in etwa die Waage. Diese konfessions-übergreifende Ständegruppierung, die sich in Osnabrück versammelte, erlangte in der Schlussphase der Westfälischen Friedensverhandlungen entscheidende Bedeu-tung. Dies wurde möglich, weil sie zu einer politisch eigenständigen Kraft in den Verhandlungen wurde: Anders als von Wien beabsichtigt, ließ sie sich nicht einseitig zur Durchsetzung kaiserlicher Ziele gegen die übrigen Reichsstände oder die Kro-nen einsetzen, sondern entwickelte selbständige politische Initiativen zwischen den »Blöcken«, um eine Friedenslösung herbeizuführen. Dadurch konnte sie Druck auf die Großmächte, insbesondere auf den Kaiser, ausüben. Der französische Kongress-botschafter d'Avaux, einer der erfahrensten und scharfsinnigsten Diplomaten des Kongresses, hat die betreffende Ständegruppe bereits im Dezember 1647 als Dritte Partei (*Tiers Parti*) bezeichnet, die weder den Interessen des Kaisers noch der Kronen diene, sondern im Sinne einer Friedenslösung auf die Einigung der Stände hinar-beite[74].

Diese Dritte Partei hat vor allem in drei für den Friedensschluss wichtigen Ver-handlungsbereichen wesentlich zu einer Friedenslösung beigetragen. Dies war zu-nächst der Kompromiss über die innerdeutschen Fragen im Allgemeinen und das Reichsreligionsrecht im Besonderen, auf den sich die Verhandlungsparteien am 24. März 1648 in Osnabrück verständigten. Grundlage der Osnabrücker Verständi-gung war das Trauttmansdorffianum, zu dem man nun zurückkehrte. Mit äußerster diplomatischer Finesse gelang es den Diplomaten der Stände, zusätzlich auch in den Bereichen des Religionsrechts Verständigungen zu finden, die das Trauttmans-dorffianum offengelassen hatte. Zuletzt wurde sogar eine Lösung über den Einschluss der Reformierten in den Religionsfrieden gefunden, ohne die theologisch heißumstrittene Frage klären zu müssen, ob diese nun zur Augsburger Konfession zu zählen waren oder nicht – ein Meisterwerk dissimulierender Sprache[75]. Schon zuvor war geklärt worden, dass der Religionskompromiss auch gegen einen zu erwartenden päpstlichen Protest und gegen die Opposition der in Münster verbliebenen katholischen »Extremisten« Gültigkeit erlangen solle[76].

Der zweite Bereich war die Auseinandersetzung über die Militärsatisfaktion Schwedens. Hier haben die Reichsstände als »Hauptbetroffene« die Verhandlungen nicht nur begleitet, sondern schließlich sogar direkt geführt. In hartem Feilschen verständigten sie sich am 12. Juni 1648 mit dem schwedischen Verhandlungsführer Johann Oxenstierna auf eine finanzielle Entschädigung von 5 Millionen Reichstalern, die in drei Raten auszuzahlen war – eine gigantische Summe, auch wenn sie deutlich hinter den ursprünglichen schwedischen Forderungen zurückblieb[77]. Nachdem die Frage der Armeeentschädigung, die für Schweden eine conditio sine qua non den Friedens war, im Prinzip geregelt war, erwies sich Schweden in den anderen verbliebenen Fragen als nachgiebig und kompromissbereit. Die wichtigste davon war jene, wie mit den seit dem böhmisch-pfälzischen Krieg enteigneten und aus den habsburgischen Erblanden vertriebenen österreichischen und böhmischen Protestanten umzugehen war. Vor der verbindlichen Zusage seiner finanziellen Entschädigung hatte Stockholm auf ihrer Restitution bestanden – eine Forderung, die Wien unter keinen Umständen einzulösen bereit war. Nun gab Schweden dieses Verhandlungsziel auf, weil es anders als die zwingend erforderliche Abfindung für die Armee offensichtlich nicht zu den schwedischen Essentials gehört hatte. In den Erblanden würde es prinzipiell bei der nach dem böhmisch-pfälzischen Krieg geschaffenen konfessionellen und politischen Ordnung bleiben, Amnestie und Restitution würde es hier nicht geben. Dass der Kaiser dies trotz der hohen Symbolkraft der Streitfrage, von dem das nunmehr dreißigjährige Ringen immerhin seinen Ausgang genommen hatte, durchsetzen konnte, war nicht zuletzt dem Verhandlungsengagement der Stände in der Entschädigungsfrage zu verdanken. Mit der Entschädigungsfrage für die Armee und der künftigen Ordnung für die habsburgischen Erblande war der kaiserlich-schwedische Friede unter Dach und Fach. Die Kritik von Seiten der böhmischen Exulanten und der schwedischen Armeeführung, der die Entschädigungsregelungen noch zu vage waren[78], änderte daran nichts mehr: Im August 1648 konnte der Frieden mit Schweden vor den Diplomaten des Kaisers, Schwedens und der beteiligten Stände verlesen werden.

Zur konkreten Abwicklung der vereinbarten, im Detail äußerst komplizierten Militärsatisfaktion ist es dann nicht mehr auf dem Westfälischen Friedenskongress gekommen. Dies noch detaillierter zu regeln, hätte die Verhandlungen noch weiter in die Länge gezogen, denn hier betraten Diplomaten und Armeeführungen Neuland. Finanzielle Satisfaktionen in dieser Größenordnung von insgesamt etwa 240 reichsständischen Schuldnern einzutreiben, das hatte es noch nicht gegeben, und es war 1648 sehr zur Sorge der Armeen und der von ihnen drangsalierten Bevölkerung zweifelhaft, ob dies gelingen würde[79]. Dies dann in allen diplomatischen und technischen Details zu regeln, blieb einem weiteren Kongress, dem Nürnberger Exekutionstag, vorbehalten, der dann den endgültigen Schlussstrich unter den Krieg gezogen hat[80].

*3. Bereich: Verhandlungen zw. Kaiser und Frankreich*

Eine erhebliche Rolle spielten die Stände schließlich noch in einem dritten Bereich, bei den Verhandlungen zwischen dem Kaiser und Frankreich. Hier lagen in der Schlussphase des Kongresses die größten Schwierigkeiten für einen Frieden. Nach längeren Verhandlungen einigten sich Wien und Paris darauf, die Satisfaktion Frankreichs nicht auf der Basis des Trauttmansdorffianum, sondern auf jener der September-Artikel von 1646 mit seinen Bestimmungen zur Abtretung des Elsass mit ihren dehnbaren Formulierungen zu regeln. Die heftig vorgetragenen Bedenken der elsässischen Stände, die entschieden ihre Garantierechte einforderten, wurden von den Großmächten im kaiserlich-französischen Vorvertrag von November 1647 schließlich zur Seite geschoben[81]. Doch die Satisfaktionsfrage war nicht das einzige Hindernis auf dem Weg zur kaiserlich-französischen Einigung. Ein neues Problem kam hinzu: Im Januar 1648 hatten Spanien und die Niederlande Frieden geschlossen, und es war damit zu rechnen, dass der spanisch-französische Krieg auch nach dem Frieden im Reich weitergehen würde. Die spanisch-französischen Verhandlungen hatten im Sommer und Herbst 1648 eigentlich nur noch symbolisch-propagandistischen Charakter, an einen Friedensschluss war auf absehbare Zeit nicht zu denken[82].

*Dynastie vs. neue völkerrechtliche Ordnung*

*kaiserl. Assistenz-verbot für Spanien*

*Wendung des Kongresses; Stände zwingen dem Kaiser den Frieden auf und stellen Forderungen*

Paris forderte daher ein völkerrechtlich verbindliches Verbot für den Kaiser und die österreichischen Habsburger, Madrid künftig militärische Hilfe zu leisten. Aus französischer Sicht verständlich, bedeutete dies für Wien aus Gründen seines dynastischen und politisch-rechtlichen Selbstverständnisses eine kaum verkraftbare Zumutung. Die Frage des kaiserlichen Assistenzverbots für Spanien war schließlich die letzte Frage, um die auf dem Westfälischen Friedenskongress erbittert gerungen wurde[83]. Die Reichsstände waren überzeugt, dass es ohne dieses Assistenzverbot keinen Frieden geben werde, und setzten den Kaiser unter enormen Druck. Vor allem Bayern spielte hier eine Schlüsselrolle. Dem Kaiser wurde der Form nach mit dem nötigen Respekt, in der Sache aber unmissverständlich klar gemacht, dass er ohne ein Einlenken in diesem Punkt im Reich vollkommen isoliert sein werde – eine Isolation, die dramatische Konsequenzen für seinen Rang und sein Territorium haben konnte. Hier wurde deutlich, welche Wendung der Kongress genommen hatte: Der Friede wurde nicht durch kaiserlichen »Vorgriff« durchgesetzt, sondern es waren die Stände, die den Kaiser zur Annahme des Friedens zwangen. Im September beugte sich Wien – in der Einsicht in die eigenen sehr begrenzten Möglichkeiten – in der Frage des Assistenzverbotes dem ständischen Druck[84]. Damit war das letzte Hindernis für den Frieden beiseite geräumt, der am 24. Oktober 1648 verkündet werden konnte.

Dass der Kaiser bei diesem letzten Zugeständnis nicht frei handeln konnte, wurde selbst von Spanien unumwunden anerkannt. Madrid reagierte auf die vertragliche Lossagung Wiens moderat und verständnisvoll – eine Reaktion, die auch der persönlichen Auffassung Philipps IV. entsprach[85]. Anders als bei vorherigen Spannungen zwischen Wien und Madrid (etwa nach dem Regensburger Vertrag 1630) versicherte der spanische König Kaiser Ferdinand III. seiner fortdauernden Verbundenheit. Der spanische Staatsrat beschloss offiziell, die Beziehungen mit Wien in gleichem Umfang aufrechtzuerhalten wie zuvor, und Philipp IV. demonstrierte den fortdauernden Schulterschluss mit Wien, indem er wenige Tage nach Verkündung des Friedensschlusses die endgültige Eheschließung mit der Kaisertochter bekannt geben ließ[86].

# 4. Grundzüge der Friedensordnung von 1648 und ihre Folgen für Europa

Eine sichere europäische Friedensordnung ist mit dem Westfälischen Frieden vom 24. Oktober 1648 nicht errichtet worden. Das zeigt schon ein Blick auf die militärische Lage im geographischen Umfeld des römisch-deutschen Reichs nach 1648. Der seit 13 Jahren während französisch-spanische Krieg wurde 1648 nicht beendet, sondern trat lediglich in ein neues Stadium ein: Frankreich geriet durch den spanisch-niederländischen Separatfrieden und bürgerkriegsartige innere Auseinandersetzungen (die sog. »Fronde«), die ähnlich wie die innerspanischen Rebellionen in den Jahren zuvor durch die kriegsbedingt ständig steigende Abgabenlast verursacht worden waren, nach 1648 in die Defensive. Zwischenzeitlich schien Spanien im Krieg der Großmächte wieder die Oberhand zu gewinnen. Erst seit 1654/55 – nach einem Bündnis mit dem England des Lordprotektors Oliver Cromwell – wendete sich das Blatt wieder zugunsten Frankreichs[87]. Zum französisch-spanischen Frieden ist es erst elf Jahre nach dem Westfälischen Frieden unter völlig veränderten Umständen gekommen. Für den mittelost- und nordeuropäischen Raum markierte das Jahr 1648 den Beginn einer außerordentlich kriegerischen Ära. Aus einer militärischen Auseinandersetzung Polens mit aufständischen Kosaken entwickelte sich ein russisch-polnischer Krieg, in den 1654 Schweden eingriff, das sich mit Polen seit dem 16. Jahrhundert in einer Art Dauerkriegszustand befand. Zugleich brach 1655 ein neuer Krieg Schwedens mit dem Ostseerivalen Dänemark aus. Die traditionellen europäischen Mächtekonflikte hatten auch nach dem Westfälischen Frieden nichts von ihrer Bedeutung verloren, sie entwickelten aufs Neue ihre kriegerische Dynamik. Eine wesentliche Rolle spielten die im Dreißigjährigen Krieg siegreichen Kronen Frankreich und Schweden. 1648 markierte für sie keine Zäsur, keine Wende, sondern ist eher als eine Zwischenetappe anzusehen. Wenigstens bis zur Jahrhundertwende blieben die Regierungen beider Monarchien auf ein extrem militärisch geprägtes Sicherheits- und Offensivstreben festgelegt, durch das beide Mächte in eine beständige Folge von verlustreichen Kriegen verstrickt wurden. Die territorialen Zugewinne von 1648 haben die kriegerische Tendenz ihrer Außenpolitik nicht gemäßigt, sondern sogar eher gesteigert. Folglich ist wenigstens im Falle Frankreichs zu konstatieren, dass die innere Militarisierung von Staat und Gesellschaft im letzten Drittel des 17. Jahrhunderts daher weit ausgeprägter war als im Zeitalter des Dreißigjährigen Krieges[88].

Eine Friedensordnung ist 1648 nur für das römisch-deutsche Reich geschaffen worden – eine Friedensordnung, die freilich weitreichende Folgen für Gesamteuropa hatte. So hatten die Fortexistenz des römisch-deutschen Reiches nach 1648, die während des Krieges sehr fraglich gewesen war, und die konkrete Verfassungsstruktur, die das Reich im Friedensvertrag erhielt, erhebliche Auswirkungen auf die künftige Gestalt europäischer Politik.

## a) Das Reich als Monarchie und als defensiver Rechtsverband

Zur Zeit des Westfälischen Friedenskongresses sanken militärische Macht und politisches Ansehen des Kaisers auf einen Tiefpunkt. Gleichwohl ist es 1648 zu keiner grundsätzlichen Veränderung der monarchischen Verfassungsstruktur des römisch-deutschen Reichs gekommen. Das Reich blieb auch nach 1648 eine Monarchie – und zwar nicht nur dem Namen, sondern auch der Sache nach. Dies war keine Selbstverständlichkeit. Es hatte auf dem Kongress ernsthafte Bestrebungen gegeben, die rechtliche Position des Reichsoberhauptes nachhaltig zu schwächen, so dass dem römisch-deutschen Kaisertum nur eine Art »Ehrenvorsitz« in einem »aristo-kratisch« aufgebauten Reichsverband geblieben wäre, in dem die Macht ausschließ-lich bei den Reichsständen gelegen hätte. Mit Rückendeckung Schwedens und mit propagandistischer Unterstützung radikaler Reichspublizisten (etwa Hippolythus à Lapide alias B. P. von Chemnitz[89]) hatten einige Reichsstände auf dieses Ziel hin-gearbeitet, weil sie nur in einer grundlegenden Umwälzung der Reichsverfassung einen wirksamen Schutz vor neuen »tyrannischen« Bedrückungen durch das Reichs-oberhaupt im Stil Ferdinands II. sahen. Sie hatten angestrebt, zahlreiche Rechte des Kaisers und der Kurfürsten auf den Reichstag zu übertragen und Kaisertum wie Kurkolleg auf einige wenige symbolische Vorrechte zu beschränken.

Dass sie dieses Ziel letztlich nicht erreichten und die meisten ihrer radikalen Forderungen auf unbestimmte Zeit (als sog. »negotia remissa«) vertagt wurden, lag am beharrlichen konfessionsübergreifenden Widerstand der Ständemehrheit. Zu groß war deren (wohl nicht unbegründete) Sorge, dass eine allzu drastische Schwä-chung des Reichsoberhauptes die Auflösung des Reichsverbands zur Folge haben könne[90].

Grundsätzlich blieb damit die Möglichkeit eines Wiederaufstiegs des Kaisertums, seiner »Rückkehr in das Reich« (Anton Schindling) bestehen. Dazu trug auch die Tatsache bei, dass der Westfälische Friedensvertrag den Hausbesitz der Habsburger im Großen und Ganzen unangetastet ließ[91]. Zwar hatten die österreichischen Habs-burger 1648 auf wichtige Besitzrechte in Vorderösterreich und im Elsass zu ver-zichten, die habsburgische Herrschaft über die österreichischen Erzherzogtümer und die Länder der Wenzelskrone (Böhmen, Mähren, Schlesien) wurde aber durch den Westfälischen Frieden politisch nicht eingeschränkt. Konfessionelle Schutzrechte für protestantische Untertanen gegenüber der Landesherrschaft gab es hier – von we-nigen Ausnahmen in Schlesien und Niederösterreich abgesehen – nach 1648 gleich-falls nicht. In ihren Erblanden war die Machtposition der Habsburger daher seit 1648 weit gefestigter als 1618. Damit behielt das Haus Österreich seinen Rang als unbe-stritten führende Herrscherfamilie im Reich, aus dem es auch seinen angestammten Anspruch auf die Kaiserwürde ableitete.

Eine antikaiserliche bzw. antihabsburgische »Revolution« blieb 1648 also aus. Die Stellung des Reiches im politischen Gefüge Europas änderte sich gleichwohl. Dies hing mit den territorialen Regelungen des Westfälischen Friedens ebenso zusammen wie mit einigen Verfassungsentscheidungen des Vertragswerks, die gerade den außenpolitischen Bereich betrafen.

In territorialer Hinsicht sind hier zum einen die – bereits skizzierten – Satisfak-tionsvereinbarungen des Westfälischen Friedens zu nennen. Durch die Übernahme habsburgischen Besitzes im Elsass sowie im Suntgau und durch die definitive Anerkennung seiner vollen Souveränität über Metz, Toul und Verdun wurde Frankreichs Position im Westen und Südwesten des Reiches auf Kosten des Kaisers enorm gestärkt. In kluger Einschätzung der neu entstandenen Machtverhältnisse im Südwesten hat Wien daher auch dem traditionellen Streben der Eidgenossenschaft nach Loslösung vom Reichsverband, das in Münster vom Basler Bürgermeister Wettstein vorgebracht worden war, keinen energischen Widerstand mehr entgegengesetzt: Der Westfälische Friedensvertrag sah die vollständige Befreiung (Exemtion) der Eidgenossenschaft von allen Pflichten gegenüber dem Reich vor[92]. Kaum etwas zeigte die Verschiebung der machtpolitischen Gewichte in diesem Teil des Reiches deutlicher als die Tatsache, dass die Unabhängigkeit der Schweizer Eidgenossenschaft in der zweiten Hälfte des 17. Jahrhunderts viel eher von Frankreich denn von Habsburg bedroht schien[93].

In dieser Hinsicht sind deutliche Parallelen zwischen der Eidgenossenschaft und den Generalstaaten zu beobachten. Schon auf dem Westfälischen Friedenskongress, auf dem die Niederlande ihre Unabhängigkeit von Spanien und damit faktisch auch vom Reich erlangten, war deutlich geworden, dass Den Haag den territorialen Aufstieg der bourbonischen Monarchie auf Kosten der habsburgischen Mächte mit wachsendem Unbehagen betrachtete. Dies führte schon während der Verhandlungen zu beträchtlichen Reibungen zwischen Den Haag und Paris, Ansätze einer Entwicklung, die dann zwanzig Jahre später aus den langjährigen Bündnispartnern erbitterte Feinde werden ließ[94].

Die territorialen Veränderungen zugunsten Frankreichs im Westen des Reiches fanden ihre Entsprechung in jenen zugunsten Schwedens im Norden. Freilich gab es hier einen wichtigen rechtlichen Unterschied. Stockholm übernahm seine neuerworbenen Gebiete (Vorpommern, Bremen, Verden) nicht als souveränen Besitz wie Frankreich, sondern als Reichslehen – die Verbindung dieser Territorien, für die Schweden nun Sitz und Stimme auf dem Reichstag ausübte, zum Reich blieb also bestehen. Langfristig hat dies wesentlich dazu beigetragen, dass diese Territorien anders als die französischen Zugewinne im Reich verblieben. Ziele der schwedischen Erwerbungen waren nicht nur die territoriale Expansion und die Erschließung neuer handelspolitischer Möglichkeiten (so die Weserzölle), sondern auch die Sicherung Schwedens vor künftiger Bedrohung seiner Ostseeherrschaft von Seiten des römisch-deutschen Reiches. Eine Situation wie in den zwanziger Jahren, als die Präsenz des Kaisers an der Ostsee Schwedens Stellung in diesem Raum zu bedrohen schien, sollte in Zukunft ausgeschlossen werden. Insgesamt schränkten die territorialen Veränderungen im Westen und Norden des Reiches die Fähigkeit des habsburgischen Kaisertums erheblich ein, in Zukunft noch einmal militärisch gegen die Kronen in die Offensive zu gehen.

Diese offensiven Möglichkeiten wurden auch durch verfassungsrechtliche Regelungen des Westfälischen Friedensvertrags stark begrenzt. Dem Kaiser wurde im Westfälischen Friedensvertrag ausdrücklich untersagt, aus eigener Machtvollkommenheit oder allein in Absprache mit den Kurfürsten einen Reichskrieg zu erklären. Stattdessen wurde die Verkündung des Reichskriegs wie der Abschluss eines Friedens ausdrücklich an die Zustimmung des Reichstags gebunden. Dies war eine empfindliche Einschränkung der kaiserlichen Prärogative im außenpolitischen Bereich, die

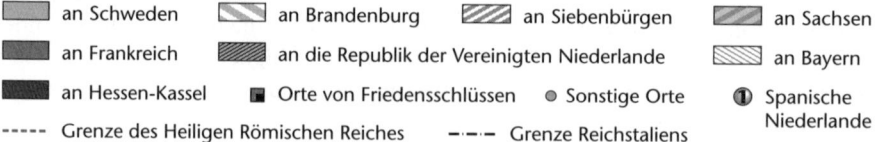

Territoriale Veränderungen durch den Frieden von Brömsebro (Dänemark und Schweden, 1645), den Frieden von Wien (Kaiser–Siebenbürgen, 1645), den Frieden von Münster (Niederlande–Spanien, 1648) und den Westfälischen Frieden (1648)

| | | | | |
|---|---|---|---|---|
| an Schweden | an Brandenburg | an Siebenbürgen | an Sachsen |
| an Frankreich | an die Republik der Vereinigten Niederlande | | an Bayern |
| an Hessen-Kassel | Orte von Friedensschlüssen | Sonstige Orte | ① Spanische Niederlande |
| ----- Grenze des Heiligen Römischen Reiches | | – · – · – Grenze Reichstaliens | |

*Staaten, deren Reichsunabhängigkeit anerkannt wurde, sind unterstrichen:* EIDGENOSSENSCHAFT

*Reichsstände, denen die Kurwürde zuerkannt wurde, sind gestrichelt unterstrichen:* Kurbayern

Die Friedensschlüsse 1645–1651

andere europäische Monarchen nicht kannten. So bedurfte selbst die englische Krone bis ins 19. Jahrhundert zur Kriegserklärung und zum Friedensschluss keiner Zustimmung des Parlaments[95].

Eine Begrenzung des außenpolitischen Handlungsspielraumes des römisch-deutschen Kaisertums bedeutete auch das freie Bündnisrecht der Reichsstände, das 1648 festgeschrieben wurde. Der alte Anspruch des Reichsoberhauptes, dass Reichsstände nur mit seiner Zustimmung Bündnisverträge untereinander und mit fremden Mächten abschließen durften, wurde im Westfälischen Frieden negiert. Solange sich ihre Bündnisse nicht gegen Kaiser und Reich richteten, hatten die Reichsstände das Recht, frei über ihre Bündnispolitik zu entscheiden[96].

Eine weitere, außenpolitisch wirksame Schwächung des Reichsoberhauptes war schließlich die Tatsache, dass der Westfälische Friede den Kronen den Status von Garantiemächten der Friedensordnung im Reich zuerkannte. Im Falle eines Verstoßes gegen den Westfälischen Frieden erhielten Frankreich und Schweden in einem juristisch genau normierten Verfahren das Recht, im Reich einzugreifen. Dies wertete den Status der Kronen im Reich auf und konnte ihnen Interventionsmöglichkeiten eröffnen. In erster Linie diente aber auch diese Regelung dem Schutz vor allen Bestrebungen des habsburgischen Kaisertums, den Westfälischen Frieden zu revidieren und zu einer offensiven Politik zurückzukehren.

Insgesamt wurden im Westfälischen Frieden der monarchische Charakter des Reiches sowie die eindeutig führende Stellung Habsburgs als angestammter kaiserlicher Dynastie bestätigt, was die Fortdauer und den Zusammenhalt des Reiches garantierte. Zugleich aber entwickelte sich das römisch-deutsche Reich durch die 1648 beschlossenen territorialen und verfassungsrechtlichen Änderungen endgültig zu einem rein defensiven Rechtsverband. Zu einer aktiven Außenpolitik waren nur noch die einzelnen Reichsstände, allen voran Habsburg als einziger »europäischer Großmacht« im Reich, fähig, nicht mehr Kaiser und Reich als Institutionen. Das Reich konnte seinen Gliedern nach innen hin begrenzt Schutz gewähren, nicht aber außenpolitisch initiativ werden. Außenpolitisch belanglos wurde der Rang des römisch-deutsche Kaisertums freilich nicht, gerade in Zeiten äußerer Bedrohung. Der Kaiser konnte dann seine Stellung als Reichsoberhaupt vorteilhaft einsetzen, wenn er sich konsequent auf den Boden des Westfälischen Friedens stellte und eng mit den Ständen zusammenwirkte. Dies hat Kaiser Leopold I. im letzten Viertel des 17. Jahrhunderts eindrücklich unter Beweis gestellt[97].

## b) Der Ausschluss des Konfessionskriegs im Reich

Auch die neue Reichsreligionsverfassung, die durch den Westfälischen Frieden errichtet wurde, hatte eine europäische Dimension. Denn sie folgte in ihren zentralen Bestimmungen ebenso wie in ihren vielen detaillierten, teilweise extrem kleinteiligen Regelungen einer zentralen Zielsetzung: Einen Religionskrieg im Reich trotz fortbestehenden unversöhnlichen Gegensatzes der Konfessionen zu verhindern. Dass das Heilige Römische Reich als größtes multikonfessionelles Gemeinwesen in Europa nach 1648 keinen Konfessionskrieg mehr erlebte (anders als etwa die Eidgenossenschaft 1656 und 1712, Ungarn 1672/82 und Großbritannien 1689/92), trug wesentlich zur Stabilität Gesamteuropas bei.

Um das Ziel der religiösen Friedenswahrung zu erreichen, wurden 1648 Grundge-
danken des Augsburger Religionsfriedens und des Prager Friedens aufgegriffen und
fortentwickelt[98]. Grundsätzlich verpflichtete der Westfälische Frieden ebenso wie
ehedem der Augsburger Religionsfrieden die Konfessionsparteien zu einer unbe-
fristet gültigen, rein weltlichen Friedenswahrung. Änderungen der Reichsreligionsverfassung sollten künftig nur noch bei Zustimmung einer Mehrheit des »Corpus
Catholicorum« und des »Corpus Evangelicorum« im Rahmen einer einvernehmlichen Regelung (einer sog. »amicabilis compositio«) möglich sein, einseitige Änderungen waren künftig ausgeschlossen. Zugleich war der Westfälische Frieden – wie
sich zeigen sollte, mit Erfolg – bestrebt, möglichst alle Unklarheiten des Augsburger
Religionsfriedens, aus denen künftig bewaffnete Konflikte erwachsen könnten, zu
beseitigen. Seit 1648 galt strikte Rechtsgleichheit, Parität der katholischen und der
protestantischen Konfession – eine Parität, die die dritte Konfession, die Reformierten, nun einschloss. Konkrete Folgen hatte diese Parität nicht nur für das
Verfahren des Reichstags mit seinen konfessionellen Corpora, sondern auch für
die Reichsjustiz. Um diese Parität auch im kaiserlichen Gerichtshof, dem Reichshofrat, sicherzustellen, wurde der Kaiser durch den Friedensvertrag zur Berufung
protestantischer Reichshofräte verpflichtet. Dies empfand Wien zunächst als empfindliche Einschränkung; langfristig war dies aber eine zentrale Voraussetzungen
dafür, dass der Reichshofrat im gesamten Reich an Ansehen gewann und im
18. Jahrhundert seine höchstrichterliche Konkurrenz, das ständische Reichskammergericht, weit an Bedeutung übertraf[99].

Das zentrale Problem bei der Auslegung des Augsburger Religionsfriedens war der
sog. Geistliche Vorbehalt gewesen, die Frage also, wie das Reich sich zum Konfessionswechsel geistlicher Territorien stellen sollte (vgl. oben S. 23 f.). Um alle Schwierigkeiten, die aus dem Konfessionswechsel von (geistlichen wie weltlichen) Territorien erwachsen konnten, künftig zu beseitigen, griff der Westfälische Friede eine
Lösungsidee des Prager Friedens auf, das sogenannte »Normaljahr«. Danach entschied über den Konfessionsstand eines Territoriums eine Stichtagregelung: Die
Konfessionsverhältnisse dieses Stichtages sollten unabänderlich für geistliche wie
weltliche Reichsterritorien fortgelten, und zwar hinsichtlich aller konfessioneller
Rechts- und Besitzverhältnisse einschließlich des Kirchengutes. Alle der Normaljahrsregelung entgegenstehenden Verträge und Bestimmungen, auch jene des Ka-
nonischen Rechts, wurden für ungültig erklärt. Die Landesherrn durften prinzipiell
nicht von der Normaljahrsregelung abweichen, also in irgendeiner Weise in Rechte
eingreifen, die Angehörige einer Konfession zum Zeitpunkt des Normaljahrs innehatten. Lediglich die Gewähr privater Religionsausübung war in das Belieben  der
Landesherrn gestellt. Als Datum des Normaljahrs wurde nach langem Ringen der
1. Januar 1624 gewählt, ein Termin, der nach dem Sieg des Kaisers im Böhmisch-
Pfälzischen Krieg (was für Wien entscheidend war) lag, aber vor den kaiserlichen
Erfolgen im Niedersächsisch-Dänischen Krieg.

Ergänzt wurde diese prinzipielle Regelung durch zahlreiche Ausführungs- und
Sonderregelungen. Detaillierte Bestimmungen enthielt der Westfälische Friede vor
allem zu den Konfessionsverhältnissen der Reichsstädte, zu einzelnen geistlichen
Territorien wie den Stiftern Hildesheim und Osnabrück, das alternierend einen
katholischen und einen protestantischen Landesherrn erhielt, sowie zu den habsbur-

gischen Herrschaften Niederösterreich und Schlesien. Flexibilität ließen diese Bestimmungen kaum noch zu, diese war aber vom Friedensvertrag auch gar nicht erwünscht. Eine rechtliche Erstarrung der Konfessionsverhältnisse war der Preis der möglichst lückenlosen Sicherheit vor künftigen Religionskonflikten.

Neben der Problematik des Geistlichen Vorbehaltes gab es freilich noch einen weiteren Streitpunkt zwischen den Konfessionen, der ähnliche politische Sprengkraft enthielt: die Frage der Translation der pfälzischen Kurwürde und eines Teils der pfälzischen Lande auf Bayern. Unter den zahlreichen dynastisch-territorialen Fragen, die der Westfälische Friedensvertrag regelte (so die Entschädigung Hessen-Kassels oder den Rekompens Brandenburgs) nahm diese Frage wegen ihres konfessionellen Charakters und ihrer Symbolkraft eine Sonderstellung ein. Die protestantischen Reichsstände hatten sich während des gesamten Krieges prinzipiell mit der pfälzischen Kurtranslation nicht abgefunden, erblickten sie darin doch eine grundsätzliche und dauerhafte Verschiebung der konfessionell-politischen Gewichte im Reich. Der protestantischen Forderung nach Restitution der pfälzischen Kurwürde und Kurlande hatte sich die bayerische Regierung eisern widersetzt, auch in Phasen äußerster militärischer Bedrängnis. Für den bayerischen Herrscher besaß die Bewahrung der Kurwürde absolute politische Priorität, sie war »politische Richtschnur Maximilians bis an sein Lebensende«[100]. Auch der Kaiser stand hier unter Druck, weil er bei diesem Punkt vertraglich gegenüber Bayern gebunden war (vgl. oben S. 40 f.). Schweden und Frankreich, das von Maximilian von Bayern in der Kurfrage intensiv umworben wurde, waren sich natürlich über die grundsätzliche Bedeutung des pfälzischen Themas im Klaren und nutzten es sehr geschickt als »eine Art Spielmaterial«[101], um andere Forderungen durchzusetzen.

Ohne eine zuverlässige und für alle Seiten einigermaßen gesichtswahrende Lösung in diesem Punkt war das Ziel eines zuverlässigen Konfessionsfriedens nicht zu erreichen. Nach langem Ringen bestand die Lösung darin, dem bayerischen Herrscher die Kurwürde und den oberpfälzischen Teil der Kurlande als erblichen Besitz zu lassen. Als konfessioneller und dynastischer Ausgleich wurde eine weitere, neue Kurwürde geschaffen, die dem Sohn des geächteten, 1632 verstorbenen Kurfürsten übertragen wurde. Dass die Beteiligten bereit waren, sich damit über die Goldene Bulle als bis dahin höchstem, geheiligtem und als unantastbar geltendem Reichsgrundgesetz hinwegzusetzen, unterstrich die besondere, konfessionell bedingte Brisanz dieser Streitfrage.

Die Einhegung des Konfessionskonflikts war eine zentrale Voraussetzung für die Fortexistenz des Reiches als geschlossenem, defensiv ausgerichtetem Rechtsverband. Die gefundene Friedenslösung hatte nichts mit Toleranz zu tun, die den beteiligten Diplomaten, Regierungen und Theologen fremd blieb, sondern beruhte auf einer rein säkular-rechtlich zustande gekommenen friedlichen Koexistenz der Konfessionsparteien. Dies mindert die Bedeutung dieses Kompromisses nicht. Denn der Westfälische Friede beseitigte auf diese Weise einen ständig schwelenden Krisenherd, der sich zuvor stets mit anderen Konflikten zu verbinden und besondere Zerstörungskraft in der europäischen Staatenpolitik zu erlangen drohte.

## c) Die europäische Vorbildfunktion des Westfälischen Friedens

In seinem Abschlussbericht bezeichnete der venezianische Diplomat und Friedens-
vermittler Alvise Contarini die Westfälischen Friedensverhandlungen als ein Ereignis, das einmalig sei in der Weltgeschichte (*senza essempio nel mondo*). Contarinis
Einschätzung des Friedenskongresses war rhetorisch formuliert[102], erscheint gleichwohl im historischen Rückblick von der Sache her zutreffend: In verschiedener
Hinsicht war der Westfälische Friedenskongress tatsächlich beispiellos. Dies galt – wie
erwähnt – hinsichtlich der quantitativen Dimensionen des Kongresses, also der
beteiligten Diplomaten und Staaten: Bis auf England, Russland und das Osmanische
Reich war praktisch ganz Europa auf dem Kongress vertreten. Dies galt aber auch
hinsichtlich der zu behandelnden Probleme. Der Krieg, den der Westfälische Friedenskongress beendete, war der verheerendste militärische Konflikt, den Europa bis
dahin erlebt hatte. Die Größe der beteiligten Armeen, aber auch die Bevölkerungsverluste, Leiden und Zerstörungen überstiegen alle Erfahrungen der – insgesamt
durchaus kriegsgewohnten – Zeitgenossen[103].

Auch die Komplexität und Verschränktheit der zu behandelnden Probleme war
wohl einzigartig. Der Westfälische Friedenskongress war sowohl eine europäische
Mächtekonferenz als auch eine Art Verfassungskonvent für das Reich. Zugleich
musste über die Abdankung der umfangreichen Söldnerarmeen verhandelt werden – Armeen, deren Unterhaltung die finanziellen Möglichkeiten der Kriegsherrn
um ein Vielfaches überstieg. Die von der Parlamentsarmee ausgelöste Revolution in
England, die kurz nach Beendigung des Westfälischen Friedenskongresses ihren
Höhepunkt erreichte und in einer Militärdiktatur mündete, zeigte deutlich, welche
Weiterungen sich aus der Problematik unzufriedener Berufsarmeen ergeben konnten.

Dazu kamen schließlich die zahlreichen ungelösten Anerkennungs- und Rang-
fragen, die rechtlich-dynastische oder konfessionelle Ursachen hatten. Dies führte zu
erheblichen protokollarischen Schwierigkeiten, die direkte Notenwechsel oder gar
offizielle Begegnungen der Vertreter häufig ausschlossen. Der hohe Respekt vor
Tradition, Recht und Konfession machte hier einfache, pragmatische Lösungen
unmöglich. Dies warf zugleich die Frage nach der Rechtsverbindlichkeit der einmal
gefundenen Friedenslösung auf. Es war nicht sicher, ob sich die politisch Verantwortlichen an Abkommen mit Rangniederen, Untertanen bzw. Lehnsträgern und
Andersgläubigen gebunden fühlten.

Um all diese Probleme in den Griff zu bekommen, haben die Väter des Westfälischen Friedensvertrags in formaler und inhaltlicher Hinsicht vielfach Neuland
betreten müssen. Hinsichtlich der Verhandlungsmodalitäten und des Vertragsrechts
wurde der Westfälische Friedenskongress daher beispielgebend für die europäische
Diplomatie, für die tradiertes Erfahrungswissen in aller Regel wichtiger war als
völkerrechtliche Theorie. Anders formuliert: Der Westfälische Friedensvertrag
wurde nicht nur zum anerkannten Reichsgrundgesetz, sondern auch zu einer Art
erster Rahmenordnung der europäischen Diplomatie, an dem man sich im Prinzipiellen und bei der diplomatischen Alltagsarbeit orientierte.

Zu diesen grundlegenden, richtungsweisenden Aspekten des Friedensvertrags
gehört das Bestreben, dem Vertragswerk eine gemeinsame, christlich verstandene

Basis zu geben, ohne ihn konfessionell-kirchlich einzubinden. Explizit wird der
Staatenfriede in der berühmten Anfangsformel des Vertrags als christlich, universal,
ewig und wahrhaft freundschaftlich bezeichnet (»Pax sit Christiana, universalis,
perpetua veraque et sincera amicitia«). Das war keine Leerformel, sondern versuchte,
dem Frieden eine christlich-moralisch Verbindlichkeit zu geben. Durchaus folge-
richtig ist der Friedensvertrag unter zeitgenössischen Theologen je nach konfessio-
nellem Standpunkt zwar unterschiedlich bewertet, dabei aber nicht als Säkularisie-
rung gedeutet worden[104]. Dies ist erst im historischen Rückblick geschehen, als der
Friedensvertrag geisteshistorisch in den Säkularisierungsprozess der Moderne einge-
ordnet worden ist[105]. Auf diese geistige Grundlage verweist auch die Generalamnestie, auf die sich der Kaiser und die Kronen nach langem Ringen verständigten[106].
Sämtliche Vorgänge und Geschehnisse, die seit 1618 stattgefunden hatten, wurden in
einer Amnestie- und Oblivionsklausel ausdrücklich »vergeben und vergessen«, nicht
nur, um konkrete Rechtsfolgen für die Betroffenen auszuschließen, sondern auch,
um im Sinne eines »friedewirksamen Vergessens« die Wiederrichtung einer christlichen Staatengemeinschaft zu ermöglichen[107]. In gewisser Weise gehört in diesen
Zusammenhang auch die »Anti-Protestklausel« des Westfälischen Friedens. Aufgrund der Tatsache, dass die konfessionspolitischen Zugeständnisse des Westfälischen
Friedens einschließlich der Abtretung von Kirchengut nun (anders als im Prager
Frieden) explizit ewige Gültigkeit beanspruchten, mussten die Verhandlungspartner
mit einem päpstlichen Protest rechnen. Dass sich die katholischen und protestantischen Vertragspartner ausdrücklich darauf festlegten, einen solchen Protest von
vornherein als folgenlos zu betrachten, markierte eine wichtige Etappe in der
Herausbildung eines konfessionell bzw. kirchlich ungebundenen, doch dezidiert
christlich-universal verstandenen Völkerrechts.

Aber nicht nur im Grundsätzlichen, sondern auch in vielen prozeduralen Einzelfragen wirkten die Westfälischen Friedensverhandlungen bzw. der Vertrag als vor-
bildlich. Wichtig ist hier der exemplarische Charakter des Kongresses als geeignetem
Ort der Friedensstiftung und -wahrung. Die zeitgenössische Staatslehre und Politik-
wissenschaft begegnete solchen multilateralen Verhandlungsformen der Friedensstiftung eher mit Skepsis[108]. Der Erfolg des Westfälischen Friedenskongresses trug
wesentlich dazu bei, dass die Regierungen und Diplomaten sich seit der zweiten
Hälfte des 17. Jahrhunderts über die Bedenken der Theoretiker hinwegsetzten und in
Friedenskongressen ein probates Mittel der Friedensstiftung erblickten. Im frühen
18. Jahrhundert gingen die Großmächte dann sogar im Zeitalter des sog. »Kongress-
europa« so weit, die gesamte europäische Staatenpolitik mit Hilfe von Kongressen
steuern zu wollen. Entsprechende, fortentwickelte Versuche gab es dann noch
einmal im zweiten und dritten Jahrzehnt des 19. Jahrhunderts[109]. Zugleich wurde
das konkrete Kongress-Instrumentarium der Westfälischen Friedensverhandlungen
aufgegriffen und im Sinne größerer Effizienz weiterentwickelt. Der Westfälische
Friedenskongress, ohne den der Aufstieg der Kongresspolitik nicht vorstellbar gewesen wäre, blieb im kollektiven Bewusstsein europäischer Politik und Diplomatie
bis in die Moderne fest verankert.

# IX. Kriegskatastrophe und Friedensnorm: Der Dreißigjährige Krieg in der Geschichte des europäischen Friedens

## 1. Der Frieden in der Friedlosigkeit: Frieden als präsente Größe zwischen 1618 und 1648

Der Abschluss des Westfälischen Friedens am 24. Oktober 1648 wurde in der Geschichtsschreibung stets als tiefe Zäsur betrachtet, unabhängig von der sehr stark schwankenden Beurteilung der Qualität dieses Friedensschlusses durch die Historiker. Ganz ähnlich sahen es bereits die Zeitgenossen, jedenfalls im römisch-deutschen Reich. Die Nachricht von der Unterzeichnung des Friedensvertrags verbreitete sich trotz der großen Verwüstungen im Land, die nicht zuletzt die Verkehrswege betroffen hatten, mit erstaunlicher Geschwindigkeit und wurde begierig aufgenommen. Unverzüglich setzte eine breite Friedenspublizistik ein, die den Frieden in Flugschriften, Flugblättern, auf Gedenkmedaillen und in öffentlichen Zeremonien feierte. Allein der Friedensvertrag selbst, wie gesehen ein schwer zugängliches, hochkomplexes Vertragsinstrument, wurde nach einer neueren Schätzung in bis zu 40 000 Exemplaren gedruckt[1].

Dahinter stand echte und mehr als verständliche Begeisterung über das Ende des Krieges nach dreißig Jahren kriegerischer Schrecken, zumal viele Menschen im Reich gezweifelt hatten, ob die Botschafter in Münster und Osnabrück und ihre Auftraggeber nach so vielen Jahren vergeblichen Verhandelns jemals einen Frieden würden zustande bringen können. Die intensive Friedenspublizistik ist aber auch damit zu erklären, dass der Frieden auch nach Oktober 1648 keineswegs als gesichert galt. Zwar endeten mit der Verkündung des Friedensschlusses die eigentlichen Kampfhandlungen, aber die Söldnerarmeen blieben vorerst im Land. Die komplizierte und konfliktträchtige Regelung der Abdankung dieser Truppen sollte einem eigenen Kongress, dem Nürnberger Exekutionstag, vorbehalten bleiben, dessen Ergebnis noch ungewiss war. Unter Umständen konnte es – so fürchtete die leidgeprüfte Bevölkerung – zum Wiederausbruch des Krieges kommen[2]. So war die Friedenspublizistik auch als beschwörender Appell an die Regierungen und ihre Vertreter zu sehen, das nun Erreichte nicht wieder leichtfertig in Frage zu stellen.

Vergegenwärtigt man sich die tagesaktuelle politische Bedeutung der breiten Friedenspublizistik nach 1648, wird verständlich, warum die Rezeption des Friedensschlusses in Europa sehr uneinheitlich verlief. Der begeisterten Aufnahme des Friedens im römisch-deutschen Reich stand ein erstaunliches Desinteresse in Frankreich gegenüber[3], obwohl die französische Monarchie doch zu den Hauptgewinnern des Friedensschlusses gehörte. Doch Frankreich, das seinen Krieg gegen Spanien zur Enttäuschung weiter Kreise der Bevölkerung weiterführen musste, geriet in den Monaten nach Ende des Dreißigjährigen Kriegs in eine tiefe politische Krise, die schließlich in einem Bürgerkrieg mündete und die politische Aufmerksamkeit vom Friedensschluss ablenkte.

Der mediale Friedensjubel im Reich zeichnete sich durch erstaunlichen Form- und Ideenreichtum aus[4]. Indes, neu war die Beschwörung des Friedens nicht: Schon während der langen Kriegsjahre war in der Publizistik ganz im Sinne der traditionellen Friedenslehre der hohe Wert des Friedens herausgestellt worden. Immer wieder beriefen sich die Publizisten darauf, dass der Frieden Ziel aller Politik und nicht zuletzt des Krieges sein müsse, ganz im Sinne des weithin akzeptierten Grundsatzes, dass Zweck allen Krieges der Frieden sein müsse (Bellum quaeritur Pacem)[5]. Es gehörte mithin zu den zentralen Charakteristika der Kriegspropaganda, der Gegenseite die Verantwortung für den Fortgang des Krieges und damit den Bruch der unter christlichen Fürsten und Gemeinwesen eigentlich verbindlichen Friedensnorm anzulasten. Formen der Kriegsbegeisterung und des Bellizismus finden sich dagegen in der Publizistik so gut wie gar nicht, der Krieg wurde in der öffentlichen Wahrnehmung ganz überwiegend als eine Strafe Gottes dargestellt[6].

Dieser Befund überrascht angesichts der offensichtlichen Friedensunfähigkeit und -unwilligkeit unter den politisch wie militärisch Verantwortlichen. Dies scheint darauf hinzudeuten, dass sich Publizistik und Kriegspropaganda mit ihrem Bezug auf die traditionelle Friedensnorm in einem unüberbrückbaren Gegensatz zur internen Position der Regierungen, zum politischen und militärischen Regierungshandeln befanden. Doch dieser Eindruck täuscht, ein solcher Gegensatz ist bei der vergleichenden Betrachtung der Kriegs- und Friedensziele der beteiligten Mächte nicht ohne weiteres zu erkennen. Denn auch intern, in den politischen Beratungen der beteiligten Regierungen, wurde prinzipiell kaum in Zweifel gezogen, dass das Ziel des Krieges, den man im Augenblick notgedrungen zu führen habe, der Frieden sein müsse. Keinem Kriegsteilnehmer ist ernsthaft der Wunsch abzusprechen, den Frieden zu erreichen[7]. Militärische Erfolge wurden zwar pompös gefeiert, doch Hinweise darauf, dass der Krieg von den politisch-militärisch Verantwortlichen als ein akzeptabler Normalzustand erachtet wurde, finden sich kaum, schon gar nicht bellizistische Vorstellungen. Die Friedenssehnsucht der leidenden Bevölkerung fand also durchaus ihre Entsprechung unter den Herrschenden[8].

Dies galt im Übrigen auch für die Militärs. Zwar fürchteten viele Kriegsunternehmer, dass der Krieg ohne eine adäquate finanzielle Entschädigung zu Ende gehen könne. Aber Kriegstreiberei und Bellizismus blieben auch den »Soldaten der Fortuna« in aller Regel fremd. Im Gegenteil ist zu konstatieren, dass gerade hohe Militärs oft sehr energisch auf den Frieden drängten und entschiedener als handelnde Politiker und ihre Auftraggeber vor der Ausweitung militärischer Operationen warnten, nicht zuletzt, weil sie die Risiken und Unwägbarkeiten der Militäreinsätze kannten und als Kriegsunternehmer um »ihre« Söldnerarmeen (also um ihr eigentliches »Betriebskapital«) fürchteten[9]. Diese militärische Zurückhaltung der militärischen Führungsebene führte immer wieder zu Konflikten zwischen den Kriegsunternehmern und ihren fürstlichen Auftraggebern. Ein berühmtes, aber nicht das einzige

Beispiel ist das Verhalten des Kriegsunternehmers par excellence der Epoche, Albrecht von Wallenstein. Seine zurückhaltende Kriegsführung wurde immer wieder Anlass zu Klagen bei seinem kaiserlichen Auftraggeber, die zum Teil (wie etwa bei seinen Warnungen vor einem Militärengagement in Oberitalien) sehr ärgerlich aufgenommen und übergangen wurden[10]. Und es war Wallenstein, der mit grundsätzlicher Rückendeckung des Kaiserhofs wesentlich den raschen und für viele überraschend zurückhaltenden Frieden des Kaisers mit Dänemark 1629 zustandebrachte[11]. Wie der Bellizismusvorwurf an die politisch Verantwortlichen geht also auch der Militarismusvorwurf an die Generalität prinzipiell ins Leere. Die politisch wie militärisch Verantwortlichen blieben im Rahmen der traditionellen christlichen Friedensnorm, die dem Frieden der Christenheit grundsätzlich Vorrang vor dem Krieg gab und den Krieg nur in Ausnahmefällen gestattete.

Dem entsprach, dass Vorstellungen einer vollständigen Vernichtung des Feindes während des Dreißigjährigen Krieges Ausnahmeerscheinungen blieben. Dies gilt zum einen in konfessioneller Hinsicht. Thesen, die vom Reichsreligionskonflikt in Anlehnung an das im 17. Jahrhundert ganz andersartige christlich-islamische Verhältnis als »Holy War« sprechen, deuten insofern in die falsche Richtung[12]. Selbst auf dem Höhepunkt der katholischen Machtentfaltung 1627/29 konnten sich am Kaiserhof jene religiösen »Extremisten« nicht durchsetzen, die eine fundamentale Abkehr vom Augsburger Religionsfrieden und damit die Aufgabe einer Existenzgarantie des Protestantismus im Reich forderten[13]. Zielpunkt der kaiserlichen und katholischen Politik war die Durchsetzung der katholischen Auslegung des Religionsfriedens, nicht dessen offene oder verdeckte Beseitigung. Das Gleiche galt auch für die protestantische Seite. Eine Vernichtung des Katholizismus im Reich stand hier prinzipiell – von einzelnen Extremisten, die keinen entscheidenden Einfluss gelangen konnten, abgesehen – weder öffentlich noch intern auf der Agenda.

Auch in politischer Hinsicht ging es – soweit zu sehen ist – nirgendwo um die Vernichtung des Feindes, sondern um seine nachhaltige Schwächung. Das Streben nach der »Monarchia Universalis«, dem imperialen Frieden, war von propagandistischer Bedeutung (auch im internen Schriftverkehr), um den Gegner zu dämonisieren und zu diskreditieren, war aber, soweit zu sehen ist, auf keiner Seite formuliertes Ziel der Politik[14]. So gibt es keine Hinweise, dass die habsburgischen Kaiser je ernsthaft eine Abschaffung der Wahlmonarchie betrieben hätten[15]. Selbst der Gegensatz zwischen Spanien und den Niederlanden war nicht vom Vernichtungswillen Spaniens gegenüber den aufständischen Generalstaaten geprägt. Wenn Spanien die Niederlande auch offiziell als »Rebellen« bezeichnete, so konnte es – wie wir seit Geoffrey Parker wissen – doch keinen Zweifel geben, dass sich Spanien bei Wiederausbruch der Kampfhandlungen 1621 im Prinzip längst mit der Existenz der Niederlande abgefunden hatte[16]. Insofern ist es durchaus berechtigt, schon im Zeitalter des Dreißigjährigen Krieges von einem Staaten-»System« im Sinne der pragmatischen Systemdefinition von Heinz Duchhardt zu sprechen, in dem die Interaktion der Mitglieder auf Dauer angelegt ist und in der die prinzipielle Existenzberechtigung der übrigen Teilnehmer anerkannt wird[17]. Im Krieg ging es lediglich um eigene Positionsverbesserung und Schwächung des Gegners, nicht um dessen völlige Beseitigung.

Von einem »System« dürfen wir in diesem Sinne – trotz dreißigjährigem, andauernd weitergehendem Krieg – auch deshalb sprechen, weil die verschiedenen gegnerischen Lager ständig kommunikationsfähig und -willig blieben. Friedensverhandlungen begannen nicht erst 1644, sondern begleiteten praktisch das gesamte Kriegsgeschehen seit 1619, und zwar in Konstellationen, die jeder völkerrechtlichen Legitimität entbehrten. Anders formuliert: Es verhandelten sogar Partner miteinander, die formal betrachtet eigentlich niemals miteinander hätten verhandeln dürfen. So verhandelte der Kaiser gleich zu Beginn des Krieges regelmäßig mit den böhmischen »Rebellen«, die doch aus seiner Sicht nichts anderes als Majestätsverbrecher waren, und war überdies sogar bereit, einen Reichsvasallen als neutralen Vermittler bei diesen Verhandlungen zu akzeptieren. Ebenso ist die niederländische Mediation zwischen Spanien und Frankreich während der Westfälischen Friedensverhandlungen einzuschätzen[18]. Die Geschichte der den Krieg begleitenden dreißigjährigen Friedensverhandlungen ist mindestens ebenso kompliziert wie die Beschreibung des komplexen militärischen Geschehens und sie ist bis heute nicht geschrieben.

Das Verhandeln hörte folglich auch nicht 1648 auf; Frankreich und Spanien haben ihre Friedensverhandlungen parallel zum fortgehenden Krieg mit schwankender Intensität fortgesetzt. Schon 1649 gab es Bestrebungen, unter päpstlich-venezianischer Vermittlung eine Konferenz zwischen Mazarin und dem spanischen Kongressbotschafter Peñeranda zustande zu bringen[19]. Zum Abschluss gekommen sind die Gespräche erst 1659 mit dem Pyrenäenfrieden, der den eigentlichen Schlusspunkt des »Westfälischen Friedensprozesses« markiert[20]. Erst danach waren die entscheidenden Konflikte des Dreißigjährigen Krieges und damit auch die begleitenden Friedensverhandlungen beendet. Die portugiesische Unabhängigkeit erkannte Spanien sogar erst 1668 endgültig an.

Insgesamt stellte die Friedenswahrung unter den christlichen Fürsten und Gemeinwesen also durchaus einen politischen Wert dar, der nicht nur öffentlich beschworen wurde, sondern auch intern eine beträchtliche Rolle spielte.

## 2. »Ehrenvoller Friede« oder Kriegsbeendigung: Die Haltung der europäischen Mächte zum Frieden

Warum aber hat dann der Krieg dreißig Jahre gedauert? Warum gelangten die politischen und militärischen Akteure unter diesen Umständen doch erst mit solcher Verzögerung zum Frieden?

Ein Hauptgrund liegt im Verständnis des Friedens, nach dem die Kriegsteilnehmer strebten. Ihr Ziel war nicht irgendein Friede im Sinne der Abwesenheit von Krieg (also, in der politikwissenschaftlichen Definition, der »negative Friede«[21]). Akzeptabel erschien allein ein Friede, der mit speziellen politischen Inhalten verbunden war, der weit mehr und anderes verhieß als die rasche Niederlegung der Waffen, nämlich eine Friedensordnung, die den eigenen Vorstellungen von Gerechtigkeit und Sicherheit entsprach. Ein solcher Friede hatte für alle Parteien Vorrang vor einer baldigen Kriegsbeendigung; ja, und dies ist in diesem Zusammenhang entscheidend, ein solcherart angestrebter gerechter Friede konnte das rasche Kriegsende sogar verhindern. Das beliebteste, allenthalben verwendete Epitheton für einen solchen Frieden, der diese Grundbedingungen erfüllte, war der »ehrenvolle Friede«, die »Pax honesta«. Einen Frieden abzuschließen, der nach diesem Verständnis nicht ehrenvoll war, scheint für alle Konfliktparteien ausgeschlossen gewesen zu sein. Dabei ging es offenbar um weit mehr als um abwägbare politische Vorteile, auf die beim Abschluss eines Friedens, der die selbstgesetzten Minimalziele nicht erreichte, verzichtet werden musste. Ein solcher Frieden bedeutete darüber hinaus Ehrverlust und damit, künftig von den übrigen Fürsten und Gemeinwesen politisch nicht mehr ernst genommen zu werden. Für das Verständnis dieses allenthalben angestrebten ehrenvollen Friedens ist wichtig, dass Ehre (*honneur*) hier etwas grundsätzlich anderes bedeutete als Ruhm (*gloire*). Dem Streben nach Ruhm kam sicher im aristokratischen Wertekanon der Führungsschichten des Fürstenstaates ein hoher Rang zu[22], war aber noch keine ausschlaggebende Handlungskategorie. Die Regierungslehre empfahl den Herrschenden, ihr persönliches Streben nach Ruhm zugunsten anderer Güter zurückzustellen[23] – eine Empfehlung, die sich durchaus in den internen Entscheidungsprozessen wieder findet. In dieser Hinsicht erwiesen sich die politisch Verantwortlichen durchaus in der Lage, Flexibilität und Mäßigung (*Moderatio*) zu zeigen[24]. Anders war es bei der Ehre. Auf die Ehre als fundamentale Voraussetzung der eigenen politischen Geschäftsfähigkeit konnte offensichtlich nicht verzichtet werden[25]. Bevor ein Friede geschlossen wurde, der nach Ansicht eines der Vertragschließenden die Gefahr des Ehrverlustes barg, wurde der Krieg auch unter widrigsten Bedingungen fortgesetzt.

Dieses Konzept des »ehrenvollen und sicheren Friedens« galt eindeutig für die europäischen Mächte. In besonders ausgeprägter Form wurde es vom Architekten des Westfälischen Friedenskongresses, Kardinal Richelieu, vertreten, dessen Friedenspolitik dann auch mit einigen Modifikationen die der nachfolgenden französischen Regierungen prägte. Es ist Richelieu – anders als es die ältere, national geprägte deutsche Geschichtsschreibung getan hat – nicht abzusprechen, dass seine Kriegsbeteiligung auf den Frieden zielte. Doch es war ein Frieden zu ganz speziellen, nur äußerst schwer erreichbaren Bedingungen. Im Zentrum seiner Idee des ehrenvollen Friedens stand der Universalfrieden, durch den alle laufenden Konflikte zugleich und miteinander verknüpft geregelt werden sollten. Aus Richelieus Sicht war dies verständlich, wollte der Kardinalpremier doch unbedingt verhindern, zu irgendeinem Zeitpunkt allein dem gefürchteten spanischen Gegner gegenüberzustehen. So beeindruckend diese Idee eines Universalfriedens ist und die Beharrlichkeit, mit der die Kardinäle Richelieu und Mazarin sie verfolgt haben: auch Richelieu durchaus positiv gegenüberstehende Historiker haben nicht leugnen können, dass er mit dieser Vorstellung eines ehrenvollen Friedens wesentlich zur Verlängerung des Kriegsgeschehens im Reich beigetragen hat[26].

In dieser Hinsicht sind enge, lange verkannte Parallelen zur Politik Spaniens zu erkennen. Auch Spanien war bereit, für *sein* Konzept eines allgemeinen christlichen, eben ehrenvollen Friedens (*Paz igual*) auf eine Beendigung des Krieges zu verzichten, ja, mehr noch: Auch Spanien war es – ähnlich wie Frankreich – zwischenzeitlich darum zu tun, die verschiedenen kriegerischen Auseinandersetzungen miteinander zu verbinden, den Kaiser also in seine Auseinandersetzungen in Italien und den

Niederlanden zu verstricken, um bessere Voraussetzungen für sein Konzept eines ehrenvollen, universalen Friedens zu erhalten[27].

Schweden dagegen stand solchen Universalfriedensplänen lange Zeit sehr skeptisch gegenüber und war bis 1638 nicht ohne weiteres bereit, sich in die französische Strategie einer »Paix Universelle« einbinden zu lassen. Was allerdings Schwedens Friedenspolitik mit jener der beiden vorgenannten Mächte verband, war, dass auch Schweden allen Widrigkeiten zum Trotz nie der Kriegsbeendigung den Vorrang gab, sondern seinem Konzept des ehrenvollen Friedens, von dessen Mindestbedingungen die Wasa-Monarchie auch unter der nüchtern-pragmatischen Führung des Reichskanzlers Axel Oxenstierna selbst in schwersten militärischen Krisenzeiten nicht abrückte. Es ist jüngst noch einmal sehr eindrücklich nachgewiesen worden, dass die politische Priorität für Schweden der ehrenvolle Friede war: Ohne das Erreichen der *Pax honesta* war Schweden nicht bereit, sich aus dem »Deutschen Krieg« zurückzuziehen, allen Schwierigkeiten zum Trotz. Um dieses Ziel zu erreichen, willigte Schweden schließlich doch noch ein, sich in die prinzipiell zutiefst ungeliebte französische Universalfriedensstrategie einbinden zu lassen[28].

Schließlich galt dies nicht nur für die europäischen Monarchien, sondern auch für die am Kriegsgeschehen beteiligte Republik, die Niederlande: Auch die Niederlande waren zum Frieden mit Spanien nur zu ihren, recht hohen, Bedingungen bereit, obschon diese Position innerhalb der Generalstaaten schon 1608/09 heftig umstritten war. Zu diesem Zeitpunkt war Spanien bereit gewesen, den nördlichen Niederlanden in einem Friedensvertrag ihre Unabhängigkeit, ihre territoriale Integrität und ihren Großmachtstatus zu garantieren. Doch die Generalstaaten vertraten Ziele, die weit darüber hinausgingen. Dies hat schließlich eine Übereinkunft verhindert und die Niederlande dazu gezwungen, sich seit 1621 wieder in eine verzehrende militärische Auseinandersetzung mit Spanien zu begeben und zum Mitakteur im Dreißigjährigen Krieg zu werden[29].

## 3. »Ehrenvoller Friede« oder Kriegsbeendigung: Die Haltung im Reich

Aus Sicht der europäischen Mächte, die sich am Dreißigjährigen Krieg beteiligten, war die beschriebene Haltung in gewisser Weise politisch nachvollziehbar. War doch das Kriegsgeschehen im Reich für sie nur ein Kriegsschauplatz unter mehreren, möglicherweise – wie im Falle Frankreichs und Spaniens – nicht einmal der entscheidende. Zudem war in der Regel trotz aller schweren Belastungen, die die Kriegsteilnahme bedeutete, nicht das eigene Territorium unmittelbar von den Kriegsverwüstungen betroffen.

Um so bemerkenswerter ist es, dass auch die Akteure im römisch-deutschen Reich sehr lange, bis in die vierziger Jahre des 17. Jahrhunderts, nicht der raschen Beendigung des Krieges politische Priorität eingeräumt haben, sondern der Durchsetzung dessen, was jeweils als der ehrenvolle Frieden verstanden wurde. Obwohl die »Wankelmütigkeit« des Kriegsglücks, die Fragilität der eigenen Position und die verheerenden Folgen der »Kriegsfuria« für das Land bald deutlich, ja sprichwörtlich waren, wurde der raschen Beendigung des Krieges bis in die letzten Kriegsjahre bei der Kriegs- und Friedenszielplanung nach allem, was wir wissen, auch im Reich nicht der Vorrang gegeben. Im Gegenteil: Sowohl auf der Seite des Kaisers als auch seiner Gegner wurde eine günstige militärisch-politische Lage in aller Regel zur Formulierung von hohen Friedensbedingungen genutzt, und nicht dazu, den Krieg abzukürzen, obwohl das Risiko der Kriegsverlängerung allen klar sein musste.

Dies galt in jedem Falle für die Anfangsphase des Krieges: Die Entscheidung des Pfälzers, 1619 die böhmische Königswahl anzunehmen, zeugte von einer solchen risikoträchtigen Position zu Krieg und Frieden ebenso wie jene Maximilians von Bayern 1623/24, der auf den Bedingungen des Münchener Vertrags, also der Übertragung der pfälzischen Kurwürde, bestand. Es darf als unstrittig gelten, dass es sukzessive die pfälzischen Wittelsbacher in Heidelberg und die bayerischen in München in der Hand hatten, den Krieg zu beenden. Bezeichnenderweise hat Maximilian von Bayern später von Brandenburg eine solche Verzichtshaltung zur raschen Beendigung des Krieges erwartet, die er selbst nie einzunehmen bereit war, wie der Biograph Maximilians hervorgehoben hat[30]. Das, was Maximilian von Kurbrandenburg in Hinblick auf eine Preisgabe Pommerns forderte, hat er bei seinem eigenen »Hauptwerck«, der Gewinnung der Pfälzischen Kurwürde und der Oberpfalz als Grundbedingung des ehrenvollen Friedens, zu keinem Zeitpunkt auch nur erwogen[31].

Ganz entsprechend verhielt sich der Kaiser, nachdem er sich aus der Abhängigkeit von seinen Verbündeten befreit und dank Wallensteins eine starke politisch-militärische Position erfochten hatte. Obwohl sich der Kaiserhof nach den dramatischen Erfahrungen von 1618/19 der Brüchigkeit seiner Position bewusst war, hat der rasche Frieden, der 1627/28 ohne europäische Eskalation möglicherweise noch erreichbar gewesen wäre, keine zentrale Rolle in der politischen Zielplanung gespielt. Stattdessen wurde der Durchsetzung einer religionspolitischen Linie Vorrang gegeben, die das Risiko einer Kriegsverlängerung auch nach Überzeugung der kaiserlichen Regierung barg[32]. Aus der Sicht des Kaiserhofs wog diese Position auch deshalb schwer, weil die fortgehenden militärischen Auseinandersetzungen im Reich ja keine geringe Beschädigung des kaiserlichen Ansehens als oberster Landfriedenswahrer bedeuteten. Erst auf dem Hintergrund einer europäischen Eskalation des Krieges, die sich 1629 abzeichnete, war der Kaiser wenigstens gegenüber Dänemark zum Einlenken bereit, doch kam diese Kompromissbereitschaft zu spät: Die Nicht-Ratifikation des Regensburger Vertrags von 1630 durch Richelieu und die Landung schwedischer Truppen in Norddeutschland waren klare Signale, dass die europäische Eskalation des Krieges irreversibel geworden war. Zu einer echten Revision seiner harten religionspolitischen Linie war der Kaiserhof dann ohnehin erst im Zeichen des politisch-militärischen Umschwungs im Reich seit 1631 bereit[33]. Indem der Kriegsbeendigung keine politische Priorität eingeräumt wurde, nahmen also auch die entscheidenden Akteure im Reich das Risiko einer europäischen Eskalation des Konflikts billigend in Kauf – eine Eskalation, die dann seit 1631 endgültig und unumkehrbar eingetreten ist.

Der Prager Frieden als einer insgesamt wohl gangbaren reichsinternen Lösung des Reichsreligionskonflikts kam zehn Jahre zu spät, das Reich konnte seinen Frieden nur noch zusammen mit den europäischen Mächten finden. Doch genau dies, dass der Frieden im Reich nur noch im Zusammenwirken mit den »Kronen« zu erreichen war, wollten der Kaiserhof und die weitaus meisten Reichsstände bis in die vierziger Jahre nicht akzeptieren. Bis 1645 focht der Kaiser für seine Vorstellungen vom ehrenvollen Friedens auf der Basis der Prager Abmachung, der nur im Ausschluss der fremden Kronen von einer Friedensregelung im Reich bestehen konnte. Mit diesem insgesamt aussichtslosen Kampf für sein Konzept der Pax honesta, die die irreversible Europäisierung des Krieges nicht akzeptieren wollte, hat nun auch Wien nicht wenig zur Verlängerung des Krieges beigetragen[34].

Erst 1645 lenkten schließlich Dresden und Wien ein und akzeptierten, dass für den europäischen Krieg nur eine umfassende europäische Lösung gefunden werden konnte. Kaum eine Kriegsphase zeigt deutlicher als jene zwischen 1635 und 1645, wie das Ringen um konkurrierende Entwürfe eines »ehrenvollen und gerechten Friedens« zur Verlängerung der Kriegsschrecken beigetragen hat. Unvereinbar standen sich die Konzepte des Kaisers, Schwedens und Frankreichs gegenüber. Erst 1645 hat sich der Kaiser in das Unvermeidbare gefügt und den Universalfriedenskongress in Westfalen ernst genommen.

Dass es in Westfalen dann nicht zu dem von Frankreich und Spanien erstrebten Universalfrieden gekommen ist, lag wiederum an den zutiefst unterschiedlichen Vorstellungen beider Mächte von einem Frieden. Erst als sich Paris unter dem Druck des spanisch-niederländischen Friedensschlusses, mit dem das Universalfriedenskonzept endgültig gescheitert war, in diese Einsicht fügte, gab es Konsens unter den am Kongress beteiligten Großmächten, dass einer raschen Kriegsbeendigung im Reich nun Priorität einzuräumen sei. Aber auch hier ist erstaunlich, wie lange Paris an dem Gedanken festgehalten hat, dass es einen spanisch-niederländischen Frieden ohne gleichzeitigen französisch-spanischen Frieden verhindern könne – trotz vieler gegenteiliger Signale aus Den Haag.

So war es nicht der grundsätzlich fehlende Friedenswille, der zu der verheerenden Verlängerung des kriegerischen Geschehens beigetragen hat, auch wenn sich dies sämtliche Kriegsparteien unentwegt vorwarfen. Es war vielmehr das je spezifische Beharren auf dem eigenen Konzept des positiven, gerechten, *ehrenvollen* Friedens, das einer raschen Beendigung des Krieges im Wege war und zur Entstehung der größten Kriegskatastrophe vor dem 20. Jahrhundert entscheidend beigetragen hat.

# X. Verzeichnis weiterführender Literatur

## I. Gesamtdarstellungen und Grundlagenwerke

RONALD G. ASCH, The Thirty Years' War. The Holy Roman Empire and Europe, 1618–1648, Basinstoke, London 1997.

GÜNTER BARUDIO, Der Teutsche Krieg 1618–1648, Frankfurt/Main 1988 [Nachdruck der Ausgabe Frankfurt/Main 1985].

WINFRIED BECKER, Dreißigjähriger Krieg und Zeitalter Ludwigs XIV. (Quellenkunde zur deutschen Geschichte von 1500 bis zur Gegenwart, Bd. 2), Darmstadt 1995.

FRIEDEMANN BEDÜRFTIG, Taschenlexikon Dreißigjähriger Krieg, München, Zürich ²1999.

JÖRG-PETER FINDEISEN, Der Dreißigjährige Krieg. Eine Epoche in Lebensbildern, Darmstadt 1998.

GEOFFREY PARKER (Hg.), Der Dreißigjährige Krieg, Frankfurt/Main, New York 1991.

KONRAD REPGEN, Dreißigjähriger Krieg, in: Ders., Dreißigjähriger Krieg und Westfälischer Friede. Studien und Quellen (Rechts- und staatswissenschaftliche Veröffentlichungen der Görres-Gesellschaft N. F. 81), hg. v. Franz Bosbach und Christoph Kampmann, Paderborn, München, Wien, Zürich ²1999, 291–318.

MORIZ RITTER, Deutsche Geschichte im Zeitalter der Gegenreformation und des Dreißigjährigen Kriegs (1555–1648), Bd. III, Geschichte des Dreißigjährigen Kriegs, Stuttgart, Berlin 1908.

BERND ROECK (Hg.), Gegenreformation und Dreißigjähriger Krieg 1555–1648 (Deutsche Geschichte in Quellen und Darstellung, Bd. 4), Stuttgart 1996.

GEORG SCHMIDT, Der Dreißigjährige Krieg, München 1995.

GERHARD SCHORMANN, Der Dreißigjährige Krieg, Göttingen 1985.

GERHARD SCHORMANN, Der Dreißigjährige Krieg 1618–1648, in: Gebhardt. Handbuch der deutschen Geschichte, 10., völlig neu bearb. Auflage, Stuttgart 2001, 204–279.

## II. Grundlagen und Rahmenbedingungen der Staatenbeziehungen

RONALD G. ASCH/WULF ECKART VOSS/MARTIN WREDE (Hg.), Frieden und Krieg in der Neuzeit. Die europäische Staatenordnung und die außereuropäische Welt, München 2001.

FRIEDRICH BEIDERBECK u. a. (Hg.), Dimensionen der europäischen Außenpolitik zur Zeit der Wende vom 16. zum 17. Jahrhundert (Innovationen 10), Berlin 2003.

FRANZ BOSBACH, Monarchia Universalis. Ein politischer Leitbegriff der frühen Neuzeit (Schriftenreihe der Historischen Kommission bei der Bayerischen Akademie der Wissenschaften 32), Göttingen 1988.

JOHANNES BURKHARDT, Der Dreißigjährige Krieg, Frankfurt/Main 1992.

HEINZ DUCHHARDT, Das Reich in der Mitte des Staatensystems. Zum Verhältnis von innerer Verfassung und internationaler Funktion in den Wandlungen des 17. und 18. Jahrhunderts, in: Peter Krüger (Hg.), Das europäische Staatensystem im Wandel. Strukturelle Bedingungen und bewegende Kräfte seit der Frühen Neuzeit (Schriften des Historischen Kollegs 35), München 1996.

HEINZ DUCHHARDT, Krieg und Frieden im Übergang vom Mittelalter zur Neuzeit. Theorie – Praxis – Bilder. Guerre et Paix du Moyen Âge aux Temps Modernes. Théories – Pratiques – Répresentations (Veröffentlichungen des Instituts für Europäische Geschichte Mainz 52: Abteilung Universalgeschichte), Mainz 2000.

JOHN H. ELLIOTT, A Europe of Composite Monarchies, in: Past and Present 137 (1992), 48–71.

SVEN EXTERNBRINK, Internationale Politik in der Frühen Neuzeit. Stand und Perspektiven der Forschung zu Diplomatie und Staatensystem, in: Geschichte der Politik. Alte und neue Wege, hg. v. Hans-Christof Kraus und Thomas Nicklas, München 2007, 15–39.

CHRISTOPH KAMPMANN, Arbiter und Friedensstiftung. Die Auseinandersetzung um den politischen Schiedsrichter im Europa der Frühen Neuzeit (Quellen und Forschungen aus dem Gebiet der Geschichte N. F. 21), Paderborn u. a. 2001.

BERND KLESMANN, Bellum Solemne. Formen und Funktionen europäischer Kriegserklärungen des 17. Jahrhunderts (Veröffentlichungen des Instituts für Europäische Geschichte Mainz 216: Abteilung Universalgeschichte), Mainz 2007.

HEIDRUN KUGELER/CHRISTIAN SEPP/GEORG WOLF (Hg.), Internationale Beziehungen in der Frühen Neuzeit. Ansätze und Perspektiven, Hamburg 2006.

KLAUS MALETTKE, Frankreich, Deutschland und Europa im 17. und 18. Jahrhundert. Beiträge zum Einfluß französischer politischer Theorie, Verfassung und Außenpolitik in der Frühen Neuzeit (Marburger Studien zur Neueren Geschichte 4), Marburg 1994.

KONRAD REPGEN, Friedensvermittlung als Element europäischer Politik vom Mittelalter bis zur Gegenwart. Ein Vortrag, in: Ders., Dreißigjähriger Krieg und Westfälischer Friede. Studien und Quellen (Rechts- und staatswissenschaftliche Veröffentlichungen der Görres-Gesellschaft N. F. 81), Paderborn u. a. ²1999, 799–816.

MICHAEL ROHRSCHNEIDER/ARNO STROHMEYER (Hg.), Wahrnehmungen des Fremden. Differenzerfahrungen von Diplomaten im 16. und 17. Jahrhundert (Schriftenreihe der Vereinigung zur Erforschung der Neueren Geschichte e. V. 31), Münster/W. 2007.

HEINZ SCHILLING, Konfessionalisierung und Staatsinteressen. Internationale Beziehungen 1559–1660, Paderborn u. a. 2007.

EDGAR WOLFRUM, Krieg und Frieden in der Neuzeit. Vom Westfälischen Frieden bis zum Zweiten Weltkrieg (Kontroversen um die Geschichte), Darmstadt 2003.

# III. Militärwesen und Kriegsführung

PETER BROUCEK, Der Schwedenfeldzug nach Niederösterreich 1645/46 (Militärhistorische Schriftenreihe 7), Wien 1967.

Documenta Bohemica Bellum Tricennale Illustrantia, Quellen zur Geschichte des Dreißigjährigen Krieges aus tschechoslowakischen Archiven und Bibliotheken, Bde. 1–7. Hauptredaktion: Josef Kočí, Prag u. a. 1971–1981.

ERNST HÖFER, Das Ende des Dreißigjährigen Krieges. Strategie und Kriegsbild, Köln u. a. ²1998.

MICHAEL KAISER, Politik und Kriegführung. Maximilian von Bayern, Tilly und die Katholische Liga im Dreißigjährigen Krieg (Schriftenreihe der Vereinigung zur Erforschung der Neueren Geschichte e. V. 28), Münster/W. 1999.

CORDULA KAPSER, Die bayerische Kriegsorganisation in der zweiten Hälfte des Dreißigjährigen Krieges 1635–1648/49 (Schriftenreihe der Vereinigung zur Erforschung der Neueren Geschichte e. V. 25), Münster/W. 1997.

BERNHARD KROENER, Les Routes et les Étapes. Die Versorgung der französischen Armeen in Nordostfrankreich (1635–1661). Ein Beitrag zur Verwaltungsgeschichte des Ancien Régime (Schriftenreihe der Vereinigung zur Erforschung der Neueren Geschichte e. V. 11), Münster/W. 1980.

GOTTFRIED LORENZ (Hg.), Quellen zur Geschichte Wallensteins (Ausgewählte Quellen zur deutschen Geschichte der Neuzeit 20), Darmstadt 1987.

GOLO MANN, Wallenstein. Sein Leben erzählt von Golo Mann, 3 Bde., Frankfurt/Main 1988 [zuerst 1971].

JULIUS OTTO OPEL, Der niedersächsisch-dänische Krieg, Bde. 1–3, Magdeburg 1894.

GEOFFREY PARKER, Die militärische Revolution. Die Kriegskunst und der Aufstieg des Westens 1500–1800, Frankfurt, New York 1990.

GEOFFREY PARKER, The Soldiers of the Thirty Years' War, in: Konrad Repgen (Hg.), Krieg und Politik 1618–1648. Europäische Probleme und Perspektiven (Schriftenreihe des Historischen Kollegs 8), München 1988, 303–315.

DAVID PARROT, Richelieu's Army. War, Government and Society in France, 1624–1642 (Cambridge Studies in early modern history), Cambridge 2001.

JAN PETERS (Hg.), Ein Söldnerleben im Dreißigjährigen Krieg. Eine Quelle zur Sozialgeschichte (Selbstzeugnisse der Neuzeit), Berlin 1993.

JOSEF POLIŠENSKÝ/JOSEF KOLLMANN, Wallenstein. Feldherr des Dreißigjährigen Krieges, Köln, Weimar, Wien 1997.

ROBERT REBITSCH, Matthias Gallas (1588–1647). Generalleutnant des Kaisers zur Zeit des Dreißigjährigen Krieges. Eine militärische Biographie (Geschichte in der Epoche Karls V., Bd. 7), Münster 2006.

FRITZ REDLICH, The German Military Enterpriser and his work force. A study in European economic and social history, Bde. 1–2 (Vierteljahresschrift für Sozial- und Wirtschaftsgeschichte), Wiesbaden 1964–65.

MICHAEL ROBERTS, Gustaf Adolf and the Art of War, in: Ders., Essays in Swedish History, London 1967, 56–81.

HUBERT SALM, Armeefinanzierung im Dreißigjährigen Krieg. Der Niederrheinisch-Westfälische Reichskreis 1635–1650 (Schriftenreihe der Vereinigung zur Erforschung der Neueren Geschichte e. V. 16), Münster/W. 1990.

ROBERT A. STRADLING, Catastrophe and Recovery: the defeat of Spain 1639–1643, in: History 64 (1979), 205–219.

# IV.  Zentrale Konfliktzonen und politische Ziele einzelner Mächte

## a) Westeuropa: Frankreich – Spanien – Niederlande

JOHANNES ARNDT, Das Heilige Römische Reich und die Niederlande 1566–1648. Politisch-konfessionelle Verflechtung und Publizistik im Achtzigjährigen Krieg (Münstersche Historische Forschungen 13), Köln u. a. 1998.

RAINER BABEL, Deutschland und Frankreich im Zeichen der habsburgischen Universalmonarchie, 1500–1648 (Deutsch-Französische Geschichte 3), Darmstadt 2005.

RAINER BABEL, Zwischen Habsburg und Bourbon. Außenpolitik und europäische Stellung Herzog Karls IV. von Lothringen und Bar vom Regierungsantritt bis zum Exil (1624–1634) (Beihefte der Francia 18), Sigmaringen 1989.

PETER J. BRIGHTWELL, Spain and Bohemia: the decision to intervene, in: European Studies review 12 (1982), 117–141.

FRITZ DICKMANN, Rechtsgedanke und Machtpolitik bei Richelieu. Studien an neu entdeckten Quellen, in: Ders., Friedensrecht und Friedenssicherung. Studien zum Friedensproblem in der Geschichte (Kleine Vandenhoeck-Reihe 321), Göttingen 1971, 36–78.

JOHN H. ELLIOTT, Foreign Policy and Domestic Crisis: Spain 1598–1659, in: Konrad Repgen (Hg.), Krieg und Politik 1618–1648. Europäische Probleme und Perspektiven (Schriften des Historischen Kollegs, Kolloquien 8), München 1988, 185–202.

JOHN H. ELLIOTT, Richelieu and Olivares (Cambridge studies in early modern history), Cambridge 1984.

HILDEGARD ERNST, Madrid und Wien 1632–1637. Politik und Finanzen in den Beziehungen zwischen Philipp IV. und Ferdinand II. (Schriftenreihe der Vereinigung zur Erforschung der Neueren Geschichte e. V. 18), Münster/W 1991.

SVEN EXTERNBRINK, Le Cœur du monde – Frankreich und die norditalienischen Staaten (Mantua, Parma, Savoyen) im Zeitalter Richelieus 1624–1635 (Geschichte 23), Münster/W. 1999.

MARK GREENGRASS, France in the Age of Henri IV. The struggle for stability (Studies in modern history), London, New York [2]1995.

HEINRICH GÜNTER, Die Habsburger-Liga 1625–1635. Briefe und Akten aus dem Zentral-Archiv von Simancas (Historische Studien 62), Berlin 1908.

ANJA V. HARTMANN: Von Regensburg nach Hamburg. Die diplomatischen Beziehungen zwischen dem französischen König und dem Kaiser vom Regensburger Vertrag (13. Oktober 1630) bis zum Hamburger Präliminarfrieden (25. Dezember 1641) (Schriftenreihe der Vereinigung zur Erforschung der Neueren Geschichte e. V. 27), Münster/W. 1998.

J. MICHAEL HAYDEN, Continuity in the France of Henry IV and Louis XIII. French Foreign Policy, 1598–1615, in: The Journal of Modern History 45 (1973), 1–23.

JONATHAN I. ISRAEL, Olivares, the Cardinal-Infante and Spain's Strategy in the Low Countries (1635–1643): the road to Rocroi, in: Richard L. Kagan/Geoffrey Parker (Hg.), Spain, Europe and the Atlantic World. Essays in honour of John H. Elliott, Cambridge 1995, 265–295.

JONATHAN I. ISRAEL, The Dutch Republic and the Hispanic World, 1606–1661, Oxford 1982.

RANDALL LESAFFER, Defensor Pacis Hispanicae. De Kardinaal-Infant, de Zuidelije Niederlanden en de europese politiek van Spanje, van Nördlingen tot Breda (1634–1637) (Anciens pays et assemblées d'États 97), Kortrijk-Heule 1994.

DAVID PARROTT, The Mantuan Succession, 1627–1631: A Sovereignty Dispute in Early Modern Europe, in: English Historical Review 112 (1997), 20–65.

HORST PIETSCHMANN, Spanien im Dreißigjährigen Krieg: Der Niedergang Spaniens in der Historiographie der Nachkriegszeit, in: Heinz Duchhardt/Christoph Strosetzki (Hg.), Siglo de Oro – Decadencia. Spaniens Kultur und Politik in der ersten Hälfte des 17. Jahrhunderts (Münstersche Historische Forschungen 10), Köln, Weimar, Wien 1996.

ILJA MIECK, Die Entstehung des modernen Frankreich 1450–1610. Strukturen, Institutionen, Entwicklungen, Stuttgart, Berlin, Köln, Mainz 1982.

ROLAND MOUSNIER, Les crises intérieures françaises de 1610 à 1659 et leur influence sur la politique extérieure française, surtout de 1618 à 1648, in: Konrad Repgen (Hg.), Krieg und Politik 1618–1648. Europäische Probleme und Perspektiven (Schriftenreihe des Historischen Kollegs 8), München 1988, 169–183.

GEOFFREY PARKER, Der Aufstand der Niederlande von der Herrschaft der Spanier zur Gründung der Niederländischen Republik 1549–1609, München 1979 (engl. 1977).

WOLFGANG H. STEIN, Protection Royale. Eine Untersuchung zu den Protektionsverhältnissen im Elsaß zur Zeit Richelieus, 1622–1643 (Schriftenreihe der Vereinigung zur Erforschung der Neueren Geschichte e. V. 9), Münster 1978.

EBERHARD STRAUB, Pax et Imperium. Spaniens Kampf um seine Friedensordnung in Europa zwischen 1617 und 1635 (Rechts- und staatswissenschaftliche Veröffentlichungen der Görres-Gesellschaft N. F. 31), Paderborn, München, Zürich 1980.

HERMANN WEBER, Frankreich, Kurtrier, der Rhein und das Reich 1623–1635 (Pariser Historische Studien 9), Bonn 1969.

HERMANN WEBER, Vom verdeckten zum offenen Krieg. Richelieus Kriegsgründe und Kriegsziele 1634/35, in: Konrad Repgen (Hg.), Krieg und Politik 1618–1648. Europäische Probleme und Perspektiven (Schriftenreihe des Historischen Kollegs 8), München 1988, 203–217.

ELMAR WEISS, Die Unterstützung Friedrichs V. von der Pfalz durch Jakob I. und Karl I. im Dreißigjährigen Krieg (1618–1632) (Veröffentlichungen der Kommission für Geschichtliche Landeskunde in Baden-Württemberg 37), Stuttgart 1966.

ANDREAS WENDLAND, Der Nutzen der Pässe und die Gefährdung der Seelen. Spanien, Mailand und der Kampf ums Veltlin 1620–1641, Zürich 1995.

*b) Der Ostseeraum: Dänemark – Polen – Schweden*

WERNER BUCHHOLZ, Schweden mit Finnland, in: Matthias Asche (Hg.), Dänemark, Norwegen und Schweden im Zeitalter der Reformation und der Konfessionalisierung. Nordische Königreiche und Konfession 1500–1660 (Katholisches Leben und Kirchenreform im Zeitalter der Glaubensspaltung 62), Münster 2002.

JÖRG-PETER FINDEISEN, Das Ringen um die Ostseeherrschaft. Schwedens Könige der Großmachtzeit, Berlin 1992.

SIGMUND GOETZE, Die Politik des schwedischen Reichskanzlers Axel Oxenstierna gegenüber Kaiser und Reich (Beiträge zur Sozial- und Wirtschaftsgeschichte 3), Kiel 1971.

MARCUS JUNKELMANN, Gustav Adolf (1594–1632). Schwedens Aufstieg zur Großmacht, Regensburg 1993.

JOHANNES KRETZSCHMAR, Der Heilbronner Bund 1632–1635, Bde. I–III, Lübeck 1922.

PAUL DOUGLAS LOCKHART, Denmark in the Thirty Years' War, 1618–1648. King Christian IV and the decline of the Oldenburg State, Cranbury (New Jersey) 1996.

SVEN LUNDKVIST, Die schwedischen Kriegs- und Friedensziele 1632–48, in: Konrad Repgen (Hg.), Krieg und Politik 1618–1648. Europäische Probleme und Perspektiven (Schriftenreihe des Historischen Kollegs 8), München 1988, 219–240.

JENNY ÖHMAN, Der Kampf um den Frieden. Schweden und der Kaiser im Dreißigjährigen Krieg (Militärgeschichtliche Dissertationen österreichischer Universitäten 16), Wien 2005.

PÄRTEL PIIRIMÄE, Just War in theory and practice: the legitimation of Swedish intervention in the Thirty Years' War, in: The Historical Journal 45 (2002), 499–523.

MICHAEL ROBERTS, Gustavus Adolphus. A History of Sweden, 1611–1632, 2 Bde., London u. a. 1953 und 1958.

MICHAEL ROBERTS, The Political Objectives of Gustav Adolf in Germany, 1630–2, in: Ders., Essays in Swedish History, London 1967, 82–110.

ANDREAS ZELLHUBER, Der gotische Weg in den deutschen Krieg – Gustav Adolf und der schwedische Gotizismus (Documenta Augustana 10), Augsburg 2002.

## c) Südosteuropa: Habsburg – Osmanisches Reich – Siebenbürgen

BÉLA KÖPECZI (Hg.), Kurze Geschichte Siebenbürgens, Budapest 1990.

DOROTHY MARGARET VAUGHAN, Europe and the Turk. A Pattern of Alliances 1350–1700, Liverpool 1954.

GEORG WAGNER, Österreich und die Osmanen im Dreißigjährigen Krieg: Hermann Graf Czernins Großbotschaft nach Konstantinopel 1644/45, in: Mitteilungen des Oberösterreichischen Staatsarchivs 14 (1984), 325–391.

## d) Kaiser, Reich und Reichsstände

DIETER ALBRECHT, Ferdinand II. 1619–1637, in: Anton Schindling/Walter Ziegler (Hg.), Die Kaiser der Neuzeit 1519–1918. Heiliges Römisches Reich, Österreich, Deutschland, München 1990, 124–141.

DIETER ALBRECHT, Maximilian I. von Bayern 1573–1651, München 1998.

KATHRIN BIERTHER, Einleitung, in: Briefe und Akten zur Geschichte des Dreißigjährigen Kriegs, Neue Folge II. Teil, 10. Band: der Prager Frieden, Teilband 1–4, hier Teilband 1, München, Wien 1997, S.*11–*241.

ROBERT BIRELEY, Religion and Politics in the Age of the Counterreformation. Emperor Ferdinand II, William Lamormaini S.J. and the Formation of Imperial Policy, Chapel Hill 1981.

THOMAS BROCKMANN, Dynastie, Kaiseramt und Konfession. Politik und Ordnungsvorstellungen Ferdinands II. im Dreißigjährigen Krieg (Quellen und Forschungen aus dem Gebiet der Geschichte N. F. 25), Paderborn, München, Wien, Zürich 2008.

HEINZ DUCHHARDT, Deutsche Verfassungsgeschichte 1495–1806, Stuttgart u. a. 1991.

MICHAEL FRISCH, Das Restitutionsedikt Kaiser Ferdinands II. vom 6. März 1629. Eine rechtsgeschichtliche Untersuchung (Ius ecclesiasticum 44), Tübingen 1993.

HOLGER THOMAS GRÄF, Konfession und internationales System. Die Außenpolitik Hessen-Kassels im konfessionellen Zeitalter (Quellen und Forschungen zur hessischen Geschichte 94), Darmstadt, Marburg 1993.

MARTIN HECKEL, Deutschland im konfessionellen Zeitalter, Göttingen 1983.

GERHARD IMMLER, Kurfürst Maximilian I. und der Westfälische Friedenskongreß. Die bayerische auswärtige Politik von 1644 bis zum Ulmer Waffenstillstand (Schriftenreihe der Vereinigung zur Erforschung der Neueren Geschichte e. V. 20), Münster/W. 1992.

CHRISTOPH KAMPMANN, Reichsrebellion und kaiserliche Acht. Politische Strafjustiz im Dreißigjähri-
gen Krieg und das Verfahren gegen Wallenstein 1634 (Schriftenreihe der Vereinigung zur Er-
forschung der Neueren Geschichte 21), Münster/W. 1993.
CHRISTOPH KAMPMANN, Zweiter Mann im Staat oder Staat im Staat? Zur Stellung Wallensteins in der
Administration Ferdinands II., in: Michael Kaiser/Andreas Pečar (Hg.), Der zweite Mann im Staat.
Oberste Amtsträger und Favoriten im Umkreis der Reichsfürsten in der Frühen Neuzeit (Zeit-
schrift für Historische Forschung 32), Berlin 2003, 295–315.
GOTTFRIED LORENZ (Hg.), Quellen zur Vorgeschichte und den Anfängen des Dreißigjährigen Krieges,
Darmstadt 1991.
FRANK MÜLLER, Kursachsen und der Böhmische Aufstand 1618–1622 (Schriftenreihe der Vereinigung
zur Erforschung der Neueren Geschichte 23), Münster/W. 1996.
FRANZISKA NEUER-LANDFRIED, Die Katholische Liga. Gründung, Neugründung und Organisation
eines Sonderbunds, 1608–1620 (Münchner historische Studien 9), Kallmünz 1968.
VOLKER PRESS, Kriege und Krisen. Deutschland 1600–1715 (Neue deutsche Geschichte 5), München
1991.
VOLKER PRESS, Matthias 1612–1619, in: Anton Schindling/Walter Ziegler (Hg.), Die Kaiser der
Neuzeit 1519–1918. Heiliges Römisches Reich, Österreich, Deutschland, München 1990,
112–123, 477 f.
HORST RABE, Reich und Glaubensspaltung. Deutschland 1500–1600 (Neue deutsche Geschichte 4),
München 1989.
WINFRIED SCHULZE, Deutsche Geschichte im 16. Jahrhundert, Frankfurt/Main 1987.
WINFRIED SCHULZE (Hg.), Friedliche Intentionen – Kriegerische Effekte. War der Ausbruch des
Dreißigjährigen Kriegs unvermeidlich? (Studien zur Neueren Geschichte 1), Regensburg 2002.
MICHAEL STOLLEIS, Geschichte des Öffentlichen Rechts in Deutschland, Bd. 1: Reichspublizistik und
Policeywissenschaft, 1600–1800, München 1988.
EIKE WOLGAST, Hochstift und Reformation. Studien zur Geschichte der Reichskirche zwischen 1517
und 1648 (Beiträge zur Geschichte der Reichskirche in der Neuzeit 16), Stuttgart 1995.

## e) Königreich Böhmen

JOACHIM BAHLCKE, Calvinism and estate liberation in Bohemia and Hungary (1570–1620), in: Karin
Maag (Hg.), The Reformation in Eastern and Central Europe (St. Andrews Studies in Reformation
history), Aldershot 1997, 72–91.
JOACHIM BAHLCKE, Regionalismus und Staatsintegration im Widerstreit. Die Länder der Böhmischen
Krone im ersten Jahrhundert der Habsburgerherrschaft (1526–1619) (Schriften des Bundesinstituts
für Ostdeutsche Kultur und Geschichte 3), München 1994.
WINFRIED BECKER, Ständestaat und Konfessionsbildung am Beispiel der böhmischen Konföderations-
akte von 1619, in: Dieter Albrecht/Hans-Günter Hockerts/Paul Mikat/Rudolf Morsey (Hg.),
Politik und Konfession. Festschrift für Konrad Repgen zum 60. Geburtstag, Berlin 1983, 77–99.
KLAUS GERTEIS (Hg.), Monarchie oder Ständestaat. Der böhmische Aufstand von 1618. Quellen und
wissenschaftliche Diskussion (Wissenschaftlich-didaktisches Arbeitsheft zur Geschichte des Mittel-
alters und der Neuzeit 2), Trier 1983.
FRANZ MACHILEK, Böhmen, in: Anton Schindling/Walter Ziegler (Hg.), Territorien des Reichs im
Zeitalter der Reformation und der Konfessionalisierung. Land und Konfession. Bd. 1 (Katholisches
Leben und Kirchenreform im Zeitalter der Glaubensspaltung 49), München 1989, 134–152.
HANS STURMBERGER, Aufstand in Böhmen. Der Beginn des Dreißigjährigen Krieges (Janus-Bücher
13), München, Wien 1959.

# V. Medien und Öffentlichkeit in Krieg und Diplomatie

RAINER BABEL, Le diplomate au travail. Entscheidungsprozesse, Information und Kommunikation im Umkreis des Westfälischen Friedenskongresses (Pariser Historische Studien 65), München 2005.

KONRAD REPGEN, Der Westfälische Friede und die zeitgenössische Öffentlichkeit, in: Ders., Dreißigjähriger Krieg und Westfälischer Friede. Studien und Quellen (Rechts- und staatswissenschaftliche Veröffentlichungen der Görres-Gesellschaft N. F. 81), Paderborn u. a. ²1999, 723–765.

ULRICH ROSSEAUX, Die Kipper und Wipper als publizistisches Ereignis (1620–1626). Eine Studie zu den Strukturen öffentlicher Kommunikation im Zeitalter des Dreißigjährigen Kriegs (Schriften zur Wirtschafts- und Sozialgeschichte 67), Berlin 2001.

PEER SCHMIDT, Spanische Universalmonarchie oder »teutsche Libertet«. Das spanische Imperium in der Propaganda des Dreißigjährigen Krieges (Studien zur modernen Geschichte 54), Stuttgart 2001.

SILVIA SERENA TSCHOPP, Heilsgeschichtliche Deutungsmuster in der Publizistik des Dreißigjährigen Krieges. Pro- und antischwedische Propaganda in Deutschland 1628–1635 (Mikrokosmos 29), Frankfurt/Main 1991.

# VI. Bevölkerungsgeschichte und Kriegserfahrung

MATTHIAS ASCHE/ANTON SCHINDLING (Hg.), Das Strafgericht Gottes. Kriegserfahrungen und Religion im Heiligen Römischen Reich Deutscher Nation im Zeitalter des Dreißigjährigen Krieges. Beiträge aus dem Tübinger Sonderforschungsbereich »Kriegserfahrungen – Krieg und Gesellschaft in der Neuzeit«, Münster/W. 2001.

MATTHIAS ASCHE, Neusiedler im verheerten Land: Kriegsfolgenbewältigung, Migrationssteuerung und Konfessionspolitik im Zeichen des Landeswiederaufbaus. Die Mark Brandenburg nach den Kriegen des 17. Jahrhunderts, Münster/W. 2006.

EDWARD A. ECKERT, The structure of plagues and pestilences in Early Modern Europe. Central Europe 1560–1640, Basel 1996.

PETER ENGLUND, Die Verwüstung Deutschlands. Eine Geschichte des Dreißigjährigen Krieges, Stuttgart 1998.

GÜNTHER FRANZ, Der Dreißigjährige Krieg und das deutsche Volk. Untersuchungen zur Bevölkerungs- und Agrargeschichte (Quellen und Forschungen zur Agrargeschichte 7), Stuttgart, New York ⁴1979.

WOLFGANG VON HIPPEL, Bevölkerung und Wirtschaft im Zeitalter des Dreißigjährigen Krieges. Das Beispiel Württemberg, in: Zeitschrift für Historische Forschung 5 (1978), 413–448.

MICHAEL KAISER, »Excidium Magdeburgense«. Beobachtungen zur Wahrnehmung und Darstellung von Gewalt im Dreißigjährigen Krieg, in: Markus Meumann/Dirk Niefanger (Hg.), Ein Schauplatz herber Angst. Wahrnehmung und Darstellung von Gewalt im 17. Jahrhundert, Göttingen 1997, 43–67.

FRANK KLEINEHAGENBROCK, Die Grafschaft Hohenlohe im Dreißigjährigen Krieg. Eine erfahrungsgeschichtliche Untersuchung zu Herrschaft und Untertanen (Veröffentlichungen der Kommission für Geschichtliche Landeskunde in Baden-Württemberg 153), Stuttgart 2003.

BERNHARD KROENER, »Kriegsgurgeln, Freibeuter und Marodebrüder.« Der Soldat des Dreißigjährigen Krieges. Täter und Opfer, in: Wolfram Wette (Hg.), Der Krieg des kleinen Mannes, München 1992, 51–67.

BENIGNA VON KRUSENSTJERN/HANS MEDICK (Hg.), Zwischen Alltag und Katastrophe. Der Dreißigjährige Krieg aus der Nähe (Veröffentlichungen des Max-Planck-Instituts für Geschichte 148), Göttingen 1999.

HERBERT LANGER, Hortus Bellicus. Der Dreißigjährige Krieg – Eine Kulturgeschichte, Leipzig 1980.

BERND ROECK, Als wollte die Welt schier brechen. Eine Stadt im Zeitalter des Dreißigjährigen Krieges, München 1991.

ANTON SCHINDLING, Die Deutschen und der Dreißigjährige Krieg, in: Helmut Neuhaus/Barbara Stollberg-Rilinger (Hg.), Menschen und Strukturen in der Geschichte Alteuropas. Festschrift für

Johannes Kunisch zur Vollendung seines 65. Lebensjahres dargebracht von Schülern, Freunden und Kollegen (Historische Forschungen 73), Berlin 2002, 187–200.

JOHN THEIBAULT, The Demography of the Thirty Years' War revisited: Günther Franz and his critics, in: German History 15 (1997), 1–22.

PHILIP TOBER, Wismar im Dreißigjährigen Krieg. Untersuchungen zur Wirtschafts-, Bau- und Stadtgeschichte (Kleine Stadtgeschichte 5), Berlin 2007.

MANFRED VASOLD, Die deutschen Bevölkerungsverluste während des Dreißigjährigen Krieges, in: Zeitschrift für bayerische Landesgeschichte 56 (1993), 147–160.

# VII. Westfälischer Frieden

Acta Pacis Westphalicae, Abteilung B: Verhandlungsakten, 1 Teilband 1: Urkunden, bearb. von Antje Oschmann, Münster 1998, Teilband 3: Materialien zur Erschließung, bearb. von Antje Oschmann, Münster 2007.

JOHANNES ARNDT, Ein europäisches Jubiläum: 350 Jahre Westfälischer Friede, in: Jahrbuch für Europäische Geschichte 1 (2000), 132–158.

ERNST-WOLFGANG BÖCKENFÖRDE, Der Westfälische Friede und das Bündnisrecht der Reichsstände, in: Der Staat 8 (1969), 449–478.

FRANZ BOSBACH, Die Kosten des Westfälischen Friedenskongresses. Eine strukturgeschichtliche Untersuchung (Schriftenreihe der Vereinigung zur Erforschung der Neueren Geschichte e. V. 13), Münster/W. 1984.

FRANZ BOSBACH, Einleitung, in: APW II B: Die französischen Korrespondenzen 3, Münster 1999.

GUIDO BRAUN, Einleitung, in: APW II B: Die französischen Korrespondenzen 5, Münster 2002.

DEREK CROXTON, Peacemaking in Early Modern Europe: Cardinal Mazarin and the Congress of Westphalia 1643–1648, Selinsgrove 1999.

DEREK CROXTON/ANUSCHKA TISCHER, The Peace of Westphalia. A Historical Dictionary, Westport, London 2002.

FRITZ DICKMANN, Der Westfälische Friede, Münster ⁷1998.

HEINZ DUCHHARDT (Hg.), Der Westfälische Friede. Diplomatie – politische Zäsur – kulturelles Umfeld – Rezeptionsgeschichte, München 1998.

ANTJE OSCHMANN, Der Nürnberger Exekutionstag. 1649–1650. Das Ende des Dreißigjährigen Krieges in Deutschland (Schriftenreihe der Vereinigung zur Erforschung der Neueren Geschichte e. V. 17), Münster/W. 1991.

KONRAD REPGEN, Die Hauptprobleme der Westfälischen Friedensverhandlungen von 1648 und ihre Lösungen, in: Zeitschrift für bayerische Landesgeschichte 62 (1999), 399–438.

MICHAEL ROHRSCHNEIDER, Der gescheiterte Frieden von Münster. Spaniens Ringen mit Frankreich auf dem Westfälischen Friedenskongress (1643–1649) (Schriftenreihe der Vereinigung zur Erforschung der Neueren Geschichte e. V. 30), Münster/W. 2007.

KARSTEN RUPPERT, Die kaiserliche Politik auf dem Westfälischen Friedenskongreß (1643–1648) (Schriftenreihe der Vereinigung zur Erforschung der Neueren Geschichte e. V. 10), Münster/W. 1979.

HERMANN SCHARBATKE, Die Generalamnestie im Friedensvertrag mit besonderer Berücksichtigung des Westfälischen Friedens, Würzburg 1974

ANUSCHKA TISCHER, Französische Diplomatie und Diplomaten auf dem Westfälischen Friedenskongreß. Außenpolitik unter Richelieu und Mazarin (Schriftenreihe der Vereinigung zur Erforschung der Neueren Geschichte e. V. 29), Münster/W. 1999.

KERSTIN WEIAND, Hessen-Kassel und die Reichsverfassung. Ziele und Prioritäten landgräflicher Politik im Dreißigjährigen Krieg (Untersuchungen und Materialien zur Verfassungs- und Landesgeschichte 24), Darmstadt, Marburg 2008.

FRITZ WOLFF, Corpus Evangelicorum und Corpus Catholicorum auf dem Westfälischen Friedenskongreß: Die Einfügung der konfessionellen Ständeverbindungen in die Reichsverfassung (Schriftenreihe der Vereinigung zur Erforschung der Neueren Geschichte e. V. 2), Münster/W. 1966.

# VIII. Rezeption

Acta Pacis Westphalicae, Abteilung B: Verhandlungsakten, 1 Teilband 2: Materialien zur Rezeption, bearbeitet von Konrad Repgen, Guido Braun und Antje Oschmann, Münster 2007.

STÉPHANE BEAULAC, The Westphalian Legal Orthodoxy – Myth or Reality, in: Journal of the History of International Law 2 (2000), 148–1777.

ETIENNE FRANÇOIS/CLAIRE GANTET, Vergangenheitsbewältigung im Dienste des Friedens und der konfessionellen Identität, in: Johannes Burkhardt (Hg.), Krieg und Frieden in der historischen Gedächtniskultur. Studien zur friedenspolitischen Bedeutung historischer Argumente und Jubiläen von der Antike bis in die Gegenwart (Schriften der Philosophischen Fakultäten der Universität Augsburg 62: Historisch-sozialwissenschaftliche Reihe), München 2000, 103–123.

THOMAS KAUFMANN, Dreißigjähriger Krieg und Westfälischer Friede. Kirchengeschichtliche Studien zur lutherischen Konfessionskultur (Beiträge zur historischen Theologie), Tübingen 1998.

PETER LAHNSTEIN, Das Leben im Barock. Zeugnisse und Berichte 1640 bis 1740, Stuttgart 1974.

HOLGER MANNIGEL, Wallenstein in Weimar, Wien und Berlin. Das Urteil über Albrecht von Wallenstein in der deutschen Historiographie von Friedrich von Schiller bis Leopold von Ranke (Historische Studien 474), Husum 2003.

SVERKER OREDSSON, Geschichtsschreibung und Kult. Gustav Adolf, Schweden und der Dreißigjährige Krieg (Historische Forschung 52), Berlin 1994.

KONRAD REPGEN, Der Dreißigjährige Krieg im deutschen Geschichtsbild vor Schiller, in: Ders., Dreißigjähriger Krieg und Westfälischer Friede. Studien und Quellen (Rechts- und staatswissenschaftliche Veröffentlichungen der Görres-Gesellschaft N. F. 81), Paderborn u. a. [2]1999, 112–134.

KONRAD REPGEN, Über die Geschichtsschreibung des Dreißigjährigen Krieges: Begriff und Konzeption, in: Ders., Dreißigjähriger Krieg und Westfälischer Friede. Studien und Quellen, Paderborn u. a. [2]1999, 21–111.

HEINHARD STEIGER, Der Westfälische Friede – Grundgesetz für Europa?, in: Heinz Duchhardt (Hg.), Der Westfälische Friede. Diplomatie – politische Zäsur – kulturelles Umfeld – Rezeptionsgeschichte, München 1998, 33–80.

BENNO TESCHKE, Mythos 1648. Klassen, Geopolitik und die Entstehung des europäischen Staatensystems (Theorie und Geschichte der bürgerlichen Gesellschaft 22), Münster 2007.

# XI. Anmerkungen zu den einzelnen Kapiteln

## Zu I. Einleitung: Eine europäische Geschichte des Dreißigjährigen Kriegs, S. 1–6.

1   Konrad Repgen, Der Dreißigjährige Krieg im deutschen Geschichtsbild vor Schiller, in: Ders., Dreißigjähriger Krieg und Westfälischer Friede. Studien und Quellen, Paderborn u. a. ²1999, 112–134.

2   Heinz Duchhardt, Der Westfälische Friede. Bild und Gegenbild im Wandel der Jahrhunderte, in: Westfalen 75 (1998), 105–112; zahlreiche detaillierte Beiträge zur Rezeption des Friedens in: Heinz Duchhardt (Hg.), Der Westfälische Friede. Diplomatie – politische Zäsur – kulturelles Umfeld – Rezeptionsgeschichte, München 1998.

3   Zu diesem Geschichtsbild prägnant Johannes Burkhardt, Vollendung und Neuorientierung des frühmodernen Reiches 1648–1763 (Gebhardt. Handbuch der deutschen Geschichte, 10. Auflage, Bd. 11), Stuttgart 2006, 32–36.

4   Vgl. am Beispiel der Historiographie Albrecht von Wallensteins zwischen Schiller und Ranke jetzt Holger Mannigel, Wallenstein in Weimar, Wien und Berlin. Das Urteil über Albrecht von Wallenstein in der deutschen Historiographie von Friedrich von Schiller bis Leopold von Ranke, Husum 2003. Ranke ist nach Mannigel der Erste, der versucht, mit dieser forensischen Tradition zu brechen, freilich ohne nachhaltige Wirkung; vgl. ebda., 540 f.

5   Zu der im Gegensatz zur kleindeutsch orientierten Historiographie lange vernachlässigten großdeutschen Geschichtsschreibung nun grundlegend Thomas Brechenmacher, Großdeutsche Geschichtsschreibung im neunzehnten Jahrhundert. Die erste Generation (1830–1848), Berlin 1996.

6   Vgl. zu diesen Parallelen am Beispiel der Historiographie Ferdinands II. jetzt Thomas Brockmann, Dynastie, Kaiseramt und Konfession. Politik und Ordnungsvorstellungen Ferdinands II. im Dreißigjährigen Krieg, Paderborn u. a. 2008, Kap. I. 1.

7   Aufstellung der Quelleneditionen bei Winfried Becker, Dreißigjähriger Krieg und Zeitalter Ludwigs XIV. (Quellenkunde zur deutschen Geschichte von 1500 bis zur Gegenwart, Bd. 2), Darmstadt 1995. Neben den großen Editionsreihen zur bayerischen Geschichte (v. a. ebda. Nr. 71: Briefe und Akten) sind hier bezeichnenderweise allein 11 große, bis 1914 erschienene Editionsreihen (Nrn. 369–379) zur Geschichte Wallensteins genannt.

8   Vgl. Konrad Repgen, Über die Geschichtsschreibung des Dreißigjährigen Krieges. Begriff und Konzeption, in: Ders., Dreißigjähriger Krieg und Westfälischer Friede (wie Anm. 1), 21–111, hier 21.

9   Moriz Ritter, Deutsche Geschichte im Zeitalter der Gegenreformation und des Dreißigjährigen Krieges (1555–1648), Bd. III, Stuttgart, Berlin 1908. Zur ungewöhnlichen Position des Bonner Historikers, die auch biographisch bedingt war, vgl. Mannigel (wie Anm. 4), 255 f.

10  Bis in die dreißiger Jahre des 20. Jahrhunderts (bis zu den Arbeiten von Wedgewood [1938] und Pagès [1939]) fehlten Versuche großangelegter Synthesen zum Dreißigjährigen Krieg in englischer und französischer Sprache; Ritters anerkanntes Werk wurde bezeichnenderweise nie ins Englische übersetzt; vgl. den Hinweis von Geoffrey Parker (Hg.), The Thirty Years' War, London 1984, XVI.

198 Anmerkungen zu den Seiten 1–6

11   Eine 1910 erschienene Bibliographie zählte allein bis 1910 nicht weniger als 2 524 Einzeltitel zur Geschichte Wallensteins; vgl. Christoph Kampmann, Reichsrebellion und kaiserliche Acht. Politische Strafjustiz im Dreißigjährigen Krieg und das Verfahren gegen Wallenstein 1634, Münster 1993, 1.
12   Vgl. Mannigel (wie Anm. 4), zusammenfassend 554 f.
13   Fritz Dickmann, Der Westfälische Friede, Münster 1998. Einzelne Formulierungen Dickmanns sollten nicht über die grundsätzliche Neubewertung des Friedens hinwegtäuschen; vgl. die eindeutige Selbsteinschätzung des Werkes durch Fritz Dickmann, ebda., XV, und demnächst Christoph Kampmann, Fritz Dickmann, in: Biographisch-Bibliographisches Kirchenlexikon (Online-Ausgabe).
14   Konrad Repgen, Über die Publikation ACTA PACIS WESTPHALICAE, in: Ders., Dreißig-jähriger Krieg und Westfälischer Friede (wie Anm. 1), 153–180.
15   Eine kleine Übersicht der beinahe unüberschaubaren Jubiläumsliteratur bei Burkhardt (wie Anm. 3), 6–8, und Johannes Arndt, in: Jahrbuch für Europäische Geschichte (2000), 132–158.
16   Kurze Darstellung dieser Kontroverse zwischen Johannes Burkhardt, Paul Münch und Martin Tabaczek bei Christoph Kampmann, Der Immerwährende Reichstag als »erstes stehendes Parla-ment«? Aktuelle Forschungsfragen und ein deutsch-englischer Vergleich, in: Geschichte in Wissenschaft und Unterricht 55 (2004), 646–662, hier 646–649.
17   Kurze Übersicht über die neue Sicht Richelieus bei Sven Externbrink, Le coeur du monde – Frankreich und die norditalienischen Staaten (Mantau, Parma, Savoyen) im Zeitalter Richelieus 1624–1635, Münster/Westf. 1999, 49–68.
18   Sigfrid Henry Steinberg, The »Thirty Years' War« and the Conflict for European Hegemony, New York 1966; ähnlich Josef Engel, Von der spätmittelalterlichen respublica christiana zum Mächte-Europa der Neuzeit, in: Theodor Schieder (Hg.), Handbuch der europäischen Ge-schichte, Bd. 3, Stuttgart ²1985, 1–443, hier 346.
19   Vgl. Franz Bosbach, Monarchia Universalis. Ein politischer Leitbegriff der frühen Neuzeit, Göttingen 1988; Peer Schmidt, Spanische Universalmonarchie oder »teutsche Libertet«. Das spanische Imperium in der Propaganda des Dreißigjährigen Krieges, Stuttgart 2001.
20   Gustav II. Adolf an Reichskanzler Oxenstierna, 1628 April: »zum Vierten sind die Dinge so weit gekommen, dass all die Kriege, die in Europa geführt werden, ineinander verwoben und zu einer Einheit geworden sind, denn dies erweist sich aus den päpstlichen Handlungen in Deutschland, aus der Hilfe, die seitens der Spanier für La Rochelle erfolgt, und der Hilfe, die letzten Sommer gegen uns geleistet wurde, und aus verschiedenen Konsultationen, die am Hof des Kaisers gehalten wurden, wo man ganz gewiss entschlossen sein soll, durch die Okkupation der nordischen Länder die angestrebte Tyrannei über Leib und Seele voranzutreiben«. Zitiert nach dem schwedischen Originalschreiben, hg. in: Handlingar rörande Skandinaviens Historia, Stockholm 1816, 150–160, hier 151.
21   Aufzählung entsprechender habsburgfreundlicher Werke bei Becker (wie Anm. 7), 17–22, und Brockmann (wie Anm. 6), Kap. I. 1.
22   Geoffrey Parker/Lesley M. Smith (Hg.), The General Crisis of the Seventeenth Century, Boston/ Mass. 1978.
23   Repgen, Geschichtsschreibung (wie Anm. 8), 24 f.
24   Vgl. Anja V. Hartmann, Von Regensburg nach Hamburg. Die diplomatischen Beziehungen zwischen dem französischen König und dem Kaiser vom Regensburger Vertrag (13. Oktober 1630) bis zum Hamburger Präliminarfrieden (25. Dezember 1641), Münster/W. 1998, 249–262; jetzt bestätigt durch Bernd Klesmann, Bellum Solemne. Formen und Funktionen europäischer Kriegserklärungen des 17. Jahrhunderts, Mainz 2007, 212 f.; s. auch unten S. 109.
25   Zu der Aktualität, die diese Frage trotz der umfangreichen Literatur zum Jubiläum bewahrt hat, vgl. Winfried Schulze, Friedliche Intentionen – Kriegerische Effekte. War der Ausbruch des Dreißigjährigen Kriegs unvermeidlich? Regensburg 2002.
26   Vgl. jetzt sehr überzeugend Heinz Schilling, Konfessionalisierung und Staatsinteressen. Interna-tionale Beziehungen 1559–1660, Paderborn u. a. 2007, 13 f.
27   Vgl. Matthias Asche/Anton Schindling, Das Strafgericht Gottes. Kriegserfahrungen und Religion im Heiligen Römischen Reich Deutscher Nation im Zeitalter des Dreißigjährigen Krieges, Münster 2001; Benigna von Krusenstjern/Hans Medick, Zwischen Alltag und Katastrophe. Der Dreißigjährige Krieg aus der Nähe, Göttingen 1999.
28   Markus Meumann/Dirk Niefanger (Hg.), Ein Schauplatz herber Angst. Wahrnehmung und Darstellung von Gewalt im 17. Jahrhundert, Göttingen 1997; Schmidt (wie Anm. 19), passim.

29  Vgl. Matthias Asche, Neusiedler im verheerten Land: Kriegsfolgenbewältigung, Migrationssteuerung und Konfessionspolitik im Zeichen des Landesaufbaus. Die Mark Brandenburg nach den Kriegen des 17. Jahrhunderts, Münster/W. 2006, hier besonders 3–7; Alexander Schunka, Gäste, die bleiben. Zuwanderer in Kursachsen und der Oberlausitz im 17. und frühen 18. Jahrhundert, Berlin 2006, 39–53.
30  Vgl. Heinz Duchhardt, Einleitung, in: Ders./Andreas Kunz (Hg.), »Europäische Geschichte« als historiographisches Problem, Mainz 2007, 1–4, hier 2 f.; vgl. auch Peter Blickle, Auf dem Weg zu einer europäischen Historiographie, in: ebda., 183–189, hier 187–189, mit dem Hinweis, dass begriffshistorische Überlegungen zu Europa wenig helfen.

# Zu II. Krisen vor dem Krieg: Europa, das Reich und Böhmen bis 1618, S. 7–34.

1   Volker Press, Kriege und Krisen. Deutschland 1600–1715, München 1991, 21.
2   Geoffrey Parker, The Army of Flanders and the Spanish Road, 1567–1659, Cambridge 1984, 80–105.
3   Geoffrey Parker, Der Aufstand der Niederlande, München 1979 (engl. 1977), 286 f.
4   Peter J. Brightwell, Spain and Bohemia: the decision to intervene, in: European Studies Review 12 (1982), 117–141.
5   Zur engen Verbindung von (innercalvinistischer) religiöser Auseinandersetzung, Handelsinteressen und außenpolitischer Ausrichtung als Konstante niederländischer Politik jetzt prägnant Heinz Schilling, Konfessionalisierung und Staatsinteressen. Internationale Beziehungen 1559–1660, Paderborn u. a. 2007, 305–307 und 402 f.
6   Mark Greengrass, France in the Age of Henri IV. The struggle for stability, London, New York ²1995, 191.
7   Vgl. Friedrich Beiderbeck, Zwischen Religionskrieg, Reichskrise und europäischem Hegemoniekampf. Heinrich IV. von Frankreich und die protestantischen Reichsstände, Berlin 2005, 412–458.
8   J. Michael Hayden, Continuity in the France of Henry IV and Louis XIII. French Foreign Policy, 1598–1615, in: The Journal of Modern History 45 (1973), 1–23.
9   Paul Douglas Lockhart, Denmark in the Thirty Years' War, 1618–1648. King Christian IV and the Decline of the Oldenburg State, Cranbury/New Jersey 1996.
10  John H. Elliott, A Europe of Composite Monarchies, in: Past and Present 137 (1992), 48–71.
11  Lockhart (wie Anm. 9), 55–80.
12  Zur »konstitutionellen Harmonie« zwischen Krone und Aristokratie – personifiziert im Miteinander von Gustav II. Adolf und Axel Oxenstierna, vgl. Michael Roberts, On Aristocratic Constitutionalism, in: Ders. Essays in Swedish History, London 1967, 14–54, hier 24–26.
13  Jan Lindegren, Utskrivning och utsugning. Produktion och reproduktion i Bygdeå 1620–1640, Stockhom 1980, passim, zusammenfassend 256–258.
14  Michael Roberts, The Swedish Imperial experience, 1560–1718, Cambridge/N.Y. 1979.
15  Jason Lavery, Die Rolle der Konfession in der Außenpolitik Dänemarks und Schwedens, in: Friedrich Beiderbeck u. a. (Hg.), Dimensionen der europäischen Außenpolitik zur Zeit der Wende vom 16. zum 17. Jahrhundert, Berlin 2003, 247–263, hier 259–261; auch Schilling (wie Anm. 5), 233 f.; Andreas Zellhuber, Der gotische Weg in den Krieg – Gustav Adolf und der schwedische Gotizismus, Augsburg 2002.
16  Zu den beträchtlichen Subsidien von dieser Seite und der Verweigerung jeder Unterstützung durch Frankreich und England vgl. Jan Paul Niederkorn, Die europäischen Mächte und der lange Türkenkrieg, Wien 1993, 499–501.
17  Gábor Barta, Die Anfänge des Fürstentums und erste Krisen (1526–1606), in: Béla Köpeczi (Hg.), Geschichte Siebenbürgens, Budapest 1990, 241–301, hier 294–301.
18  Press (wie Anm. 1), 25.
19  Allgemein zur Reichsverfassung Axel Gotthard, Das Alte Reich 1495–1806, Darmstadt 2003; Helmut Neuhaus, Das Reich in der frühen Neuzeit, München 1997.

20 Der Streit um den Reichshofrat setzte erst mit der wachsenden konfessionellen Polarisierung ein; vgl. jetzt Stefan Ehrenpreis, Die Tätigkeit des Reichshofrats in der protestantischen Kritik, in: Wolfgang Sellert (Hg.), Reichshofrat und Reichskammergericht. Ein Konkurrenzverhältnis, Köln, Weimar, Wien 1999, 27–46; Michael Stolleis, Geschichte des Öffentlichen Rechts in Deutschland, Bd. 1: Reichspublizistik und Policeywissenschaft 1600–1800, München 1988, 148–150.

21 Winfried Dotzauer, Die deutschen Reichskreise in der Verfassung des Alten Reiches und ihr Eigenleben (1500–1806), Darmstadt 1989.

22 Albrecht P. Luttenberger, Kirchenadvokatie und Religionsfriede: Kaiseridee und kaiserliche Reichspolitik im 16. und 17. Jahrhundert, in: Rolf Gundlach/Hermann Weber (Hg.), Legitimation und Funktion des Herrschers. Vom ägyptischen Pharao zum neuzeitlichen Diktator, Stuttgart 1992, 185–232.

23 Zum Augsburger Religionsfrieden vgl. jetzt Axel Gotthard, Der Augsburger Religionsfrieden, Münster 2004.

24 Dies gesteht auch Gotthard (wie Anm. 23), 216–218, trotz insgesamt eher kritischer Bewertung des Ius Emigrandi zu.

25 Vgl. für einen prägnanten aktuellen Überblick über die Forschungsentwicklung zu Konfessionsbildung und Konfessionalisierung unter besonderer Berücksichtigung der theologischen Aspekte jetzt Dieter J. Weiß, Katholische Reform und Gegenreformation, Darmstadt 2005; unter Betrachtung der staatlich-politischen Entwicklungen jetzt auch Schilling (wie Anm. 5), 34–53.

26 Martin Heckel, Die Krise der Religionsverfassung des Reiches und die Anfänge des Dreißigjährigen Kriegs, in: Konrad Repgen (Hg.), Krieg und Politik 1618–1648. Europäische Probleme und Perspektiven, München 1988, 107–131.

27 Zur Bedeutung der »Donauwörtischen Streitigkeit« vgl. Stolleis (wie Anm. 20), 148–150.

28 Zu Kurpfalz vgl. Volker Press, Calvinismus und Territorialstaat, Regierung und Zentralbehörden der Kurpfalz 1559–1619, Stuttgart 1970; unter bes. Berücksichtigung der Politik Ders., Fürst Christian von Anhalt-Bernburg, Statthalter der Oberpfalz, Haupt der evangelischen Bewegungspartei vor dem Dreißigjährigen Krieg (1568–1630), in: Konrad Ackermann/Alois Schmid (Hg.), Staat und Verwaltung in Bayern. Festschrift für Wilhelm Volkert, München 2003, 792–806.

29 Holger Th. Gräf, Konfession und internationales System. Die Außenpolitik Hessen-Kassels im konfessionellen Zeitalter, Darmstadt, Marburg 1993, 201–327.

30 Frank Müller, Kursachsen und der Böhmische Aufstand, Münster/Westf. 1996, 50–59.

31 Franziska Neuer-Landfried, Die Katholische Liga. Gründung, Neugründung und Organisation eines Sonderbunds, 1608–1620, Kallmünz 1968, 12–96; zur Schlüsselrolle Maximilians im Bund ebda. 195–213.

32 Anton Dürrwächter, Christoph Gewold. Ein Beitrag zur Gelehrtengeschichte der Gegenreformation und zur Geschichte des Kampfs um die pfälzische Kur, Freiburg/Breisgau 1904.

33 Beiderbeck (wie Anm. 15), 412–427.

34 Franz Machilek, Böhmen, in: Anton Schindling/Walter Ziegler (Hg.), Territorien des Reichs im Zeitalter der Reformation und der Konfessionalisierung, München 1989, 134–152.

35 Joachim Bahlcke, Regionalismus und Staatsintegration im Widerstreit. Die Länder der Böhmischen Krone im ersten Jahrhundert der Habsburgerherrschaft (1526–1619), München 1994.

36 Joachim Bahlcke, Calvinism and estate liberation in Bohemia and Hungary (1570–1620), in: Karin Maag (Hg.), The Reformation in Eastern and Central Europe, Aldershot 1997, 72–91; Hans Sturmberger, Aufstand in Böhmen. Der Beginn des Dreißigjährigen Krieges, München, Wien 1959, 14–34.

37 Zur Person Khlesls vgl. Volker Press, Melchior Khlesl, Kardinal, in: Theologische Realenzyklopädie, Bd. 19, Berlin 1990, 265–267.

38 Zur Person Erzherzog Ferdinands vgl. Dieter Albrecht, Ferdinand II. 1619–1637, in: Anton Schindling/Walter Ziegler (Hg.), Die Kaiser der Neuzeit 1519–1918, München 1990, 124–141, und neuerdings Thomas Brockmann, Dynastie, Kaiseramt und Konfession. Politik und Ordnungsvorstellungen Ferdinands II. im Dreißigjährigen Krieg, Paderborn u. a. 2008, Kap. II.

39 Zum Verlauf vgl. Sturmberger (wie Anm. 36); Klaus Gerteis (Hg.), Monarchie oder Ständestaat. Der böhmische Aufstand von 1618, Trier 1983; grundlegend nach wie vor Anton Gindely, Geschichte des Dreißigjährigen Kriegs, Abteilung 1 Bde. 1–3: Geschichte des böhmischen Aufstands von 1618, Prag, Berlin 1869–1878.

# Zu III. Vom Böhmischen zum Pfälzischen Krieg: Der »geliehene« Sieg des Kaisers (1618/23), S. 35–49.

1   Joachim Bahlcke, Theatrum Bohemicum. Reformpläne, Verfassungsideen und Bedrohungs-
    perzeptionen am Vorabend des Dreißigjährigen Krieges, in: Winfried Schulze (Hg.), Friedliche
    Intentionen – Kriegerische Effekte. War der Ausbruch des Dreißigjährigen Kriegs unvermeidlich?
    St. Katharinen 2002, 1–20, hier 16 f.

2   Zu den Parallelen Niederlande – Böhmen vgl. Heinz Schilling, Konfessionalisierung und Staats-
    interessen. Internationale Beziehungen 1559–1660, Paderborn u. a. 2007, 392–394. Die Paralle-
    lität sollte übrigens nicht ohne weiteres mit einer politischen Verbindung bzw. Blockbildung
    gleichgesetzt werden. Zwar schwebte calvinistischen Apokalyptikern eine solche reformiert-
    antihabsburgische Blockbildung vor (vgl. ebda., 404), sie ist aber nie Wirklichkeit geworden
    (vgl. unten Anm. 4).

3   Arno Strohmeyer, Konfessionskonflikt und Herrschaftsordnung. Widerstandsrecht bei den öster-
    reichischen Ständen (1550–1650), Stuttgart 2006, 240–254; Hans Sturmberger, Georg Erasmus
    Tschernembl. Religion, Libertät und Widerstand. Ein Beitrag zur Geschichte der Gegenrefor-
    mation und des Landes ob der Enns, Linz, Graz, Köln 1953.

4   Wichtig wurde die von Anfang ablehnende Position des englischen Königs, an der Jakob I.
    konsequent festhielt; vgl. dazu jetzt Ronald G. Asch, Jakob I. (1566–1625) König von England
    und Schottland, Stuttgart 2005, 177–181. Zu den großen Auswirkungen der Haltung Englands
    auf die Union jetzt Axel Gotthard, »Bey der Union ain directorium« – Benjamin Bouwinghausen
    und die protestantische Aktionspartei, in: Friedrich Beiderbeck u. a. (Hg.), Dimensionen der
    europäischen Außenpolitik zur Zeit der Wende vom 16. zum 17. Jahrhundert, Berlin 2003,
    161–186.

5   Volker Press, Fürst Christian von Anhalt-Bernburg, Statthalter der Oberpfalz, Haupt der evan-
    gelischen Bewegungspartei vor dem Dreißigjährigen Krieg (1568–1630), in: Konrad Acker-
    mann/Alois Schmid (Hg.), Staat und Verwaltung in Bayern. Festschrift für Wilhelm Volkert,
    München 2003, 792–806.

6   Anneliese Tecke, Die kurpfälzische Politik und der Ausbruch des Dreißigjährigen Kriegs,
    Hamburg 1931; Johann Gustav Weiß, Beiträge zur Beurteilung des Kurfürsten Friedrich V.
    von der Pfalz, in: Zeitschrift für die Geschichte des Oberrheins, Neue Folge 46 (1933), 385–422.

7   Heinz Duchhardt, Protestantisches Kaisertum und Altes Reich. Die Diskussion über die Konfes-
    sion des Kaisers in Politik, Publizistik und Staatsrecht, Wiesbaden 1977, 130–147; vgl. auch
    Joachim Bahlcke, Konfessionalisierung der Außenpolitik? Die Rolle der Konfession in den
    Außenbeziehungen der böhmischen Stände im späten 16. und frühen 17. Jahrhundert, in:
    Friedrich Beiderbeck u. a. (Hg.), Dimensionen (wie Anm. 4), 265–283, der darauf hinweist,
    dass erst die Königswahl Friedrichs zu einer entscheidenden Radikalisierung der böhmischen
    Ständerevolution führte.

8   Volker Press, Matthias (1612–1619), in: Anton Schindling/Walter Ziegler (Hg.), Die Kaiser der
    Neuzeit, 1519–1918, München 1990, 112–123.

9   Dieter Albrecht, Ferdinand II. 1619–1637, in: Schindling/Ziegler (wie Anm. 8), 124–141;
    Robert Bireley, Religion and Politics in the Age of the Counterreformation. Emperor Ferdinand
    II, William Lamormaini S.J. and the Formation of Imperial Policy, Chapel Hill 1981; zur Politik
    jetzt Thomas Brockmann, Dynastie, Kaiseramt und Konfession. Politik und Ordnungsvorstellun-
    gen Ferdinands II. im Dreißigjährigen Krieg, Paderborn u. a. 2008.

10  Georg Lutz, Wallenstein, Ferdinand II. und der Wiener Hof. Bemerkungen zu einem erneuten
    Beitrag in der alten Wallensteinfrage, in: Quellen und Forschungen aus italienischen Archiven und
    Bibliotheken 48 (1968), 207–243.

11  Heinz Schilling, Die Konfessionalisierung im Reich. Religiöser und gesellschaftlicher Wandel in
    Deutschland zwischen 1555 und 1620, in: Historische Zeitschrift 246 (1988), 1–45; Albrecht (wie
    Anm. 9) und jetzt Brockmann (wie Anm. 9).

12  Peter J. Brightwell, Spain and Bohemia: the decision to intervene, in: European Studies review 12
    (1982), 117–141.

13  Frank Müller, Kursachsen und der Böhmische Aufstand, Münster/Westf. 1996, 148–259.

14  Axel Gotthard, Wende des böhmisch-pfälzischen Krieges. Wie Frankreich und England 1620 die Großmachtposition Habsburgs retteten, in: Sven Externbrink/Jörg Ulbert (Hg.), Formen internationaler Beziehungen in der Frühen Neuzeit (Festschrift für Klaus Malettke), Berlin 2001, 396–417.

15  Zum Ulmer Vertrag jetzt Axel Gotthard (wie Anm. 14), mit berechtigter Betonung der Bedeutung Frankreichs für den Ulmer Vertrag. Allerdings ist dabei auch die instabile innere Lage Frankreichs mit zu berücksichtigen. Zur Vorbereitung und Durchführung der Invasion vgl. Anne Egler, Die Spanier in der linksrheinischen Pfalz. 1620–1632. Invasion, Verwaltung, Rekatholisierung, Mainz 1971, 25–58.

16  Zu den großen Erwartungen, die Jakob I. in seine enge Beziehung zu Spanien setzte, vgl. Simon Adams, England und die protestantischen Reichsfürsten 1599–1621, in: Friedrich Beiderbeck u. a. (Hg.), Dimensionen (wie Anm. 4), 61–84, hier 82–84. Genauso Asch (wie Anm. 4), 184–187.

17  Zu diesem unter für den Kaiser recht demütigenden Bedingungen zustande gekommenen Waffenstillstand vgl. Brockmann (wie Anm. 9), Kap. III. 2.3.

18  Josef Hemmerle, Die calvinistische Reformation in Böhmen, in: Stifter-Jahrbuch 8 (1964), 243–276, hier 260–264.

19  Hans Sturmberger, Hans Graf Herberstorff. Herrschaft und Freiheit im konfessionellen Zeitalter, München 1976.

20  Franz Machilek, Böhmen, in: Anton Schindling/Walter Ziegler (Hg.), Territorien des Reichs im Zeitalter der Reformation und der Konfessionalisierung, München 1989, 134–152, hier 149–151.

21  Christoph Kampmann, Reichsrebellion und kaiserliche Acht. Politische Strafjustiz im Dreißigjährigen Krieg und das Verfahren gegen Wallenstein 1634, Münster 1993, 47–70.

22  Brockmann (wie Anm. 9), Kap. III. 3.2.

23  Friedrich Hermann Schubert, Die pfälzische Exilregierung im Dreißigjährigen Krieg. Ein Beitrag zur Geschichte des politischen Protestantismus, in: Zeitschrift für die Geschichte des Oberrheins 102 (1954), 575–680. Nicolette Mout, Der Winterkönig im Exil. Friedrich V. von der Pfalz und die Niederländischen Generalstaaten 1621–32, in: Zeitschrift für Historische Forschung 15 (1988), 169–194.

24  Egler (wie Anm. 15), 58–90.

25  Zu den Verfahren in Böhmen vgl. Christian Ritter d'Elvert, Die Bestrafung der böhmischen Rebellion, insbesondere die Correspondenz Ferdinands II. mit dem Fürsten Liechtenstein, in: Ders., Weitere Beiträge zur Geschichte der böhmischen Länder, Brünn 1868; zu dem anschließenden, insgesamt etwas milderen Vorgehen in Mähren vgl. Documenta Bohemica Bellum Tricennale Illustrantia, Bd. 3: Der Kampf des Hauses Habsburg gegen die Niederlande und ihre Verbündeten, Prag 1976, Nr. 94, 112.

26  Vgl. d'Elvert (wie Anm. 25).

27  Ulrich Rosseaux, Die Kipper und Wipper als publizistisches Ereignis (1620–1626). Eine Studie zu den Strukturen öffentlicher Kommunikation im Zeitalter des Dreißigjährigen Kriegs, Berlin 2001.

28  Rosseaux (wie Anm. 27), 57–73. Die Prozesse, die Ferdinand III. posthum gegen die Urheber der Inflation in Gang gebracht hatte, endeten erst 1665 (!) mit einem Vergleich.

29  Vgl. dazu jetzt die sorgfältige rechtshistorische Einordnung durch Lutz Rentzow, Die Entstehungs- und Wirkungsgeschichte der Vernewerten Landesordnung für das Königreich Böhmen von 1627, Frankfurt/M. u. a. 1998; mit etwas stärker den »absolutistischen« Charakter betonendem Akzent Hans-Wolfgang Bergershausen, Die »Verneuerte Landesordnung« in Böhmen 1627. Ein Grunddokument des habsburgischen Absolutismus, in: Historische Zeitschrift 272 (2001), 327–351.

30  Graeme Murdock, Calvinism on the frontier? 1600–1660. International Calvinism in Hungary and Transylvania, Oxford 2000.

31  Vgl. zur konsequenten Weigerung des Bayernherzogs, Oberösterreich vor Einlösung des Münchener Vertrags zurückzuerstatten, und zum harten bayerischen Einsatz dieses Druckmittels Dieter Albrecht, Maximilian I. von Bayern 1573–1651, München 1998, 583 f.; zur Sorge des Kaiserhofs, Oberösterreich an Bayern zu verlieren und ihrer großen Bedeutung für die kaiserliche Politik Brockmann (wie Anm. 9), Kap. IV. 1.2.

32 Elmar Weiß, Die Unterstützung Friedrichs V. von der Pfalz durch Jakob I. und Karl I. im Dreißigjährigen Krieg (1618–1632), Stuttgart 1966, 37–41.
33 Vgl. Albrecht, Maximilian (wie Anm. 31), 571.
34 Zur Formulierung der Translationsurkunde vgl. Albrecht (wie Anm. 31), 570.
35 Jetzt ausführlich zur kaiserlichen Politik in Hinblick auf die Kurtranslation, die die Prioritäten der kaiserlichen Politik deutlich erkennen lässt (Vorzug für Bayern bzw. für die Liga vor Spanien, Vorzug des österreichischen Landesausbaus vor der Herstellung eines raschen Reichsfriedens) Brockmann, (wie Anm. 9), IV.
36 Friedrich H. Schubert, Ludwig Camerarius 1573–1651. Eine Biographie, Kallmünz 1955, 274–276.
37 Zum zentralen Einfluß der Brüsseler Regierung auf die pfälzischen Annexionspläne vgl. Egler (wie Anm. 15), 70–76.
38 Hermann Weber, Frankreich, Kurtrier, der Rhein und das Reich 1623–1635, Bonn 1969, 32–39.
39 Zu den geradezu »triumphalen« Erwartungen der pfälzischen Exilregierung vgl. Schubert (wie Anm. 36), 290 f.
40 Martin Heckel, Deutschland im konfessionellen Zeitalter, Göttingen 1983, 130 f., 134 f.

# Zu IV. Europäische Eskalation I: Der Niedersächsisch-dänische Krieg (1623/1630), S. 50–69.

1 Eike Wolgast, Hochstift und Reformation. Studien zur Geschichte der Reichskirche zwischen 1517 und 1648, Stuttgart 1995, 261–285.
2 Paul Douglas Lockhart, Denmark in the Thirty Years' War, 1618–1648. King Christian IV and the Decline of the Oldenburg State, Cranbury/New Jersey 1996, 93–105.
3 Hans-Dieter Loose, Hamburg und Christian IV. von Dänemark während des Dreißigjährigen Krieges. Ein Beitrag zur Geschichte der Hamburgischen Reichsunmittelbarkeit, Hamburg 1963, 19–21.
4 Michael Roberts, Gustavus Adolphus, London ²1992, 47.
5 Lockhart (wie Anm. 2), 102 f.
6 Zur strikten Weisung an Tilly, nach der Schlacht von Stadtlohn nicht die Grenze zu den »Niderlendischen Staaden« zu überschreiten, vgl. Michael Kaiser, Politik und Kriegsführung. Maximilian von Bayern, Tilly und die Katholische Liga im Dreißigjährigen Krieg, Münster/ Westf. 1999, 205–207.
7 Zur extremen Spannung zwischen Dänemark und Schweden im Sommer und Herbst 1623 vgl. Lockhart (wie Anm. 2), 104.
8 Glyn Redworth, The Prince and the Infanta, New Haven 2003; Ronald G. Asch, Jakob I. (1566–1625). König von England und Schottland, Stuttgart 2005, 195 f.
9 Andreas Wendland, Der Nutzen der Pässe und die Gefährdung der Seelen. Spanien, Mailand und der Kampf ums Veltlin 1620–1641, Zürich 1995, 133 f.
10 Sven Externbrink, Le coeur du monde – Frankreich und die norditalienischen Staaten (Mantua, Parma, Savoyen) im Zeitalter Richelieus 1624–1635, Münster/Westf. 1999, 59–68; Hermann Weber, Une Paix sûre et prompte. Die Friedenspolitik Richelieus, in: Heinz Duchhardt (Hg.), Zwischenstaatliche Friedenswahrung in Mittelalter und Früher Neuzeit, Köln, Wien 1991, 111–129, hier 112–115.
11 Christoph Kampmann, Arbiter und Friedensstiftung. Die Auseinandersetzung um den politischen Schiedsrichter im Europa der Frühen Neuzeit, Paderborn, München, Wien, Zürich 2001, 140–169.
12 Externbrink (wie Anm. 10), 81 f.
13 Lockhart (wie Anm. 2). Die Gesamtausgaben der französischen Krone 1624 betrugen ca. 33 Millionen Livres; vgl. Richard Bonney, The King's debts, Oxford 1981, 304.
14 Lockhart (wie Anm. 2), 105.
15 Lockhart (wie Anm. 2), 125–130.
16 Christoph Kampmann, Reichsrebellion und kaiserliche Acht. Politische Strafjustiz im Dreißigjährigen Krieg und das Verfahren gegen Wallenstein 1634, Münster 1993, 76.

17  Kaiser (wie Anm. 6), 241–243.
18  Ferdinand Menčik, Die Hofrathssitzungen im Jahre 1625, in: Sitzungsberichte der Königlich-Böhmischen Gesellschaft der Wissenschaften. Classe für Philosophie, Geschichte, Philologie, Jg. 1899, Prag 1900, 1–24.
19  Zur Persönlichkeit und zum Werdegang Wallensteins vgl. Golo Mann, Wallenstein, Neuauflage der Ausgabe 1971, Frankfurt/Main 1988; Josef Polišenský/Josef Kollmann, Wallenstein. Feldherr des Dreißigjährigen Krieges, Köln, Weimar, Wien 1997.
20  Vgl. Moriz Ritter, Das Kontributionssystem Wallensteins, in: Historische Zeitschrift 90 (1903), 193–249; Fritz Redlich, The German Military Enterpriser and his work force. A study in European economic and social history, Bd. 1, Wiesbaden 1964, 359–356.
21  Redlich, Military Enterpriser (wie Anm. 20), 169–178.
22  Fritz Redlich, Contribution in the Thirty Years' War, in: The Economic History Review 12 (1959/60), 247–254.
23  Zu den Versorgungsschwierigkeiten der ligistischen Truppen, die zu einer ständigen Ausweitung der Operationsgebiete zwang, vgl. Kaiser (wie Anm. 6), 121–137.
24  Ritter, Kontributionssystem (wie Anm. 20).
25  Dieter Albrecht, Ferdinand II. 1619–1637, in: Anton Schindling/Walter Ziegler (Hg.), Die Kaiser der Neuzeit 1519–1918, München 1990, 124–141, hier 133.
26  Die Schlüsselbedeutung des Hugenottenaufstands für den außenpolitischen Kurswechsel Richelieus betont jetzt noch einmal David Parrott, Richelieu's Army. War, Government and Society in France, 1624–1642, Cambridge 2001, 87–91.
27  Die neuere Forschung betont zwar den hohen Symbolwert dieses spanischen Erfolgs, der die nördlichen Niederlande in erheblichen Zugzwang brachte, weist aber zugleich darauf hin, dass auch in der Krise von 1625 von einer Existenzgefährdung der Niederlande nicht die Rede sein kann und auch Spanien sich dessen bewusst war; vgl. Jonathan Irvine Israel, Empires and Entrepots. The Dutch, the Spanish Monarchy and the Jews, 1585–1713, London, Ronceverte 1990, 10 f.; Geoffrey Parker, Der Aufstand der Niederlande, München 1979, 317.
28  Zum außenpolitischen Fiasko des Zweifrontenkriegs Englands, das zum Rückzug Englands vom Kontinent und zu erheblichen Spannungen zwischen Krone und Parlament führte, jetzt zusammenfassend Raingard Eßer, Die Tudors und die Stuarts, 1485–1714, Stuttgart 2004, 137 f.
29  Zum »war of diversion« Christians IV. vgl. Lockhart (wie Anm. 2), 144–154.
30  Vgl. Holger Th. Gräf, Konfession und internationales System. Die Außenpolitik Hessen-Kassels im konfessionellen Zeitalter, Darmstadt, Marburg 1993, 310–321.
31  Hans Schmidt, Wallenstein als Feldherr, in: Mitteilungen des oberösterreichischen Landesarchivs 14 (1984), 241–260.
32  Lockhart (wie Anm. 2), 145 f.
33  Kampmann, Reichsrebellion (wie Anm. 16), 75–100.
34  Roberts (wie Anm. 4), 59–66.
35  Zum Verhältnis Maximilians zu Wallenstein vgl. Dieter Albrecht, Maximilian I. von Bayern 1573–1651, München 1998, 663–690.
36  Der Kaiserhof befand sich in Hinblick auf das Restitutionsedikt in Übereinstimmung mit der Münchener Regierung, handelte aber durchaus aus eigenem Antrieb, hatte also nicht nur die rechtliche, sondern auch die politische Verantwortung für das Edikt; vgl. jetzt ausführlich zur kaiserlichen Politik in Hinblick auf das Restitutionsedikt Thomas Brockmann, Dynastie, Kaiseramt und Konfession. Politik und Ordnungsvorstellungen Ferdinands II. im Dreißigjährigen Krieg, Paderborn u. a. 2008, Kap. V. 6.
37  Martin Heckel, Deutschland im konfessionellen Zeitalter, Göttingen 1983, 146.
38  Zu den Problemen des Reichshofrats, den Rechtscharakter des Restitutionsediktes zu bestimmen, jetzt Brockmann (wie Anm. 36), V, 6. Nach langen Überlegungen gelangte der Kaiserhof dahin, das Restitutionsedikt nicht als Interpretation, sondern als allgemeinverbindliche Umsetzungsbestimmung des Augsburger Religionsfriedens zu deuten.
39  Vgl. zum Inhalt und politischen Folgen des Restitutionsedikts Michael Frisch, Das Restitutionsedikt Kaiser Ferdinands II. vom 6. März 1629. Eine rechtsgeschichtliche Untersuchung. Tübingen 1993; Konrad Repgen, Restitutionsedikt, in: Lexikon für Theologie und Kirche, Bd. 8, Freiburg u. a. 1999, 1130 f. Helmut Urban, Das Restitutionsedikt. Versuch einer Interpretation, München 1968.

40  So sehr prononciert in Anlehnung an Otto Hintze schon Fritz Dickmann, Der Westfälische Friede, Münster 1998, 22–24. Zuletzt noch zum Versuch »zentralistischer Verbiegung der Reichsverfassung« Axel Gotthard: Der deutsche Konfessionskrieg seit 1619. Ein Resultat gestörter politischer Kommunikation, in: Historisches Jahrbuch 122 (2002), 141–172, hier 146.

41  Zu den formalen Parallelen Kampmann, Reichsrebellion (wie Anm. 16), 80 f.

42  Vgl. jetzt Brockmann (wie Anm. 36), Kap. VI.

43  Christoph Kampmann, Zweiter Mann im Staat oder Staat im Staat? Zur Stellung Wallensteins in der Administration Kaiser Ferdinands II., in: Michael Kaiser/Andreas Pečar (Hg.), Der zweite Mann im Staat. Oberste Amtsträger und Favoriten im Heiligen Römischen Reich im 17. und 18. Jahrhundert, Berlin 2003, 295–315.

44  Zum Lübecker Frieden und seiner Entstehung Ernst Wilmans, Der Lübecker Frieden, Bonn 1904. Zu den ursprünglichen kaiserlichen Zielvorstellungen ebda., 16 f.; ausführlich zur kaiserlichen Politik Brockmann (wie Anm. 36), Brockmann (wie Anm. 36), Kap. V. 1–3.

45  Vgl. Parker (wie Anm. 27), 317; Israel (wie Anm. 27), 30 f., weist darauf hin, dass es die gleichzeitige Herausforderung der Machtstellung Spaniens in Oberitalien und den Niederlanden war, die zu der nachhaltigen Schwächung auf beiden Kriegsschauplätzen führte. Vgl. zu diesem Schlüsselproblem des Zweifrontenkriegs für Spanien unten S. 141 f.

46  Externbrink (wie Anm. 10), 87–107.

47  Zur schwierigen Lage des Kaisers zwischen der direkten Gegnerschaft zu Frankreich und der zwiespältig-reservierten Position zu Spanien, auf dessen Unterstützung Wien freilich angewiesen war, das aber durch sein eigenmächtiges Handeln auf Reichsgebiet auch die Loyalität des Wiener Bundesgenossen auf eine harte Probe stellte, vgl. Externbrink (wie Anm. 10), 92 f.

48  Axel Gotthard, Das Alte Reich, 1495–1806, Darmstadt 2003, 24 f.

49  Grundlegend zum Kurfürstentag sind die Forschungen Dieter Albrechts; vgl. Ders., Der Regensburger Kurfürstentag und die Entlassung Wallensteins, in: Ders. (Hg.), Regensburg – Stadt der Reichstage, Regensburg ²1984, 88–108. Vgl. auch Kaiser (wie Anm. 6), 279–302 und jetzt für die kaiserliche Politik Brockmann (wie Anm. 36), Kap. V. 7.

50  Gottfried Lorenz, Quellen zur Geschichte Wallensteins, Darmstadt 1987, 45 und 216–219.

51  Weil sich die Liga mit ihrem Wunschkandidaten für die Wallensteinnachfolge, Kurfürst Maximilian, nicht durchsetzen konnte, deutet Kaiser (wie Anm. 6), 278–302, das Ergebnis des Regensburger Kurfürstentags weniger als Niederlage des Kaisers denn als Kompromiss.

52  Anja V. Hartmann, Von Regensburg bis Hamburg. Die diplomatischen Beziehungen zwischen dem französischen König und dem Kaiser vom Regensburger Vertrag (13. Oktober 1630) bis zum Hamburger Präliminarfrieden (25. Dezember 1641), Münster 1998, 21–35.

53  Weber (wie Anm. 10), 116 f.


# Zu V. Europäische Eskalation II: Schwedischer Krieg und schwedische Hegemonie (1630–1634), S. 70–102.


1  Zur kursächsischen Politik noch Karl Wittich, Magdeburg, Gustav Adolf und Tilly, Berlin 1874, Bd. 1, 605–614; zu Kurbrandenburg Bodo Nischan, Brandenburg and the Edict of Restitution. A Study of the Impact of the Imperial Catholic and Swedish Threats on the Policies of the Electorate of Brandenburg in the Years 1628–1631, Diss. Phil. University of Pennsylvania 1971; Ders., Brandenburg's Reformed Räte and the Leipzig Manifesto, in: Journal of Religious History 10 (1979), 365–380.

2  Eberhard Straub, Pax et Imperium. Spaniens Kampf um seine Friedensordnung in Europa zwischen 1617 und 1635, Paderborn u. a. 1980, 425.

3  Michael Roberts, Gustavus Adolphus, London ²1992, 60–62.

4  Roberts (wie Anm. 3), 67–69.

5  Paul Douglas Lockhart, Denmark in the Thirty Years' War, 1618–1648. King Christian IV. and the Decline of the Oldenburg State, Cranbury/New Jersey 1996, 204. Frankreich schlug Dänemark im Frühjahr ein Bündnis unter Einschluss der Liga vor.

6    Zusammenfassend dazu Klaus Malettke, Frankreich, Deutschland und Europa im 17. und 18. Jahrhundert. Beiträge zum Einfluß französischer politischer Theorie, Verfassung und Außenpolitik in der Frühen Neuzeit, Marburg 1994, 286–297.

7    Die gleichbleibenden Grundpositionen der Politik Richelieus bei der Ablehnung des Vertrags von Regensburg und dem Abschluss des Vertrags von Cherasco sind sehr überzeugend herausgearbeitet durch Sven Externbrink, Le cœur du monde – Frankreich und die norditalienischen Staaten (Mantua, Parma, Savoyen) im Zeitalter Richelieus 1624–1635, Münster/Westf. 1999,145–153.

8    Roberts (wie Anm. 3), 133f.

9    Vgl. zur streng defensiven Anlage des Kriegsmanifests jetzt Pärtel Piirimäe, Just War in theory and practice: the legitimation of Swedish intervention in the Thirty Years' War, in: The Historical Journal 45 (2002), 499–523.

10   Wilhelm Keim, Wilhelm V. von Hessen-Kassel vom Regierungsantritt 1627 bis zum Abschluß des Bündnisses mit Gustav Adolf 1631 unter besonderer Berücksichtigung der Beziehungen zu Schweden, Diss. Marburg 1961, 85–102.

11   Marcus Junkelmann, Gustav Adolf (1594–1632). Schwedens Aufstieg zur Großmacht, Regensburg 1993, 300f.

12   Johannes Kretzschmar, Die Allianzverhandlungen Gustav Adolfs mit Kurbrandenburg im Mai und Juni 1631, in: Forschungen zur Brandenburgischen und Preußischen Geschichte 17 (1904), 341–382.

13   Michael Kaiser, Politik und Kriegsführung. Maximilian von Bayern, Tilly und die Katholische Liga im Dreißigjährigen Krieg, Münster/Westf. 1999, 333–343.

14   Dieter Albrecht, Die auswärtige Politik Maximilians von Bayern 1618–1635, Göttingen 1962, 256f.

15   Kaiser (wie Anm. 13), 353–362.

16   Kaiser (wie Anm. 13), 344f., zu den wachsenden Spannungen zwischen Tilly und den beiden protestantischen Kurfürsten.

17   Kaiser (wie Anm. 13), 348, Anm. 276.

18   So schon treffend Moriz Ritter, Deutsche Geschichte im Zeitalter der Gegenreformation und des Dreißigjährigen Kriegs (1555–1648), Bd. III: Geschichte des Dreißigjährigen Kriegs, Stuttgart, Berlin 1962 (ND der Ausgabe 1908), 481.

19   Zu diesen Avocatorialmandaten vgl. Kaiser (wie Anm. 13), 378.

20   Roberts (wie Anm. 3), 135f.

21   Vgl. das Tagebuch eines anonymen Landsknechts des an der Erstürmung beteiligten Regiments Pappenheim, der die Notiz über die Zerstörung der Stadt mit einer im gesamten, an Gewaltberichten reichen Bericht einzigartigen Mitleidsbekundung (*von herdtzen leit gewesen*) verbindet; vgl. Jan Peters (Hg.), Ein Söldnerleben im Dreißigjährigen Krieg. Eine Quelle zur Sozialgeschichte, Berlin 1993, 47.

22   Vgl. zur enormen öffentlichen Wirkung des Untergangs Magdeburgs Werner Lahne, Magdeburgs Zerstörung in der zeitgenössischen Publizistik. Gedenkschrift des Magdeburger Geschichtsvereins zum 10. Mai 1631, Magdeburg 1931; und neuerdings Michael Kaiser, »Excidium Magdeburgense«. Beobachtungen zur Wahrnehmung und Darstellung von Gewalt im Dreißigjährigen Krieg, in: Markus Meumann/Dirk Niefanger (Hg.), Ein Schauplatz herber Angst. Wahrnehmung und Darstellung von Gewalt im 17. Jahrhundert, Göttingen 1997, 43–67.

23   Vgl. Roberts (wie Anm. 3), 136.

24   Kaiser (wie Anm. 13) 383.

25   Junkelmann (wie Anm. 11), 338–340.

26   Die ökonomisch-logistische Seite des Einmarschs in Kursachsen betont Barbara Stadler, Pappenheim und die Zeit des Dreissigjährigen Krieges, Zürich 1991, 541.

27   Kaiser (wie Anm. 13), 439f.

28   Roberts (wie Anm. 3), 139f.

29   Frank Müller, Kursachsen und der Böhmische Aufstand, Münster/Westf. 1996, 473.

30   Vgl. zur militärhistorisch epochalen Bedeutung von Breitenfeld Michael Roberts, Gustaf Adolf and the Art of War, in: Ders., Essays in Swedish History, London 1967, 56–81, hier 70–72 und jetzt auch Kaiser (wie Anm. 13), 446–461.

31   Kaiser (wie Anm. 13), 460f., für eine ausgewogene Beurteilung des schwedischen Erfolgs bei Breitenfeld, die auch die schwedischen und vor allem kursächsischen Verluste in den Blick nimmt.

32 Kaiser (wie Anm. 13), 462–480.

33 Vgl. zum Siegszug Gustav Adolfs L. Fröhnhauser, Gustav Adolf und die Schweden in Mainz und am Rhein, Darmstadt 1894. Vgl. auch Roberts, Art of War (wie Anm. 30), 72–74.

34 Sehr deutlich zum Niedergang der Liga nach Breitenfeld, die bereits 1631/32 praktisch zerfiel und ihren Defensionsverpflichtungen nicht mehr nachkommen konnte, Kaiser (wie Anm. 13), 470–480.

35 Zur provisorischen und dann endgültigen Wiederbestellung Wallensteins vgl. die gründliche quellenkritische Betrachtung von Gottfried Lorenz, Quellen zur Geschichte Wallensteins, Darmstadt 1987, Nr. 69 und 70, S. 228–239.

36 Kaiser (wie Anm. 13), 485 f.

37 Hermann Weber, Frankreich, Kurtrier, der Rhein und das Reich 1623–1635, Bonn 1969, 142 f.

38 Ebda., 152.

39 Vgl. zu den entscheidenden Debatten im französischen Staatsrat ebda., 123 f.

40 Ebda., 169–173.

41 Rainer Babel, Zwischen Habsburg und Bourbon. Außenpolitik und europäische Stellung Herzog Karls IV. von Lothringen und Bar vom Regierungsantritt bis zum Exil (1624–1634), Sigmaringen 1989, 142 f.

42 Weber (wie Anm. 37), 127–142.

43 Malettke (wie Anm. 6), 296 f.; Wolfgang H. Stein, Protection Royale. Eine Untersuchung zu den Protektionsverhältnissen im Elsaß zur Zeit Richelieus, 1622–1643, Münster 1978, 355.

44 Weber (wie Anm. 37).

45 Zum Kriegsverlauf Ritter (wie Anm. 18), 514–540.

46 Weber (wie Anm. 37), 161 f.

47 Michael Roberts, The Political Objectives of Gustav Adolf in Germany, 1630–2, in: Ders., Essays (wie Anm. 30), 82–110.

48 Michael Roberts, Gustavus Adolphus. A History of Sweden, Bd. II, London, New York, Toronto 1958, 624.

49 Roberts, Political Objectives (wie Anm. 47), 102.

50 Roberts, Gustavus Adolphus (wie Anm. 48), 657 f.

51 Vgl. Georg Irmer, Die Verhandlungen Schwedens und seiner Verbündeten mit Wallenstein und dem Kaiser, Bd. I, Leipzig 1888, 124–133.

52 Zu einem möglichen Wasa-Kaisertum vgl. Heinz Duchhardt, Protestantisches Kaisertum und Altes Reich. Die Diskussion über die Konfession des Kaisers in Politik, Publizistik und Staatsrecht, Wiesbaden 1977, 151.

53 Roberts, Gustavus Adolphus (wie Anm. 48), 653 f.

54 Vgl. Ullrich Hanke, Die Besetzung des Stifts Fulda durch Hessen-Kassel, Phil. Diss. Marburg 2004, Kap. 9.

55 Golo Mann, Wallenstein. Sein Leben erzählt von Golo Mann, Frankfurt/Main 1988 (zuerst 1971), 706–719.

56 Vgl. dazu Richard Brzezinski, Lützen 1632. Climax of the Thirty Years' War, Oxford 2001.

57 Brzezisnski (wie Anm. 56), 62–67.

58 Silvia Serena Tschopp, Heilsgeschichtliche Deutungsmuster in der Publizistik des Dreißigjährigen Krieges. Pro- und antischwedische Propaganda in Deutschland 1628–1635, Frankfurt/Main 1991, 53–57.

59 Zu der administrativen Neuorientierung in Schweden Jenny Öhman, Der Kampf um den Frieden. Schweden und der Kaiser im Dreißigjährigen Krieg, Wien 2005, 39–41. Vergleichende Studie zu Oxenstiernas Regierungsweise Erik M. Thomson, Chancellor Oxenstierna, Cardinal Richelieu, and Commerce. The Problems and Possibilities of Governance in Early-Seventeenth Century France and Sweden, Leiden 2007.

60 Vgl. ausführlich Johannes Kretzschmar, Der Heilbronner Bund 1632–1635, Bd. I-III, Lübeck 1922, hier Bd. I, 83–104.

61 Ebda., 102 f.

62 Ebda., 87–96.

63 Ebda., 93 f.

64 Zur Verfassung des Heilbronner Bundes vgl. ebda., 300–322.

65 Ebda., 485 f.

66 Ebda., 283–298.

67  Ebda., 312–322.
68  Kretzschmar (wie Anm. 60), Bd. II, 10–27.
69  Kretzschmar (wie Anm. 60), Bd. I, 107. Müller (wie Anm. 29) weist darauf hin, dass damit Kursachsen wieder in die traditionellen Bahnen seiner Politik zurückkehrte.
70  Zahlreiche Belege, dass gerade Arnim die nach Breitenfeld suspendierte Politik der »Dritten Partei« wieder aufnahm, bei Karl Gustav Helbig, Wallenstein und Arnim 1632–1634. Ein Beitrag zur Geschichte des Dreißigjährigen Krieges, Dresden 1850.
71  Kretzschmar (wie Anm. 60), Bd. II, 584 f.
72  Gründliche und detailreiche Schilderung dieser verschlungenen Verhandlungen durch Kathrin Bierther, Einleitung, in: Briefe und Akten zur Geschichte des Dreißigjährigen Kriegs, Neue Folge II. Teil, 10. Band: der Prager Frieden, Teilband 1–4, hier Teilband 1, Einleitung, *107–*189.
73  Ebda., *182 f. Probates Mittel der Obstruktionspolitik war die Verweigerung der Geleitbriefe der Diplomaten.
74  Ebda., *185–*189.
75  Kretzschmar (wie Anm. 60), Bd. II, 175 f.
76  Ritter (wie Anm. 18), 568–570.
77  Christoph Kampmann, Zweiter Mann im Staat oder Staat im Staat? Zur Stellung Wallensteins in der Administration Kaiser Ferdinands II., in: Michael Kaiser/Andreas Pečar (Hg.), Der zweite Mann im Staat. Oberste Amtsträger und Favoriten im Heiligen Römischen Reich im 17. und 18. Jahrhundert, Berlin 2003, 295–315.
78  Bierther (wie Anm. 72), *146–*168.
79  Heinrich Ritter von Srbik, Wallensteins Ende. Ursachen, Verlauf und Folgen der Katastrophe, Salzburg [2]1952, 21.
80  Klassischer Vertreter der Verratstheorie Josef Pekař, Wallenstein. Tragödie einer Verschwörung, Bde. 1–2, Berlin 1937.
81  Neben Srbik (wie Anm. 79) ist dies auch die Position von Helmut Diwald, Wallenstein, München, Esslingen 1969.
82  Vgl. Christoph Kampmann, Wallenstein, Eger, 25. Februar 1634, in: Michael Sommer (Hg.), Politische Morde. Von Xerxes bis Zoran Djindjic, Darmstadt 2005, 146–156.
83  Christoph Kampmann, Reichsrebellion und kaiserliche Acht. Politische Strafjustiz im Dreißigjährigen Krieg und das Verfahren gegen Wallenstein 1634, Münster 1993, 114 f.
84  Hildegard Ernst, Madrid und Wien 1632–1637. Politik und Finanzen in den Beziehungen zwischen Philipp IV. und Ferdinand II., Münster 1991, 52, in Verbindung mit 292.
85  Ebda., 44.
86  Ebda., 53.
87  Vgl. schon Heinrich Günter, Die Habsburger-Liga 1625–1635. Briefe und Akten aus dem Zentral-Archiv von Simancas, Berlin 1908, 158–165.
88  Ernst (wie Anm. 84), 76.
89  Anuschka Tischer, Französische Diplomatie und Diplomaten auf dem Westfälischen Friedenskongreß. Außenpolitik unter Richelieu und Mazarin, Münster 1999.
90  Kampmann (wie Anm. 83), 113 f.
91  Kampmann (wie Anm. 83), 138–148.
92  Friedrich Hermann Schubert, Wallenstein und der Staat des 17. Jahrhunderts, in: Geschichte in Wissenschaft und Unterricht 16 (1965), 597–611.
93  Anton Ernstberger, Für und wider Wallenstein. Stimmen und Stimmungen in Franken und der Oberpfalz zum Tode des Generalissimus, in: Hans Ulrich Rudolf (Hg.), Der Dreißigjährige Krieg. Perspektiven und Strukturen, Darmstadt 1977, 68–88.
94  Die Konfiskationen sind umfassend dokumentiert bei Thomas Bilek, Beiträge zur Geschichte Waldstein's, Prag 1886.
95  Ritter (wie Anm. 18), 578–580.
96  Geoffrey Parker, The Army of Flanders and the Spanish Road, 1567–1659, Cambridge 1972, 259. Zum formellen Hilfsersuchen an Spanien vgl. Ernst (wie Anm. 84), 91. Zur Aufstellung dieser Armee im Kontext der neuen Offensivstrategie Olivares' vgl. Alfred van der Essen, Le Cardinal-Infant et la politique européenne de L'Espagne, Löwen/ Brüssel 1944, 279–372. Vgl. auch unten S. 138.
97  Zum Verlauf Ritter (wie Anm. 18), 581 f.
98  Kretzschmar (wie Anm. 60), Bd. III.

99  Frank Kleinehagenbrock, Die Grafschaft Hohenlohe im Dreißigjährigen Krieg. Eine erfahrungs-
    geschichtliche Untersuchung zu Herrschaft und Untertanen, Stuttgart 2003, 52–56, 76f., 262f.
100 Bierther (wie Anm. 72), *25f.
101 Ebda., *26f.

# Zu VI. Kein Friede ohne Europa: Der Prager Friede und sein Scheitern (1634–1638), S. 103–127.

1   Vgl. Geoffrey Parker (Hg.), The Thirty Years' War, London 1984, 146: »the defeat and dispersal of
    the Swedish army at Nördlingen, and the collapse of the Heilbronn League, necessitated decisive
    intervention by France in order to prevent Swedish capitulation.«
2   Gerhard Schormann, Der Dreißigjährige Krieg 1618–1648, in: Gebhardt. Handbuch der deut-
    schen Geschichte (10., völlig neu bearb. Auflage), Stuttgart 2001, 204–279, hier 258.
3   Vgl. Hermann Weber, Vom verdeckten zum offenen Krieg. Richelieus Kriegsgründe und
    Kriegsziele 1634/35, in: Konrad Repgen (Hg.), Krieg und Politik 1618–1648. Europäische
    Probleme und Perspektiven, München 1988, 203–217; Klaus Malettke, Frankreich, Deutschland
    und Europa im 17. und 18. Jahrhundert. Beiträge zum Einfluß französischer politischer Theorie,
    Verfassung und Außenpolitik in der Frühen Neuzeit, Marburg 1994, 286–302; Anja V. Hart-
    mann: Von Regensburg nach Hamburg. Die diplomatischen Beziehungen zwischen dem fran-
    zösischen König und dem Kaiser vom Regensburger Vertrag (13. Oktober 1630) bis zum Ham-
    burger Präliminarfrieden (25. Dezember 1641), Münster/W. 1998.
4   Weber (wie Anm. 3), 210; Malettke (wie Anm. 3), 299; Hartmann (wie Anm. 3), 183f.; vgl. auch
    Rainer Babel, Deutschland und Frankreich im Zeichen der habsburgischen Universalmonarchie,
    1500–1648, Darmstadt 2005, 89f.
5   Zum Bündnisstreben als Priorität der spanischen Politik angesichts der wachsenden Gefahr eines
    spanisch-französischen Konfliktes vgl. Hildegard Ernst, Madrid und Wien 1632–1637. Politik
    und Finanzen in den Beziehungen zwischen Philipp IV. und Ferdinand II., Münster 1991, 56 u. ö.
    Vgl. auch die Darlegungen Olivares im Staatsrat am am 17. September 1633, nach denen es den
    Untergang der spanischen Monarchie heraufzubeschwören hieße, wenn Spanien allein gegen
    Frankreich vorgehen wolle; zitiert nach Eberhard Straub, Pax et Imperium. Spaniens Kampf um
    seine Friedensordnung in Europa zwischen 1617 und 1635, Paderborn u. a. 1980, 468.
6   Vgl. oben S. 72f.
7   Vgl. zum Verhältnis Frankreichs zur Spanischen Straße grundsätzlich Geoffrey Parker, The Army
    of Flanders and the Spanish Road, 1567–1659, Cambridge 1984, 66–73; Hermann Weber,
    Frankreich, Kurtrier, der Rhein und das Reich 1623–1635, Bonn 1969, 32f.
8   Wolfgang H. Stein, Protection Royale. Eine Untersuchung zu den Protektionsverhältnissen im
    Elsaß zur Zeit Richelieus, 1622–1643, Münster/W. 1978, 199.
9   Weber (wie Anm. 3), 203.
10  Vgl. zusammenfassend Malettke (wie Anm. 3), 297f.
11  Weber (wie Anm. 3), 209.
12  Vgl. Randall Lesaffer, Defensive Warfare, Prevention and Hegemony. The Justifications of the
    Franco-Spanish War of 1635, Teil I, in: Journal for International Law 8 (2006), 91–123, hier 110.
13  Stein (wie Anm. 8), 300f.
14  Vgl. Johannes Kretzschmar, Der Heilbronner Bund 1632–1635, Bd. III, Lübeck 1922, 28f.
15  Vgl. Ernst (wie Anm. 5), 64f.; Robert A. Stradling, Olivares and the Origins of the Franco Spanish
    War, in: English Historical Review 101 (1986), 68–94.
16  Vgl. Ernst (wie Anm. 5), 64, 80f. Straub (wie Anm. 5), 468.
17  Vgl. Schreiben Philipps IV. an Ferdinand (III.), 14. Juli 1634, hg. v. Heinrich Günter, Die
    Habsburger-Liga 1625–1635. Briefe und Akten aus dem Zentral-Archiv von Simancas, Berlin
    1908, Nr. 142; vgl. auch Ernst (wie Anm. 5), 88.
18  Ernst (wie Anm. 5), 92f.
19  Vgl. Straub (wie Anm. 5), 471f.; Ronald G. Asch, The Thirty Years' War. The Holy Roman
    Empire and Europe, 1618–1648, Basinstoke, London 1997, 125.

20  Vgl. Ernst (wie Anm. 5), 116–120.
21  Vgl. Weber (wie Anm. 3), 216.
22  Ebda., 216 f.; Bernd Klesmann, Bellum Solemne. Formen und Funktionen europäischer Kriegs-
     erklärungen des 17. Jahrhunderts, Mainz 2007, 60–64.
23  Vgl. jetzt als Untersuchung der lange vernachlässigten spanischen Gegenerklärungen Randall
     Lesaffer, Prevention and Hegemony. The Justifications of the Franco-Spanish War of 1635, Teil II,
     in: Journal of the History of International Law 8 (2006), 141–179, hier 157.
24  Vgl. entsprechende Vermutungen schon bei Ernst (wie Anm. 5), 128–130, jetzt nachgewiesen bei
     Lesaffer (wie Anm. 23), 153.
25  Martin Heckel, Deutschland im konfessionellen Zeitalter, Göttingen 1983, 179; Ernst Höfer, Das
     Ende des Dreißigjährigen Krieges. Strategie und Kriegsbild, Köln, Weimar, Wien 1998, 26.
26  Vgl. Hartmann (wie Anm. 3), 215 f.
27  Vgl. Ernst (wie Anm. 5), 131 f.
28  Hartmann (wie Anm. 3), 219–224.
29  Ernst (wie Anm. 5), 152–155; Jonathan I. Israel, Olivares, the Cardinal-Infante and Spain's
     Strategy in the Low Countries (1635–1643): the road to Rocroi, in: Richard L. Kagan/Geoffrey
     Parker (Hg.), Spain, Europe and the Atlantic World. Essays in honour of John H. Elliott,
     Cambridge 1995, 265–295, hier 272.
30  Lange Zeit ist der Prager Frieden trotz seiner Bedeutung von der Historiographie vernachlässigt
     worden, so dass bis heute eine monographische Bearbeitung fehlt. Seit der – auch in methodischer
     Hinsicht – bahnbrechenden Edition von Kathrin Bierther im Rahmen der »Briefe und Akten zur
     Geschichte des Dreißigjährigen Kriegs, Neue Folge II. Teil, 10. Band: Der Prager Frieden,
     Teilband 1–4« künftig zitiert BA 10, 1–4 sind die Voraussetzungen einer gründlichen historio-
     graphischen Bearbeitung gelegt.
31  BA 10, 4 (wie Anm. 30), S. 1631–1640.
32  BA 10, 4 (wie Anm. 30), 1620 f.
33  Vgl. Kathrin Bierther, Einleitung, in: BA 10, 1 (wie Anm. 30), Einführung, *84-*88.
34  Ebda., *26.
35  Vgl. BA 10, 4 (wie Anm. 30), 1616 f.
36  Vgl. sehr dezidiert Asch (wie Anm. 19), 111.
37  Vgl. BA 10, 4 (wie Anm. 30), 1606 f.
38  BA 10, 4 (wie Anm. 30), 1607.
39  BA 10, 4 (wie Anm. 30), 1609.
40  BA 10, 4 (wie Anm. 30), 1612 f.
41  BA 10, 4 (wie Anm. 30), 1614.
42  BA 10, 4 (wie Anm. 30), 1626.
43  BA 10, 4 (wie Anm. 30), 1615.
44  BA 10, 4 (wie Anm. 30), 1624 f.
45  Damit wich der Prager Frieden, wie Axel Gotthard, Das Alte Reich 1495–1806, Darmstadt 2003,
     94, pointiert herausstellt und zugleich scharf kritisiert, vom Herkommen ab.
46  Zu dieser rhetorischen Beschwörung der traditionellen Freiheit vgl. BA 10, 4, 1626 f.
47  BA 10, 4 (wie Anm. 30), 1616.
48  Vgl. Cordula Kapser, Die bayerische Kriegsorganisation in der zweiten Hälfte des Dreißigjährigen
     Krieges 1635–1648/49, Münster/W. 1997, 16.
49  Rechtliche Grundlage für diese Befehlsteilung im katholischen Lager, die im Prager Frieden nicht
     ausdrücklich erwähnt worden war, waren Klauseln des Prager Friedens, in denen dem Kaiser das
     Recht zugestanden wurde, auch anderen als seinem als künftigem Inhaber des *generalcommando*
     explizit erwähnten Sohn, Ferdinand III., ein Generalkommando anzuvertrauen (BA 10, 4, 1623),
     wobei deutlich gemacht wurde, dass dabei zunächst an die Kurfürsten gedacht wurde (BA 10, 4,
     1624). Vgl. auch Kapser (wie Anm. 48), 16 f.
50  Volker Press, Kriege und Krisen. Deutschland 1600–1715, München 1991, 229.
51  BA 10, 4 (wie Anm. 30), 1619.
52  Der Zwangscharakter wird stark betont bei Fritz Dickmann, Der Westfälische Frieden, Müns-
     ter ⁵1985. In diesem Sinne als scharfer Kritiker des Friedens auch Gotthard (wie Anm. 45), 94.
53  Zu den demographischen Folgen des Krieges, die auch schon Mitte der 30er Jahre katastrophale
     Dimensionen erreicht hatten, vgl. als Standardwerk nach wie vor Günther Franz, Der Drei-
     ßigjährige Krieg und das deutsche Volk, Stuttgart, New York ⁴1979; als neuere Stellungnahmen,

die auf eine noch stärkere regionale Differenzierung zielen, aber gegen Kritik die prinzipiellen Dimensionen der Bevölkerungsverluste nicht bezweifeln, vgl. Manfred Vasold, Die deutschen Bevölkerungsverluste während des Dreißigjährigen Krieges, in: Zeitschrift für bayerische Landesgeschichte 56 (1993), 147–160; John Theibault, The Demography of the Thirty Years' War revisited: Günther Franz and his critics, in: German History 15 (1997), 1–22.

54  Für die Zeit unmittelbar nach dem Prager Frieden jetzt exemplarisch dargelegt bei Frank Kleinehagenbrock, Die Grafschaft Hohenlohe im Dreißigjährigen Krieg. Eine erfahrungsgeschichtliche Untersuchung zu Herrschaft und Untertanen, Stuttgart 2003, zusammenfassend 315 f.

55  Nach wie vor anregend Adam Wandruszka, Reichspatriotismus und Reichspolitik zur Zeit des Prager Friedens von 1635, Wien 1955.

56  Zu Hessen-Kassel vgl. Dieter Albrecht, Die Kriegs- und Friedensziele der deutschen Reichsstände, in: Repgen (Hg.), Krieg (wie Anm. 3), 241–273, hier 248.

57  Vgl. Sven Lundkvist, Die schwedischen Kriegs- und Friedensziele 1632–48, in: Repgen (Hg.), Krieg (wie Anm. 3), 219–240, hier 228.

58  Vgl. zur grundsätzlichen Haltung der schwedischen Regierung Jenny Öhman, Der Kampf um den Frieden. Schweden und der Kaiser im Dreißigjährigen Krieg, Wien 2005, 90–92. Zur Diskussion um das Schönebecker Projekt und die Haltung Oxenstiernas vgl. die kontroversen Positionen von Lundkvist (wie Anm. 57), der die Verzichtsbereitschaft Oxenstiernas für glaubwürdig hält, und Sigmund Goetze, Die Politik des schwedischen Reichskanzlers Oxenstierna gegenüber Kaiser und Reich, Kiel 1971, 184 f., der erhebliche Zweifel an der Ernsthaftigkeit äußert.

59  Hartmann (wie Anm. 3), 264.

60  Zu den »Spiegelfechtereien« zwischen Paris und Stockholm um das Bündnis vgl. Öhman (wie Anm. 58), 69–75.

61  So schon sehr deutlich Konrad Repgen, Papst, Kaiser und Reich 1521–1644, Tübingen 1962, 394 f.

62  Vgl. Öhman (wie Anm. 58), 71.

63  Vgl. Bierther, Einleitung (wie Anm. 33), *26.

64  Zum Konsens der schwedischen Führung in diesem Punkt Öhman (wie Anm. 58), 91.

65  Vgl. Öhman (wie Anm. 58), 77–80.

66  Hartmann (wie Anm. 3), 215–217.

67  Ernst (wie Anm. 5), 183 f.

68  Hartmann (wie Anm. 3), 234–241.

69  Vgl. Meike Hollenbeck, Die hessisch-kaiserlichen Verhandlungen über die Annahme des Prager Friedens, in: Klaus Malettke, Frankreich und Hessen zur Zeit des Dreißigjährigen Krieges und des Westfälischen Friedens, Marburg 1999, 111–122, hier 118 f.

70  David Parrott, Richelieu's Army. War, Government and Society in France, 1624–1642, Cambridge 2001, 121.

71  Jonathan I. Israel, Empires and Entrepots. The Dutch, the Spanish Monarchy and the Jews, 1585–1713, London, Ronceverte, 1990, 37.

72  Ebda., 36 f.

73  Randall Lesaffer, Prevention and Hegemony. The Justifications of the Franco-Spanish War of 1635, Teil I in: Journal of the History of International Law 8 (2006), 107.

74  Hartmann (wie Anm. 3), 249–265; Zitat ebda., 261.

75  Vgl. u. a. Moriz Ritter, Deutsche Geschichte im Zeitalter der Gegenreformation und des Dreißigjährigen Kriegs (1555–1648), Bd. III: Geschichte des Dreißigjährigen Kriegs, Stuttgart, Berlin 1908, 604 f.; Kathrin Bierther, Der Regensburger Reichstag von 1640/41, Kallmünz 1971, 15; Parker (wie Anm. 1) XXXVI (Datenübersicht) und 148; Georg Schmidt, Der Dreißigjährige Krieg, München 1995, 59.

76  Überzeugend nachgewiesen jetzt durch Hartmann (wie Anm. 3), 258–262.

77  So Dickmann (wie Anm. 52), 88 f., Ritter (wie Anm. 75), 601, oder, aus Sicht eines entschiedenen Kritikers Ferdinands II., Günter Barudio, Der Teutsche Krieg 1618–1648, Frankfurt/Main 1988 (Nachdruck der Ausgabe Frankfurt/Main 1985), 495.

78  Zum Kurfürstentag vgl. Heiner Haan, Der Regensburger Kurfürstentag 1636/37, Münster/W. 1967.

79  Vgl. Hartmann (wie Anm. 3), 272–279; Dickmann (wie Anm. 52), 89.

80  So Haan (wie Anm. 78), 85; vgl. auch Grete Mecenseffy, Habsburger im 17. Jahrhundert. Die Beziehungen der Höfe von Wien und Madrid während des Dreißigjährigen Kriegs, in: Archiv für österreichische Geschichte 121 (1955), 1–91, hier 35–38, zuletzt Ernst (wie Anm. 5), 245–250, mit den detaillierten Berechnungen der entsprechenden Ausgaben der spanischen Botschaft.
81  Vgl. Ernst (wie Anm. 5), 251.
82  Vgl. Haan (wie Anm. 78), 233–251.
83  Vgl. ebda., 230 f.; Ernst (wie Anm. 5), 236 f.
84  Vgl. Haan (wie Anm. 78), 232.
85  Dickmann (wie Anm. 52), 92.
86  Haan (wie Anm. 78), 161 f.
87  Vgl. Öhman (wie Anm. 58), 110–114.
88  Ebda., 98–102.
89  Ebda., 119, 122.
90  Ebda., 118 f.
91  Zum antifranzösischen Kurswechsel der Bündner unter Georg Jenatsch und zur fluchtartigen Räumung des Veltlins durch die französische Armee unter dem Herzog von Rohan 1637/38 vgl. Andreas Wendland, Der Nutzen der Pässe und die Gefährdung der Seelen. Spanien, Mailand und der Kampf ums Veltlin 1620–1641, Zürich 1995, 207–214.
92  Hartmann (wie Anm. 3), 308–337.
93  Ebda., 337.
94  Anuschka Tischer, Französische Diplomatie und Diplomaten auf dem Westfälischen Friedenskongreß. Außenpolitik unter Richelieu und Mazarin, Münster 1999, 106.
95  Zum Vertrag von Wismar vgl. Öhman (wie Anm. 58), 123 f.
96  Tischer (wie Anm. 94), 195.

# Zu VII. Der europäische Krieg in Deutschland: Der Kampf um die Friedensverhandlungen (1638–1645), S. 128–151.

1  Konrad Repgen, Dreißigjähriger Krieg, in: Ders., Dreißigjähriger Krieg und Westfälischer Friede. Studien und Quellen, hg. v. Franz Bosbach und Christoph Kampmann, Paderborn, München, Wien, Zürich ²1999, 291–318, hier 310.
2  Text bei Michael Caspar Londorp, Der Röm. Kay. Maj. [ … ] Acta Publica […], Band 5, 2, Frankfurt/M. 1668, 759–761. Vgl. Anja V. Hartmann, Von Regensburg nach Hamburg. Die diplomatischen Beziehungen zwischen dem französischen König und dem Kaiser vom Regensburger Vertrag (13. Oktober 1630) bis zum Hamburger Präliminarfrieden (25. Dezember 1641), Münster/W. 1998, 479–495.
3  Zur eher mageren Bilanz der französischen Kriegsanstrengungen zwischen 1635 und 1638 vgl. David Parrott, Richelieu's Army. War, Government and Society in France, 1624–1642, Cambridge 2001, 110–134.
4  Konrad Repgen, Ferdinand III., in: Ders., Dreißigjähriger Krieg und Westfälischer Friede (wie Anm. 1), 319–343, hier 326.
5  Jenny Öhman, Der Kampf um den Frieden. Schweden und der Kaiser im Dreißigjährigen Krieg, Wien 2005, 141–143.
6  Zum Feldzug ebda., 125–128.
7  Vgl. zu ihr jüngst Pauline Puppel, Die Regentin. Vormundschaftliche Herrschaft in Hessen, Frankfurt/Main 2004, 190–234.
8  Vgl. Kerstin Weiand, Hessen-Kassel und die Reichsverfassung. Ziele und Prioritäten landgräflicher Politik im Dreißigjährigen Krieg, Darmstadt u. a. 2008, Kap. 4. Anders als Fritz Dickmann, Der Westfälische Friede, Münster 1998, 380, angenommen hat, lag die Verantwortung für das Scheitern der Verhandlungen nicht beim Kaiserhof, der den Vertrag rasch ratifizierte und Hessen-Kassel weit entgegenkam, sondern im Schwenk der hessischen Politik.
9  Kathrin Bierther, Regensburger Reichstag von 1640/41, Kallmünz 1971, 18 f.

10  Ebda., 23 f. Die strategische Gesamtsituation Spaniens in der Region hatte sich zuvor durch die Verträge mit Graubünden erheblich verbessert; Andreas Wendland, Der Nutzen der Pässe und die Gefährdung der Seelen. Spanien, Mailand und der Kampf ums Veltlin 1620–1641, Zürich 1995, 309–330.

11  Ein vergleichbarer Fall war die Übertragung des Oberbefehls über die kaiserlichen Streitkräfte nach der Absetzung und dem Tod Wallensteins an Ferdinand (III.). Der hohe symbolische Wert der Ernennung verdeutlicht, dass die kontroverse Diskussion, die über die militärische Tüchtigkeit Leopold Wilhelms geführt wird (vgl. zusammenfassend Öhman [wie Anm. 5], 126 f.), am Kern der Nachfolgentscheidung beim kaiserlichen Oberbefehl vorbeigeht.

12  Vgl. Öhman (wie Anm. 5), 125–131.

13  Ebda., 159–162.

14  Zum Kölner Kongress vgl. Konrad Repgen, Papst, Kaiser und Reich 1521–1644, Tübingen 1962, 394–399; Hartmann (wie Anm. 2), 263–284.

15  Konrad Repgen, Friedensvermittlung als Element europäischer Politik vom Mittelalter bis zur Gegenwart. Ein Vortrag, in: Ders., Dreißigjähriger Krieg und Westfälischer Friede (wie Anm. 1), 799–816, hier 814 f.

16  Konrad Repgen, Der Westfälische Friede und die zeitgenössische Öffentlichkeit, in: Ders., Dreißigjähriger Krieg und Westfälischer Friede (wie Anm. 1), 723–765; Franz Bosbach, Gedruckte Informationen für Gesandte auf dem Westfälischen Friedenskongreß – eine Dokumentation des Angebotes, der Preise und der Verwendung, in: Rainer Babel, Le diplomate au travail. Entscheidungsprozesse, Information und Kommunikation im Umkreis des Westfälischen Friedenskongresses, München 2005, 59–137.

17  Vgl. zu den unter Anm. 14 genannten Belegen noch Dickmann (wie Anm. 8), 90.

18  Hartmann (wie Anm. 2), 351 f.

19  Hartmann (wie Anm. 2), 332–337.

20  Dieter Albrecht, Maximilian I. von Bayern 1573–1651, München 1998, 962–964.

21  Bierther (wie Anm. 9), 29–37.

22  Ebda., 324; Albrecht (wie Anm. 20), 974 f.

23  Bierther (wie Anm. 9), 228.

24  Ebda., 240 f.

25  Öhman (wie Anm. 5), 148–153, mit dem Hinweis auf die kontroversen Diskussionen über die Verlängerung des Bündnisses bis Kriegsende.

26  Vgl. oben S. 131 f.

27  Hartmann (wie Anm. 2), 480 f.

28  Schon die Publikationsgeschichte des Vertrags ist sehr komplex. Zur komplizierten Druckgeschichte – einen Druck des gesamten Präliminarvertrags, geschweige denn eine moderne Edition gibt es offenbar nicht – vgl. Hartmann (wie Anm. 2), 493.

29  Zu den äußerst schwierigen Titulaturfragen vgl. Hartmann (wie Anm. 2), 491 f.

30  Bierther (wie Anm. 9), 228 f.

31  Ebda., 229.

32  Vgl. Öhmann (wie Anm. 5), 159.

33  Vgl. Öhmann (wie Anm. 5), 157–162.

34  Vgl. Dickmann (wie Anm. 8), 105.

35  Zur brandenburgischen Politik nach dem Regierungsantritt Friedrich Wilhelms vgl. Ernst Opgenoorth, Friedrich Wilhelm. Der Große Kurfürst von Brandenburg, Band 1, Göttingen, 1971, 89–168. Die Verkündung des Waffenstillstands wurde durch Brandenburg wegen der eindeutig anderslautenden Beschlüsse des Reichstags von den kurfürstlichen Gesandten bewusst auf die Zeit nach Verkündung des Reichsabschieds verschoben; vgl. Bierther (wie Anm. 9), 311–313.

36  Vgl. zusammenfassend Jonathan I. Israel, Empires and Entrepots. The Dutch, the Spanish Monarchy and the Jews, 1585–1713, London, Ronceverte, 1990, 35 f. Zur Bedeutung der Entsendung des Kardinalinfanten im Rahmen der spanischen Gesamtstrategie vgl. Randall Lesaffer, Defensor Pacis Hispanicae. De Kardinaal-Infant, de Zuidelije Niederlanden en de europese politiek van Spanje, van Nördlingen tot Breda (1634–1637), Kortrijk-Heule 1994. Einen dauerhaften Erfolg konnte Spanien bei der Friedensregelung in Graubünden und im Veltlin verbuchen, das von Frankreich für den Rest des Krieges geräumt werden musste; vgl. Wendland (wie Anm. 10), 309–330.

37  Bernard Masson, La lutte contre l'absence et la désertion dans les armées de Louis XIII, 1635–1643, Vincennes 1981, mit detaillierten Zahlen zu den hohen Abwesenheitszeiten der Offiziere. Vgl. auch Parrott (wie Anm. 3), 362–364.

38  Vgl. z. B. die Revolte der Nu-Pieds 1639; Madeleine Foisil, La Révolte des nu-pieds et les révoltes normandes de 1639, Paris 1970, 62 f.; vgl. Parrott (wie Anm. 3), 505–546.

39  Ebda., 130 f.

40  Vgl. zusammenfassend José Alcalá-Zamora y Queipo de Llano, La Monarquía Hispánica y la fase final de la Guerra de Flandes, in: El final de la Guerra de Flandes (1621–1648). 350 anniversario de la Paz de Münster [Ausstellungskatalog], Madrid 1998, 17–25, hier 24.

41  Jonathan I. Israel, Olivares, the Cardinal-Infante and Spain's Strategy in the Low Countries (1635–1643): the road to Rocroi, in: Richard L. Kagan/Geoffrey Parker (Hg.), Spain, Europe and the Atlantic World. Essays in honour of John H. Elliott, Cambridge 1995, 265–295, hier 269 f.

42  Israel (wie Anm. 36), 38.

43  John H. Elliott, Richelieu and Olivares, Cambridge 1984, 141 f.

44  John H. Elliott, The Revolt of the Catalans, [2]1984.

45  I.A.A. Thompson, The Impact of War and Peace on Government and Society in Seventeenth Century Spain, in: Ronald Asch/Wulf Eckart Voss/Martin Wrede (Hg.), Frieden und Krieg in der Frühen Neuzeit. Die europäischen Staaten und die außereuropäische Welt, München 2001, 161–179, hier 162. Im Prinzip ging diese Auseinandersetzung bis 1668, bis zur endgültigen Anerkennung der Unabhängigkeit Portugals durch Madrid, weiter.

46  Zu Rocroi im Kontext des dramatischen militärpolitischen Niedergangs Spaniens seit 1639 vgl. Robert A. Stradling, Catastrophe and Recovery: the defeat of Spain 1639–1643, in: History 64 (1979), 205–219.

47  Elliott (wie Anm. 43), 153 f.

48  Zur Tradition der Darstellung vom Niedergang Spaniens vgl. Horst Pietschmann, Spanien im Dreißigjährigen Krieg: Der Niedergang Spaniens in der Historiographie nach Nachkriegszeit, in: Heinz Duchhardt/Christoph Strosetzki (Hg.), Siglo de Oro – Decadencia. Spaniens Kultur und Politik in der ersten Hälfte des 17. Jahrhunderts, Köln, Weimar, Wien 1996, 167–188. Zur Herkunft dieses Konstrukts in der Historiographie vgl. Sören Brinkmann, Aufstieg und Niedergang Spaniens. Das Dekadenzproblem in der spanischen Geschichte von der Aufklärung bis 1898, Saarbrücken 1999.

49  Zusammenfassend zu den unterschiedlichen – wirtschaftlichen, militärisch-politischen und individuellen – Deutungsansätzen des spanischen Niedergangs vgl. Michael Rohrschneider, Der gescheiterte Frieden von Münster. Spaniens Ringen mit Frankreich auf dem Westfälischen Friedenskongress (1643–1649), Münster/W. 2007, 34 f.

50  Markantester Vertreter dieser revisionistischen Schule, die das Bild eines säkularen Niedergangs Spaniens verwirft, ist Robert A. Stradling. Vgl. zusammenfassend Ders., Seventeenth Century Spain. Decline or Survival, in: European Studies Review 9 (1979), 157–194.

51  Vgl. aus fiskalischer Perspektive Felipe Ruiz Martín, Las finanzas de la Monarquía Hispánica en tiempos de Felipe IV (1621–1665), Madrid 1990; vgl. auch Pietschmann (wie Anm. 48), 186.

52  Vgl. zusammenfassend Geoffrey Parker, The Army of Flanders and the Spanish Road, 1567–1659, Cambridge 1984, 262 f.

53  Vgl. Hildegard Ernst, Spanische Subsidien für den Kaiser 1632–1642, in: Konrad Repgen (Hg.), Krieg und Politik 1618–1648. Europäische Probleme und Perspektiven, München 1988, 299–302, hier 301 f.

54  Geoffrey Parker (Hg.), The Thirty Years' War, London 1984, 124 f.

55  Hartmann (wie Anm. 2), 466 f.

56  Vgl. Öhman (wie Anm. 5), 161 f.

57  Zur Charakterisierung der militärischen Fähigkeiten Torstenssons, der im Unterschied zu seinem selbst für Landsknechtsverhältnisse stets als extrem grob und brutal charakterisierten Vorgänger Banér wenigstens »über einen Anflug von Manieren und Lebensart« verfügt habe und geschickter mit seinen Offizieren umgegangen sei, vgl. Peter Englund, Die Verwüstung Deutschlands. Eine Geschichte des Dreißigjährigen Krieges, Stuttgart 1998, 270 f.

58  Englund (wie Anm. 57). 284–290; Öhman (wie Anm. 5), 166–168.

59  Hubert Salm, Armeefinanzierung im Dreißigjährigen Krieg. Der Niederrheinisch-Westfälische Reichskreis 1635–1650, Münster/W. 1990, 60 f.

60  Parrott (wie Anm. 3), 159.

61  Salm (wie Anm. 59), 63 f.
62  Vgl. Albrecht (wie Anm. 20), 989 f.
63  Parrott (wie Anm. 3), 163.
64  Zu den Folgen der dänischen Zollrestriktionen gegen den niederländischen Ostseehandel für Schweden vgl. Paul Douglas Lockhart, Denmark in the Thirty Years' War, 1618–1648. King Christian IV and the Decline of the Oldenburg State, Cranbury/New Jersey 1996, 257 f.
65  Zu den kontroversen Diskussionen im Reichsrat vgl. Öhman (wie Anm. 5), 188 f.
66  Vgl. »Torstenssons War« in Derek Croxton/Anuschka Tischer, The Peace of Westphalia. A Historical Dictionary, Westport, London 2002, 295 f.
67  Zum Kriegsverlauf, der vom raschen schwedischen Vorstoß in Jütland und Schonen gekennzeichnet war, vgl. Lockhart (wie Anm. 64), 261.
68  Vgl. Croxton/Tischer (wie Anm. 66), 144, 296. Vgl. zur kritischen Reaktion Frankreichs aus Lockhart (wie Anm. 66), 261 f.
69  Vgl. dazu Albrecht (wie Anm. 20), 990, der das Ergebnis der Passauer Militärkonferenz eine »zersplitterte Kriegsführung« nennt.
70  Salm (wie Anm. 59), 43.
71  Zu den Wurzeln dieser Vorstellung in der zeitgenössischen proschwedischen Publizistik und Historiographie, z. B. bei B. P. von Chemnitz, vgl. Salm (wie Anm. 59), 42.
72  Auch die neue »militärische« Biographie von Robert Rebitsch, Matthias Gallas (1588–1647). Generalleutnant des Kaisers zur Zeit des Dreißigjährigen Krieges. Eine militärische Biographie, Münster 2006, gesteht trotz eines gewissen Bemühens um Rehabilitation des kaiserlichen Oberbefehlshabers die Schwächen von Gallas ein.
73  Vgl. Salm (wie Anm. 59), 44 f.
74  Ebda., 41.
75  Albrecht (wie Anm. 20), 990 f.
76  Georg Wagner, Österreich und die Osmanen im Dreißigjährigen Krieg: Hermann Graf Czernins Großbotschaft nach Konstantinopel 1644/45, in: Mitteilungen des Oberösterreichischen Staatsarchivs 14 (1984), 325–391.
77  István Hiller, Feind im Frieden: Die Rolle des Osmanischen Reiches in der europäischen Diplomatie zur Zeit des Westfälischen Friedens, in: Heinz Duchhardt (Hg.), Der Westfälische Friede. Diplomatie-politische Zäsur – kulturelles Umfeld – Rezeptionsgeschichte, München 1998, 393–404.
78  Derek Croxton, Peacemaking in Early Modern Europe: Cardinal Mazarin and the Congress of Westphalia, Selinsgrove 1999; zur Kehrtwendung Annas von Österreich vgl. auch – mit weiteren Vergleichsfällen von Regentinnen – Anuschka Tischer, Französische Diplomatie und Diplomaten auf dem Westfälischen Friedenskongreß. Außenpolitik unter Richelieu und Mazarin, Münster/W. 1999, 61 f.
79  Dickmann (wie Anm. 8), 105.
80  Karsten Ruppert, Die kaiserliche Politik auf dem Westfälischen Friedenskongreß, Münster/W. 1979, 75–79.
81  Vgl. die Schilderung der Schlacht bei Peter Englund (wie Anm. 57), 420–430.
82  Peter Broucek, Der Schwedenfeldzug nach Niederösterreich, Wien 1967.
83  Ebda., 11–22.
84  Ebda., 21.
85  Zur Wirkung vgl. Heinz Duchhardt, Kötzschenbroda 1645 – ein historisches Ereignis im Kontext des Krieges und im Urteil der Nachwelt, in: Sächsische Heimatblätter 6 (1995), 323–329.
86  Albrecht (wie Anm. 20), 998 f.
87  Dickmann (wie Anm. 8), 176 f.
88  Ebda., 188 f.

## Zu VIII. Ein europäischer Frieden in Deutschland? Die Errichtung der Westfälischen Friedensordnung, S. 152–179.

1   Vgl. Fritz Dickmann, Der Westfälische Friede, Münster 1998, 176; Konrad Repgen, Die Haupt-
     probleme der Westfälischen Friedensverhandlungen von 1648 und ihre Lösungen, in: Zeitschrift
     für bayerische Landesgeschichte 62 (1999), 399–438, hier 403.

2   Franz Bosbach, Die Kosten des Westfälischen Friedenskongresses. Eine strukturgeschichtliche
     Untersuchung, Münster/W. 1984, 14.

3   Derek Croxton/Anuschka Tischer, The Peace of Westphalia. A Historical Dictionary, Westport,
     London 2002, s. v. Trauttmansdorff, 298.

4   Martin Heckel, Deutschland im konfessionellen Zeitalter, Göttingen 1983, 185.

5   Karsten Ruppert, Die kaiserliche Politik auf dem Westfälischen Friedenskongreß, Münster/W.
     1979, 141.

6   Peter Englund, Die Verwüstung Deutschlands. Eine Geschichte des Dreißigjährigen Krieges,
     Stuttgart 1998, 460–466.

7   Eine detaillierte Beschreibung des französisch-schwedischen Feldzugs gegen Bayern bei Gerhard
     Immler, Kurfürst Maximilian I. und der Westfälische Friedenskongreß. Die bayerische auswärtige
     Politik von 1644 bis zum Ulmer Waffenstillstand, Münster/W. 1992, 309–323.

8   Immler (wie Anm. 7), 316–323, 473 f.

9   Abdruck des Ulmer Waffenstillstands bei Immler (wie Anm. 7), 507–517. Vgl. auch die genau
     Analyse ebda., 444–459.

10  Vgl. Anja V. Hartmann, Von Regensburg nach Hamburg. Die diplomatischen Beziehungen
     zwischen dem französischen König und dem Kaiser vom Regensburger Vertrag (13. Oktober
     1630) bis zum Hamburger Präliminarfrieden (25. Dezember 1641), Münster/W. 1998, 490 f.

11  Vgl. Repgen, Hauptprobleme (wie Anm. 1), 405 f.

12  Konrad Repgen, Friedensvermittlung als Element europäischer Politik vom Mittelalter bis zur
     Gegenwart. Ein Vortrag, in: Ders., Dreißigjähriger Krieg und Westfälischer Friede. Studien und
     Quellen, Paderborn u. a. ²1999, 799–816, hier 708 f.

13  Michael Rohrschneider, Der gescheiterte Frieden von Münster. Spaniens Ringen mit Frankreich
     auf dem Westfälischen Friedenskongress (1643–1649), Münster/W. 2007, 254–257.

14  Repgen, Hauptprobleme (wie Anm. 1), 415.

15  Repgen, Hauptprobleme (wie Anm. 1), 406.

16  Anuschka Tischer, Französische Diplomatie und Diplomaten auf dem Westfälischen Friedens-
     kongreß. Außenpolitik unter Richelieu und Mazarin, Münster/W. 1999, 83 f.

17  Vgl. Guido Braun, in: Einleitung zu Acta Pacis Westphalicae II B: Die französischen Korrespon-
     denzen, Bd. 5, Münster/W. 2002, S. XCVI.

18  Christoph Kampmann, Friedensstiftung von außen? Die Problematik von Friedensvermittlung
     und Schiedsgerichtsbarkeit in frühneuzeitlichen Staatenkonflikten, in: Claudia Ulbrich, Claudia
     Jarzebowski, Michaela Hohkamp (Hg.), Gewalt in der Frühen Neuzeit, Berlin 2005, 245–259,
     hier 252 f.

19  Dieter Albrecht, Maximilian I. von Bayern 1573–1651, München 1998, 1010 f.; Tischer (wie
     Anm. 16), 250.

20  Fritz Wolff, Corpus Evangelicorum und Corpus Catholicorum auf dem Westfälischen Friedens-
     kongreß: Die Einfügung der konfessionellen Ständeverbindungen in die Reichsverfassung,
     Münster/W. 1966.

21  Tischer (wie Anm. 16), passim, zusammenfassend 4–6.

22  Zum Zerwürfnis der französischen Botschafter vgl. Tischer (wie Anm. 16), 127–157. Zu den
     schweren Kontroversen innerhalb der schwedischen Botschaft vgl. Wilhelm Kohl, Einleitung, in:
     Acta Pacis Westphalicae II C: Die schwedischen Korrespondenzen, Bd. 1, Münster/W. 1998,
     S. XXV. In ihren Schreiben an die Auftraggeber in Stockholm und bei der Armeeführung
     schlugen die beiden Botschafter nicht selten vor, die Ratschläge des jeweils anderen Botschafters
     als völlig irreführend zu verwerfen (vgl. ebda. Nr. 962 u. ö.).

23  Die Edition dieser Verhandlungsakten (die Serie B des großen Editionsprojekts der Acta Pacis
     Westphalicae) wurde jetzt mit der Edition der Urkunden sowie der Materialien zur Rezeption
     begonnen.

24   Franz Bosbach, Gedruckte Informationen für Gesandte auf dem Westfälischen Friedenskongreß – eine Dokumentation des Angebotes, der Preise und der Verwendung, in: Rainer Babel, Le diplomate au travail. Entscheidungsprozesse, Information und Kommunikation im Umkreis des Westfälischen Friedenskongresses, München 2005, 59–137.

25   Bosbach (wie Anm. 24), 83.

26   Peer Schmidt, Spanische Universalmonarchie oder »teutsche Libertet«. Das spanische Imperium in der Propaganda des Dreißigjährigen Krieges, Stuttgart 2001, 73 f.

27   Konrad Repgen, Der Westfälische Friede und die zeitgenössische Öffentlichkeit, in: Ders., Dreißigjähriger Krieg und Westfälischer Friede (wie Anm. 12), 723–765, hier 761 f.

28   Vgl. die eindrucksvolle Eintragung aus einer Familienbibel aus Gerstetten (Schwäbische Alb) aus dem Jahr 1647 zum immer verzweifelteren Warten auf die Friedensnachricht, zitiert bei Peter Lahnstein, Das Leben im Barock. Zeugnisse und Berichte 1640 bis 1740, Stuttgart 1974, 26.

29   Vgl. auf der Basis der edierten Korrespondenzen Kohl (wie Anm. 22), S. XXVI.

30   Repgen, Hauptprobleme (wie Anm. 1), 414.

31   Vgl. Dickmann (wie Anm. 1), 216–221.

32   Tischer (wie Anm. 16), 243–245.

33   Vgl. zu dieser Problematik, die der französischen Kongressgesandtschaft immer klarer wurde, Franz Bosbach, Einleitung, in: Acta Pacis Westphalicae II B: Die französischen Korrespondenzen, Bd. 3,1, Münster 1999, S. LVIII–LXIII.

34   Geoffrey Parker, The Army of Flanders and the Spanish Road, 1567–1659, Cambridge 1984, 261 f.

35   Tischer (wie Anm. 16), 261–263.

36   Zu den Verhandlungsrunden vgl. Ruppert (wie Anm. 5), 139–296.

37   Ausführlich zu diesen Verhandlungen Bosbach, Einleitung (wie Anm. 33).

38   Zum Sinneswandel der französischen Gesandtschaft, das Elsass nicht als Lehen, sondern als souveränen Besitz zu übernehmen, vgl. Derek Croxton, Peacemaking in Early Modern Europe. Cardinal Mazarin and the Congress of Westphalia, Selinsgrove/Penn. 1999, 238.

39   Repgen, Hauptprobleme (wie Anm. 1), 429.

40   Vgl. zu diesen Verhandlungen Gottfried Lorenz, Einleitung, in: Acta Pacis Westphalicae II C: Die schwedischen Korrespondenzen, Bd. 3, Münster/W. 1975, S. XLIII f. Unter Betrachtung der kaiserlichen Seite Ruppert (wie Anm. 5), 205–228.

41   Dickmann (wie Anm. 1), 343–373; Ruppert (wie Anm. 5), 228–266.

42   Ruppert (wie Anm. 5), 296–298.

43   Vgl. zu den Schlussrunden der Verhandlungen über die Pfalz Albrecht (wie Anm. 19), 1025–1030.

44   Vgl. dazu Rohrschneider (wie Anm. 13), 380 unter Acta Pacis Westphalicae II A: Die kaiserlichen Korrespondenzen, Bd. 6, Nr. 26.

45   Repgen, Hauptprobleme (wie Anm. 1), 415 f.

46   Repgen, Hauptprobleme (wie Anm. 1), 432.

47   Vgl. zu Volmar, der später auch eine Schlüsselfigur auf dem Nürnberger Exekutionstag war, Joachim Foerster/Roswitha Philippe, Einleitung, in: Acta Pacis Westphalicae III C: Diarien, Bd. 2, Münster/W. 1984, S. XXIV–XXXI. Zum hohen Quellenwert seines Diariums vgl. Antje Oschmann, Der Nürnberger Exekutionstag. 1649–1650. Das Ende des Dreißigjährigen Krieges in Deutschland, Münster/W. 1991, 18 f.

48   Tischer (wie Anm. 16), 290.

49   Ruppert (wie Anm. 5), 299 f.

50   Repgen, Hauptprobleme (wie Anm. 1), 415.

51   Dickmann (wie Anm. 1), 422 f.

52   Rohrschneider (wie Anm. 13), 383 f.

53   Zur geschickten spanischen Ausnutzung dieses Verhandlungsfehlers Mazarins vgl. Bosbach, Einleitung (wie Anm. 33), S. LXXVI–LXXX.

54   Tischer (wie Anm. 16), 397 f.

55   Andrew Lossky, Louis XIV and the French Monarchy, Brunswick/N.J. 1994 57 ff.; Rohrschneider (wie Anm. 13), 319; Tischer (wie Anm. 16), 332 in Verbindung mit 323.

56   Tischer (wie Anm. 16), 419.

57   Rohrschneider (wie Anm. 13), 369 in Verbindung mit 368–374.

58   Tischer (wie Anm. 16), 397 und 419; Rohrschneider (wie Anm. 13), 456.

59  Rohrschneider (wie Anm. 13), 358 f.
60  Rosario Villari, The Revolt of Naples, Cambridge/Mass. 1993.
61  Vgl. zur Meuterei der Weimarischen Armee Jean Bérenger, Turenne, Paris 1987, 241 f.
62  Ernst Höfer, Das Ende des Dreißigjährigen Krieges. Strategie und Kriegsbild, Köln u. a. ²1998, 175–195.
63  Albrecht (wie Anm. 19), 1073–1075.
64  Höfer (wie Anm. 62), 97–107.
65  Ebda., 158–177; Albrecht (wie Anm. 19), 1080 f.
66  Höfer (wie Anm. 62), 179–195.
67  Ebda., 222–224.
68  Albrecht (wie Anm. 19), 1081 f.
69  Karl Gustav von Pfalz-Zweibrücken, Neffe Gustavs II. Adolf und zu dieser Zeit Verlobter der Königin Christina, später wurde er nach Konversion und Resignation von Königin Christina als Karl X. Gustav König von Schweden (1654–1660).
70  Die Verteidigung wurde in dieser Phase hauptsächlich von der Bürgerschaft der Stadt unter besonderem Einsatz der jüdischen Gemeinde getragen; vgl. Oschmann (wie Anm. 47), 101 f.; Höfer (wie Anm. 62), 218–220.
71  Oschmann (wie Anm. 47), 499–506.
72  Dickmann (wie Anm. 1), 444 f.
73  Ebda., 430 f.
74  Croxton/Tischer (wie Anm. 3), s. v. Third Party, 291 f.
75  Dickmann (wie Anm. 1), 464 f.
76  Ebda., 457 f.; Repgen, Hauptprobleme (wie Anm. 1), 415 f.
77  Zu den vereinbarten drei Raten vgl. Oschmann (wie Anm. 47), 77 f.
78  Oschmann (wie Anm. 47), 104.
79  Ebda., 98 f.
80  Zu den komplizierten Verhandlungen dieses Kongresses, in dem nun die Armeeführungen selbst neben den Diplomaten zu Verhandlungsakteuren wurden, vgl. die umfassende Darstellung von Oschmann (wie Anm. 47).
81  Vgl. Tischer (wie Anm. 16), 290.
82  Rohrschneider (wie Anm. 13), 431–436.
83  Dickmann (wie Anm. 1), 488–490.
84  Ruppert (wie Anm. 5), 358–360.
85  Rohrschneider (wie Anm. 13), 424–429.
86  Vgl. jetzt sehr überzeugend Rohrschneider (wie Anm. 13), 447–450; die ältere Darstellung Dickmanns (wie Anm. 1), 488 f., ist dadurch wohl nicht aufrechtzuerhalten.
87  Vgl. zusammenfassend Parker (wie Anm. 34), 262 f.
88  Vgl. für den kriegerischen Charakter der Außenpolitik der Kronen bis zur Jahrhundertwende zum 18. Jahrhundert zusammenfassend John A. Lynn, The wars of Louis XIV 1667–1714, London 1999; für Schweden dezidiert Michael Roberts, Sweden as a Great Power 1611–1697. Government: Society: Foreign Policy, London 1968, 6. Die These, dass die Militarisierung der französischen Gesellschaft bis zum letzten Drittel des 17. Jahrhunderts ständig vorangeschritten sei, vertritt jetzt mit guten Gründen Joël Cornette, Le roi de Guerre. Essai sur la souveraineté dans la France du Grand Siècle, Paris 1993, 323 f.
89  Rudolf Hoke, Hippolithus a Lapide, in: Michael Stolleis (Hg.), Staatsdenker im 17. und 18. Jahrhundert, Frankfurt/Main 1987, 118–127.
90  Konrad Repgen, Ferdinand III., in: Ders., Dreißigjähriger Krieg und Westfälischer Friede (wie Anm. 12), 319–343, hier 335 f.; Christoph Kampmann, Der Immerwährende Reichstag als »erstes stehendes Parlament«? Aktuelle Forschungsfragen und ein deutsch-englischer Vergleich, in: Geschichte in Wissenschaft und Unterricht 55 (2004), 646–662.
91  Anton Schindling, Die Anfänge des Immerwährenden Reichstags von Regensburg, Mainz 1991, 224.
92  Zur formal sehr indirekten Bestätigung der Exemtion der Eidgenossenschaft vgl. Johannes Burkhardt, Vollendung und Neuorientierung des frühmodernen Reiches 1648–1763 (Gebhardt. Handbuch der deutschen Geschichte, 10. Auflage, Bd. 11), Stuttgart 2006, 27.
93  Rudolf Meyer, Die Flugschriften der Epoche Ludwigs XIV. Eine Untersuchung der in schweizerischen Bibliotheken enthaltenen Broschüren (1661–1679), Basel, Stuttgart 1955, 160 f.

94  Paul Sonnino, Louis XIV and the origins of the Dutch War, Cambridge 1988.
95  Christoph Kampmann, Reichstag und Reichskriegserklärung im Zeitalter Ludwigs XIV., in: Historisches Jahrbuch 113 (1993), 41–59.
96  Ernst-Wolfgang Böckenförde, Der Westfälische Friede und das Bündnisrecht der Reichsstände, in: Der Staat 8 (1969), 449–478.
97  Schindling (wie Anm. 91), passim.
98  Vgl. zur Religionsverfassung des Reiches Martin Heckel, Deutschland im konfessionellen Zeitalter, Göttingen, 198–209 und jetzt prägnant Burkhardt (wie Anm. 92), 45–54.
99  Peter Moraw, Reichshofrat, in: Handwörterbuch zur deutschen Rechtsgeschichte 4 (1990), 630–638.
100 Albrecht (wie Anm. 19), 578.
101 Repgen, Hauptprobleme (wie Anm. 1), 421.
102 Repgen, Friedensvermittlung (wie Anm. 12), 696.
103 Johannes Burkhardt, Der Dreißigjährige Krieg, Frankfurt/Main 1992, 233–244.
104 Thomas Kaufmann, Dreißigjähriger Krieg und Westfälischer Friede. Kirchengeschichtliche Studien zur lutherischen Konfessionskultur, Tübingen 1998, 125.
105 Ebda., 6 f.
106 Hermann Scharbatke, Die Generalamnestie im Friedensvertrag mit besonderer Berücksichtigung des Westfälischen Friedens, Würzburg 1974.
107 Dickmann (wie Anm. 1), 6.
108 Wolfgang Weber, Prudentia Gubernatoria. Studien zur Herrschaftslehre in der deutschen politischen Wissenschaft des 17. Jahrhunderts, Tübingen 1992, 310 f.
109 Wolfram Pyta, Konzert der Mächte und kollektives Sicherheitssystem: Neue Wege zwischenstaatlicher Friedenswahrung in Europa nach dem Wiener Kongreß, in: Jahrbuch des Historischen Kollegs 1996, 133–172.

# Zu IX. Kriegskatastrophe und Friedensnorm: Der Dreißigjährige Krieg in der Geschichte des europäischen Friedens, S. 180–196.

1  Konrad Repgen, Der Westfälische Friede und die zeitgenössische Öffentlichkeit, in: Ders., Dreißigjähriger Krieg und Westfälischer Friede. Studien und Quellen, Paderborn u. a. [2]1999, 723–765, hier 761 f.
2  Zu der Fragilität der Exekutionsbestimmungen und der verbreiteten Unsicherheit über die Akzeptanz des Friedens bei den Armeen vgl. Antje Oschmann, Der Nürnberger Exekutionstag. 1649–1650. Das Ende des Dreißigjährigen Krieges in Deutschland, Münster/W. 1991, 80–99. Anders als Peter Englund, Die Verwüstung Deutschlands. Eine Geschichte des Dreißigjährigen Krieges, Stuttgart 1998, 526, konstatiert, wurde das Feiern des Friedens nicht verzögert, weil der Friede noch unsicher war, sondern der mediale Friedensjubel war gerade wegen der Unsicherheit des Friedens so ausgeprägt.
3  Winfried Müller, Friedensfeier, in: Enzyklopädie der Neuzeit, Bd. 4, Stuttgart 2006, Sp. 21–24.
4  Etienne François/Claire Gantet, Vergangenheitsbewältigung im Dienste des Friedens und der konfessionellen Identität, in: Johannes Burkhardt (Hg.), Krieg und Frieden in der historischen Gedächtniskultur, München 2000, 103–123.
5  Vgl. zusammenfassend Johannes Burkhardt, Der Dreißigjährige Krieg, Frankfurt/Main 1992, 231 f. Zur allgemeinen Verbindlichkeit der Friedensnorm vgl. Christoph Kampmann, Frieden, in: Enzyklopädie der Neuzeit, Bd. 4, Stuttgart 2006, 1–21.
6  Anton Schindling, Die Deutschen und der Dreißigjährige Krieg, in: Helmut Neuhaus/Barbara Stollberg-Rilinger (Hg.), Menschen und Strukturen in der Geschichte Alteuropas. Festschrift für Johannes Kunisch, Berlin 2002, 187–200.
7  Jenny Öhman, Der Kampf um den Frieden. Schweden und der Kaiser im Dreißigjährigen Krieg, Wien 2005. Den grundsätzlichen Friedenswillen aller Parteien zeigt auch die vergleichende Betrachtung der Analyse der Kriegsziele in den Beiträgen des Sammelbandes Konrad Repgen (Hg.), Krieg und Politik 1618–1648. Europäische Probleme und Perspektiven, München 1988.

8   Vgl. für klare Parallelen in der Kriegserfahrung der Herrschenden und der Beherrschten Frank
    Kleinehagenbrock, Die Grafschaft Hohenlohe im Dreißigjährigen Krieg. Eine erfahrungsge-
    schichtliche Untersuchung zu Herrschaft und Untertanen, Stuttgart 2003, 311 f.
9   Vgl. die Zusammenstellung solcher Konflikte bei Fritz Redlich, The German military enterpriser
    and his work force. A Study in European economic and social history, Bd. I, Wiesbaden 1964,
    443–446.
10  Golo Mann, Wallenstein. Sein Leben erzählt von Golo Mann, 3 Bde., Frankfurt/Main 1988
    (zuerst 1971), 545 f.
11  Ernst Wilmans, Der Lübecker Frieden, Bonn 1904.
12  Vgl. etwa Robert Bireley, The Thirty Years' War as Germany's religious war, in: Repgen (Hg.),
    Krieg und Politik (wie Anm. 7), 854–106. Aber schon Bireley muss an der gleichen Stelle
    zugeben, dass sogar die Beichtväter dieses Konzept nicht bedingungslos vertraten, ganz zu
    schweigen von den politisch Verantwortlichen, die sich von ihren Beichtvätern und Predigern
    nie ihre Politik diktieren ließen.
13  Vgl. Martin Heckel, Deutschland im konfessionellen Zeitalter, Göttingen 1983, zur kaiserlichen
    Politik 1628/29, 146: »Nicht die Ausrottung des evangelischen Glaubens stand zur Debatte; die
    theologischen Extremisten setzten sich nicht durch; auch Pater Lamormaini bestärkte den Kaiser
    als Beichtvater auf dieser Mittellinie.« Heckels These wird bestätigt durch die gründlichen For-
    schungen zur Entstehung des Restitutionsedikts von Thomas Brockmann, Dynastie, Kaiseramt
    und Konfession. Politik und Ordnungsvorstellungen Ferdinands II. im Dreißigjährigen Krieg,
    Paderborn u. a. 2008, Kap VI.
14  Für Frankreich und Spanien jetzt zusammenfassend Michael Rohrschneider, Der gescheiterte
    Frieden von Münster. Spaniens Ringen mit Frankreich auf dem Westfälischen Friedenskongress
    (1643–1649), Münster/W. 2007 289–293; für den Kaiser Brockmann (wie Anm. 13), Kap. VI:
    Ergebnisse, II. 5. Dass die Monarchia Universalis und die intendierte Vernichtung der übrigen
    Mächte gerade nicht das Selbstverständnis der Monarchen prägte, verkennt die neue, insgesamt
    sehr ideenreiche politikwissenschaftliche Studie von Benno Teschke, Mythos 1648. Klassen,
    Geopolitik und die Entstehung des europäischen Staatensystems (englisch 2003), Münster
    2007, 205 f.
15  Brockmann (wie Anm. 13), Kap. VI: Ergebnisse, II. 4.
16  Vgl. oben S. 8.
17  Heinz Duchhardt, Das Reich in der Mitte des Staatensystems. Zum Verhältnis von innerer
    Verfassung und internationaler Funktion in den Wandlungen des 17. und 18. Jahrhunderts, in:
    Peter Krüger (Hg.), Das europäische Staatensystem im Wandel. Strukturelle Bedingungen und
    bewegende Kräfte seit der Frühen Neuzeit, München 1996, 1–9, hier 2; dort wird unter »System«
    »eine durch zahlreiche kulturelle, ökonomische und politische Verflechtungen verbundene Viel-
    heit von politischen Organismen verstanden, deren mehr oder weniger ausgeprägte Interaktion
    auf Dauer angelegt sind und nicht in erster Linie auf die Vernichtung des Partners und damit des
    Systems zielen«.
18  Christoph Kampmann, Friedensstiftung von außen? Die Problematik von Friedensvermittlung
    und Schiedsgerichtsbarkeit in frühneuzeitlichen Staatenkonflikten, in: Claudia Ulbrich/Claudia
    Jarzebowski/Michaela Hohkamp (Hg.), Gewalt in der Frühen Neuzeit, Berlin 2005, 245–259.
19  Rohrschneider (wie Anm. 14) 469 f. Zu den Verhandlungen zwischen Frankreich und Spanien
    nach 1649, die ununterbrochen und mit unterschiedlicher Intensität fortgingen, jetzt Daniel Séré,
    La paix des Pyrénées. Vingt-quatre ans de négociations entre la France et l'Espagne, Paris 2007,
    167–342.
20  Daher ist es berechtigt, wenn Séré (wie Anm. 19) in seinem Werk auch die gesamten Friedens-
    verhandlungen seit 1635 zusammenfasst.
21  Vgl. für eine differenzierte Definition des »negativen Friedens«, die sich zugleich strikt gegen jede
    Abwertung dieses »negativen Friedens« im Sinne der Abwesenheit von Krieg wendet, jetzt Ernst-
    Otto Czempiel, Friedensstrategien, 2., aktualisierte und überarbeitete Auflage, Opladen 1998,
    45–52.
22  Zum Ruhmstreben als Kriegsgrund in der Epoche des Fürstenstaates seit der Mitte des 17. und im
    18. Jahrhundert vgl. Johannes Kunisch, Fürst – Gesellschaft – Krieg. Studien zur bellizistischen
    Disposition des absoluten Fürstenstaats, Köln, Weimar, Wien 1992.

23  Vgl. als klassisches Beispiel aus der zeitgenössischen Regierungslehre Philippe de Béthune, Le
    Conseiller d'Estat [...], Paris 1633, 389. Zur Forderung der Regierungslehre nach Modestia der
    Herrschenden, die sich vor jeder Superbia fernzuhalten hätten, vgl. Wolfgang Weber, Prudentia
    Gubernatoria. Studien zur Herrschaftslehre in der deutschen politischen Wissenschaft des
    17. Jahrhunderts, Tübingen 1992, 178 f.

24  Vgl. zur »Juste Modération«, der weisen Mäßigung, die Kardinal Richelieu mit Erfolg wiederholt
    seinem Monarchen empfiehlt, schon Fritz Dickmann, Rechtsgedanke und Machtpolitik bei
    Richelieu. Studien an neu entdeckten Quellen, in: Ders., Friedensrecht und Friedenssicherung.
    Studien zum Friedensproblem in der neueren Geschichte, Göttingen 1971, 36–78, hier 64 f.

25  Zur fundamentalen Kategorie der Ehre vgl. Sibylle Hofer, Ehrverlust, in: Enzyklopädie der
    Neuzeit, Bd. 3, Stuttgart 2006, 88–90; François Billacois, Honneur, in: François Bluche (Hg.),
    Dictionnaire du Grand Siècle, Paris 1990, 729 f. Ihre nähere Untersuchung, gerade in Hinblick
    auf die frühneuzeitliche Politik, ist ein Desiderat; vgl. Klaus Graf, Adelsehre, in: Enzyklopädie der
    Neuzeit, Bd. 1, Stuttgart 2005, 54–56, hier 56 f. Vgl. zur Unterscheidung von Ruhm und Ehre
    auch Zedler. Großes vollständiges Universal-Lexikon, Bd. 32, Sp. 1596, s. v. »Ruhm, öffentlich«.

26  Hermann Weber, Une Paix sûre et prompte. Die Friedenspolitik Richelieus, in: Heinz Duchhardt
    (Hg.), Zwischenstaatliche Friedenswahrung in Mittelalter und Früher Neuzeit, Köln, Wien 1991,
    S. 111–129, hier 128 f.

27  Rohrschneider (wie Anm. 14), 79 f.

28  Vgl. oben S. 126 f. Zur Unverrückbarkeit dieser Position Oxenstiernas vgl. jetzt sehr deutlich
    Jenny Öhman, Der Kampf um den Frieden. Schweden und der Kaiser im Dreißigjährigen Krieg,
    Wien 2005, 205.

29  Geoffrey Parker, Der Aufstand der Niederlande, München 1979, 286 f.

30  Auf diese bemerkenswerte Widersprüchlichkeit weist Dieter Albrecht, Maximilian I. von Bayern
    1573–1651, München 1998, 976, prägnant hin.

31  Albrecht (wie Anm. 26), 579.

32  Brockmann (wie Anm. 13), Kap. V. 1.

33  Brockmann (wie Anm. 13), Kap. VI: Ergebnisse, II. 2.

34  Vgl. die Darlegungen oben S. 148 f. Besonders eindrücklich war die einhellige (!) Entscheidung
    des Geheimen Rates, nach dem Desaster des Feldzugs von 1644, der die eigene Schwäche
    schonungslos enthüllt hatte, nicht über ein Nachgeben nachzudenken, sondern erneut eine
    Armee aufzustellen und es noch einmal zu versuchen – mit militärisch gleichem, katastrophalem
    Resultat.

# XII. Personenregister

# XIII. Stammtafel- und Kartenverzeichnis

Johannes Burkhardt

# Das Reformations-
# jahrhundert

Deutsche Geschichte
zwischen Medienrevolution
und Institutionenbildung
1517–1617

*2002. 244 Seiten, 13 Abb., Kart. € 22,–*
*ISBN 978-3-17-010824-0*

*„Burkhardt versucht nicht mehr und nicht weniger, als den Beginn der Neuzeit wiederzufinden – und damit fundamentale Kategorien unseres Kulturverständnisses."*

*Frankfurter Allgemeine Zeitung*

Von der moderneren Konfessionalisierungsforschung ausgehend bestimmt das Buch Typen und multikulturelle Auswirkungen der Konfessionsbildung. „Staatsbildung – aber wie?" war die andere Frage der beginnenden Neuzeit. Die glanzvolle Europapolitik Karls V. und der Aufbau der deutschen Doppelstaatlichkeit gaben Antworten mit institutioneller Zukunft. Das frühmoderne Reich war – gemessen am Entwicklungsstand von Information und Institution – nicht zurückgeblieben, sondern Europas fortgeschrittenster Staat.

**Professor Dr. Johannes Burkhardt** ist Inhaber des Lehrstuhls für Geschichte der Frühen Neuzeit an der Universität Augsburg und Direktoriumsmitglied des Instituts für Europäische Kulturgeschichte.

▶ **www.kohlhammer.de**

W. Kohlhammer GmbH · 70549 Stuttgart
Tel. 0711/7863 - 7280 · Fax 0711/7863 - 8430 · vertrieb@kohlhammer.de

Kohlhammer

Paul Münch

# Das Jahrhundert des Zwiespalts

### Deutschland 1600–1700

*1999. 192 Seiten, Kart. € 17,90*
*ISBN 978-3-17-010823-3*
*Studienbücher Geschichte*

*„Der Band ist als Studienbuch für ein breiteres Publikum konzipiert […]*
*und ist eine im doppelten Wortsinn preiswerte und anspruchsvolle Ein-*
*führung in die Geschichte des Zentrums der Frühen Neuzeit. "*

*Historische Zeitschrift*

Die Geschichte Deutschlands im 17. Jahrhundert gehört zu den vernachlässigten, aber interessantesten historischen Phasen der Neuzeit.
Eingelagert zwischen Reformationssäkulum und Aufklärungsjahrhun-
dert erscheint diese Zeit als dunkle und chaotische Epoche klimatischer
Ungunst, immerwährender Kriege, konfessioneller Erstarrung, politischer Ohnmacht und kultureller Fremdbestimmung.

**Dr. Paul Münch** ist Professor für Neuere Geschichte an der Universität
Essen.

▶ **www.kohlhammer.de**

W. Kohlhammer GmbH · 70549 Stuttgart
Tel. 0711/7863 - 7280 · Fax 0711/7863 - 8430 · vertrieb@kohlhammer.de

Mark Häberlein

# Die Fugger

### Geschichte einer Augsburger Familie (1367 - 1650)

*2006. 258 Seiten, 21 Abb., 6 Karten. Kart. € 28,– ISBN 978-3-17-018472-5*

Wie keine andere Familie verkörpern die Fugger wirtschaftlichen Erfolg und soziale Aufstiegschancen des süddeutschen Bürgertums an der Wende vom Mittelalter zur Neuzeit. Unter der Leitung Jakob und Anton Fuggers baute die Familienfirma binnen weniger Jahrzehnte das größte europäische Handels- und Bergbauunternehmen seiner Zeit auf. Als Geldgeber des Kaisers und als Bankiers der römischen Kurie spielten die Fugger eine wichtige Rolle bei der Finanzierung der europäischen Politik. Ihr Erfolg ermöglichte ihnen den Kauf großer Landgüter in Schwaben und den Aufstieg in den Reichsadel. Als überzeugte Anhänger der alten Kirche exponierten sie sich in den konfessionellen Auseinandersetzungen der Reformationszeit. Als Stifter, Sammler und Mäzene prägten sie die Kultur der süddeutschen Renaissance.

**Dr. Mark Häberlein** ist Professor für Neuere Geschichte an der Universität Bamberg.

**▶ www.kohlhammer.de**

W. Kohlhammer GmbH · 70549 Stuttgart
Tel. 0711/7863 - 7280 · Fax 0711/7863 - 8430 · vertrieb@kohlhammer.de

Kohlhammer